★★★★★
독학용 EBS 국어
분석 끝판왕!

EBS 수특 국어 완벽 대비

KB188148

나 없이 EBS 풀지 마라

현대시

1 콘텐츠가 강하다!
실전 국어 전형태

01.

나BS는 치밀하고 철저합니다.

모든 지문의 구조 분석, 작품 해제와 주요 시어의 의미가 담겼습니다. 이토록 치밀하고 철저한 EBS 분석은 수험생이 수능을 완벽하게 준비하기를 바라는 **전형태 선생님의 피나는 노력입니다.**

「해야 솟아라. 해야 솟아라. 말갛게 씻은 얼굴 고운 해야 솟아라.」 산 넘어 산 넘어서 어둠을 살라먹고,
「 」: 'a-a-b-a' 구조, 4음보 율격 → 운율 형성, 의미 강조
불태워 없애 버리고

산 넘어서 밤새도록 어둠을 살라 먹고, 이글이글 앳된 얼굴 고운 해야 솟아라.
□ : 음성 상징어 사용 → 역동적 분위기 형성

▨ : 밝음, 희망, 평화의 이미지
↕
▨ : 어둠, 고통, 절망의 이미지
1연 : 해가 솟아나기를 소망함.

「달밤이 싫어, 달밤이 싫어, 눈물 같은 골짜기에 달밤이 싫어,」 아무도 없는 뜰에 달밤이 나는 싫어……,
어둠이 가시지 않은 시간
2연 : 해가 없는 달밤을 거부함.

시어 시구 풀이

해야 솟아라. 해야 솟아라. 말갛게 씻은 얼굴 고운 해야 솟아라. → 명령형 종결 어미 '~아라'를 반복하여 해가 솟아나기를 바라는 화자의 간절한 소망을 강조하고 있다. 이 작품이 광복 직후에 쓰였다는 점을 고려해 볼 때, 여기서 '해'는 고통과 절망의 시기에서 벗어나 화합과 공존의 세계로 나아갈 수 있게 하는 힘, 이상, 소망 등을 의미한다고 할 수 있다.

달밤이 싫어,~아무도 없는 뜰에 달밤이 나는 싫어……. → '달밤'은 해가 뜨지 않는 시간이라는 점에서 '해'와 대비되는 시어이다. 어둡고 암담한 이미지의 '달밤', '눈물 같은 골짜기', '아무도 없는 뜰'은 혼란한 당대 현실을 상징한다.

01 | 주제

화합과 평화의 세계에 대한 소망

02 | 특징

① 고통의 시간을 극복하고 화합과 공존의 이상 세계가 오기를 간절히 바라는 화자 중심의 시
② 동일한 시어와 시구를 반복하여 화자의 소망을 강조함.
③ '밝음(해)'과 '어둠'의 대립적 구도를 활용하여 시적 의미와 주제 의식을 강조함.
④ 화자가 추구하는 이상 세계의 모습을 상징적으로 드러냄.

03 | 작품 해제

「해」는 광복 직후 발표된 박두진의 시로, '해'를 중심 소재로 하여 암울하고 부정적인 상황에서 벗어나 밝고 평화로운 세계로 나아가고자 하는 소망을 노래하고 있다. 시인은 '해'를 통해 광명의 세계를 염원하는 한편, '청산'이라는 낙원의 세계를 제시하여 조국의 밝은 미래가 펼쳐지기를 바라는 간절한 열망을 나타내었다. '밝음'과 '어둠'의 이미지를 대립적으로 제시함으로써 주제 의식을 부각하고 있으며, 시어와 시구의 반복, 다양한 표현법 등을 활용하여 '해가 솟은 '청산'이라는 이상향을 선명하게 그려 내고 있다.

02.

나BS에는 평가원 기출이 있습니다.

나BS에는 평가원 선지가 수록되었습니다. 평가원의 개념으로 EBS를 분석할 수 있도록, 평가원 기출 선지로 O.X 문제를 구성했습니다.

OX문제

01	반복적 호명을 통해 중심 대상으로 초점을 모으고 있다. [2018학년도 9월]	(O / X)
02	화자는 '달밤이 싫다'는 이유로 '밤새도록' '산'을 넘으며 '해'가 '솟아'나길 바라고 있다.	(O / X)
03	유사한 시구를 점층적으로 변주하여 리듬감을 형성하고 있다. [2016학년도 6월AB]	(O / X)
04	자연물의 속성에 주목하여 교훈적 의미를 전달하고 있다. [2022학년도 6월]	(O / X)
05	화자는 '꽃', '새', '짐승'이 모두 한자리에 앉아 조화롭게 살아가는 '앳되고 고운 날'을 소망하고 있다.	(O / X)

03.

나BS에는 논문을 담았습니다.

출제자는 전공자의 논문을 통해 보기와 선지를 구성합니다. 나BS [고전문학편]과 [현대문학편]은 수많은 논문을 인용하여 EBS를 분석합니다. **출제자의 시선으로.**

'해'와 '청산'의 상징성

박두진은 등단 초기부터 시를 '자연', '인간과 사회' 그리고 '신'의 단계로 쓰기로 작정하였으며 그것이 이루어졌다고 주장한 바 있다. 이에 따르면 1940년대에 출간된 『해』는 자연을 주제로 쓴 시집에 해당하며, 그는 초기 시작 단계에서 자신의 시를 아주 의지적으로, 건강하고 밝고, 힘차고 웅장하게 쓰고자 하였다. 또한 박두진이 말하고자 하는 자연은 단순한 몰입의 대상이 아니라, 창조자의 섭리에 따라 공동체를 이루고, 조화를 이루는 본래적 자연이자 낙원이었다. 이는 『해』에 수록된 「해」에서 잘 드러난다.

해당 작품에서 '해는 희망과 기다림을 상징한다. 화자가 '해야 솟아라.', '어둠을 살라 먹고,', '달밤이 싫어.'라고 읊조린 것은 일제 강점기의 억압이나 해방 직후의 혼란과 분열 같은 지긋지긋한 어둠의 세상은 싫고, 내가 바라는 해는 어제의 해가 아니라 '말갛게 씻은' 해여야 좋다는 생각을 드러낸 것이다. 그런 해가 밝혀 주는 '청산'은 약자도 강자도 없는 이상적 낙원이며, 그러한 낙원이 오기만 한다면 '나'와 사슴과 칡범이 함께 놀 수 있고, 꽃도 새도 짐승도 한자리에 모여 고운 날을 누릴 수 있다. 즉, 약육강식의 논리가 지배하지 않는 평화로운 세계에 대한 갈망이 '청산'으로 형상화된 것이다. 이러한 이유로 박두진이 그려 내는 자연은 "참담한 현실과 대치되는 정신세계로서의 밝고 희망찬 새로운 세계의 자연이자, 나아가 비유, 예언 등을 통해 도달할 화해의 세계"라고 이해되기도 한다. 박두진 역시 작품 「해」에서 자신이 추구하려 한 것이 '포괄적인 이상의 세계'였다고 고백하였다.

「해」에 나타난 박두진의 생명 인식

이 시에서 시적 화자는 '해'가 솟기를 간절히 열망한다. 해가 솟으면 '아무도 없는 뜰'의 '달밤'이 사라지고 '청산'에 숨어서 잠자던 모든 생물들이 깨어난다. 해가 솟아오르면 화자는 드디어 청산의 모든 생물과 만날 수 있다. 화자가 해의 솟아오름을 갈망하는 이유가 여기에 있다. 만물이 활동하는 청산의 한낮은 화자와 생물들의 어울림으로 분주하다. 화자는 '훨훨훨 깃을 치는' 청산에서 사슴을 만나면 사슴과 놀고, 칡범을 만나면 칡범과 논다. 이처럼 크든 작든 모든 생물에게 동일한 애정을 갖고 있는 화자는 모든 생물들을 한자리에 불러 모으고자 한다. 그곳은 '꽃도 새도 짐승도 한자리에 앉아' 즐거움을 만끽하는 향연의 장이다. 화자에겐 사슴은 사슴대로, 칡범은 칡범대로, 꽃은 꽃대로, 새는 새대로 각자가 대등하고 동일한 생명체인 것이다. 이렇듯 박두진의 「해」에는 모든 생명은 소중하다는 생명 존중 사상, 만물 평등사상이 내포되어 있다.

04.

나BS에는 실전 문제가 있습니다.

철저한 작품 분석, 평가원 개념 적용을 통해 이해한 내용을 확인할 수 있도록 실전 문제와 자세한 해설을 수록했습니다.

다음 글을 읽고 물음에 답하시오.

(가)

　해야 솟아라. 해야 솟아라, 맑앟게 씻은 얼굴 고운 해야 솟아라. 산 넘어 산 넘어서 어둠을 살라 먹고, 산 넘어서 밤새도록 어둠을 살라 먹고, 이 글이글 애띤 얼굴 고운 해야 솟아라.

　달밤이 싫여, 달밤이 싫여, **눈물 같은 골짜기에 달밤이 싫여, 아무도 없**는 뜰에 달밤이 나는 싫여……

　해야, 고운 해야, 늬가 오면 늬가사 오면, 나는 나는 청산이 좋아라. **훨훨훨 깃을 치는 청산**이 좋아라. 청산이 있으면 홀로래도 좋아라.

　사슴을 땇아, 사슴을 땇아, 양지로 양지로 사슴을 땇아, 사슴을 만나면 **사슴과 놀고,**

　칡범을 땇아 칡범을 땇아 칡범을 만나면 **칡범과 놀고,**……

　해야, 고운 해야. 해야 솟아라. 꿈이 아니래도 너를 만나면, **꽃도 새도 짐승도 한자리 앉아**, 워어이 워어이 모두 불러 한자리 앉아, 애띠고 고운 날을 누려 보리라.

- 박두진, 「해」 -

02. 〈보기〉를 참고하여 (가)를 감상한 내용으로 적절하지 <u>않은</u> 것은?

─〈보기〉─

　이 시에 등장하는 해는 작가가 지향하는 세계로 향하게 하는 긍정적 매개의 역할을 하고 있다. 부정적인 대상과 대비되는 밝음을 상징하는 해로 인하여 세상은 온갖 사물들이 신생(新生)의 빛을 받아 더욱 활기가 넘치는 세계가 된다. 결국 작가가 궁극적으로 바라는 것은 이와 같은 활기찬 세상에서 모든 살아 있는 것들이 화합하여 평화롭게 살아가는 것이다.

① 1연에서는 부정적인 대상인 '어둠'과 대비함으로써 광명한 존재인 '해'의 의미를 부각하고 있군.

② 2연에서는 '눈물 같은 골짜기'와 '아무도 없는 뜰'이라는 공간을 제시하여 이 둘을 매개하는 '해'의 역할을 강조하고 있군.

③ 3연에서는 날개 치며 시원스럽게 나는 모양의 의태어인 '훨훨훨'을 활용하여, 햇빛을 받은 '청산'의 활기찬 모습을 표현하고 있군.

④ 4, 5연에서는 '사슴과 놀고'와 '칡범과 놀고'라는 행위를 제시하여 화합과 평화의 가치를 드러내고 있군.

⑤ 6연에서 '꽃도 새도 짐승도' 함께 '애띠고 고운 날'을 누리자는 것에서 작가가 지향하고자 하는 세계를 엿볼 수 있군.

CONTENTS 이 책의 순서

Part 01 | 현대시

정답과 해설

나 없이
EBS
풀지마라

EBS 수특 국어
완벽 대비!

실전 국어 전형태

Part 01
현대시

나 없이
EBS
풀지 마라

1 | 박두진, 해

STEP 01 OX 문제를 통한 지문 이해 훈련

나BS 수능특강 | 현대문학 ●

  해야 솟아라. 해야 솟아라. 말갛게 씻은 얼굴 고운 해야 솟아라. 산 넘어 산 넘어서 어둠을 살라 먹고, 산 넘어서 **밤새도록** 어둠을 살라 먹고, 이글이글 앳된 얼굴 고운 해야 솟아라.

  달밤이 싫어, 달밤이 싫어, 눈물 같은 골짜기에 달밤이 싫어, 아무도 없는 뜰에 달밤이 나는 싫어……,

  해야, 고운 해야. 늬가 오면 늬가사 오면, 나는 나는 청산이 좋아라. 훨훨훨 깃을 치는 청산이 좋아라. 청산이 있으면 홀로래도 좋아라.

  사슴을 따라, 사슴을 따라, 양지로 양지로 사슴을 따라 사슴을 만나면 사슴과 놀고,

  칡범을 따라 칡범을 따라 칡범을 만나면 칡범과 놀고, ……

  해야, 고운 해야. 해야 솟아라. 꿈이 아니래도 너를 만나면, **꽃**도 새도 **짐승**도 한자리 앉아, 워어이 워어이 모두 불러 한자리 앉아 **앳되고 고운** 날을 누려 보리라.

OX문제

01 반복적 호명을 통해 중심 대상으로 초점을 모으고 있다. [2018학년도 9월]   (O / X)
02 화자는 '달밤이 싫'다는 이유로 '밤새도록' '산'을 넘으며 '해가 '솟아'나길 바라고 있다.   (O / X)
03 유사한 시구를 점층적으로 변주하여 리듬감을 형성하고 있다. [2016학년도 6월AB]   (O / X)
04 자연물의 속성에 주목하여 교훈적 의미를 전달하고 있다. [2022학년도 6월]   (O / X)
05 화자는 '꽃', '새', '짐승'이 모두 한자리에 앉아 조화롭게 살아가는 '앳되고 고운 날'을 소망하고 있다.   (O / X)

나BS _ 나 없이 EBS 풀지마라

STEP 02 지문 분석

나BS 수능특강 | 현대문학 ●

「해야 솟아라. 해야 솟아라. 말갛게 씻은 얼굴 고운 해야 솟아라.」산 넘어 산 넘어서 어둠을 살라
「 」: 'a-a-b-a' 구조, 4음보 율격 → 운율 형성, 의미 강조   불태워 없애 버리고

먹고, 산 넘어서 밤새도록 어둠을 살라 먹고, 이글이글 앳된 얼굴 고운 해야 솟아라.
                                              □ : 음성 상징어 사용 → 역동적 분위기 형성

▧ : 밝음, 희망, 평화의 이미지   1연 : 해가 솟아나기를 소망함.
↕
▩ : 어둠, 고통, 절망의 이미지

「달밤이 싫어, 달밤이 싫어, 눈물 같은 골짜기에 달밤이 싫어,」아무도 없는 뜰에 달밤이 나는 싫
어둠이 가시지 않은 시간

어……,

                                                                            2연 : 해가 없는 달밤을 거부함.

해야, 고운 해야. 늬가 오면 늬가사 오면, 나는 나는 청산이 좋아라. 훨훨훨 깃을 치는 청산이 좋아
                    화자가 동경하는 화합과 공존의 세계   활유법

라. 청산이 있으면 홀로래도 좋아라.

                                                                            3연 : 새로운 세계인 청산을 동경함.

사슴을 따라, 사슴을 따라, 양지로 양지로 사슴을 따라 사슴을 만나면 사슴과 놀고,
약자   볕이 바로 드는 곳

강자
칡범을 따라 칡범을 따라 칡범을 만나면 칡범과 놀고, ……
몸에 칡덩굴 같은 어룽어룽한 줄무늬가 있는 범

                                                            4, 5연 : 약자와 강자가 평화롭게 공존하는 세상을 그림.

해야, 고운 해야. 해야 솟아라. 꿈이 아니래도 너를 만나면, 꽃도 새도 짐승도 한자리 앉아, 워어이
                                              모두가 화합하고 공존함. → 화자가 소망하는 이상 세계의 모습

워어이 모두 불러 한자리 앉아 앳되고 고운 날을 누려 보리라.

                                                            6연 : 화합과 공존의 세계가 도래하기를 염원함.

과외식 해설

해야 솟아라. 해야 솟아라. 말갛게 씻은 얼굴 고운 해야 솟아라. → 명령형 종결 어미 '-아라'를 반복하여 해가 솟아나기를 바라는 화자의 간절한 소망을 강조하고 있다. 이 작품이 광복 직후에 쓰였다는 점을 고려해 볼 때, 여기서 '해'는 고통과 절망의 시기에서 벗어나 화합과 공존의 세계로 나아갈 수 있게 하는 힘, 이상, 소망 등을 의미한다고 할수 있다.

달밤이 싫어,~아무도 없는 뜰에 달밤이 나는 싫어……, → '달밤'은 해가 뜨지 않는 시간이라는 점에서 '해'와 대비되는 시어이다. 어둡고 암담한 이미지의 '달밤', '눈물 같은 골짜기', '아무도 없는 뜰'은 혼란한 당대 현실을 상징한다.

해야, 고운 해야.~훨훨훨 깃을 치는 청산이 좋아라. → '청산'은 해가 오면 도래하는 세상이라는 점에서 화자가 소망하는 이상 세계라고 볼 수 있다. '훨훨훨'이라는 의태어를 사용하여 '청산'을 역동적이고 활기찬 공간으로 그려 내고 있다.

사슴을 따라,~칡범을 만나면 칡범과 놀고, …… → 여기서 '사슴'은 약자를, '칡범'은 강자를 상징하지만 두 시어는 대립되는 이미지가 아니다. 화자는 해가 밝혀 주는 '청산'에서 약자와 강자가 평화롭게 공존하는 모습을 통해 자신이 지향하는 이상 세계의 모습을 나타내고 있다.

꽃도 새도 짐승도 한자리 앉아,~앳되고 고운 날을 누려 보리라. → 화자는 '꽃', '새', '짐승'이 너 나 할 것 없이 한자리에 앉아 조화롭게 살아가는 세상을 꿈꾸고 있다. '-리라'라는 다짐의 뜻을 나타내는 종결 어미를 통해 '앳되고 고운 날'을 누려 보겠다고 말하는 것에서 화자의 의지적 태도가 드러나고 있다.

STEP 03 작품 해제

01 | 주제

화합과 평화의 세계에 대한 소망

02 | 특징

① 고통의 시간을 극복하고 화합과 공존의 이상 세계가 오기를 간절히 바라는 화자 중심의 시
② 동일한 시어와 시구를 반복하여 화자의 소망을 강조함.
③ '밝음(해)'과 '어둠'의 대립적 구도를 활용하여 시적 의미와 주제 의식을 강조함.
④ 화자가 추구하는 이상 세계의 모습을 상징적으로 드러냄.

03 | 작품 해제

「해」는 광복 직후 발표된 박두진의 시로, '해'를 중심 소재로 하여 암울하고 부정적인 상황에서 벗어나 밝고 평화로운 세계로 나아가고자 하는 소망을 노래하고 있다. 시인은 '해'를 통해 광명의 세계를 염원하는 한편, '청산'이라는 낙원의 세계를 제시하여 조국의 밝은 미래가 펼쳐지기를 바라는 간절한 열망을 나타내었다. '밝음'과 '어둠'의 이미지를 대립적으로 제시함으로써 주제 의식을 부각하고 있으며, 시어와 시구의 반복, 다양한 표현법 등을 활용하여 '해'가 솟은 '청산'이라는 이상향을 선명하게 그려 내고 있다.

STEP
04 논문으로 만나는 출제자의 시선

'해'와 '청산'의 상징성

박두진은 등단 초기부터 시를 '자연', '인간과 사회' 그리고 '신'의 단계로 쓰기로 작정하였으며 그것이 이루어졌다고 주장한 바 있다. 이에 따르면 1940년대에 출간된 『해』는 자연을 주제로 쓴 시집에 해당하며, 그는 초기 시작 단계에서 자신의 시를 아주 의지적으로, 건강하고 밝고, 힘차고 웅장하게 쓰고자 하였다. 또한 박두진이 말하고자 하는 자연은 단순한 몰입의 대상이 아니라, 창조자의 섭리에 따라 공동체를 이루고, 조화를 이루는 본래적 자연이자 낙원이었다. 이는 『해』에 수록된 「해」에서 잘 드러난다.

해당 작품에서 '해'는 희망과 기다림을 상징한다. 화자가 '해야 솟아라.', '어둠을 살라 먹고,', '달밤이 싫어,'라고 읊조린 것은 일제 강점기의 억압이나 해방 직후의 혼란과 분열 같은 지긋지긋한 어둠의 세상은 싫고, 내가 바라는 해는 어제의 해가 아니라 '말갛게 씻은' 해여야 좋다는 생각을 드러낸 것이다. 그런 해가 밝혀 주는 '청산'은 약자도 강자도 없는 이상적 낙원이며, 그러한 낙원이 오기만 한다면 '나'와 사슴과 칡범이 함께 놀 수 있고, 꽃도 새도 짐승도 한자리에 모여 고운 날을 누릴 수 있다. 즉, 약육강식의 논리가 지배하지 않는 평화로운 세계에 대한 갈망이 '청산'으로 형상화된 것이다. 이러한 이유로 박두진이 그려 내는 자연은 "참담한 현실과 대치되는 정신세계로서의 밝고 희망찬 새로운 세계의 자연이자, 나아가 비유, 예언 등을 통해 도달한 화해의 세계"라고 이해되기도 한다. 박두진 역시 작품 「해」에서 자신이 추구하려 한 것이 '포괄적인 이상의 세계'였다고 고백하였다.

「해」에 나타난 박두진의 생명 인식

이 시에서 시적 화자는 '해'가 솟기를 간절히 열망한다. 해가 솟으면 '아무도 없는 뜰'의 '달밤'이 사라지고 '청산'에 숨어서 잠자던 모든 생물들이 깨어난다. 해가 솟아오르면 화자는 드디어 청산의 모든 생물과 만날 수 있다. 화자가 해의 솟아오름을 갈망하는 이유가 여기에 있다. 만물이 활동하는 청산의 한낮은 화자와 생물들의 어울림으로 분주하다. 화자는 '훨훨훨 깃을 치는' 청산에서 사슴을 만나면 사슴과 놀고, 칡범을 만나면 칡범과 논다. 이처럼 크든 작든 모든 생물에게 동일한 애정을 갖고 있는 화자는 모든 생물들을 한자리에 불러 모으고자 한다. 그곳은 '꽃도 새도 짐승도 한자리에 앉아' 즐거움을 만끽하는 향연의 장이다. 화자에겐 사슴은 사슴대로, 칡범은 칡범대로, 꽃은 꽃대로, 새는 새대로 각자가 대등하고 동일한 생명체인 것이다. 이렇듯 박두진의 「해」에는 모든 생명은 소중하다는 생명 존중 사상, 만물 평등사상이 내포되어 있다.

05 STEP 나BS 실전 문제

다음 글을 읽고 물음에 답하시오. [교육청 기출 변형]

(가)

　해야 솟아라. 해야 솟아라, 맑앟게 씻은 얼굴 고운 해야 솟아라. 산 넘어 산 넘어서 **어둠**을 살라 먹고, 산 넘어서 밤새도록 어둠을 살라 먹고, 이글이글 애띈 얼굴 고운 해야 솟아라.

　달밤이 싫여, 달밤이 싫여, **눈물 같은 골짜기**에 달밤이 싫여, **아무도 없는 뜰**에 달밤이 나는 싫여…….

　해야, 고운 해야. 늬가 오면 늬가사 오면, 나는 나는 청산이 좋아라. **훨훨훨 깃을 치는 청산**이 좋아라. 청산이 있으면 홀로래도 좋아라.

　사슴을 딿아, 사슴을 딿아, 양지로 양지로 사슴을 딿아, 사슴을 만나면 **사슴과 놀고**,

　칡범을 딿아 칡범을 딿아 칡범을 만나면 **칡범과 놀고**,……

　해야, 고운 해야. 해야 솟아라. 꿈이 아니래도 너를 만나면, **꽃도 새도 짐승도** 한자리 앉아, 워어이 워어이 모두 불러 한자리 앉아, 애띠고 고운 날을 누려 보리라.

　　　　　　　　　　　　　　　　　　　　　　- 박두진, 「해」 -

(나)

고추밭을 걷어내다가
그늘에서 늙은 호박 하나를 발견했다
㉠ 뜻밖의 수확을 들어올리는데
흙 속에 처박힌 달디단 그녀의 젖을
온갖 벌레들이 오글오글 빨고 있는 게 아닌가
소신공양을 위해
타닥타닥 타고 있는 불꽃 같기도 했다
그 ㉡ 은밀한 의식을 훔쳐보다가
나는 말라가는 ㉢ 고춫대를 덮어주고 돌아왔다

가을갈이 하려고 밭에 다시 가보니
호박은 온데간데 없다
㉣ 불꽃도 흙 속에 잦아든 지 오래다
자세히 들여다보니
그녀는 젖을 다 비우고
잘 마른 종잇장처럼 땅에 엎드려 있는 게 아닌가

스스로의 죽음을 덮고 있는
관뚜껑을 나는 조심스럽게 들어올렸다

한 움큼 남아 있는 ㉤ 둥근 사리들!

　　　　　　　　　　　　　　　　　- 나희덕, 「어떤 출토(出土)」 -

01. (가), (나)의 공통점으로 가장 적절한 것은?

① 냉소적 어조를 통해 대상과의 거리감을 드러내고 있다.
② 역설적 상황을 제시하여 대상의 속성을 부각하고 있다.
③ 자연물에 인격을 부여하여 시적 의미를 드러내고 있다.
④ 과거와 현재를 대비하여 미래에 대한 전망을 드러내고 있다.
⑤ 말을 건네는 방식을 사용하여 대상과의 친밀감을 드러내고 있다.

02. <보기>를 참고하여 (가)를 감상한 내용으로 적절하지 않은 것은?

─────── <보기> ───────

이 시에 등장하는 해는 작가가 지향하는 세계로 향하게 하는 긍정적
매개의 역할을 하고 있다. 부정적인 대상과 대비되는 밝음을 상징하는
해로 인하여 세상은 온갖 사물들이 신생(新生)의 빛을 받아 더욱 활기가
넘치는 세계가 된다. 결국 작가가 궁극적으로 바라는 것은 이와 같은 활
기찬 세상에서 모든 살아 있는 것들이 화합하여 평화롭게 살아가는 것이
다.

① 1연에서는 부정적인 대상인 '어둠'과 대비함으로써 광명한 존재인 '해'의
의미를 부각하고 있군.
② 2연에서는 '눈물 같은 골짜기'와 '아무도 없는 뜰'이라는 공간을 제시하여
이 둘을 매개하는 '해'의 역할을 강조하고 있군.
③ 3연에서는 날개 치며 시원스럽게 나는 모양의 의태어인 '훨훨훨'을 활용하
여, 햇빛을 받은 '청산'의 활기찬 모습을 표현하고 있군.
④ 4, 5연에서는 '사슴과 놀고'와 '칡범과 놀고'라는 행위를 제시하여 화합과
평화의 가치를 드러내고 있군.
⑤ 6연에서 '꽃도 새도 짐승도' 함께 '애뙤고 고운 날'을 누리자는 것에서 작가
가 지향하고자 하는 세계를 엿볼 수 있군.

03. (나)에 대한 설명으로 적절하지 않은 것은?

① ㉠에는 '호박'의 가치를 물질적 측면에서 인식하는 화자의 태도가 드러난다.
② ㉡은 '호박'에 대한 화자의 인식이 변화되었음을 보여 준다.
③ ㉢을 덮어 주는 행위는 화자가 '호박'을 의미 있는 존재로 여기고 있음을
짐작케 한다.
④ ㉣이 환기하는 '호박'의 강렬한 생명력은, 화자에게 삶의 의지를 부여한다.
⑤ ㉤에는 '호박'의 희생을 긍정적으로 바라보는 화자의 시각이 나타난다.

2 한용운, 당신을 보았습니다

STEP 01 OX 문제를 통한 지문 이해 훈련

당신이 가신 뒤로 나는 당신을 잊을 수가 없습니다.
까닭은 당신을 위하느니보다 나를 위함이 많습니다.

나는 갈고 심을 땅이 없으므로 추수가 없습니다.
저녁거리가 없어서 조나 감자를 꾸러 **이웃집에** 갔더니, 주인은 「거지는 인격이 없다. 인격이 없는 사람은 생명이 없다. 너를 도와주는 것은 죄악이다.」고 말하였습니다.
그 말을 듣고 돌아나올 때에, 쏟아지는 눈물 속에서 당신을 보았습니다.

나는 집도 없고 다른 까닭을 겸하여 민적(民籍)*이 없습니다.
「민적 없는 자는 인권이 없다. 인권이 없는 너에게 무슨 정조냐.」 하고 능욕하려는 장군이 있었습니다.
그를 항거한 뒤에, **남에게 대한 격분**이 **스스로의 슬픔**으로 화(化)하는 찰나에 **당신**을 보았습니다.
아아 온갖 윤리, 도덕, 법률은 칼과 황금을 제사 지내는 연기인 줄을 알았습니다.
영원의 사랑을 받을까, 인간 역사의 첫 페이지에 잉크 칠을 할까, 술을 마실까 망설일 때에 당신을 보았습니다.

*민적 : 예전에, '호적'을 달리 이르던 말.

OX문제

01	말을 건네는 방식을 사용하여 시상을 전개하고 있다. [2024학년도 9월]	(O / X)
02	현실에 대한 부정적 인식을 바탕으로 앞날에 대한 회의를 드러내고 있다. [2022학년도 수능]	(O / X)
03	화자는 '저녁거리'를 얻기 위해 '이웃집에 갔'지만 도움은커녕 굴욕적인 말을 듣고 돌아왔다.	(O / X)
04	화자는 '스스로의 슬픔'이 '남에게 대한 격분'으로 바뀌려는 찰나에 '당신'을 보게 되었다.	(O / X)
05	동일한 시구를 반복하여 시적 상황에 대한 화자의 부정적 정서가 심화되는 과정을 드러내고 있다. [2021학년도 9월]	(O / X)

STEP 02 지문 분석

당신이 가신 뒤로 나는 당신을 잊을 수가 없습니다.
임, 절대자, 주권, 조국 등을 상징

까닭은 당신을 위하느니보다 나를 위함이 많습니다.
'당신'을 떠올리며 고통을 이겨낼 의지를 다질 수 있기 때문

1연 : 당신을 잊지 못함.

나는 갈고 심을 땅이 없으므로 추수가 없습니다.
일제 강점기 우리 민족의 현실 ①

《 》: 연쇄법

저녁거리가 없어서 조나 감자를 꾸러 이웃집에 갔더니, 주인은 《「거지는 인격이 없다. 인격이 없는
일제 강점기 우리 민족의 현실 ②   ■ : 우리 민족을 핍박하는 일제

사람은 생명이 없다. 너를 도와주는 것은 죄악이다.」》고 말하였습니다.

그 말을 듣고 돌아나올 때에, 쏟아지는 눈물 속에서 당신을 보았습니다.

2연 : 주인에게 굴욕적인 말을 들은 뒤 당신을 보게 됨.

                                           호적
나는 집도 없고 다른 까닭을 겸하여 민적(民籍)이 없습니다.
일제 강점기 우리 민족의 현실 ③   일제 강점기 우리 민족의 현실 ④

《「민적 없는 자는 인권이 없다. 인권이 없는 너에게 무슨 정조냐.」》하고 능욕하려는 장군이 있었습니
                                여자의 곧은 절개, 여기서는 일제에 굴복하지 않는 태도를 뜻함.

다.

순종하지 아니하고 맞서서 반항함.   어떤 현상이나 상태로 바뀌는
그를 항거한 뒤에, 남에게 대한 격분이 스스로의 슬픔으로 화(化)하는 찰나에 당신을 보았습니다.
외부에 대한 분노가 내부로 옮겨 가려던 때 → 일제를 향한 분노가 나라를 잃은 자책으로 변화하려던 순간

■ : 영탄법 → '당신'을 본 후 깨달음을 얻음.
아아 온갖 윤리, 도덕, 법률은 칼과 황금을 제사 지내는 연기인 줄을 알았습니다.
                 대유법 → 권력과 재물   허망한 것

죽어서 영원의 안식을 찾는 것   자포자기하고 현실을 도피하려는 것
영원의 사랑을 받을까, 인간 역사의 첫 페이지에 잉크 칠을 할까, 술을 마실까 망설일 때에 당신을
                인간의 역사 자체를 부정하려는 것

보았습니다.

3연 : 절망을 느끼던 순간에 당신을 보게 됨.

당신이 가신 뒤로~나를 위함이 많습니다. → 화자는 '당신'이 부재하는 상황 속에서도 '당신'을 잊을 수가 없다며 그리움의 정서를 드러내고 있다. 이때 당신을 잊을 수 없는 까닭이 '나를 위함'이라는 것에서, '당신'을 떠올리는 것 자체만으로도 화자가 위안을 받고 있음을 알 수 있다. 일제 강점기라는 시대적 배경을 고려하면, '조국의 주권'을 상징하는 '당신'을 떠올리는 행위 자체가 삶의 지표가 되기 때문이라고 이해할 수 있다.

나는 갈고 심을 땅이 없으므로 추수가 없습니다.~ 너를 도와주는 것은 죄악이다.」고 말하였습니다. → 화자에게는 땅이 없어 거두어들일 곡식이 없다. 이때 '나'가 일제 치하의 우리 민족을 대표한다고 본다면, 일제 강점기에 땅을 빼앗겨 제대로 먹고 살기도 어려웠던 우리 민족의 궁핍한 현실을 드러내는 것이라 할 수 있다. 또한, 도움을 청하는 '나'에게 인권을 유린하는 말을 하는 '주인'은 우리 민족을 핍박하던 일제를 상징한다고 볼 수 있다.

나는 집도 없고~화(化)하는 찰나에 당신을 보았습니다. → 화자에게는 집도, 호적도 없다. '장군'은 호적이 없다는 이유로 화자를 능욕하는 태도를 보이고 있으며, 2연의 '주인'과 마찬가지로 일제를 상징한다고 볼 수 있다. '장군'에게 저항한 '나'는 '남에 대한 격분(외부에 대한 분노)'이 '스스로의 슬픔(스스로에 대한 자책)'으로 옮겨 가려던 순간에 '당신'을 본다. 시대 상황을 고려해 볼 때 이는 일제에 대한 분노가 나라를 지키지 못한 자책으로 바뀌려던 순간에 '당신'을 보게 됨으로써, 그러한 절망에서 벗어날 수 있었음을 드러내는 것으로 볼 수 있다.

아아 온갖 윤리, 도덕, 법률은~망설일 때에 당신을 보았습니다. → '윤리, 도덕, 법률'은 화자가 올바르다고 믿어왔던 것들이다. 화자는 고통스런 현실 속에서 자신이 믿어왔던 것들이 '칼과 황금', 즉 권력과 돈에 봉사하는 허망한 것에 불과하다는 것을 깨닫는다. 이에 죽음으로써 회피할까, 인간 역사를 부정해 버릴까, 술이나 마시며 현실을 도피할까 망설이던 찰나에 '당신'을 본다. 현실에 좌절할 때마다 '당신'을 봄으로써 상황을 이겨내려는 화자의 태도가 드러나고 있다.

STEP

03 작품 해제

01 | 주제

굴욕적인 식민지 현실에 대한 극복 의지

02 | 특징

① '당신'에 대한 믿음을 통해 고통스런 현실을 이겨내고자 하는 화자 중심의 시
② 동일한 구절을 반복하여 주제 의식을 강조함.
③ 말을 건네는 방식으로 시상을 전개함.
④ 경어체를 사용하여 화자의 정서를 강조함.

03 | 작품 해제

「당신을 보았습니다」는 한용운이 1926년에 발표한 『님의 침묵』에 수록되어 있는 시로, 일제 강점기 굴욕적인 삶을 살아야 했던 우리 민족의 모습과 그 굴욕을 극복하려는 의지를 그려 내고 있다. 이 작품에서 '당신'은 세속의 논리를 초월한 절대적 존재 또는 조국의 광복을 의미한다고 볼 수 있으며, 화자가 겪고 있는 고통과 절망의 시간을 극복할 수 있는 용기와 신념을 불어 넣어 준다는 점에서 희망의 상징이라 할 수 있다.

STEP
04 논문으로 만나는 출제자의 시선

한용운 시에 담긴 역사적 비탄과 절망

한용운이 살아온 시대 환경을 살펴볼 때, 그는 한국사의 가장 참혹한 시대에 활동한 시인이라고 할 수 있다. 그가 백담사로 출가한 1905년은 대한 제국의 외교권을 박탈한 을사조약이 있었던 해이고, 그가 사망한 1944년은 해방을 한 해 앞둔 때였다. 그는 민족의 최고 수난기에 출가하여 가장 고통스러운 세월을 견디면서 시인, 승려, 운동가로 활약한 것이다. 그러한 역사적 사실을 살펴볼 때 한용운 시 세계에 시대적인 맥락이 깊숙이 관여되고 있음을 당연히 짐작할 수 있다. 한용운의 시에 다양한 국면의 비탄과 절망이 내포되어 있는 것은 이 때문이다. 이러한 비탄과 절망은 근본적으로 역사적인 상황 혹은 시대적인 문제와 연결되어 있다.

「당신을 보았습니다」 또한 한용운 시인이 처한 당대의 역사적 상황과 이어지고 있다. 이 시의 화자는 억압적인 피지배의 환경 속에 놓인 고통의 주인공들이다. 이들을 구제하고 구원할 수 있는 윤리, 도덕, 법률의 정상 기능은 썩어 버린 지가 오래 되었다. 남은 윤리와 도덕과 법률은 제 구실을 못하는 데에 그치지 않고 권력과 자본을 지닌 자들을 위하여 봉사하는 처지가 되었다. 이 정도로 타락한 윤리와 도덕과 법률이라면 차라리 존재하지 않는 편이 나을 것이다. 한용운은 이러한 당대 현실의 절망적 상황을 인식하였고, 이러한 현실 상황을 극복할 신념의 필요성을 강조하며 시를 써 나갔다.

한용운의 시와 '님'

한용운은 아름답고 섬세하며 쉬운 언어로 민족의식을 '님'의 존재로 말한 시인이다. 한용운에게 님은 '민족'이라는 강렬한 존재로 남아 있지만, 그의 시가 가지고 있는 열린 상상력을 활용한다면 독자들은 그 님의 의미를 무수한 세계와 연관 지을 수 있다. 한용운은 현실을 올곧은 정신으로 대응한, 신념과 지조가 높은 시인으로 '부재하는 님'을 끊임없이 노래함으로써 '부재'를 존재 차원으로 끌어올려 보여 준다. 즉 '님의 부재'를 감정이나 탄식으로 희석시켜 버리는 것이 아니라, 님에 대한 그리움과 기다림을 끊임없이 노래하여 민족의식과 정서를 고취시킨 것이다. 이때 '기다림' 속에는 여유와 자신감과 당당함이 내재되어 있으며 반드시 님을 다시 만난다는 희망을 담고 있었다.

한용운이 그의 시에서 주로 다루고 있는 내용은 님의 침묵과 부재를 통한 상실의 정서이다. 그는 님의 부재, 즉 상실에서 오는 슬픔과 한, 그리고 허무 의식을 한국인의 기다림의 정서로 형상화함으로써 민족적 동질성을 느낄 수 있게 해 주었다. 그러한 관점에서, 그의 시는 개인적 삶에 국한되는 것이 아니며 민족 공동체적 서정을 노래한 것이라고 해야 할 것이다.

3 심훈, 그날이 오면

수능 국어 대비
실전 국어 전형태

01 OX 문제를 통한 지문 이해 훈련

나BS 수능특강 | 현대문학 ●

그날이 오면 그날이 오면은
삼각산이 일어나 더덩실 춤이라도 추고
한강물이 뒤집혀 용솟음칠 그날이,
이 목숨이 끊기기 전에 와 주기만 한다면,
나는 밤하늘에 날으는 까마귀와 같이
종로의 인경을 머리로 들이받아 울리오리다.
두개골은 깨어져 산산조각이 나도
기뻐서 죽사오매 오히려 무슨 한이 남으오리까.

그날이 와서, 오오 그날이 와서
육조 앞 넓은 길을 울며 뛰며 뒹굴어도
그래도 넘치는 기쁨에 가슴이 미어질 듯하거든
드는 칼로 이 몸의 가죽이라도 벗겨서
커다란 북을 만들어 들쳐 메고는
여러분의 행렬에 앞장을 서오리다.
우렁찬 그 소리를 한 번이라도 듣기만 하면
그 자리에 거꾸러져도 눈을 감겠소이다.

OX문제

01 역동적 이미지를 통해 미래에 대한 화자의 소망을 나타내고 있다. [2013학년도 9월]   (O / X)

02 암울하고 비관적인 정서를 내포한 시어를 사용하여 비극적 상황을 고조하고 있다. [2019학년도 수능]   (O / X)

03 화자는 '종로의 인경을 머리로 들이받아 울리'며 간절히 '그날이 오'기를 바라고 있다.   (O / X)

04 설의적 표현을 사용하여 인물의 정서를 강조하고 있다. [2024학년도 9월]   (O / X)

05 화자는 '그날'만 온다면 '두개골'이 '깨어져 산산조각이 나도' '한'이 남지 않을 것이라 말하고 있다.   (O / X)

STEP 02 지문 분석

ЦBS 수능특강 | **현대문학**

과외식 해설

그날이 오면 그날이 오면은
광복, 해방의 날

음성 상징어
삼각산이 일어나 더덩실 춤이라도 추고

■ : 대유법 → 우리나라

한강물이 뒤집혀 용솟음칠 그날이,

광복이 되었을 때의 기쁨을
역동적으로 표현 ①

이 목숨이 끊기기 전에 와 주기만 한다면,

나는 밤하늘에 날으는 **까마귀**와 같이
조국 광복을 향한 자기희생적 이미지를 드러내는 객관적 상관물

종로의 **인경**을 머리로 들이받아 울리오리다.
조선 시대에, 통행금지를 알리거나 해제하기 위해 치던 종

□ : 경어체의 종결 어미 사용
→ 숭고하고 엄숙한 분위기 형성

두개골은 깨어져 산산조각이 나도
광복에 대한 간절한 염원을 드러내는 극단적 표현 ①

기뻐서 죽사오매 오히려 무슨 한이 남으오리까.

1연 : 그날에 대한 간절한 염원과 자기희생 의지

그날이 와서, 오오 그날이 와서
영탄법

□ : '그날'이 왔음을 알리는 시어

광복이 되었을 때의 기쁨을 역동적으로 표현 ②
육조 앞 넓은 길을 울며 뛰며 뒹굴어도
국가의 정무를 나누어 맡아보던 여섯 관부

그래도 넘치는 기쁨에 가슴이 미어질 듯하거든

드는 칼로 이 몸의 가죽이라도 벗겨서
광복에 대한 간절한 염원을 드러내는 극단적 표현 ②

커다란 **북**을 만들어 들쳐 메고는

여럿이 줄지어 감. 또는 그런 줄
여러분의 행렬에 앞장을 서오리다.
광복을 기뻐할 우리 민족

우렁찬 그 소리를 한 번이라도 듣기만 하면
광복이 되면 들려올 환희의 함성

그 자리에 거꾸러져도 눈을 감겠소이다.

2연 : 그날에 대한 감격과 자기희생 의지

그날이 오면 그날이 오면은~와 주기만 한다면. → 반복법과 가정법을 통해 '그날'이 오기를 바라는 화자의 간절함을 강조하고 있다. 시대적 배경을 고려할 때, 화자가 간절히 오기를 바라는 '그날'은 조국 광복의 날을 의미한다. 화자는 '삼각산'이 일어나 춤을 추고 '한강물'이 뒤집혀 용솟음치는 역동적 이미지를 통해 광복이 되었을 날의 기쁨을 표현하고 있다.

나는 밤하늘에 날으는 까마귀와 같이~울리오리다. → '까마귀'는 광복을 향한 자기희생의 의지를 드러내기 위한 객관적 상관물이다. 홀로 어두운 '밤하늘'을 나는 '까마귀'는 고독하면서도 장엄한 분위기를 자아내는데, 화자는 '그날'이 오면 마치 이러한 까마귀처럼 '인경'을 머리로 들이받아 울릴 것이라 이야기하고 있다. 여기서 '인경'은 해방을 알리는 종이라는 의미라고 이해할 수 있다.

두개골을 깨어져 산산조각이 나도~한이 남으오리까. → 화자는 머리를 들이받아 해방의 종을 울리느라 두개골이 깨어져도 기뻐서 죽는 것이니 한이 남지 않을 것이라 이야기하고 있다. 극단적인 표현을 사용하여 광복에 대한 열망을 격정적으로 드러내고 있는 부분이다.

드는 칼로 이 몸의 가죽이라도 벗겨서~앞장을 서오리다. → 화자는 잘 드는 칼로 자신의 몸의 가죽을 벗겨 북을 만들어 울리겠다며 1연과 마찬가지로 극단적 표현을 사용하고 있다. 이러한 표현은 섬뜩함을 자아내면서도 기쁨의 전율을 극적으로 느낄 수 있게 하는 효과가 있다. 이때 '북'은 광복을 알리는 역할을 한다는 점에서 1연의 '인경'과 대응된다.

우렁찬 그 소리를~눈을 감겠소이다. → 계속해서 화자는 '그날'이 온 순간을 가정하며 그때 느낄 감격과 환희에 대해 이야기하고 있다. '우렁찬 그 소리'는 해방이 된 후 들릴 우리 민족의 함성이며, 화자는 그러한 소리를 듣기만 하면 그 자리에서 죽더라도 여한이 없을 것이라며 광복에 대한 간절한 염원을 드러내고 있다.

03 작품 해제

01 | 주제

조국 광복을 향한 간절한 염원

02 | 특징

① 조국의 광복을 강렬하게 염원하며 자기희생의 의지를 드러내는 화자 중심의 시
② 반복법, 가정법 등의 다양한 표현법을 사용하여 주제 의식을 강조함.
③ 경어체의 종결 어미를 사용하여 시상을 전개함.

03 | 작품 해제

「그날이 오면」은 3·1 운동을 기념하기 위해 1930년에 창작했다고 전해지는 작품으로, 민족의 독립이 오는 날을 가정하여 그날의 기쁨을 격정적으로 노래하고 있다. 이 시에서 '그날'은 조국 광복의 날을 의미하며, 화자는 작품 전체에 걸쳐 이러한 '그날'이 올 때 느낄 환희의 모습을 노래하고 있다. 극단적이면서도 전율을 느끼게 하는 표현들을 빈번하게 사용하여 민족의 해방을 향한 뜨거운 갈망을 분출하고 있으며, 이육사의 「절정」과 함께 1930년대를 대표하는 저항시로 평가받고 있다.

04 논문으로 만나는 출제자의 시선

「그날이 오면」에 나타난 작가 의식

심훈은 1920~30년대에 활발히 활동한 작가인데, 일제 강점기 당시 심훈은 지식인으로서의 책임감과 함께 무력감을 많이 느꼈다. 그래서 시를 통해 현실에 대한 무력감과 울분을 솔직하고 감정적으로 토로하는 한편, 미래에는 희망찬 날이 올 것이라는 소망을 노래하였다. 이는 「그날이 오면」에 잘 드러나 있다. 이 작품은 미래에 광복이 온 상황을 가정하여 시상이 전개되고 있다.

'그날'은 모두가 애타게 바라는 해방의 날로서 '삼각산이 일어나 더덩실 춤이라도 추고' '한강물이 뒤집혀 용솟음칠' 날이다. 그날이 오면 까마귀처럼 종로의 인경을 들이받아 두개골이 깨져도 좋다는 것은, 그만큼 강렬하게 그날이 오기를 온몸으로 소망하고 있음을 표현한 것이다. 두개골이 깨어지고, 자신의 가죽을 벗겨 북을 만들고, 그 자리에 거꾸러져 눈을 감아도 좋다는 것은 조국 광복을 위해서라면 기꺼이 자신을 희생하겠다는 의지의 표명이라 할 수 있다.

심훈이 쓴 시들은 하나같이 암울한 시대 현실을 배경으로 하고 있는데, 암울한 현실이 있다면 '그날'로 표출되는 미래의 이상향이 상정되기 마련이다. 심훈은 이러한 현실과 미래의 대립에서 오는 긴장감을 다양한 형식으로 표출했는데, 「그날이 오면」의 경우에는 자신의 온몸을 다 바칠 정도의 극단적인 자기희생의 의지로 이를 표출했다. 현실을 벗어나기를 갈구하면서 미래를 끊임없이 추구하던 본연의 낭만적 감수성을 바탕으로 당시의 시대와 사회에 대해 지녔던 역사의식을 시로 형상화한 것이다.

4 | 조지훈, 산상의 노래

STEP
01 OX 문제를 통한 지문 이해 훈련

나BS 수능특강 | 현대문학 ●

높으디 높은 산마루
낡은 고목에 못 박힌 듯 기대어
내 홀로 긴 밤을
무엇을 간구하며 울어 왔는가.

아아 이 아침
시들은 핏줄의 굽이굽이로
사늘한 가슴의 한복판까지
은은히 울려오는 종소리.

이제 눈감아도 오히려
꽃다운 하늘이거니
내 영혼의 촛불로
어둠 속에 나래 떨던 샛별아 숨으라.

환히 트이는 **이마 위**
떠오르는 햇살은
시월상달의 **꿈과** 같고나.

메마른 입술에 피가 돌아
오래 잊었던 피리의
가락을 더듬노니

새들 즐거이 구름 끝에 노래 부르고
사슴과 토끼는
한 포기 향기로운 싸릿순을 사양하라.

여기 높으디 높은 산마루
맑은 바람 속에 옷자락을 날리며
내 **홀로 서서**
무엇을 기다리며 노래하는가.

OX문제

01	수미상관의 방법을 통해 상황의 변화를 강조하고 있다. [2015학년도 6월B]	(O / X)
02	물음의 형식으로 종결하여 화자의 깨달음이 부정되고 있음을 나타내고 있다. [2021학년도 9월]	(O / X)
03	화자는 '이마 위'에 '떠오르는 햇살'이 그저 허망한 '꿈과 같'다며 씁쓸해하고 있다.	(O / X)
04	공감각적 표현으로 이미지를 선명하게 드러내고 있다. [2007학년도 수능]	(O / X)
05	화자는 '맑은 바람 속에 옷자락을 날리며' '홀로 서서' 변함없이 자신이 '간구하며 울'었던 '무엇'을 기다리고 있다.	(O / X)

STEP 02 지문 분석

높으디 높은 산마루
인고의 시간을 견뎌야 했던 공간

□ : 공간적 배경

낡은 고목에 못 박힌 듯 기대어
여러 해 자라 더 크지 않을 정도로 오래된 나무

내 홀로 긴 밤을
일제 강점기

바라고 구하며
무엇을 간구하며 울어 왔는가.
광복, 해방

1연 : 산마루에서 무엇인가를 간구하며 욺.(과거)

▨ : 시간의 흐름에 따른 상황의 변화(일제 강점기→광복)

아아 이 아침
광복

시들은 핏줄의 굽이굽이로

▨ : 고통스런 현실을 견디며 약해진 몸과 마음

사늘한 가슴의 한복판까지

은은히 울려오는 종소리.
간구하던 '무엇'이 왔음을 알리는 소리 → 해방의 종소리

2연 : 아침을 맞이함.(현재)

이제 눈감아도 오히려 / 꽃다운 하늘이거니
해방을 맞이한 조국의 하늘

날개
내 영혼의 촛불로 / 어둠 속에 나래 떨던 샛별아 숨으라.
일제 강점기 고통 받던 우리 민족

환히 트이는 이마 위

떠오르는 햇살은

시월상달의 꿈과 같고나.
'시월'을 예스럽게 이르는 말. 가장 좋은 달. → 희망, 감사의 이미지

3~4연 : 아침을 맞이한 현실에 대한 인식과 감격(현재)

과외식 해설

높으디 높은 산마루~무엇을 간구하며 울어 왔는가. → 화자는 '높은 산마루'에 올라 '홀로' '무엇'인가를 '간구하며 울어 왔'던 지난날을 떠올리고 있다. 시대적 배경이 해방 직후임을 고려해 보면 홀로 울었던 '밤'은 일제 강점기를, 화자가 간구했던 '무엇'은 광복을 의미한다고 볼 수 있다. 이때 '산마루'는 화자가 홀로 암울했던 시대의 괴로움을 견뎌내야 했던 공간이므로 인고의 공간이라 할 수 있다.

아아 이 아침~은은히 울려오는 종소리. → 화자는 '긴 밤'을 견뎌 내며 약해진 몸을 '핏줄'이 '시들'고 '가슴'이 '사늘'하게 식었다고 표현하고 있다. 또한 '아침', 즉 광복이 되었음을 알리는 은은한 '종소리'를 통해 광복을 맞이한 기쁨과 감격을 감각적으로 드러내고 있다.

이제 눈감아도 오히려~나래 떨던 샛별아 숨으라. → 해방의 기쁨에 감격한 화자는 '눈감아도', 즉 당장 목숨이 끊어지더라도 여한이 없다고 표현하고 있다. 또한 고통스런 현실 속에서 두려움에 떨던 '샛별', 즉 우리 민족들에게 따뜻한 '촛불' 속에 '숨으라'며 위로를 건네고 있다.

환히 트이는 이마 위~시월상달의 꿈과 같고나. → '햇살'이 '떠오르는' 상승 이미지를 통해 광복의 순간을 생동감 넘치게 표현하고 있다. 또한 '햇살'을 '시월상달의 꿈', 즉 가장 좋은 달의 꿈에 빗대어 광복을 맞이한 기쁨과 감격을 강조하여 드러내고 있다.

메마른 입술에 피가 돌아
생명력의 회복

오래 잊었던 피리의

가락을 더듬노니
공감각적 심상(청각의 촉각화)

「새들 즐거이 구름 끝에 노래 부르고

사슴과 토끼는
「 」: 화합하고 공존하는 삶에 대한 지향

한 포기 향기로운 싹릿순을 사양하라.」
남에게 양보함.
싸리나무의 새싹 → 사슴과 토끼의 양식

5~6연 : 아침을 맞이하는 자세(현재)

여기 높으디 높은 산마루
희망찬 미래를 염원하는 공간

맑은 바람 속에 옷자락을 날리며

내 홀로 서서

무엇을 기다리며 노래하는가.
미래에 대한 소망, 기대

7연 : 앞으로 맞이할 이상적 미래에 대한 염원(현재)

메마른 입술에 피가 돌아~가락을 더듬노니 → '메마른 입술에 피'가 돈다는 것은 생명력의 회복을 의미한다. '시들은 핏줄'과 '사늘한 가슴'에 더하여 입술까지 메말라 있던 화자가 조국의 해방을 맞이하게 되면서 약해졌던 생명력이 다시 회복됨을 느끼고 있는 것이다. 어두운 현실을 견디느라 '오래 잊었던 피리'를 이제는 연주할 수 있게 되었다는 것은, 이전의 평화와 즐거움을 다시 누릴 수 있게 되었음을 표현한 것이라 볼 수 있다.

새들 즐거이 구름 끝에~싹릿순을 사양하라. → 인고의 공간이었던 '산마루'는 아침을 맞이하게 되면서 '새들'이 '노래 부르고' '사슴과 토끼'가 '향기로운 싹릿순'을 양보하는 화합의 공간이 되었다. 평화롭게 공존하는 삶을 지향하는 화자의 태도를 엿볼 수 있다.

여기 높으디 높은 산마루~무엇을 기다리며 노래하는가. → 수미상관은 처음과 끝을 대응시켜 시적 안정감과 통일성을 얻고 주제를 강조하는 시상 전개 방식이다. 처음과 끝이 완전히 똑같을 필요는 없으며, 의미상의 대응과 유사한 조응만으로도 수미상관이 사용되었다고 볼 수 있다. 이 작품에서도 수미상관을 통해 변화된 화자의 처지와 자세를 강조하여 나타내고 있다. '무엇'을 간구하며 울어야 했던 1연의 '산마루'와 달리 7연의 아침을 맞이한 후의 '산마루'는 새로운 '무엇을 기다리며 노래하는' 공간이다. 여기서 '무엇'은 앞으로 맞이해야 할 더 밝은 미래에 관한 것이라고 이해할 수 있으며, 시기를 고려할 때 광복 후의 혼란을 잘 극복하여 이상적인 민주 국가를 수립하기를 바라는 화자의 염원이라고 볼 수 있다.

01 | 주제

광복의 기쁨과 조국의 미래에 대한 소망

02 | 특징

① 광복을 맞이하게 된 현재에 대한 기쁨과 이상적인 미래를 염원하는 화자 중심의 시
② 수미상관 구성을 통해 시적 안정감을 획득하고 달라진 상황에 따른 화자의 태도 변화를 표현함.
③ 대조적 이미지를 통해 화자의 정서를 드러냄.

03 | 작품 해제

「산상의 노래」는 해방의 기쁨과 앞으로 맞이할 미래에 대한 희망을 노래하고 있는 작품이다. 내용상 해방을 간구하던 과거를 다룬 1연, 해방의 기쁨과 감격을 노래하는 2~6연, 해방 이후의 새로운 과제에 대해 고민하는 7연의 세 부분으로 나누어 볼 수 있다. 또한 1연에서 '내 홀로 긴 밤을 / 무엇을 간구하며 울어 왔는가.'라며 인고의 세월 동안의 고통을 노래한 화자는 마지막 7연에서 '내 홀로 서서 / 무엇을 기다리며 노래하는가.'라며 더 밝은 미래가 도래하기를 희망하고 있다.

NBS _ 나 없이 EBS 풀지마라

STEP
04 논문으로 만나는 출제자의 시선

NBS 수능특강 | 현대문학

「산상의 노래」에 내재된 해방에 대한 성찰

「산상의 노래」는 해방을 맞이한 작가의 심정과 그에 내재된 민족의 정체성을 형상화한 작품이다. 민족 해방은 식민지에서 벗어나기 위한 다양한 시도에도 불구하고 자의가 아닌 타의로 성취되었다. 해방의 허무함은 시적 화자가 '무엇을 간구하며' 식민지 상황에서 '울어 왔는'지 스스로에게 묻는 계기를 제공한다. 이는 식민지 근대를 경험한 개인의 자기반성으로, 해방에 대한 기쁨보다 타의적 해방에 대한 허무함에서 비롯된 자책이다.

해방은 타의적으로 이루어진 것임에도 불구하고 '아침'의 형상으로 나타난다. 이러한 상황에서 해방의 기쁨은 '시들은 핏줄'과 '사늘한 가슴'에 '은은히' 나타난다.

시적 화자는 민족 공동체의 완전한 회복을 염원하며 해방 현실 이면에 자리한 '어둠 속'에서 '떨던 샛별'에 주목한다. 민족 공동체의 원형을 수립할 수 있다는 가능성과 믿음이 후속 세대에 대한 믿음으로 이어졌기 때문이다. 그런데 현실은 자주적으로 수립한 완전한 해방 공간이 아니라 '꿈'과 같은 불완전한 실체이다. 시적 화자가 불완전한 해방 현실을 수용하는 것은 현실에서 '오래 잊었던 피리의 / 가락'과 '노래'의 전통적 가치를 발견하였기 때문이다. 전통적 가치의 회복은 완전한 해방으로 이어질 수 있고, '향기'롭고 '즐거'운 해방 현실을 가능하게 한다. 이 과정에서 해방에 대한 성찰은 근대 민족 국가 수립에 대한 염원으로 확장되었으며, 이는 전통적 가치를 창조적으로 계승한 민족 구성원들에 대한 믿음과 기대로 이어진다.

일제 말기 조지훈의 현실 인식

조지훈은 시 창작과 학문 연구를 통해 일제에 대한 저항 의식을 나타냈다. 시 분야에서는 나라 잃은 시인의 비애를 저항시로 표출하였고, 사라져 가는 민족 문화에 대한 애착을 시적으로 승화시켰다. 학문 분야에서는 일제가 말살하려던 우리 고유의 문자인 한글과 민족 문화 연구 활동을 활발히 해 나갔다. 그는 암담한 현실에 대하여 통곡하고 싶은 마음을 시 속에 녹여 내는 한편, 민족 문화에 대한 주체적 인식과 사라져 가는 우리 전통문화의 아름다움에 대한 애정을 보이기도 했다. 그는 시를 통해 잊히고 사라져 가는 민족 문화를 노래하면서, 이를 말살하려는 일제에 대한 저항 의식을 드러내었다. 해방 직전 조지훈의 이러한 노력은 해방 직후 대한민국의 건국과 민족 문화 수립 옹호의 밑거름을 마련하였다는 점에서 역사적 의의가 크다.

다음 글을 읽고 물음에 답하시오. [21.6.평가원]

(가)

[A]
┌ 높으디높은 산마루
│ 낡은 고목(古木)에 못 박힌 듯 기대어
│ 내 홀로 긴 밤을
└ 무엇을 간구하며 울어 왔는가.

아아 이 아침
시들은 핏줄의 굽이굽이로
사늘한 가슴의 한복판까지
은은히 울려오는 종소리.

이제 눈감아도 오히려
꽃다운 하늘이거니
내 영혼의 촛불로
어둠 속에 나래 떨던 샛별아 숨으라.

환히 트이는 이마 우
떠오르는 햇살은
시월상달의 꿈과 같고나.

메마른 입술에 피가 돌아
오래 잊었던 피리의
가락을 더듬노니

새들 즐거이 구름 끝에 노래 부르고
사슴과 토끼는
한 포기 향기로운 싸릿순을 사양하라.

[B]
┌ 여기 높으디높은 산마루
│ 맑은 바람 속에 옷자락을 날리며
│ 내 홀로 서서
└ 무엇을 기다리며 노래하는가.

- 조지훈, 「산상(山上)의 노래」 -

(나)

꽃이 피었다
도시가 나무에게

반어법을 가르친 것이다
이 도시의 이주민이 된 뒤부터
속마음을 곧이곧대로 드러낸다는 것이
얼마나 어리석은가를 나도 곧 깨닫게 되었지만
살아 있자, 악착같이 들뜬 뿌리라도 내리자
속마음을 감추는 대신
비트는 법을 익히게 된 서른 볔 이후부터
나무는 나의 스승
그가 견딜 수 없는 건
꽃향기 따라 나비와 벌이
붕붕거린다는 것,
내성이 생긴 이파리를
벌레들이 변함없이 아삭아삭
뜯어 먹는다는 것
도로변 시끄러운 가로등 곁에서 허구한 날
신경증과 불면증에 시달리며 피어나는 꽃
참을 수 없다 나무는, 알고 보면
치욕으로 푸르다

- 손택수, 「나무의 수사학 1」 -

01. (가)와 (나)에 대한 설명으로 가장 적절한 것은?

① (가)는 계절의 변화에 따라 달라지는 주변 풍경을, (나)는 공간의 이동에 따른 풍경 변화를 묘사하고 있다.

② (가)는 시각적 이미지를 통해 자연의 위대함을, (나)는 청각적 이미지를 통해 자연에 대한 두려움을 표현하고 있다.

③ (가)는 명령형 어조를 활용하여 대상의 행동을 유도하고, (나)는 단정적 진술을 활용하여 주제 의식을 드러내고 있다.

④ (가)와 (나)는 인격화된 사물을 청자로 하여 화자의 소망을 전달하고 있다.

⑤ (가)와 (나)는 도치된 표현을 활용하여 화자가 처한 부정적 현실에 대한 극복 의지를 강조하고 있다.

03. 〈보기〉를 바탕으로 (나)를 감상한 내용으로 적절하지 않은 것은?

<보기>

「나무의 수사학 1」의 화자는 도심 속 가로수를 관찰하며 도시를 비판적으로 조망한다. 도시의 가로수는 나무의 푸름이나 아름다운 꽃조차도 도구적 가치에 의해서 평가된다. 화자는 삭막한 도시 환경에도 불구하고 고통을 참아 내며 꽃을 피우는 모습을 나무의 반어법으로 인식한다. 도시에 제대로 뿌리박지 못하면서도 도시 환경에 적응하여 꽃을 피우는 나무에서 치욕을 읽어 낸 것이다. 그것은 도시의 이주민인 화자가 나무에 대해 동질감을 느끼는 이유이기도 하다.

① '들뜬 뿌리'는 나무가 처한 상황에 대한 화자의 동질감을 반영하고 있군.

② '내성이 생긴 이파리'는 나무가 도시에 적응하면서 지니게 된 성질을 보여 주는군.

③ '시끄러운 가로등 곁'은 꽃을 피우며 참아 내야 할 삭막한 도시 환경을 드러내고 있군.

④ '신경증과 불면증'은 나무가 도시에 적응하기 위해 견뎌 내야 할 고통을 보여 주고 있군.

⑤ '치욕으로 푸르다'는 도구적 가치로 평가받아 그 환경에 적응하지 못하는 나무에 대한 비판적 표현이군.

02. [A]와 [B]를 이해한 내용으로 적절하지 않은 것은?

① [A]의 '높으디높은 산마루'에서 화자를 울게 한 문제는 [B]의 '여기 높으디높은 산마루'에서의 기다림의 대상이 아니다.

② [A]의 '못 박힌 듯' 기댄 자세는 과거의 고통을, [B]의 '옷자락을 날리며' 서 있는 자세는 미래에 대한 기대를 드러내고 있다.

③ [A]의 '긴 밤'에 담긴 부정적 상황은 '이 아침' 이후 [B]의 '맑은 바람'을 동반하는 새로운 상황으로 변화하고 있다.

④ [A]의 '무엇'이 [B]의 '무엇'으로 이행하는 과정에서 '나래 떨던 샛별'과 '향기로운 싸릿순'은 화자의 지향점으로 기능하고 있다.

⑤ [A]의 '간구'는 '사늘한 가슴'의 생명력 회복을 바라는 기원을, [B]의 '노래'는 '메마른 입술'에 생명력이 회복된 이후의 소망을 표출하고 있다.

STEP
01 OX 문제를 통한 지문 이해 훈련

나BS 수능특강 | **현대문학**

내 골방의 커-튼을 걷고
정성된 마음으로 **황혼(黃昏)**을 맞아들이노니
바다의 흰 갈매기들같이도
인간(人間)은 얼마나 **외로운** 것이냐

황혼아 네 부드러운 손을 힘껏 내밀라
내 뜨거운 입술을 맘대로 맞추어 보련다
그리고 네 품 안에 안긴 모든 것에
나의 입술을 보내게 해 다오

저— 십이성좌(十二星座)의 반짝이는 별들에게도
종(鐘)소리 저문 삼림(森林) 속 그윽한 수녀(修女)들에게도
시멘트 장판 위 그 많은 수인(囚人)*들에게도
의지가지없는 그들의 심장(心臟)이 얼마나 떨고 있는가

고비 사막(沙漠)을 걸어가는 낙타(駱駝) 탄 행상대(行商隊)에게나
아프리카 녹음(綠陰) 속 활 쏘는 토인(土人)들에게라도
황혼아 네 부드러운 품 안에 안기는 동안이라도
지구(地球)의 반(半)쪽만을 나의 타는 입술에 맡겨 다오

내 오월(五月)의 골방이 아늑도 하니
황혼아 내일(來日)도 또 저— 푸른 커-튼을 걷게 하겠지
암암(暗暗)히* 사라지긴 시냇물 소리 같아서
한번 식어지면 다시는 돌아올 줄 모르나 보다

*수인 : 옥에 갇힌 사람.
*암암히 : 기억에 남은 것이 눈앞에 아른거리는 듯하게. 또는 깊숙하고 고요하게.

OX문제

01 명시적 청자에게 말을 건네는 방식으로 시상을 전개하고 있다. [2024학년도 수능] (O / X)

02 열거의 방식을 활용하여 주제를 부각하고 있다. [2025학년도 6월] (O / X)

03 화자는 '커-튼을 걷고' '황혼을 맞아들이'며 '인간'이 '외로운' 존재임을 인식하게 되었다. (O / X)

04 화자는 아늑한 '골방'에서 외부와 단절된 탈속적 삶을 추구하고 있다. (O / X)

05 계절적 배경을 알려 주는 시어를 활용하여 시간에 따라 화자의 처지가 달라졌음을 드러내었다. [2022학년도 9월] (O / X)

STEP 02 지문 분석

내 골방의 커-튼을 걷고
☐ : 시공간적 배경

황혼을 맞이하는 화자의 태도
정성된 마음으로 황혼(黃昏)을 맞아들이노니
해 질 무렵

바다의 흰 갈매기들같이도
색채어

인간(人間)은 얼마나 외로운 것이냐

1연 : 인간의 외로움에 대한 인식

■ : 돈호법 / 의인화된 청자

황혼아 네 부드러운 손을 힘껏 내밀라
촉각적 심상 → 대상의 긍정적 속성을 구체화함.

내 뜨거운 입술을 맘대로 맞추어 보련다
대상에 대한 화자의 애정을 감각적으로 드러냄.

그리고 네 품 안에 안긴 모든 것에
애정의 대상 확대(황혼 → 모든 것)

나의 입술을 보내게 해 다오

2연 : 세상 모든 존재들에게 애정을 베풀고자 하는 의지

저- 십이성좌(十二星座)의 반짝이는 별들에게도
열두 별자리
■ : 소외된 존재들

종(鐘)소리 저문 삼림(森林) 속 그윽한 수녀(修女)들에게도
공감각적 심상(청각의 시각화)

시멘트 장판 위 그 많은 수인(囚人)들에게도
옥에 갇힌 사람

의지할 만한 대상이 없는
의지가지없는 그들의 심장(心臟)이 얼마나 떨고 있는가
별들, 수녀들, 수인들

이리저리 돌아다니며 물건을 파는 무리
고비 사막(沙漠)을 걸어가는 낙타(駱駝) 탄 행상대(行商隊)에게나
몽골고원 중부에 있는 사막

문명이 미치지 아니한 곳에 정착하여 사는 사람
아프리카 녹음(綠陰) 속 활 쏘는 토인(土人)들에게라도
푸른 잎이 우거진 나무나 수풀

과외식 해설

내 골방의 커-튼을~얼마나 외로운 것이냐 → 해 질 무렵 '황혼'을 보기 위해 '골방'의 커튼을 걷는 화자의 모습이 나타나 있다. '황혼'을 '정성된 마음으로' 맞이한다는 점에서 '황혼'을 향한 화자의 긍정적인 태도가 드러나고 있으며, 화자는 '황혼'을 보고 '인간은 얼마나 외로운 것이냐'라며 인간의 고독함에 대해 인식하고 있다. 이때, 화자가 '골방의 커-튼을 걷는 것은 폐쇄된 공간인 '골방' 안과 바깥세상의 '황혼'을 연결해 주는 능동적 행위라 할 수 있다.

황혼아 네 부드러운 손을~입술을 보내게 해 다오 → 화자는 '황혼'을 의인화하여 '부드러운 손을 힘껏 내밀'어 줄 것을 요구하고 있다. '황혼'이 내민 손에 자신의 '뜨거운 입술'을 맞추고 싶어 하는 화자의 모습에서 '황혼'을 향한 화자의 강한 애정을 확인할 수 있다. 또한 화자는 '황혼'뿐만 아니라 '황혼'의 '품 안에 안긴 모든 것'에도 '입술을 보내'고 싶다며 애정을 베풀고 싶다는 의지를 강하게 드러내고 있다. 이때 '황혼'은 저물어 가며 다른 존재를 따스하게 비춰 주는 빛이라는 점에서, 지상의 모든 것을 포용하는 사랑을 상징한다고 볼 수 있다.

저- 십이성좌(十二星座)의~활 쏘는 토인(土人)들에게라도 → 화자가 애정을 주고 싶은 존재들이 구체적으로 나열되고 있다. '반짝이는 별들', '그윽한 수녀들', '많은 수인들'은 의지할 만한 대상이 없다는 점에서 소외된 존재들이라 할 수 있으며, 화자는 이들의 '심장'이 떨고 있을 것을 생각하며 연민을 드러내고 있다. '낙타 탄 행상대'와 '활 쏘는 토인들'도 마찬가지로 화자가 포용하고 싶어 하는 대상들에 해당한다.

황혼아 네 부드러운 품 안에 안기는 동안이라도

지구(地球)의 반(半)쪽만을 나의 타는 입술에 맡겨 다오
　소외된 존재들이 있는 곳

　　　　　　　3~4연 : 소외된 존재들에 대한 연민과 황혼에게 건네는 당부

내 오월(五月)의 골방이 아늑도 하니

황혼아 내일(來日)도 또 저- 푸른 커-튼을 걷게 하겠지
　　　　색채어

암암(暗暗)히 사라지긴 시냇물 소리 같아서
기억에 남은 것이 눈앞에 아른거리는 듯하게. 또는 깊숙하고 고요하게.

한번 식어지면 다시는 돌아올 줄 모르나 보다
　황혼이 사라지는 것에 대한 화자의 아쉬움

　　　　　　　5연 : 황혼이 지는 것에 대한 아쉬움과 내일에 대한 기대

황혼아 네 부드러운 품 안에~입술에 맡겨 다오 → 화자는 '황혼'이 머무는 시간 동안 '지구의 반쪽', 즉 소외된 존재들이 머무는 곳에 애정을 베풀고자 하는 소망을 드러내고 있다. 외롭고 연약한 존재들을 향한 화자의 끝없는 사랑이 표현된 부분이다.

내 오월의 골방이~다시는 돌아올 줄 모르나 보다 → '황혼'이 비쳐 오는 '골방'을 '아늑'하다고 표현한 것에서 화자가 '골방'이라는 공간을 긍정적으로 여기고 있음을 알 수 있다. 화자는 황혼이 사라지는 것을 아쉬워하면서도 '황혼'이 '내일도' 커튼을 걷게 할 것이라는 기대를 드러내고 있다.

STEP 03 작품 해제
나BS 수능특강 | 현대문학

01 | 주제
황혼을 통해 드러내는 소외된 존재들에 대한 사랑

02 | 특징
① 소외된 존재들에 대한 애정을 드러내는 화자 중심의 시
② 인격화된 대상에게 말을 건네는 방식을 활용해 시상을 전개함.
③ 비유적 표현과 감각적 이미지를 활용하여 주제 의식을 강조함.

03 | 작품 해제
　　이 시는 '골방'에서 맞아들인 '황혼'을 의인화하여 소외된 존재들에 대한 뜨거운 애정을 드러내고 있는 작품이다. '황혼'을 맞이하는 순간 인간이 외로운 존재라는 사실을 인식하고, '황혼'의 품 안에 안긴 소외된 모든 것들에 대해 애정을 표현하는 화자의 모습이 잘 드러나 있다. 비유와 열거, 의인화된 대상에게 말을 건네는 방식을 통해 소외된 존재에 대한 화자의 연민과 포용 의지를 효과적으로 보여 주고 있다는 점이 특징적이다.

논문으로 만나는 출제자의 시선

이육사의 「황혼」 심층 분석

「황혼」의 시간적 배경은 황혼이고 공간적 배경은 골방이다. 화자는 황혼의 시간에 골방 안에서 사색에 잠겨 있다. 화자는 골방이라는 폐쇄적인 공간에서 수동적인 의식에 젖어 있는 것이 아니라, 커튼을 걷는 능동적인 행위를 한다. 그의 능동적 태도는 열린 세계의 시간을 맞이할 수 있는 준비 행위라고 할 수 있다. 이 준비 행위를 통해 화자는 해가 지고 있는 황혼 시간의 의미를 체득하게 된다. 이때 화자의 의식은 우선적으로 고독감에 휩싸인다. 하지만 골방이라는 폐쇄적 공간에서 열린 세계를 지향하였듯이, **고독이라는 내면적인 감정은 인간 사랑이라는 이타적이고 외향적인 정신으로 변하게 된다.**

황혼의 시간을 의인화시켜 그 황혼의 '부드러운 손'을 내밀어 달라는 요청과 황혼의 손에 '내 뜨거운 입술'을 맘대로 맞추어 보겠다는 의지는 열린 세계를 향한 뜨거운 인간애의 구현이다. 황혼의 품 안에 안긴 모든 것은 결국 지상의 모든 것일 테니 이것들을 향하여 나의 입술을 보내고 싶다는 것은 존재하는 모든 것들에 대한 열렬한 애정의 표현일 것이다. 그러나 세상에는 약하고 가난한 존재들이 너무나 많다. '십이성좌의 반짝이는 별들', '종소리 저문 산림 속 그윽한 수녀들', '시멘트 장판 위 그 많은 수인들'은 의지할 대상이 없는 외로운 존재들임에도 불구하고 그들의 심장의 박동은 멈추지 않고 있음을 화자는 잘 알고 있었다. 모두 다 고독 속에서 열린 세상을 꿈꾸는, 화자와의 동질성이 있는 존재들이며 또한 이들은 화자가 사랑해야 할 대상이기 때문이다. '고비 사막을 걸어가는 낙타 탄 행상대', '아프리카 녹음 속 활 쏘는 토인들' 모두를 황혼의 시간은 안고 있으니, 그 황혼의 시간 동안만이라도 지구의 반쪽까지 사랑하게 해 달라는 화자의 소망은 세계를 향한 진정한 구애의 태도일 것이다.

황혼은 사라질 수밖에 없는 시간이지만 그 시간 동안 이 세계의 모습은 찬란하게 아름답다. 황혼이 어둠 속으로 사라지는 것이 시냇물 소리 같다는 표현에는 짧은 황혼 시간에 대한 아쉬움과 허망함이 배어 있다. **황혼의 시간은 깊은 밤으로 흘러가면 다시는 돌아올 수가 없는 것인 동시에 다시 날이 밝고 한낮이 지나서 해가 질 무렵이면 어김없이 찾아오는 시간이라는 역설적 이해는 이 시의 핵심이다.** 그러나 내일 다시 찾아올 황혼은 오늘 본 황혼과는 어떤 방식으로든 다를 수밖에 없다. 오늘의 시간에 대한 강한 애정을 가지고 지구의 반쪽까지 사랑해 보려는 의식은 짧은 황혼에 대한 긍정과 애정에서 비롯되었을 것이다.

이육사 시에 나타난 '비극'과 '소망'

이육사 시인의 시 세계를 지배하는 정서는 비극성이다. 비극과 소망, 이 두 가지 상반된 시 의식의 변주 속에서 시인의 시는 역동적으로 발전해 나갔다. 그는 누구보다도 치열한 시 정신을 통해서 삶과 시의 일체화를 보여 줌으로써 한국 저항시의 대표 시인이 되었다.

등단 무렵의 작품인 「황혼」, 「한 개의 별을 노래하자」 등의 작품은 완성도에서도 손색이 없는 작품으로, 초기 시의 시 의식을 구체적으로 보여 주고 있다. 「황혼」은 낮과 밤이 교차하는 시간에 처한 폐쇄적인 공간인 골방에서도 새로운 밝음을 향한 의지를 잃지 않는 맑은 정신으로 가득 차 있었고, 「한 개의 별을 노래하자」에서는 별을 순수의 극치로 인식하여 이러한 순수 세계에 대한 순정을 형상화하는 데 성공하였다.

일제의 억압과 탄압이 가속화될수록 이육사 시의 비극성은 더욱 심화되어 갔다. 그러나 시인은 비극적 세계 양상에 대해 절망의 어조로써만 대응하지 않고 초기 시에 나타난 소망 의식을 다채롭게 확산시켜 나갔다. 1937~1939년 무렵의 작품 중에 가장 중요한 작품은 「노정기」와 「연보」이다. 두 작품의 제목은 무엇에 대한 기록의 의미라는 유사성을 지닌다. 작품의 내용 역시 고달픈 독립운동가의 삶을 구체적으로 형상화하고 있다. 초기 작품들에 비하여 비극성이 확대되어 있으나 소망의 어조는 그대로 남아 있음을 확인할 수 있다.

1940년대 이후의 작품에는 이육사의 시에서 가장 훌륭하다고 칭송받는 「절정」과 「광야」가 있다. 「절정」에서는 비극적인 한계 상황을 극복하려는 의지를 형상화하였으며, 「광야」에서는 남성적 기백으로 가득 찬 소망의 웅장한 발현을 보여 주었다. 그는 때로는 비극성의 극단을 통해 비극을 초월하고, 때로는 확산된 소망 의식을 통해 비극성을 무(無)화시켰던 것이다. 즉, 그의 전(全) 시기 작품을 통해 이육사 시인에게 비극은 소망을 낳는 밑바탕이었다는 점을 알 수 있다.

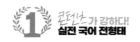

STEP 05 나BS 실전 문제

다음 글을 읽고 물음에 답하시오. [교육청 기출 변형]

(가)

[A]
내 골방의 커-튼을 걷고
정성된 맘으로 황혼을 맞아들이노니
바다의 흰갈매기들같이도
인간은 얼마나 외로운 것이냐

[B]
황혼아 네 부드러운 손을 힘껏 내밀라
내 뜨거운 입술을 맘대로 맞추어 보련다
그리고 네 품안에 안긴 모-든 것에
나의 입술을 보내게 해다오

[C]
저- 십이성좌의 반짝이는 별들에게도
종소리 저문 삼림 속 그윽한 수녀들에게도
시멘트 장판 위 그 많은 수인(囚人)들에게도
의지할 가지 없는 그들의 심장이 얼마나 떨고 있을까

[D]
고비사막을 끊어가는 낙타 탄 행상대에게나
아프리카 녹음 속 활 쏘는 인디언에게라도
황혼아 네 부드러운 품안에 안기는 동안이라도
지구의 반쪽만을 나의 타는 입술에 맡겨다오

[E]
내 오월의 골방이 아늑도 하오니
황혼아 내일도 또 저-푸른 커-튼을 걷게 하겠지
암암(暗暗)히 사라지긴 시냇물 소리 같아서
한번 식어지면 다시는 돌아올 줄 모르나 보다

　　　　　　　　　　　　- 이육사, 「황혼」 -

(나)

차운 물보라가
이마를 적실 때마다
나는 소년처럼 울음을 참았다.

길길이 부서지는 파도 사이로
걷잡을 수 없이 나의 해로(海路)가 일렁일지라도

나는 홀로이니라,
나는 바다와 더불어 홀로이니라.

일었다간 스러지는 감상(感傷)의 물거품으로
자폭(自爆)의 잔(盞)을 채우던 옛날은
이제 아득히 띄워보내고,

왼몸을 내어맡긴 천인(千仞)*의 깊이 위에
나는 꽃처럼 황홀한 순간을 마련했으니

슬픔이 설사 또한 바다만 하기로
나는 뉘우치지 않을
나의 하늘을 꿈꾸노라.

　　　　　　　　　　　　- 김종길, 「바다에서」 -

*천인(千仞) : 천 길, 매우 깊은 바다를 의미.

01. (가)와 (나)의 공통점으로 가장 적절한 것은?

① 수미상관 기법으로 구조적 안정감을 부여하고 있다.
② 촉각적 심상을 활용하여 대상의 속성을 구체화하고 있다.
③ 묻고 답하는 형식을 사용하여 주제 의식을 부각하고 있다.
④ 색채어를 사용하여 시적 공간에 대한 인식을 드러내고 있다.
⑤ 반어적 표현을 통해 현실에 대한 비판 의식을 드러내고 있다.

03. (나)를 '과거-현재-미래'의 시간 구조를 바탕으로 감상한 내용으로 적절하지 않은 것은?

① 화자는 '차운 물보라'와 같은 시련을 겪었던 과거의 경험을 떠올리고 있군.
② 화자는 '부서지는 파도' 속에 '해로가 일렁'이는 상황에서 '홀로'임을 느끼고 있군.
③ 화자는 '물거품'같이 '일었다간 스러'졌던 과거의 자신에 대한 미련으로 인해 '왼몸을 내어맡'기며 현재의 바다와 맞서고 있군.
④ 화자는 '자폭의 잔'을 채우던, '옛날'이라는 부정적 과거가 '아득히' 사라져 현재의 자신과 단절되기를 바라고 있군.
⑤ 화자는 자신이 느끼는 '슬픔'이 '바다만 하'더라도 '뉘우치지 않을' 수 있는 미래의 삶을 지향하고 있군.

02. [A]~[E]에 대한 이해로 적절하지 않은 것은?

① [A] : '바다의 흰갈매기'에 빗대어 '인간'이 '외로운' 존재임을 부각하고 있다.
② [B] : '황혼'의 '손'에 '입술'을 '맞추어 보'려는 것에서 '모-든 것'에 '입술'을 '보내'려는 것으로 인식이 확장되고 있다.
③ [C] : '의지할 가지 없'이 '떨고 있'는 존재들이 '별들', '수녀들', '수인들'에게 위로 받기를 바라는 마음을 보여 주고 있다.
④ [D] : '지구의 반쪽'을 '타는 입술'에 맡겨달라고 하며, '행상대'나 '인디언'을 향한 관심을 드러내고 있다.
⑤ [E] : '오월의 골방'에서 '아늑'함을 느끼면서 '내일도' '커-튼을 걷'어 '황혼'을 맞이하고 싶은 마음을 드러내고 있다.

04. 〈보기〉를 참고하여 (가)와 (나)를 감상한 내용으로 적절하지 않은 것은?

─────〈보기〉─────
　　시에서는 대립적 구조를 이용해 시적 의미를 효과적으로 드러내기도 한다. (가)에는 화자가 머무르고 있는 골방 안과, 만물을 포용할 수 있는 황혼이 존재하는 골방 밖 세계의 대립이 나타난다. 커튼이 쳐진 골방 안의 고립성과 골방 밖 세계의 개방성이 대립 구조를 이루며 화자의 인식이 부각되고 있는 것이다. 또한 (나)에서 바다와 하늘은 상하 공간 구조의 대립을 이루고 있다. 부정적 속성을 지니고 있는 바다와 긍정적 대상인 하늘을 대비하여 나타냄으로써 화자의 내면 상황을 선명하게 드러내고 있는 것이다.

① (가)에서 화자는 '커-튼을 걷'는 행위를 통해 골방 안과 골방 밖 세계라는 대립적 구조를 이루는 두 공간이 연결될 수 있음을 인식하고 있군.
② (가)에서 골방 안에 있는 화자는 골방 밖 세계에 존재하는 대상들 중에서 소외된 상황에 놓인 존재들을 떠올리며 그들에게 황혼의 포용성이 전해지기를 바라고 있군.
③ (가)에서 화자는 골방 밖 세계에 있는 황혼에게 자신의 바람을 전달함으로써 골방 안이라는 고립된 공간의 한계를 넘어서고자 하는 모습을 보이고 있군.
④ (나)에서 화자는 '천인의 깊이'의 바다를, 이와 대비를 이루는 '꿈꾸'어야 할 하늘로 여기는 인식의 전환을 통해 내면의 슬픔을 극복하려 하고 있군.
⑤ (나)에서 화자는 '이마를 적'시는 바다에 '울음을 참'으며 대응하던 소극적 자세에서 '꽃처럼 황홀한 순간'을 마련하여 하늘을 향해 나아가려는 능동적 자세로 변화하는 모습을 보이고 있군.

STEP 01 OX 문제를 통한 지문 이해 훈련

나BS 수능특강 | 현대문학

새벽 시내버스는
차창에 웬 찬란한 치장을 하고 달린다
엄동 혹한일수록
선연히 피는 **성에꽃**
어제 이 버스를 탔던
처녀 총각 아이 어른
미용사 외판원 파출부 실업자의
입김과 숨결이
간밤에 은밀히 만나 피워 낸
번뜩이는 기막힌 **아름다움**
나는 무슨 **전람회**에 온 듯
자리를 옮겨다니며 보고
다시 꽃이파리 하나, 섬세하고도
차가운 아름다움에 취한다
어느 누구의 막막한 한숨이던가
어떤 더운 가슴이 토해 낸 정열의 숨결이던가
일없이 정성스레 입김으로 손가락으로
성에꽃 한 잎 지우고
이마를 대고 본다
덜컹거리는 창에 어리는 푸석한 얼굴
오랫동안 함께 길을 걸었으나
지금은 면회마저 금지된 친구여.

OX문제

01	역설적 표현을 사용하여 모순적인 상황에 대한 반성적인 자세를 보여 주고 있다. [2016학년도 6월AB]	(O / X)
02	영탄적 표현을 통해 인물에 대한 그리움을 드러내고 있다. [2024학년도 9월]	(O / X)
03	화자는 '새벽 시내버스'를 타고 '전람회'에 가 '아름다'운 '성에꽃'들을 관찰하고 있다.	(O / X)
04	'성에꽃'을 '한 잎 지우'는 행위는 부정적인 시대 현실에 대한 화자의 저항을 의미한다.	(O / X)
05	계절의 변화를 통해 과거와 대비되는 현재의 상황을 드러내고 있다. [2020학년도 6월]	(O / X)

새벽 시내버스는　　■ : 시공간적 배경

차창에 웬 찬란한 치장을 하고 달린다　　■ : 은유법 → '성에꽃'을 비유
　버스 창문에 끼어 있는 성에들을 가리킴.

엄동 혹한일수록
몹시 추운 겨울의 심한 추위 → 암담하고 냉혹한 시대 상황을 상징함.

산뜻하고 아름답게
　선연히 피는 성에꽃
　　성에가 유리창에 끼어 있는 모습을 꽃에 비유하여 이르는 말
　　→ 서민들의 삶의 애환을 상징함.　　1~4행 : 새벽 시내버스 차창에 피어 있는 성에꽃을 봄.

어제 이 버스를 탔던

「처녀 총각 아이 어른
　　　　　　　　「 」 : 열거법 → 고단한 삶을 살아가는 서민들을 나열함.

미용사 외판원 파출부 실업자」의

입김과 숨결이 / 간밤에 은밀히 만나 피워 낸

번뜩이는 기막힌 아름다움
　　서민들의 삶에 대한 애정
　　　　　　　5~10행 : 성에꽃을 보며 느끼는 서민들의 삶의 아름다움

나는 무슨 전람회에 온 듯 / 자리를 옮겨다니며 보고

다시 꽃이파리 하나, 섬세하고도 / 차가운 아름다움에 취한다
　　　　　　역설법 → 차가운 유리창에 서민들의 아름다운 삶이 서려 있음을 강조함.

어느 누구의 막막한 한숨이던가 / 어떤 더운 가슴이 토해 낸 정열의 숨결이던가
　　　　　서민들의 고단한 삶　　　　　　　　서민들의 의지와 열정

일없이 정성스레 입김으로 손가락으로

성에꽃 한 잎 지우고 / 이마를 대고 본다
　　　　　　　　　　　　11~19행 : 서민들의 삶에 대한 공감
　　화자의 초췌한 얼굴에 옥살이를 하는 친구의 얼굴이 중첩됨.

『덜컹거리는 창에 어리는 푸석한 얼굴』
　　　　　　　　『 』 : 시상의 전환(성에꽃 → 친구)

오랫동안 함께 길을 걸었으나
　　　부조리한 현실에 저항하는 삶

지금은 면회마저 금지된 친구여.
　영탄법 → 친구에 대한 안타까움을 드러냄.
　　　　　　　20~22행 : 지금은 만나지 못하는 친구에 대한 안타까움

새벽 시내버스는~선연히 피는 성에꽃 → 화자는 추운 겨울날 새벽, 버스 창문에 핀 '성에꽃'을 바라보고 있다. '새벽', '시내버스', '엄동 혹한'이라는 시공간적 배경을 고려할 때, '성에꽃'은 고단한 현실을 살아가는 서민들의 숨결로 만들어진 것이라고 이해할 수 있다. 이러한 '성에꽃'을 '찬란한 치장'이라고 표현하고 있는 것을 통해 화자가 서민들의 삶을 긍정적인 시선으로 바라보고 있음을 알 수 있다. 또한 1980년대라는 시대적 배경을 고려하면, '엄동 혹한'은 독재 정권이라는 암울한 시대 상황을 상징한다고 볼 수 있다.

어제 이 버스를~번뜩이는 기막힌 아름다움 → 화자는 '성에꽃'을 피워 낸 사람으로 '처녀', '총각', '아이', '어른' 등과 같은 서민들을 나열하고 있다. 그들의 '입김과 숨결'로 만들어진 '성에꽃'을 아름답다고 표현한 것에서 화자가 서민들의 삶과 애환에 애정을 느끼고 있음을 알 수 있다.

나는 무슨 전람회에 온 듯 / 자리를 옮겨다니며 보고 → 서민들의 고된 삶이 승화된 '성에꽃'들을 마치 '전람회'에 온 듯 살펴보는 모습을 통해 화자가 서민들의 삶에 관심을 보이며 공감하고 있음을 알 수 있다.

섬세하고도 / 차가운 아름다움에~정열의 숨결이던가 → 역설적 표현을 통해 고단한 현실을 살아가는 서민들의 애환이 담긴 '성에꽃'의 아름다움을 강조하고 있다. 화자는 힘겨운 삶에 대해 절망과 막막함을 느끼면서도 이를 견디며 살아가고자 하는 서민들의 열망이 만들어 낸 '성에꽃'을 보고 감동을 느끼고 있다.

덜컹거리는 창에~지금은 면회마저 금지된 친구여. → '성에꽃'을 바라보며 서민들의 삶에 대한 애정을 드러내던 화자가 창문에 비친 자신의 얼굴에서 '면회마저 금지된 친구'를 떠올리면서 시상이 전환되고 있다. 시대 상황을 고려할 때, 화자와 '친구'가 함께 걸었던 '길'은 부조리한 사회 현실에 저항하는 삶을 의미한다고 볼 수 있으며, '면회마저 금지'되었다는 표현에서 친구가 옥살이를 하는 상황임을 알 수 있다. 화자는 이러한 친구에 대한 안타까움과 그리움을 드러내며, 힘겨운 삶을 살아가는 사람들을 향한 깊은 연대감을 표현하고 있다.

03 작품 해제

01 | 주제

1980년대의 암울한 시대상과 서민들의 애환에 대한 애정

02 | 특징

① 서민들의 고달픈 삶에 대한 공감과 면회마저 금지된 친구에 대한 그리움을 드러내는 화자 중심의 시
② 계절적 배경을 활용하여 시적 분위기와 주제 의식의 연관성을 높임.
③ 명사나 명사형으로 된 시어를 행 끝에 배치하여 운율감을 형성함.
④ 감각적 표현과 역설법을 사용하여 의미를 강조함.

03 | 작품 해제

　「성에꽃」은 추운 겨울날 새벽 시내버스 차창에 핀 성에꽃을 통해 힘겨운 현실을 살아가는 서민들에 대한 연민과 애정을 노래하고 있는 작품이다. 화자가 성에꽃을 발견하는 것으로 시작된 시상의 흐름은 20행에서 전환되는데, 여기서 화자는 '면회마저 금지된 친구'에 대한 그리움과 안타까움을 드러낸다. 1980년대라는 시대적 배경을 고려할 때, '친구'는 부조리한 현실에 저항하다 옥살이를 하게 된 것으로 이해할 수 있으며, 이를 안타까워하는 화자의 모습을 통해 당대의 암울한 시대 분위기가 드러나고 있다. 새벽 버스에서 성에꽃을 발견하는 개인적 체험과 '면회마저 금지된 친구'가 상징하는 시대적 경험을 연결시켜 주제 의식을 전달하고 있다는 것이 이 시의 특징이다.

STEP
04 논문으로 만나는 출제자의 시선

1980년대와 최두석의 시적 경향

최두석 시인은 1980년대 초에 등단하였는데, 일반적으로 80년대를 '시의 시대'라고 한다. 80년대 시의 흐름은 크게 ① 전통적 서정시의 계보를 잇는 시 경향 ② 기존의 체제, 언어의 질서까지도 부정하는 해체시의 경향 ③ 운동 성향의 민중시 경향으로 나눌 수 있다. 80년대에 닥친 격변의 현실과 독재라는 충격에도 불구하고 이러한 '시의 시대'를 맞이할 수 있었던 것은 젊은 문학청년들의 강한 열정을 바탕으로 시적 활동이 활발하게 이루어졌기 때문이다. 또한 1980년대에는 함축적이며 상징적인 시가 상대적으로 주목받게 되었는데, 이는 정치권력이 언어의 소통에 개입하면서 언어를 기반으로 하는 문학의 소통이 자연히 간결하고 상징적인 시로 활성화되었기 때문이다.

또, 광주 항쟁의 비극은 사회 전반에 걸쳐 엄청난 의식의 전환을 불러왔으며, 이 영향으로 문학에서는 민중 문학이 하나의 운동으로서 전개되었다. 그리고 80년대 중반을 거치면서 민중 문학은 조직에 의한 실천 운동으로서의 목적성을 갖게 되었다.

이러한 시대 상황 속에서 본격적인 글쓰기를 시작한 최두석은 운동 성향의 민중시를 쓰는 시인 집단에 포함되며, 시집 『대꽃』과 『성에꽃』을 냈다. 『대꽃』은 80년대 초반, 즉 84년까지의 시들을 엮은 것이며 『성에꽃』은 그 이후부터 90년까지의 시들을 담은 것으로, 이 시기는 민중 문학이 실천성과 목적성을 갖기 시작한 시기와 맞물린다. 『대꽃』과 『성에꽃』은 민중의 모습을 담고 있다는 점에서 공통적이지만, 시인이 민중들의 목소리를 대변하는 정도에 차이를 보인다. 『대꽃』이 객관적 입장에서 민중들의 소리를 듣고 대변하고 있다면, 『성에꽃』은 민중의 목소리를 보다 직접적으로 들려주는 적극적 대변을 시도하고 있다는 점에서 한발 더 나아간 민중 의식을 보여 준다.

이야기 시와 민중 의식

최두석은 1980년대 초에 등단하면서 그 시대가 가지는 가난의 연속성과 사회적 현실을 마주하고 풀리지 않는 시대적 현상을 시로 엮어 내었다. 그의 시의 특징은 '이야기 시'라는 것이다. 그는 "이야기에는 그 이야기를 생성한 자의 마음이 스며들어 있다. 그것은 문학 작품 속에 작가의 마음이 들어 있는 것과 마찬가지이다. 또한 세상에 떠도는 이야기에는 그 이야기를 간직했던 여러 사람의 마음이 스며들어 있다."라고 말한 바 있는데, 이는 곧 이야기에는 나와 같은 민중의 삶과 세상을 보는 마음이 들어 있다는 것으로 이해할 수 있다.

그는 '이야기 시'라는 시의 형식을 갖춤으로써 보다 객관적이며 사실적인 사회 현상을 차분한 어조로 말할 수 있게 되었는데, 독자는 이러한 차분한 이야기에서 오히려 더욱 처절한 울림을 체험하게 된다. 최두석에게 있어서 이러한 차분한 어조의 사용은 시에 등장하는 민중들이 가난에 맞서 싸우는 적극성을 보여 준다기보다는, 그러한 현실을 견디며 살아가는 민중들의 모습을 보여 주기 위한 장치라고 할 수 있다.

05 나BS 실전 문제

다음 글을 읽고 물음에 답하시오. [12.5.평가원]

(가)

[A] 지금은 ㉠ 남의 땅—빼앗긴 들에도 봄은 오는가?

　　나는 온몸에 햇살을 받고
　　㉡ 푸른 하늘 푸른 들이 맞붙은 곳으로
　　가르마 같은 논길을 따라 꿈속을 가듯 걸어만 간다
[B]
　　입술을 다문 하늘아 들아
　　내 맘에는 나 혼자 온 것 같지를 않구나
　　네가 끌었느냐 누가 부르더냐 답답워라 말을 해 다오.

　　바람은 내 귀에 속삭이며
　　한 자욱도 섰지 마라 옷자락을 흔들고
　　종다리는 울타리 너머 아씨같이 구름 뒤에서 반갑다 웃네.

　　고맙게 잘 자란 ㉢ 보리밭아
　　간밤 자정이 넘어 내리던 고운 비로
　　너는 삼단 같은 머리를 감았구나 내 머리조차 가뿐하다.

　　혼자라도 가쁘게나 가자
[C] 마른 논을 안고 도는 착한 도랑이
　　젖먹이 달래는 노래를 하고 제 혼자 어깨춤만 추고 가네.

　　나비 제비야 깝치지 마라
　　맨드라미 들마꽃에도 인사를 해야지
　　아주까리기름을 바른 이가 지심매던 그 들이라 다 보고 싶다.

　　내 손에 ㉣ 호미를 쥐어 다오
　　살찐 젖가슴 같은 부드러운 이 흙을
　　발목이 시도록 밟아도 보고 좋은 땀조차 흘리고 싶다.

　　강가에 나온 아이와 같이
　　짬도 모르고 끝도 없이 닫는 내 혼아
　　무엇을 찾느냐 어디로 가느냐 우스웁다 답을 하려무나.
[D]
　　나는 온몸에 풋내를 띠고
　　㉤ 푸른 웃음 푸른 설움이 어우러진 사이로

　　—다리를 절며 하루를 걷는다 아마도 봄 신령이 지폈나 보다.

[E] 그러나 지금은—들을 빼앗겨 봄조차 빼앗기겠네.

　　　　　　　　　　　- 이상화, 「빼앗긴 들에도 봄은 오는가」 -

(나)

새벽 시내버스는
차창에 웬 찬란한 치장을 하고 달린다
엄동 혹한일수록
선연히 피는 성에꽃
어제 이 버스를 탔던
처녀 총각 아이 어른
미용사 외판원 파출부 실업자의
입김과 숨결이
간밤에 은밀히 만나 피워낸
번뜩이는 기막힌 아름다움
나는 무슨 전람회에 온 듯
자리를 옮겨 다니며 보고
다시 꽃이파리 하나, 섬세하고도
차가운 아름다움에 취한다
어느 누구의 막막한 한숨이던가
어떤 더운 가슴이 토해낸 정열의 숨결이던가
일없이 정성스레 입김으로 손가락으로
성에꽃 한 잎 지우고
이마를 대고 본다
덜컹거리는 창에 어리는 푸석한 얼굴
오랫동안 함께 길을 걸었으나
지금은 면회마저 금지된 친구여.

　　　　　　　　　　　- 최두석, 「성에꽃」 -

01. (가), (나)의 공통점으로 가장 적절한 것은?

① 계절적 배경을 소재로 하여 시의 분위기를 형성하고 있다.
② 역설적 표현을 통해 일상적 삶에 대한 반성을 드러내고 있다.
③ 여정에 따른 공간 변화를 바탕으로 화자의 정서를 다양하게 드러내고 있다.
④ 직유법을 여러 번 사용하여 대상의 모양이나 속성을 선명하게 제시하고 있다.
⑤ 명사나 명사형으로 된 시어를 일부 행들의 끝에 배치하여 운율감을 자아내고 있다.

02. 〈보기〉를 참고하여, (가)의 [A]~[E]를 이해한 내용으로 적절하지 않은 것은?

─〈보기〉─

1920년대 중반에 일부 시인들은 민중의 참담한 상황, 그리고 노동에 기반한 민중의 생명력에 주목하면서 민중의 생활을 노래하였다. 이런 점은 「빼앗긴 들에도 봄은 오는가」에도 잘 반영되어 있다.

① [A]의 ㉠은 당시 민중의 참담한 상황을 나타낸 표현이군.
② [C]의 ㉢에는 민중의 생명력이, ㉣에는 노동을 중시하는 화자의 태도가 함의되어 있군.
③ [B]와 [D]의 비교에서 드러나는 태도의 변화로 보아, [C]에는 민중의 실상에 대한 화자의 안타까움도 내재되어 있군.
④ [B]의 ㉡에는 화자의 이상이, [D]의 ㉤에는 화자의 현실 인식이 투영되어 있군.
⑤ [A]와 [E]의 연관으로 보아, [B]~[D]에서의 화자의 행위는 민중의 처지를 바꿔 보려는 적극적 의지의 소산이군.

다음 글을 읽고 물음에 답하시오. [교육청 기출 변형]

(가)

[A]
　새벽 시내버스는
　차창에 웬 찬란한 치장을 하고 달린다
　엄동 혹한일수록
　선연히 피는 성에꽃

[B]
　어제 이 버스를 탔던
　처녀 총각 아이 어른
　미용사 외판원 파출부 실업자의
　입김과 숨결이
　간밤에 은밀히 만나 피워 낸
　번뜩이는 기막힌 아름다움

[C]
　나는 무슨 전람회에 온 듯
　자리를 옮겨 다니며 보고
　다시 꽃이파리 하나, 섬세하고도
　차가운 아름다움에 취한다
　어느 누구의 막막한 한숨이던가
　어떤 더운 가슴이 토해 낸 정열의 숨결이던가

[D]
　일없이 정성스레 입김으로 손가락으로
　성에꽃 한 잎 지우고
　이마를 대고 본다

[E]
　덜컹거리는 창에 어리는 푸석한 얼굴
　오랫동안 함께 길을 걸었으나
　지금은 면회마저 금지된 친구여.

　　　　　　　　　- 최두석, 「성에꽃」 -

(나)

흔들리는 나뭇가지에 꽃 한번 피우려고
눈은 얼마나 많은 도전을 멈추지 않았으랴

싸그락 싸그락 두드려 보았겠지
난분분 난분분 춤추었겠지
미끄러지고 미끄러지길 수백 번,

바람 한 자락 불면 휙 날아갈 사랑을 위하여
햇솜 같은 마음을 **다 퍼부어 준 다음에야**
마침내 피워 낸 저 황홀 보아라

봄이면 가지는 그 **한 번 덴** 자리에
세상에서 가장 **아름다운 상처**를 터뜨린다

　　　　　　　　　- 고재종, 「첫사랑」 -

03. (가)와 (나)의 공통점으로 적절한 것은?

① 영탄적 어조를 사용하여 화자의 고조된 감정을 드러내고 있다.
② 공감각적 심상을 활용하여 대상을 참신하게 표현하고 있다.
③ 음성 상징어를 반복하여 대상에 생동감을 부여하고 있다.
④ 반어적 표현을 활용하여 시어의 의미를 부각하고 있다.
⑤ 명령형 표현을 사용하여 화자의 의지를 강조하고 있다.

04. [A]~[E]를 이해한 내용으로 적절하지 않은 것은?

① [A] : 계절적 배경과 관련지어 차창에 핀 성에꽃의 속성을 드러내고 있다.
② [B] : 서민들의 입김과 숨결이 만나 이루어진 성에꽃에서 아름다움을 느끼고 있다.
③ [C] : 서민들의 삶에 대한 따뜻한 시선을 바탕으로 성에꽃의 아름다움에 심취하고 있다.
④ [D] : 현실의 벽에 부딪혀 성에꽃을 지우는 태도를 통해 무력감을 드러내고 있다.
⑤ [E] : 오랫동안 함께 했던 친구를 떠올리며 안타까움을 느끼고 있다.

05. 〈보기〉를 바탕으로 (나)를 이해한 내용으로 적절하지 <u>않은</u> 것은?

> ─── 〈보기〉 ───
>
> 　이 작품은 눈과 나뭇가지의 사랑을 그리고 있다. 눈은 바람이 불면 날아가 버릴지라도 나뭇가지에 눈꽃을 피우기 위해 인내하고 헌신하는 존재이다. 이러한 노력으로 첫사랑인 눈꽃을 피워 내고, 봄이 되면 나뭇가지는 아름다운 꽃을 피워 낸다. 이를 통해 인내와 헌신으로 피워 낸 사랑의 고귀함을 전달하고 있다.

① '미끄러지고 미끄러지길 수백 번'은 눈이 눈꽃을 피우기 위해 겪는 시련으로 볼 수 있다.

② '다 퍼부어 준 다음에야'는 나뭇가지에 대한 눈의 헌신적 태도로 볼 수 있다.

③ '마침내 피워 낸 저 황홀'은 나뭇가지의 노력을 통해 피어난 봄꽃의 기쁨으로 볼 수 있다.

④ '한 번 덴 자리'는 눈이 녹은 자리이자 봄꽃이 피는 자리라는 점에서 고귀한 사랑의 바탕으로 볼 수 있다.

⑤ '아름다운 상처'는 끝없는 인내와 헌신 끝에 얻은 사랑의 결실인 봄꽃으로 볼 수 있다.

STEP
01 OX 문제를 통한 지문 이해 훈련

ㄴBS 수능특강 | **현대문학** ●

비애! 너는 모양할 수도 없도다.
너는 나의 가장 안에서 살었도다.

너는 박힌 화살, 날지 않는 새,
나는 너의 슬픈 울음과 아픈 몸짓을 지니노라.

너를 **돌려보낼** 아모 **이웃도** 찾지 못하였노라.
은밀히 이르노니— '**행복**'이 너를 아조 싫여하더라.

너는 짐짓 나의 심장을 차지하였더뇨?
비애! 오오 나의 신부! 너를 위하야 나의 창과 웃음을 닫었노라.

이제 나의 **청춘이 다한 어느 날** 너는 **죽었도다**.
그러나 너를 묻은 아모 석문(石門)도 보지 못하였노라.

스사로 불탄 자리에서 나래를 펴는
오오 **비애**! 너의 **불사조** 나의 눈물이여!

OX문제

01	동일한 종결 어미의 반복을 활용하여 리듬감을 형성하고 있다. [2020학년도 9월]	(O / X)
02	인격화된 대상을 청자로 하여 화자의 소망을 전달하고 있다. [2021학년도 6월]	(O / X)
03	'비애'는 자신을 '돌려보낼' '이웃'을 '찾지 못'한 화자에게 '행복'이 '너'를 아주 싫어한다고 일렀다.	(O / X)
04	화자는 자신의 '청춘이 다한 어느 날' '죽었'던 '비애'를 '불사조'에 빗대어 표현함으로써 '비애'의 영원성을 드러내고 있다.	(O / X)
05	화자를 거듭 명시하면서 시상을 전개하고 있다. [2025학년도 6월]	(O / X)

STEP 02 지문 분석

비애! 너는 모양할 수도 없도다.
돈호법 의인법   모양(형태)이 없음. → 관념적 정서인 비애

■ : 감탄형 종결 어미의 사용 → 운율 형성, 정서 강조

너는 나의 가장 안에서 살았도다.
          내면 깊숙한 곳

1연 : '나'의 깊은 내면에 자리 잡은 비애

■ : 은유법 → '비애'의 보조 관념

너는 박힌 화살, 날지 않는 새,
정적 이미지 → 화자의 내면 깊숙이 고정되어 있는 비애의 속성 강조

나는 너의 슬픈 울음과 아픈 몸짓을 지니노라.

2연 : 슬픔과 아픔을 지닌 비애

          아무
너를 돌려보낼 아모 이웃도 찾지 못하였노라. / 은밀히 이르노니— '행복'이 너를 아조 싫여하더라.
    비애를 떨칠 수 있도록 해 주는 이웃이 아무도 없음.

3연 : 행복이 싫어하는 비애

      일부러
너는 짐짓 나의 심장을 차지하였더뇨?
                설의법

비애! 오오 나의 신부! 너를 위하야 나의 창과 웃음을 닫었노라.

4연 : '나'의 마음을 차지한 비애

이제 나의 청춘이 다한 어느 날 너는 죽었도다.

그러나 너를 묻은 아모 석문(石門)도 보지 못하였노라.
          예수의 무덤 입구에 놓인 석문을 상징 → '비애'의 부활을 암시함.

5연 : '나'의 청춘과 함께 죽은 비애

  스스로
스사로 불탄 자리에서 나래를 펴는
                    날개

오오 비애! 너의 불사조 나의 눈물이여!
5~600년마다 스스로 불에 타 죽고 다시 살아난다는 이집트 신화의 새 → 비애의 종교적 승화

6연 : 부활하는 비애

과외식 해설

비애! 너는~가장 안에서 살었도다. → '비애'라는 인격화된 청자에게 말을 건네는 방식으로 시상이 전개되고 있다. '비애'가 화자의 '가장 안에서 살았다'는 것에서 화자의 내면 깊숙한 곳에 '비애'라는 정서가 자리 잡고 있음을 알 수 있으며, 이는 곧 '비애'가 화자의 근원적 감정임을 드러내는 것이라 할 수 있다.

너는 박힌 화살,~아픈 몸짓을 지니노라. → '비애'를 움직이지 않고 고정되어 있는 '박힌 화살', '날지 않는 새'에 빗대어 표현함으로써 화자의 내면에 뿌리 박혀 있는 '비애'의 이미지를 부각하고 있다. 또한 '슬픈 울음'과 '아픈 몸짓'이라는 감각적 이미지를 통해 '비애'의 속성을 구체적으로 형상화하고 있다.

너를 돌려보낼 아모~아조 싫여하더라. → '비애'를 돌려보낼 아무 이웃도 찾지 못했다는 것은 혼자서 감내해야 하는 '비애'의 속성을 나타낸 것이라 할 수 있으며, 이는 곧 '비애'가 벗어나고자 해도 벗어날 수 없는 정서임을 드러낸 것이다. 또한 '행복'이 '비애'를 아주 싫어한다고 표현함으로써 '비애'는 '행복'과는 대립되는 정서임을 제시하고 있다.

너는 짐짓~나의 창과 웃음을 닫었노라. → 설의적 표현을 통해 '비애'가 결국 '나의 심장을 차지하였'음을 강조하고 있다. 이때 '비애'를 '신부'라고 칭한 것에서 화자가 '비애'를 동반자로 여기고 받아들이고 있음을 알 수 있다. 또한 화자는 '비애'를 위해 '창과 웃음을 닫았'다며 마음을 열지 못하고 웃을 수도 없는 '비애'와의 삶을 보여 주고 있다.

이제 나의 청춘이~너의 불사조 나의 눈물이여! → 화자의 청춘과 함께 죽었던 '비애'가 스스로 불탄 자리에서 날개를 펴는 '불사조'의 이미지로 형상화되고 있다. 이 시가 가톨릭 신자였던 정지용의 종교 시임을 고려하면, 이는 인간이 '비애'로 인해 고통을 겪다가 육체적으로 죽지만 종교적으로는 영원의 세계에서 구원을 받을 수 있음을 드러낸 것으로, 비애(슬픔)의 종교적 승화를 보여 주고 있는 것이라 할 수 있다.

STEP
03 작품 해제

01 | 주제

인간의 근원적 감정인 비애에 대한 성찰

02 | 특징

① 자신의 삶에 뿌리박혀 피할 수 없는 정서인 비애에 대해 성찰하는 화자 중심의 시
② 관념적인 정서를 구체적인 대상으로 형상화함.
③ 감탄형 종결 어미를 활용하여 화자의 정서를 표현함.

03 | 작품 해제

「불사조」는 인간의 근원적 정서인 '비애'에 대해 탐구하고 있는 작품이다. 화자는 '비애'라는 관념적 정서를 '박힌 화살', '날지 않는 새', '신부', '불사조', '나의 눈물'에 빗대어 표현함으로써 구체적 대상으로 형상화하고 있다. 특히 '비애'를 인생의 동반자인 '나의 신부'로 표현한 것에서, '비애'를 인간의 숙명으로 여기고 수용하는 화자의 인식을 확인할 수 있다. 또한 '불사조'가 되어 살아나는 '비애'의 모습을 통해 '비애'를 종교적으로 승화하고자 하는 태도를 드러내고 있다.

STEP
04 논문으로 만나는 출제자의 시선

> ### 「불사조」에 나타난 비애의 역설적 의미
>
> 정지용은 1928년 가톨릭 신자로서 세례를 받은 이래, 일관되게 자신의 삶 가운데서 가톨릭 신앙을 지켜 가며 종교시(종교의 교리나 사상, 신앙 따위를 노래한 시)를 발표하면서 문학 세계를 구축해 갔다. 정지용의 종교시는 「임종」, 「은혜」, 「비극」, 「불사조」, 「슬픈 우상」, 「갈리레아 바다」, 「다른 한울」, 「또 하나 다른 태양」, 「나무」, 「별」, 「승리자 김안드레아」까지 총 11편으로 알려져 있다. 가톨릭을 자신의 신앙으로 받아들일 수밖에 없었던 계기를 '고통'의 감각에서 찾은 정지용은 이를 자신의 종교시에 담아내었다.
> 정지용 종교시의 고통은 비애로부터 비롯된다. 가톨릭 신앙에서 고통은 '슬픈 기쁨'과 '기쁜 슬픔' 사이의 일종의 싸움이라고 해석되는데, 왜냐하면 슬픔이 커질수록 인간은 구원에 대한 갈망이 열렬해지고, 구원은 다시 기쁨이 되기 때문이다. 이에 따르면 '비애'는 슬픈 기쁨과 기쁜 슬픔 사이의 갈등 사이에서 성립되는 역설적 슬픔에 해당한다. 이를 고려할 때 종교적 의미에서의 슬픔은 역설적 의미를 갖는다고 볼 수 있으며, 정지용의 「불사조」는 그러한 의미가 더욱 극대화되어 나타나는 작품이다.
> 「불사조」는 '비애'를 의인화한 작품으로, 그는 시에서 비애를 '나의 가장 안에' '박힌 화살'이자 '나의 심장'을 차지하고 있는 '나의 신부'와 같은 것으로 형상화하고 있다. 이는 정지용의 내면에 비애의 감정이 얼마나 깊이 뿌리박힌 근원적 감정 중 하나인가를 잘 보여 준다. 특히 이 시는 마지막 부분에서 '비애'를 '불사조'에 비유함으로써 '비애'라는 감정을 영원불변하는 절대적인 것으로 승격시킨다. 그리고 그것은 곧 시적 주체의 '눈물'이다. 정지용은 이 작품에서 '비애'는 인간이 아무리 거부하고 부정하려 해도 그것이 불가능하며 오히려 사랑하며 더불어 살아가야 하는 정서라는 것을 강조하는데, 이는 앞서 말한 비애의 역설적 의미라고 할 수 있다. 인간의 힘으로는 극복 불가능하지만 종교적 세계관 안에서 승화되는 역설적 슬픔, 그것이 바로 정지용 종교시에 담긴 비애라 할 수 있다.

8 | 문병란, 꽃씨

STEP

01 OX 문제를 통한 지문 이해 훈련

나BS 수능특강 | **현대문학**

가을날
빈손에 받아 든 작은 **꽃씨 한 알**!

그 숱한 잎이며 꽃이며
찬란한 빛깔이 사라진 다음,
오직 한 알의 작은 **꽃씨** 속에 모여든 가을.

빛나는 여름의 오후,
핏빛 **꽃들의 몸부림**이며
뜨거운 **노을의 입김이 여물어**
하나의 무게로 만져지는 것일까.

비애의 껍질을 모아 불태워 버리면
갑자기 뜰이 넓어 가는 가을날
내 마음 어느 깊이에서도
고이 여물어 가는 빛나는 외로움!

오늘은 한 알의 꽃씨를 골라
기인 기다림의 창변(窓邊)에
화려한 어젯날의 대화를 묻는다.

OX문제

01	의도적으로 변형한 시어를 통하여 리듬감에 변화를 주고 있다. [2018학년도 6월]	(O / X)
02	계절적 배경을 활용하여 향토적 분위기를 조성하고 있다. [2025학년도 6월]	(O / X)
03	화자는 '작은 꽃씨 한 알'의 '찬란한 빛깔이 사라진' 것을 보고 안타까워하고 있다.	(O / X)
04	화자의 시선이 화자 내면에서 외부 세계로 이동하는 방식으로 시상을 전개하고 있다. [2020학년도 9월]	(O / X)
05	화자는 '꽃씨'를 '꽃들의 몸부림'과 '노을의 입김이 여'문 결과로 인식하고 있다.	(O / X)

과외식 해설

__가을날__   ☐ : 계절적 배경 → 내적 성숙을 이루는 시간

빈손에 받아 든 작은 __꽃씨 한 알!__

☐ : 명사 종결 → 운율 및 시적 여운 형성   1연 : 가을날 꽃씨 한 알을 손에 받아 듦.

아주 많은
그 숱한 잎이며 꽃이며 / 찬란한 빛깔이 사라진 다음,
'숱한 잎'과 '꽃'의 외적인 아름다움

오직 __한 알의 작은 꽃씨 속에 모여든__ 가을.
내적 성숙의 결실   2연 : 작은 꽃씨 한 알에 담긴 가을

빛나는 __여름의 오후__,
'숱한 잎'과 '꽃'들이 '찬란한 빛깔'을 드러내는 시간

핏빛 꽃들의 몸부림이며 / 뜨거운 노을의 입김이 여물어
색채어   공감각적 심상(시각의 촉각화)

하나의 무게로 만져지는 것일까.
'꽃씨 한 알'을 가리킴.   3연 : 꽃씨가 여무는 과정

비애의 껍질을 모아 불태워 버리면
추상적 대상의 구체화 ①

갑자기 뜰이 넓어 가는 __가을날__

역설법 → 고독을 통해 내적 성숙을 얻을 수 있음을 강조함.
내 마음 어느 깊이에서도 / 고이 여물어 가는 빛나는 __외로움__!
추상적 대상의 구체화 ②

4연 : 가을날에 여물어 가는 외로움

오늘은 한 알의 꽃씨를 골라

긴(시적 허용)
기인 기다림의 __창변(窓邊)__에
창문의 가장자리. 또는 창문과 가까운 곳

화려한 어젯날의 대화를 묻는다.
① 물어보다
② (땅에) 묻다   5연 : 내적 성숙에 대한 지향

가을날 / 빈손에 받아 든 작은 꽃씨 한 알 → 영탄적 표현을 사용하여 가을날 받아 든 '작은 꽃씨 한 알'에 대한 감탄을 드러내고 있다. 가을이 수확의 계절임을 고려하면, 이때 '꽃씨 한 알'은 봄과 여름을 거쳐 얻게 된 결실을 의미한다고 볼 수 있다.

그 숱한 잎이며~작은 꽃씨 속에 모여든 가을. → 아주 많은 '잎'과 '꽃'의 '찬란한 빛깔'이 사라지고 나서야 '꽃씨' 속에 '가을'이 모여들었다는 표현을 통해, '숱한 잎', '꽃', '찬란한 빛깔'은 지난여름을 환기하는 시어임을 알 수 있다. 또한 여름날의 외적인 아름다움을 보여 주는 '찬란한 빛깔'이 '꽃씨' 속의 '가을'로 모여들었다는 점에서, '꽃씨'는 내적 성숙을 의미한다고 볼 수 있다.

빛나는 여름의 오후,~무게로 만져지는 것일까. → '핏빛 꽃들'이 몸부림치고 '뜨거운 노을'이 불타는 여름이 지나 '하나의 무게', 즉 '꽃씨'가 되었다는 것에서 화자가 '꽃씨'로부터 성숙의 가치를 인식했음이 드러나고 있다. 화자는 '꽃씨'가 여무는 과정을 계절의 이미지와 연결하여 성숙의 과정으로 이해하고 있다.

비애의 껍질을 모아~여물어 가는 빛나는 외로움! → '꽃씨'를 통해 가을날의 의미를 떠올리던 화자가 '내 마음', 즉 자신의 내면에 주목하고 있다. 화자는 여름날의 찬란함이 사라진 후에야 가을날의 '꽃씨'를 얻을 수 있다는 깨달음을 자신의 삶에 투영하여, 지나간 젊은 날에 대한 비애와 고독이 여물면서 내적 성숙을 이룰 수 있게 된다고 인식하고 있다. 이를 '외로움'이 '빛'이 난다는 역설적 표현을 통해 강조하고 있는 것이다.

오늘은 한 알의 꽃씨를~어젯날의 대화를 묻는다. → 여기서 '묻는다'는 것은 두 가지의 중의적인 의미를 갖는다. '물어본다'의 의미로 본다면 지난날을 되새겨 보고 성찰한다는 의미로 해석할 수 있으며, '(땅에) 묻는다'의 의미로 본다면 씨앗을 묻고 미래로 나아간다는 의미로 해석할 수 있다. 어느 쪽으로 이해하든 화자가 기다림의 자세로 완전한 내적 성숙을 지향하고 있다는 점을 알 수 있다.

STEP 03 작품 해제

나BS 수능특강 | 현대문학

01 | 주제

꽃씨를 통해 본 내적 성숙에 대한 염원과 지향

02 | 특징

① 가을날 빈손에 받아 든 '꽃씨'를 보며 내적인 성숙을 다짐하는 화자 중심의 시
② 감각적 심상을 통해 추상적 대상을 구체적으로 형상화함.
③ 자연물과 계절적 배경을 활용하여 주제 의식을 효과적으로 전달함.
④ 영탄적 어조와 역설적 표현으로 화자의 정서를 강조함.

03 | 작품 해제

이 시는 가을날에 받아 든 꽃씨를 통해 내적 성숙을 지향하는 마음을 형상화하고 있는 작품이다. 화자는 생성과 성장의 계절을 지나 결실의 계절인 가을에 이룰 수 있는 내적 성숙을 '꽃씨'에 함축하여 표현하고, 화려했던 과거의 삶을 성찰하며 완전한 성숙을 염원하는 태도를 보이고 있다. 계절의 흐름에 빗대어 인간 성숙의 과정을 드러내고 있다는 것이 특징적이다.

STEP 04 논문으로 만나는 출제자의 시선

작가론

문병란 시인은 김현승 시인의 추천으로 『현대문학』 1959년 10월호에 「가로수」, 1962년 7월호에 「밤의 호흡」, 1963년 11월호에 「꽃밭」이 게재되어 총 3회 추천으로 본격적인 문단 활동을 시작하였다. 그는 이러한 등단 초기의 시 몇 편을 제외하고는 역사와 분리하여 볼 수 없는 저항성 가득한 시 세계를 구축하였다. 그는 시대와 역사 안에서 시인이란 어떤 존재여야 하는지를 자문한 결과 양심에 어긋나지 않는 삶을 사는 존재여야 한다는 결론을 내렸고, 그렇게 시를 썼다.

문병란의 삶은 줄곧 그의 이상과 양심에 대립하는 현실 세계와의 싸움으로 진행되었다. 그는 당대 모순된 현실과 배치되는 시대정신을 민중시라는 이름 아래 표출한 민중적 시인이라 할 수 있다. 그의 시는 특정한 정서와 문제의식을 내포하고 있으며, 이를 표현하기 위한 시적 화자를 내세우고 있다.

문병란 시의 민중적 성격은 화자의 태도나 시적 자아의 의식 세계뿐만 아니라 주제와 소재, 시인의 가치관을 통해서도 확인할 수 있다. 시의 소재는 우리 생활 속에서 흔히 접할 수 있는 물건이나 쉽게 공감할 수 있는 경험이 대부분을 차지하고 있으며, 일상생활 속에서 겪고 있는 문제들을 비판함으로써 현실의 삶에 참여 정신을 부여하였다. 누구나 시를 쉽게 향유할 수 있도록 함으로써 대중성은 곧 민중성으로 이어지게 되는데, 이는 시적 정당성을 획득하기 위하여 민중성을 녹녹하게 체화한 시인의 목적과도 맞닿아 있는 것으로 볼 수 있다.

Memo

05 나BS 실전 문제

다음 글을 읽고 물음에 답하시오. [교육청 기출 변형]

(가)

아랫도리 다박솔 깔린 산 넘어 큰 산 그 넘엣산 안 보이어 내 마음 둥둥 구름을 타다.

우뚝 솟은 산, 묵중히 엎드린 산, 골골이 장송(長松) 들어섰고 머루 다랫넝쿨 바위 엉서리* 얽혔고, 샅샅이 떡갈나무 억새풀 우거진 데 너구리, 여우, 사슴, 산토끼, 오소리, 도마뱀, 능구리 등, 실로 **무수한 짐승**을 지니인,

산, 산, 산들! 누거 만년(累巨萬年)* 너희들 침묵(沈默)이 흠뻑 지리함 즉하매,

산이여! 장차 너희 솟아난 봉우리에, 엎드린 마루에, **확 확 치밀어 오를 화염**을 내 기다려도 좋으랴?

핏내를 잊은 **여우 이리 등속**이 사슴 토끼와 더불어 싸릿순 칡순을 찾아 함께 즐거이 뛰는 날을 믿고 길이 기다려도 좋으랴?

– 박두진, 「향현(香峴)」 –

*엉서리 : 사이.
*누거 만년 : 아주 오랜 세월.

(나)

가을날
빈손에 받아 든 작은 꽃씨 한 알!

그 숱한 잎이며 ⓐ <u>꽃</u>이며
찬란히 빛깔이 사라진 다음
오직 한 알의 작은 꽃씨 속에 모여든 가을.

빛나는 ㉠ <u>여름의 오후</u>,
핏빛 꽃들의 몸부림이며
뜨거운 노을의 입김이 여물어
㉡ <u>하나의 무게로 만져지는 것일까.</u>

비애의 껍질을 모아 불태워 버리면
갑자기 뜰이 넓어가는 가을날
내 마음 어느 깊이에서도
고이 여물어 가는 빛나는 외로움!

오늘은 한 알의 꽃씨를 골라
기인 기다림의 창변에
화려한 어젯날의 대화를 묻는다.

– 문병란, 「꽃씨」 –

(다)

깊은 밤 눈 덮여 ㉢ <u>고적한 곳</u>에
꼿꼿이 머리를 하늘에 두고
ⓑ <u>침엽수들</u>이 서 있다

먼 산맥을 이어
내어달리고 싶은 마음이건만
㉣ <u>푸르른 정열</u>에 가두어두었다

눈이 내리면 온몸에 흰눈을 이고
바람이 불면 우우 소리를 낸다

일월성신 잦은 계절의 변화에도
잎새조차 변하지 않음은 태고적 고독인가

㉤ <u>차운 바람 부는 날</u>에도
나무는 오히려 위엄을 잃지 않는다

그러기에 겨울밤 차가운 별도
침엽수 머리 위에 더욱 반짝인다

– 김명수, 「침엽수 지대」 –

LIBS _ 나 없이 EBS 풀지마라

01. (가)~(다)의 공통점으로 가장 적절한 것은?

① 영탄적 표현을 통해 감정을 표출하고 있다.
② 역설적 표현을 활용하여 정서를 심화시키고 있다.
③ 시상의 반전을 통해 인식의 변화를 나타내고 있다.
④ 대상과의 문답을 통해 주제 의식을 부각하고 있다.
⑤ 객관적인 관찰을 통해 주관적 서술을 배제하고 있다.

03. ⓐ와 ⓑ에 대한 설명으로 가장 적절한 것은?

① ⓐ는 능동적 존재이며, ⓑ는 수동적 존재이다.
② ⓐ는 선망의 대상이며, ⓑ는 연민의 대상이다.
③ ⓐ는 변화하는 존재이며, ⓑ는 항구적 존재이다.
④ ⓐ와 ⓑ는 모두 화자의 자긍심을 드러내는 대상이다.
⑤ ⓐ와 ⓑ는 모두 화자가 처한 무력한 현실과 관련된 대상이다.

02. <보기>를 참고하여 (가)를 감상한 내용으로 적절하지 않은 것은?

─────── <보기> ───────

「향현」에는 일제 강점기에 민족 공동체가 처한 고압적이고 잔혹한 현실 상황을 극복하고 새로운 세계를 지향하려는 작가 의식이 담겨 있다. 따라서 이 작품 속의 자연은 시인의 상상에 의해 여과되고 굴절된 과정을 거친 '새롭게 태어난 자연'이며, 약육강식의 논리에 의해 지배되는 상황을 극복하고 모든 구성원들이 조화롭게 공존하며 살 수 있기를 염원하는 작가의 바람이 깃들어 있는 공간이다.

① '큰 산 그 넘엇산'은 현실과 대비되는 공간이며 화자가 마음속으로 염원하고 있는 세계라고 할 수 있군.
② '무수한 짐승'은 산을 구성하는 존재들로 화자는 이들의 조화로운 공존을 바라고 있군.
③ '너희들 침묵(沈默)이 흠뻑 지리함 즉하매'에는 암울한 상황에 대해 답답해 하는 화자의 정서가 드러나고 있군.
④ '확 확 치밀어 오를 화염'에 의해 부정적 현실이 타개되기를 화자는 기다리고 있군.
⑤ '여우 이리 등속'은 평화롭게 살아가는 약자들의 삶을 유린할 강자들을 의미한다고 볼 수 있군.

04. ㉠~㉤에 대한 설명으로 적절하지 않은 것은?

① ㉠ : '핏빛 꽃들'이 '몸부림'하는 시기로, 내면적 성숙이 이루어진 시기라고 이해할 수 있다.
② ㉡ : '만져지는' 느낌을 무게감으로 표현한 것으로 볼 때, 꽃씨가 지닌 의미를 인식하게 되었다고 볼 수 있다.
③ ㉢ : '깊은 밤 눈 덮여' 있는 곳으로, 어둡고 추운 공간으로 형상화되어 있다.
④ ㉣ : '내어달리고 싶은 마음'을 '가두어두었다'는 표현과 관련지어 볼 때, 욕망을 제어하고 있는 내적 의지로 볼 수 있다.
⑤ ㉤ : '오히려 위엄을 잃지 않는다'라는 구절로 보아 '나무'의 가치를 더욱 부각하고 있다.

STEP 01 OX 문제를 통한 지문 이해 훈련

나BS 수능특강 | **현대문학**

순이 버레 우는 고풍한 뜰에
달빛이 밀물처럼 밀려 왔구나

달은 나의 뜰에 고요히 앉어 있다
달은 과일보다 향그럽다

동해 바다 물처럼
푸른
가을
밤

포도는 달빛이 스며 고웁다
포도는 달빛을 머금고 익는다

순이 포도 넝쿨 밑에 어린 잎새들이
달빛에 젖어 호젓하구나

OX문제

01	다양한 이미지를 통해 시적 공간을 감각적으로 드러내고 있다. [2018학년도 수능]	(O / X)
02	구체적인 청자를 설정하여 자연에서 얻은 깨달음을 진술하고 있다. [2020학년도 6월]	(O / X)
03	화자는 '고풍한 뜰에' '고요히 앉어 있'는 '순이'를 바라보고 있다.	(O / X)
04	색채 이미지를 활용하여 대조적 대상의 속성을 드러내고 있다. [2017학년도 9월]	(O / X)
05	화자는 '달빛'을 받고 있는 '포도 넝쿨 밑' '어린 잎새들'에게서 '호젓'함을 느끼고 있다.	(O / X)

STEP 02 지문 분석

벌레   보기에 예스러운 데가 있는
순이 버레 우는 고풍한 **뜰**에
     복합 감각적 이미지(청각+시각)

▨ : 순박하고 토속적인 이름의 청자 설정
→ 친근감 유발, 시적 분위기 조성

☐ : 시공간적 배경

달빛이 밀물처럼 밀려 왔구나
    직유법

▨ : 영탄법

1연 : 달빛이 비치는 고풍스러운 뜰

달은 나의 뜰에 고요히 앉어 있다
         활유법

▨ : 시선의 이동

달은 과일보다 향그럽다
   공감각적 심상(시각의 후각화)

2연 : 고요하고 향기로운 달

『**동해 바다 물처럼**
    직유법

『 』: 의도적인 시행 배열 → 느린 호흡 유도, 의미 강조

푸른
색채 이미지

가을
결실과 풍요의 이미지

밤』

3연 : 가을밤의 정취

곱다(시적 허용)
포도는 달빛이 스며 고웁다

포도는 달빛을 머금고 익는다

4연 : 달빛을 머금고 곱게 익는 포도

순이 포도 넝쿨 밑에 **어린 잎새들**이
           감정 이입의 대상

달빛에 젖어 호젓하구나
       고요하고 쓸쓸하구나

5연 : 달빛 아래 호젓한 어린 잎새

과외식 해설

순이 버레 우는~밀물처럼 밀려 왔구나 → '순이'라는 청자에게 말을 건네는 방식으로 시상을 전개하고 있다. 화자는 다양한 감각적 이미지와 영탄적 표현을 통해 '뜰'에 '달빛'이 비치는 모습에 대한 감탄을 드러내고 있다.

달은 나의 뜰에 고요히~과일보다 향그럽다 → '달'이 '고요히 앉어 있다'에서 활유법을, '달'이 '과일보다 향그럽다'에서 공감각적 표현을 활용하여 가을밤 달빛이 주는 낭만적인 분위기를 감각적으로 표현하고 있다.

동해 바다 물처럼 / 푸른 / 가을 / 밤 → 시행을 의도적으로 짧게 끊어 배열함으로써 가을밤 정경의 시각적 이미지를 선명하게 제시하고 있으며, 느린 호흡을 유도하여 시상 전개의 속도를 늦추고 있다. 또한 달빛에 싸인 가을밤을 '동해 바다 물'에 빗대고, '푸른'이라는 색채 이미지까지 더하여 가을밤 정경의 신비스러운 분위기를 자아내고 있다.

포도는 달빛이 스며~달빛을 머금고 익는다 → 화자의 시선이 '달'에서 '포도'로 이동하였다. 화자는 '달빛'을 받고 있는 '포도'의 모습을 묘사하여 '달빛'과 '포도'의 조화로운 모습을 부각하고 있다. '가을'이 풍요로운 결실의 계절임을 고려할 때, '달빛을 머금고 익는' '포도'의 모습은 성숙과 생성의 이미지로써 '가을'의 이미지와 연결되어 낭만적 분위기를 강조하고 있다고 볼 수 있다.

순이 포도 넝쿨~달빛에 젖어 호젓하구나 → 화자는 1연에서 불렀던 청자인 '순이'를 마지막 연에서도 등장시켜 시적 안정감을 형성하고, 시적 분위기를 고조시키고 있다. 여기서 '어린 잎새들'은 화자의 감정이 이입된 대상으로, 화자는 '달빛'을 받고 있는 '어린 잎새'들이 '호젓하'다며 가을밤에 느끼는 자신의 정서를 표출하고 있다.

STEP
03 작품 해제

01 | 주제

가을 달밤의 아름다운 정취

02 | 특징

① 가을밤 달이 비치는 뜰의 모습을 서정적으로 그려 내고 있는 대상 중심의 시
② 다양한 감각적 심상을 활용하여 시적 분위기를 조성함.
③ 3연에서 시어를 의도적으로 한 행씩 배열하여 시각적 이미지와 시적 의미를 강조함.

03 | 작품 해제

「달·포도·잎사귀」는 가을밤 달빛이 비치는 뜰의 모습을 그림과 같이 선명한 이미지로 제시하고 있는 작품으로, 아름다운 서정과 낭만적인 분위기가 돋보인다. 특히 '순이'라는 토속적 이름의 여인을 처음과 끝에 등장시켜 시상을 열고 닫는 이중적 기능을 부여하는 동시에 시적 분위기를 고조하고 있다. 가을밤의 풍경을 감각적 이미지를 통해 인상적으로 그리고 있으며, 의도적인 시행 배치를 통해 시적 의미를 강조하고 있다는 것이 특징적이다.

STEP
04 **논문으로 만나는 출제자의 시선**

나BS 수능특강 | 현대문학

「달·포도·잎사귀」의 서정성

「달·포도·잎사귀」는 1936년 『시건설』에 발표된 장만영의 대표작으로, 전원적인(시골이나 농촌의 분위기를 지닌) 소재를 현대적 감성으로 읊은 신선한 감각의 시이다. 달빛이 풍성하게 넘치는 가을밤의 정경 묘사를 통해 가을밤의 정취와 서정을 감각적이고도 회화적(그림의 성격을 띠는)으로 묘사하고 있으며, 달, 포도 등의 자연적 소재를 중심으로 하여 그 회화성의 선명한 이미지를 담아내고 있다.

이 시는 5연 12행으로 구성된 자유시인데, 시적 화자가 '순이'라는 친근한 인물을 부르면서 시작되어 자신의 눈에 비친 호젓한 가을밤 풍경을 묘사하면서 마무리 짓는 구조로 이루어져 있다. '순이'라는 여성의 이름은 매우 일반적이면서도 순박하고 토속적인데, 이는 어느 특정인의 이름이라기보다는 친근감을 유발하여 독자들이 공감할 수 있도록 하기 위해 선택한 시어라고 할 수 있다.

제1연에서 화자는 '버레 우는 고풍한 뜰'을 시적 공간으로 제시하면서 '밀물처럼 밀려'온 '달빛'을 응시하고 있다. 계절이 가을이라는 것을 감안해 보면, 벌레가 우는 고요한 뜰이나 바닷물처럼 밀려온 달빛 등이 결실과 풍요의 분위기를 조성하여 풍성한 이미지를 그대로 담아내고 있다고 할 수 있다.

제2연에서 화자는 여전히 '달'을 응시하고 있는데, 그 달은 화자의 뜰에 고요히 앉아 있으며 과일보다 향기로운 존재로 묘사되고 있다. 달빛을 향기로 느낀다는 것은 시각에 후각을 결합한 공감각적인 표현이기에 모더니즘 기법의 수용이라고 할 수 있다.

제3연에서는 시적 배경이 되고 있는 가을밤을 '동해 바다 물'에 비유함으로써 1연의 '밀물' 같은 '달빛'의 이미지에 푸른빛을 더하여 성스럽고 신비스러운 분위기를 자아내고 있다. 특히 '푸른 가을밤'이라는 시어를 '푸른 / 가을 / 밤과 같이 각각의 행으로 처리하여 푸른색의 색채 이미지와 가을이라는 계절감, 그리고 밤이라는 시간적 배경을 분명하게 강조함으로써 가을밤의 공간을 조각조각 시각적으로 느끼게 하고 있다.

제4연에서는 '포도'가 등장하는데, 화자는 가을밤 뜰에서 알알이 영글어 달빛을 받고 있는 포도를 '곱다'라고 하여 그 부드러움을 강조하고 있다. 또한 포도알의 풍성함과 그 생명력을 보고 '달빛을 머금고 익는다'라고 묘사하는데, 이는 포도와 달빛을 생기발랄한 생명력으로 결합시켜 가을의 풍요로운 이미지를 드러내는 것이라 볼 수 있다.

제5연에서는 포도송이가 아닌 포도 넝쿨 아래에서 자라나는 '잎새들'에게 초점이 맞추어지고 있다. 이는 '달빛에 젖어 호젓'한 풍경을 묘사하고 있는데, 이러한 배경은 독자들로 하여금 고요함과 풍요로움의 정서를 느끼게 해 준다.

이 시는 장만영의 모더니즘 시작(詩作) 기법의 특징을 대표하는 작품으로 알려져 있다. 특히 1930년대 한국의 모더니즘 시는 대부분 도시와 기계 문명을 소재로 하여 다루는 것에 비해, 장만영의 시는 농촌을 중심으로 한 자연을 소재로 하여 그 회화성의 선명한 이미지를 보여 주고 있는 것이 특징적이다. 그렇기에 장만영의 시는 이미지즘 계열의 모더니즘에 속하는 작품 경향을 드러내면서도 도시보다는 전원을 소재로 하였다는 점에서 그 특이성을 드러내고 있다고 평가 받는다.

STEP 05 나BS 실전 문제

다음 글을 읽고 물음에 답하시오. [교육청 기출 변형]

(가)

순이, 벌레 우는 고풍한 뜰에
달빛이 밀물처럼 밀려왔구나.

달은 나의 뜰에 고요히 앉아 있다.
달은 과일보다 향그럽다.

동해 바다 물처럼
푸른
가을
밤

포도는 달빛이 스며 고웁다.
포도는 달빛을 머금고 익는다.

순이, 포도 넝쿨 아래 어린 잎새들이
달빛에 젖어 호젓하구나.

— 장만영, 「달·포도·잎사귀」 —

(나)

고향이 고향인 줄도 모르면서
긴 장대 휘둘러 까치밥 따는
서울 조카아이들이여
그 **까치밥** 따지 말라
남도의 빈 겨울 하늘만 남으면
우리 마음이 얼마나 허전할까
살아온 이 세상 어느 물굽이
소용돌이치고 휩쓸려 배 주릴 때도
공중을 오가는 날짐승에게 길을 내어주는
그것은 따뜻한 등불이었으니
철없는 조카아이들이여
그 까치밥 따지 말라
사랑방 말쿠지에 **짚신** 몇 죽 걸어놓고
할아버지는 무덤 속을 걸어가시지 않았느냐
그 짚신 더러는 외로운 길손의 길보시가 되고
한밤중 동네 개 컹컹 짖어 그 짚신 짊어지고
아버지는 다시 새벽 두만강 국경을 넘기도 하였으니

아이들아, 수많은 기다림의 세월
그러니 서러워하지도 말아라
눈 속에 익은 까치밥 몇 개가
겨울 하늘에 떠서
아직도 너희들이 가야할 **머나먼 길**
이렇게 등 따숩게 비춰주고 있지 않으냐.

— 송수권, 「까치밥」 —

01. **(가)와 (나)의 공통점으로 적절한 것은?**

① 대상에게 말을 건네는 방식으로 화자의 정서를 드러내고 있다.
② 동일한 시행을 반복하여 화자의 태도를 강조하고 있다.
③ 자연물을 통해 현실에 대한 비판적 인식을 나타내고 있다.
④ 향토적 소재를 활용하여 과거에 대한 그리움을 드러내고 있다.
⑤ 계절이 드러나는 소재를 통해 시간의 경과를 보여 주고 있다.

02. **〈보기〉를 바탕으로 (나)를 감상할 때, 적절하지 <u>않은</u> 것은?**

— 〈보기〉 —

　　작가는 도시 문명으로 인해 사라지고 잊혀 가는 우리의 고향과 소중한 전통문화에 관심을 가졌다. 또한 힘든 삶을 견뎌 온 서민의 삶에 공감하였으며, 그들이 앞으로도 건강한 삶을 살 수 있도록 따뜻한 시선과 애정으로 그들을 배려해야 한다고 생각하였다.

① '고향'은 '서울'과 대비되는, 화자가 관심을 가지는 공간이군.
② 잊혀 가는 소중한 전통문화에 대한 안타까움이 '까치밥'에 나타나 있군.
③ '할아버지'와 '아버지'를 통해 힘든 삶을 견뎌 온 서민의 삶을 형상화하였군.
④ '짚신'을 통해 다음 세대에 대한 따뜻한 배려의 마음을 표현하고 있군.
⑤ '머나먼 길'에는 '아이들'에게 펼쳐질 밝은 미래에 대한 작가의 확신이 드러나 있군.

10 | 최하림, 아침 시

STEP 01 OX 문제를 통한 지문 이해 훈련

나BS 수능특강 | **현대문학**

굴참나무는 공중으로 솟아오른다
해만 뜨면 솟아오르는 일을 한다
늘 새롭게 솟아오르므로 우리는
굴참나무가 새로운 줄 모른다
굴참나무는 아침 일찍 눈을 뜨고
일어나자마자 대문을 열고 안 보이는
나라로 간다 네거리 지나고 시장통과
철길을 건너 **천관산 입구**에 이르면
굴참나무의 **마음**은 벌써 **달떠올라**
해의 심장을 쫓는 예감에 싸인다

그때쯤이면 **아이들**도 산란한 꿈에서
깨어나 **자전거**의 페달을 밟고 검은 숲 위로
오른다 볼이 붉은 막내까지도 큼큼큼
기침을 하며 **이파리들이 쏟아지듯** 빛을
토하는 **잡목 숲 옆구리를 빠져나가**
공중으로 오른다 나무들이 일제히
손을 벌리고 아이들이 일제히
손을 벌리고 아이들은 용케도 피해 간다
아이들의 길과 영토는 하늘에 있다
그곳에서는 새들과 무리지어 비행할
수가 있다 그들은 종다리처럼 혹은
꽁지 붉은 비둘기처럼 이 가지에서
저 가지로 포르릉 포르릉 날며 흘러
내리는 햇빛을 굴참나무처럼 느낄 수 있다

OX문제

01 상승의 이미지가 담긴 시어를 활용하여 화자의 인식을 드러내고 있다. [2022학년도 6월] (O / X)

02 빗대어 표현하는 방식으로 대상의 속성을 드러내고 있다. [2023학년도 9월] (O / X)

03 음성 상징어의 사용으로 생동감을 부각하고 있다. [2020학년도 9월] (O / X)

04 '천관산 입구'에 도착한 '굴참나무'는 '해'를 마주할 생각에 '마음'이 '달떠올'랐다. (O / X)

05 '아이들'은 '자전거'를 타고 '이파리들이 쏟아지'는 '잡목 숲 옆구리'를 바르게 '빠져나'갔다. (O / X)

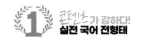
STEP 02 지문 분석

굴참나무는 공중으로 **솟아오른다**
삶의 활력을 지닌 존재

           ▨ : 상승 이미지

해만 뜨면 **솟아오르는** 일을 한다

늘 새롭게 **솟아오르므로** 우리는

굴참나무가 새로운 줄 모른다
자연의 경이로움을 느끼지 못하는 인간의 모습

『굴참나무는 아침 일찍 눈을 뜨고

          『 』: 굴참나무가 이동하는 모습을 환상적으로 묘사함.

일어나자마자 대문을 열고 안 보이는

나라로 간다 **네거리** 지나고 **시장통과**

          ▨ : 공간의 이동

철길을 건너 **천관산 입구**에 이르면』

굴참나무의 마음은 벌써 달떠올라
        마음이 가라앉지 않고 들썽들썽하여

해의 심장을 쫓는 예감에 싸인다
생명력의 상징, 굴참나무가 지향하는 대상

               1연 : 굴참나무의 활력 넘치는 모습

그때쯤이면 아이들도 산란한 꿈에서
        어수선하고 뒤숭숭한

깨어나 「자전거의 페달을 밟고 검은 숲 위로

        「 」: 아이들이 자전거를 타고 질주하는 행동을 묘사함.

오른다 볼이 붉은 막내까지도 **큼큼큼**

        ▨ : 음성 상징어 → 생동감 부여

기침을 하며 이파리들이 쏟아지듯 빛을

토하는 잡목 숲 옆구리를 빠져나가」

공중으로 **오른다** 《나무들이 일제히

과외식 해설

굴참나무는 공중으로~늘 새롭게 솟아오르므로 → 상승 이미지를 반복적으로 사용하여 하늘을 향해 솟아오르는 '굴참나무'의 활력 넘치는 모습을 강조하고 있다.

굴참나무는 아침 일찍~천관산 입구에 이르면 → '굴참나무'를 의인화하여 '아침 일찍' 일어나 '안 보이는 / 나라'로 이동하는 모습을 생동감 있게 보여 주고 있다. 화자는 생명력이 넘치는 굴참나무를 바라보며, 동화적 상상력을 발휘하여 굴참나무가 이동하는 모습을 환상적으로 묘사하고 있는 것이다.

굴참나무의 마음은~예감에 싸인다 → '천관산' 위에서 '해'를 마주할 생각에 들뜬 '굴참나무'의 모습이 묘사되어 있다. '굴참나무'가 '해의 심장을 쫓'고자 한다는 점에서 '해'는 '굴참나무'가 지향하는 대상임을 알 수 있다.

그때쯤이면 아이들도~검은 숲 위로 / 오른다 → 화자의 시선이 '굴참나무'에서 '아이들'로 이동하여, 아침에 자전거를 타고 질주하는 아이들의 모습을 생동감 넘치게 묘사하고 있다. '아이들'은 활력이 넘치는 '굴참나무'와 대응되어 역동적인 이미지로 그려지고 있다.

볼이 붉은 막내까지도~공중으로 오른다 → '굴참나무'와 마찬가지로 '아이들'이 자전거를 타고 질주하는 모습도 상상적으로 묘사하고 있다. 또한 '행간 걸침'을 사용하여 활력 넘치는 '나무들'의 모습이 '아이들'에게까지 전이되는 모습을 강조하여 드러내고 있다. '행간 걸침'이란 의미상 한 행으로 배열되어야 할 시 구절을 의도적으로 다음 행에 걸쳐 놓는 기법으로 의미 강조의 효과를 갖는다.

나무들이 일제히~용케도 피해간다 → '굴참나무'와 '아이들'이 동일시되는 순간이다. 동적 이미지의 유사성을 통해 마치 술래잡기를 하듯이 생명력을 발산하는 대상들의 모습을 제시하고 있다.

손을 벌리고 아이들이 일제히

《 》: 굴참나무와 아이들의 이미지를 동일시함.

손을 벌리고 아이들은 용케도 피해 간다》

아이들의 길과 영토는 하늘에 있다
꿈과 자유, 활력의 세상

그곳에서는 새들과 무리지어 비행할

수가 있다 그들은 종다리처럼 혹은
아이들

꽁지 붉은 비둘기처럼 이 가지에서

저 가지로 포르릉 포르릉 날며 흘러

내리는 햇빛을 굴참나무처럼 느낄 수 있다
삶의 활력을 느끼는 아이들의 모습을 '굴참나무'에 빗대어 표현함.

2연 : 활력 넘치는 아이들의 모습

아이들의 길과 영토는~굴참나무처럼 느낄 수 있다
→ '아이들'을 '종다리', '꽁지 붉은 비둘기'와 같은 새에 빗대어 표현함으로써 하늘로 비상할 듯 생기 넘치는 '아이들'의 모습을 생생하게 드러내고 있다. 또한 '아이들'을 '흘러 / 내리는 햇빛'을 받는 '굴참나무'에 빗대어 삶의 활력을 느끼는 존재로 그려 내고 있다.

STEP
03 작품 해제

01 | 주제

굴참나무와 아이들을 통해 느끼는 삶의 활력

02 | 특징

① 굴참나무와 아이들의 모습을 통해 삶의 활력을 되찾고 싶은 바람을 드러낸 대상 중심의 시
② 사실적 묘사가 아닌, 동화적 상상력을 바탕으로 한 상상적 묘사가 주를 이룸.
③ 행간 걸침의 빈번한 사용으로 시적 의미를 풍부하게 함.
④ 다양한 비유법을 사용하여 대상을 생생하게 표현함.

03 | 작품 해제

　　이 시는 생동감 넘치는 '굴참나무'와 '아이들'의 모습을 상승적 이미지를 통해 감각적으로 표현한 작품이다. 동화적 상상력으로만 떠올릴 수 있는 비현실적인 장면들이 다양한 이미지를 통해 구체화되어 현장감 있게 묘사되어 있다. 시인은 활력 넘치는 자연의 모습을 현실에서 경험할 수 없는 동화적 상상을 통해 발견해 낼 뿐만 아니라, 그 역동성이 사람에게까지 전이되는 낯선 장면을 관찰해 내고 있다. 시인은 이렇게 발견해 낸 평화롭고 생기 넘치는 아침의 경치를 독자들이 생생하게 경험할 수 있게 그려 주고 있다. 한편, 시인이 1990년대 초반 병으로 괴로움에 시달릴 때 쓴 시임을 고려하면, 「아침 시」는 활력이 넘치는 삶에 대한 시인의 바람이 담겨 있는 작품이라고 볼 수 있다.

STEP

04 논문으로 만나는 출제자의 시선

「아침 시」에 나타난 최하림 후기 시의 특징

「아침 시」에서 화자의 시선은 생명력이 넘치는 굴참나무 혹은 굴참나무 숲을 향한다. 화자는 시적 상상력을 발휘하여 상승의 이미지와 동적 이미지를 활용해 굴참나무를 상상적으로 묘사한다. 이후 화자의 시선은 숲속으로 활발하게 다가오는 움직임으로 이동한다. '아이들'이 바로 이러한 움직임을 나타낸다. 작품 속 '아이들'은 표면적으로 숲속에서 생동감 있게 자전거를 타는 모습으로 묘사되고 있다. 하지만 '나무들이 일제히 / 손을 벌리고 아이들이 일제히 / 손을 벌리고 아이들은 용케도 피해 간다'에 이르면, 아이들은 굴참나무 숲과 동일시되어 '생기' 그 자체의 상징이 된다.

숲을 관찰하는 자가 풍경을 단순한 풍경으로 대하지 않고 그 속에 존재하는 사물들에게서 적극적인 움직임을 발견하는 것은 내적 몰입과 고요를 발견하고, 이를 유지하려는 의식적 노력이 요구되는 일이다. 특히나 그것이 일상성 속에서 쉽사리 지나쳐 버리는 것들이라면 더욱 어려운 일이다. 이러한 어려움을 극복할 수 있게 하는 힘은 사물 속에서 의미를 발견해 내고, 풍경을 의미 있는 사물들이 가득한 공간으로 수용하는 태도, 즉 귀를 기울이는 자의 마음가짐에 있다. 귀를 기울일 때 비로소 대화가 성립되고 시작된다.

최하림의 후기 시에서 발견되는 풍경의 가장 큰 특성은 이처럼 사물과의 대화를 가능하게 만드는 수용의 태도를 바탕으로 생생하게 묘사되어 각각의 구체적 소리를 지닌 사물들과 공존하는 공간으로 풍경이 변화되었다는 점이다.

11 유치환, 생명의 서·일장

▶▶ 수능특강 89page

수능 국어 대비
실전 국어 전형태

STEP

01 OX 문제를 통한 지문 이해 훈련

 나BS 수능특강 | 현대문학

나의 지식이 독한 회의를 구하지 못하고
내 또한 삶의 애증을 다 짐 지지 못하여
병든 나무처럼 생명이 부대낄 때
저 머나먼 **아라비아의 사막**으로 나는 가자

거기는 한번 뜬 **백일**이 불사신같이 **작열하고**
일체가 모래 속에 사멸한 영겁*의 허적에
오직 알라의 신만이
밤마다 고민하고 **방황하는** 열사의 끝

그 열렬한 고독 가운데
옷자락을 나부끼고 **호올로** 서면
운명처럼 반드시 '**나**'와 **대면**케 될지니
하여 '나'란 나의 생명이란
그 **원시의 본연한 자태**를 다시 배우지 못하거든
차라리 나는 어느 사구*에 회한 없는 백골을 쪼이리라

*영겁 : 영원한 세월.
*사구 : 모래 언덕.

OX문제

01	비유적 표현을 활용하여 공간에 대한 인식을 드러내고 있다. [2015학년도 6월B]	(O / X)
02	가상의 상황을 설정하여 현실에 대한 긍정적 인식을 이끌어 내고 있다. [2024학년도 9월]	(O / X)
03	사라져 가는 대상에 대한 화자의 안타까움을 드러내고 있다. [2024학년도 수능]	(O / X)
04	화자는 '백일'이 '작열하고' '일체가 모래 속에 사멸'하는 곳에 '호올로 서'서 '방황'하고 있다.	(O / X)
05	화자는 '원시의 본연한 자태'를 지닌 '나'를 '대면'하기 위해 '아라비아의 사막'으로 가고자 한다.	(O / X)

과외식 해설

나의 지식이 <u>독한 회의</u>를 구하지 못하고
　　　　　　삶의 본질에 대한 의문

내 또한 삶의 <u>애증</u>을 다 짐 지지 못하여
　　　　　사랑과 미움 → 인간적 감정

병든 나무처럼 생명이 부대낄 때

저 머나먼 <u>아라비아의 사막</u>으로 **나**는 가자

　　■ : 현실적(현상적) 자아, 비본질적 자아
　　↕
　　■ : 본질적 자아

　　■ : 화자가 설정한 가상의 공간
　　　　→ 시련·고행의 공간이자 가능성의 공간

1연 : 생명과 삶의 본질에 대한 회의[떠남]

　　　　　구름이 끼지 않아 밝게 빛나는 해
거기는 한번 뜬 백일이 불사신같이 작열하고
　　　　　　불 따위가 이글이글 뜨겁게 타오르고
　　　　죽어 없어진　　　　허무와 적막함
일체가 모래 속에 사멸한 영겁의 허적에
모든 것　　　　　　　　영원한 세월

오직 알라의 신만이
　　　이슬람교의 신(절대자)
　　　　　　햇볕 때문에 뜨거워진 모래 → '아라비아의 사막'을 의미함.
밤마다 고민하고 방황하는 <u>열사의 끝</u>
　　　　　　　　시련과 고난의 극한 상태

2연 : 생명의 본질을 추구하는 극한적 공간[시련]

그 열렬한 고독 가운데

　　　　　　홀로(시적 허용)
옷자락을 나부끼고 <u>호올로</u> 서면
　　　　극한의 상황에 혼자 맞서는 화자의 모습

운명처럼 반드시 '**나**'와 대면케 될지니

하여 '**나**'란 나의 생명이란

그 <u>원시의 본연한 자태</u>를 다시 배우지 못하거든
　　본질적인 생명력을 지닌 상태

　　　　　　뉘우치고 한탄함.　→ 죽은 사람의 몸이 썩고 남은 뼈
차라리 **나**는 어느 사구에 <u>회한 없는 백골</u>을 쪼이리라
　　　　모래 언덕　죽음을 각오함. → 강한 의지적 태도

3연 : 생명의 본질을 추구하려는 의지[의지]

나의 지식이 독한 회의를~생명이 부대낄 때 → 화자는 자신의 '지식'으로 마음속에 품은 의구심을 해소하지 못하고, '삶의 애증'을 감당하지 못하는 부정적인 상황에 처해 있다. 여기서 '나'는 삶의 본질에 대해 회의하며 괴로워하는 현실적 자아에 해당하며, 화자는 이러한 자아의 상태를 '생명이 부대'끼는 '병든 나무'에 빗대어 표현하고 있다.

저 머나먼 아라비아의 사막으로 나는 가자 → '머나먼 아라비아의 사막'은 화자가 부정적 상황에서 벗어나기 위해 설정한 가상의 공간이다. 어순을 도치하고, 1인칭에서는 잘 사용하지 않는 청유형의 표현을 사용하여 '아라비아의 사막'에 꼭 가고야 말겠다는 화자의 강한 의지를 드러내고 있다.

거기는 한번 뜬 백일이~열사의 끝 → '아라비아의 사막'은 해가 '불사신같이' 뜨겁게 타오르고, 모든 것이 '모래 속에' 죽어 없어지는 시련과 소멸의 공간임을 알 수 있다. 또한 오랜 세월 동안 허무와 적막함 속에 '알라의 신'과 같은 절대자만이 존재할 수 있는 극한의 공간임을 확인할 수 있다.

그 열렬한 고독 가운데~'나'와 대면케 될지니 → 화자는 모든 것이 '사멸'하고 뜨거운 '백일'만이 내리쬐는 '열사의 끝'에서, '고독'을 자처하며 홀로 극한의 상황에 맞서고자 하고 있다. 이런 고난 끝에 화자는 '운명처럼' '나'와 마주하게 되는데, 이때의 '나'는 화자가 만나고자 하는 본연의 모습, 즉 본질적 자아를 상징한다. 한편, 화자가 본질적 자아를 마주하기 위해 생명이 없는 곳으로 떠나는 상황은 역설적 의미를 지닌다.

하여 '나'란~회한 없는 백골을 쪼이리라 → '원시의 본연한 자태'는 본질적인 생명력을 지닌 상태를 의미한다. 본질적 자아인 '나'는 이러한 '원시의 본연한 자태'를 지니고 있는 존재로, 현실 속에서 생명의 본질을 잃어버린 1연의 '나(현실적 자아)'와는 대비를 이룬다. 이를 통해 화자가 '아라비아의 사막'이라는 극한 공간을 설정하여 고독을 자처한 이유가 본질적 자아인 '나'를 회복하기 위함이었음을 알 수 있다. 본질적 자아를 회복하지 못한다면 후회 없이 죽음을 맞이하겠다는 화자의 모습에서 생명의 본질을 추구하고자 하는 강한 의지를 확인할 수 있다.

STEP 03 작품 해제

01 | 주제

생명의 본질을 추구하는 강한 의지

02 | 특징

① 극한의 공간에서 본질적 자아를 회복하기 위한 의지를 강하게 드러내는 화자 중심의 시
② '떠남 → 시련 → 의지'의 과정으로 내용이 전개됨.
③ 역설적인 시적 논리로 생명의 본질을 추구함.
④ 한자어와 관념어(추상적인 어휘)를 빈번하게 사용하여 낯선 느낌을 자아냄.

03 | 작품 해제

　　이 시는 생명의 본질을 찾으려는 화자의 강인한 의지를 표현하고 있는 작품이다. '떠남(1연) → 시련(2연) → 의지(3연)'의 과정으로 시상이 전개되고 있으며, 이러한 과정은 모두 생명이나 삶의 본질적 모습을 추구하기 위한 수련으로 이해할 수 있다. 화자는 현실에서는 생명의 본질을 깨우칠 수 없음을 자각하고, 원시 상태의 순수하고 본질적인 모습을 지니고 있는 '아라비아의 사막'으로 떠나고자 한다. 여기서 '아라비아의 사막'은 화자가 생명의 본질을 구하기 위해 설정한 가상 공간으로, 일체의 모든 것이 죽어 사라지는 극한의 공간이다. 화자는 이러한 공간에서 구도자(진리나 종교적인 깨달음의 경지를 구하는 사람)의 자세로 고난과 수련의 과정을 견디며, 생명의 참모습을 발견하고자 한다. 또한 '원시의 본연한 자태'를 배우지 못하면 차라리 죽음을 선택하겠다며 생명의 본질 추구에 대한 강한 의지를 보이고 있다.

「생명의 서·1장」 속 '아라비아의 사막'의 의미

「생명의 서·1장」에서 '나'는 생명의 본질을 찾고 생명의 근원을 회복하기 위해 고통을 감내하면서 '아라비아의 사막'으로 가고자 한다. '아라비아의 사막'은 '백일'이 가장 강렬하게 내리쬐어 생명체들이 제대로 살아갈 수 없는 고통의 공간이며, 나아가 거의 대부분의 생명체들이 처절한 마지막을 맞이할 수밖에 없는 죽음의 공간이다. 고통과 죽음의 극한 공간이야말로 '나'의 인내력을 제대로 시험할 수 있는 최적의 조건이 된다. 물이 말라 땅이 비틀어진 사막은 이중적 의미를 지닌다. 이 공간은 물과 땅의 관점에서 보면 죽음의 공간이지만, 태양과 하늘의 관점에서 보면 가장 열렬한 존재감을 지닌 공간이다. '나'는 이 불가능성과 가능성이 혼재된 공간에서 생명의 의미를 제대로 파악하여, '일체가 모래 속에 사멸한 영겁의 허적'을 초월하고자 하였던 것이다.

절망과 고통을 통해서 절망과 고통을 이해하고, 죽음을 통해서 죽음을 이해하고자 하는 '나'의 의지는 마침내 3연에 이르러 절대 고독인 '열렬한 고독'과 운명처럼 대결한다. 화자는 가장 극한적인 상황에서 본질적 자아와 대면하게 될 것이라는 점을 확신하고 있다. 그러나 작품에는 본질적 자아와의 대면이 완전히 이루어진 모습은 나타나지 않고, 자아의 본질을 배우지 못하게 된다면 죽음도 불사하겠다는 강한 의지만이 형상화되어 있다. '아라비아의 사막'을 향한 '나'의 이러한 강한 의지는 유치환에게 타자에 대한 사랑을 극대화시키고 육체의 유랑을 가속화시키는 주요한 원인이 된다.

「생명의 서·1장」 속 자아의 모습

「생명의 서·1장」에서 시인은 자신의 '지식'이 '회의'를 구하지 못하고 '삶의 애증'을 견디지 못할 때 '머나먼 아라비아의 사막'으로 떠나 그곳에서 또 다른 자신과 대면하고자 한다. 시 속에 드러난 '나'는 나약하고 비본질적인 자아의 모습으로 제시된다. 그러나 시인은 비본질적인 자신과 광활한 사막과의 적나라한 대면을 통해, 본연의 자아를 회복하고자 한다. '알라의 신만이 / 밤마다 고민하고 방황하는' '열사'의 땅에서 운명처럼 맞닥뜨리게 되는 '열렬한 고독 가운데' 시인은 세계의 광대함과 본래의 자아를 회복하고 '원시의 본연한 자태'를 배우겠다고 당당하게 선언하고 있는 것이다.

한편, 시에서 그리고 있는 '아라비아의 사막'은 일반적으로 생각하는 유토피아의 공간이 아니다. 그곳은 수행의 공간이며, 새로운 사유를 위해 다시 고통을 참는 시간을 보내야 하는 공간이다. 그렇기에 오직 '알라의 신만이' 밤마다 고민하고 방황한다. 사막이라는 극한적인 공간의 설정은 유치환이 깊이 열중했던 생명에의 탐구, 허무 의지, 자학적 고행, 절망과 좌절로서의 세계 인식에서 비롯된 것이며, 그것은 현실에의 순응이나 일탈이 아닌 또 다른 자기 인식과 세계 인식의 계기가 되고 있다. 유치환은 조국을 떠난 자신의 현재 상황을 극복해 내기 위해 죽음에 대한 의식을 작품에 투영하고, 나약한 지식인의 갈등과 고뇌로부터 벗어날 수 있는 길을 모색할 수밖에 없었던 것이다.

STEP 05 나BS 실전 문제

다음 글을 읽고 물음에 답하시오. [14.9.평가원]

(가)

나의 지식이 독한 회의를 구하지 못하고
내 또한 삶의 애증을 다 짐지지 못하여
㉠ 병든 나무처럼 생명이 부대낄 때
저 머나먼 아라비아의 사막으로 나는 가자

거기는 한번 뜬 백일(白日)이 불사신같이 작열하고
일체가 모래 속에 사멸한 ㉡ 영겁의 허적(虛寂)*에
오직 알라의 신만이
밤마다 고민하고 방황하는 열사(熱沙)의 끝

그 ㉢ 열렬한 고독 가운데
옷자락을 나부끼고 호올로 서면
운명처럼 반드시 '나'와 대면케 될지니
하여 '나'란 나의 생명이란
그 ㉣ 원시의 본연한 자태를 다시 배우지 못하거든
차라리 나는 어느 사구(沙丘)에 ㉤ 회한(悔恨) 없는 백골을 쪼이리라

— 유치환, 「생명의 서·일장(一章)」 —

*허적 : 아무것도 없이 적막함.

(나)

[A]
┌ 징이 울린다 막이 내렸다
│ 오동나무에 전등이 매어달린 가설 무대
│ 구경꾼이 돌아가고 난 텅빈 운동장
│ 우리는 분이 얼룩진 얼굴로
│ 학교 앞 소줏집에 몰려 술을 마신다
└ ⓐ 답답하고 고달프게 사는 것이 원통하다

[B]
┌ 꽹과리를 앞장세워 장거리로 나서면
│ 따라붙어 악을 쓰는 건 쪼무래기들뿐
│ 처녀애들은 기름집 담벽에 붙어 서서
│ 철없이 킬킬대는구나
│ 보름달은 밝아 어떤 녀석은
│ 꺽정이처럼 울부짖고 또 어떤 녀석은
│ 서림이처럼 해해대지만 ⓑ 이까짓
└ 산구석에 처박혀 발버둥 친들 무엇하랴

┌ 비료 값도 안 나오는 농사 따위야
└ 아예 여편네에게나 맡겨 두고

[C]
┌ 쇠전을 거쳐 도수장 앞에 와 돌 때
│ 우리는 점점 신명이 난다
│ ⓒ 한 다리를 들고 날나리를 불꺼나
└ 고갯짓을 하고 어깨를 흔들꺼나

— 신경림, 「농무」 —

01. (가), (나)에 대한 설명으로 가장 적절한 것은?

① (가)는 계절을 드러내는 시어를 사용하여 분위기를 조성한다.
② (나)는 밤에서 낮으로의 시간 변화를 통해 대상의 이면을 보여 준다.
③ (가)는 (나)와 달리 청각적 심상을 활용하여 사물의 속성을 표출한다.
④ (나)는 (가)와 달리 대구의 방식으로 시상을 마무리하면서 여운을 강화한다.
⑤ (가), (나)는 모두 시적 공간의 탈속성을 내세워 이상향에 대한 화자의 동경을 드러낸다.

02. (가)의 '나'와 ㉠~㉤의 관련성을 이해한 내용으로 적절하지 않은 것은?

① ㉠은 화자가 극복해야 할 자신의 모습을 빗대어 표현한 것으로, '나'와는 대비되는 표상이다.
② ㉡은 어떤 것도 존재하지 못하는 극한 상태로, 화자가 '나'와 대면할 수 있는 조건에 해당한다.
③ ㉢은 절대적 고독을 나타낸 것으로, 화자가 그 절대적 고독에서 벗어남으로써 '나'에 도달할 수 있음을 알려 준다.
④ ㉣은 생명이 본래적으로 존재하는 모습을 가리키는 것으로, '나'가 원시적 생명력을 지닌 존재임을 보여 준다.
⑤ ㉤은 죽음에 대한 화자의 태도를 드러내는 것으로, '나'를 통해 생명을 회복하려는 화자의 의지를 담아낸 표현이다.

03. 〈보기〉를 참고하여 (나)를 감상한 내용으로 적절하지 않은 것은?

<보기>

　시 「농무」는 1970년 전후의 농촌의 실상과 농민들의 정서를 잘 담아 낸 작품이다. 당시 우리 사회는 산업화와 도시화에 힘을 기울였는데, 이로 인해 농촌이 도시와는 다르게 피폐해져 감으로써 삶의 터전을 도시로 옮긴 농민들이 적지 않았다. 이러한 상황에서 시인은 농촌에서 농민들이 삶의 활력과 신명을 얻기 위해 집단적으로 추는 '농무'를 소재로 하여 현실의 암울함을 역설적으로 드러내는 한편, 농촌 공동체의 소중함을 독자들에게 일깨워 주었다.

---

① [A]에서 화자는 농무를 통해 활력을 얻기보다 오히려 무력감을 느끼고 있는 것 같아.

② [B]에서 '악을 쓰는', '킬킬대는구나', '울부짖고', '해해대지만' 등은 화자가 농무를 흥겨운 축제로 대하지는 못하고 있음을 드러내 줘.

③ [C]에서 화자가 신명을 느끼는 것은 농무의 신명에 힘입어 농촌 현실의 문제를 극복하고자 하는 농민들의 태도를 잘 보여 줘.

④ ⓐ와 ⓑ를 통해 당시의 농민들이 도시로 떠날 수밖에 없었던 사정을 어느 정도 감지할 수 있어.

⑤ ⓒ에서 화자의 물음은 앞날을 낙관하지 못하는 농촌 사람들이 던지는 자조적 물음으로도 이해될 수 있어.

12 | 이정록, 희망의 거처

STEP
01 OX 문제를 통한 지문 이해 훈련

나BS 수능특강 | 현대문학 ●

옥수숫대는
땅바닥에서 서너 마디까지
뿌리를 내딛는다
땅에 닿지 못할 헛발일지라도
길게 발가락을 들이민다

허방으로 내딛는 저 곁뿌리처럼
마디마다 **맨발의 근성을** 키우는 것이다
목울대까지 울컥울컥
부젓가락 같은 뿌리를 내미는 것이다

옥수수밭 두둑의
저 **버드나무**는, 또한
제 **흠집**에서 뿌리를 내려 제 흠집에 박는다
상처의 지붕에서 상처의 **주춧돌로**
스스로 기둥을 세운다

생이란,
자신의 **상처**에서 자신의 버팀목을
꺼내는 것이라고
버드나무와 옥수수
푸른 이파리들 눈을 맞춘다

OX문제

01	사물의 모습에 대한 긍정적 인식을 바탕으로 중심 제재에 대한 예찬적 태도를 드러내고 있다. [2023학년도 수능]	(O / X)
02	현재형 진술을 통해 대상의 역동적 성격을 보여 주고 있다. [2018학년도 9월]	(O / X)
03	'옥수숫대'는 '맨발의 근성을 키'워 '땅에 닿'을 '부젓가락 같은 뿌리'만을 내민다.	(O / X)
04	대상을 의인화하여 대상이 지닌 속성들을 점층적으로 나열하고 있다. [2017학년도 9월]	(O / X)
05	'버드나무'는 '제 흠집'을 '주춧돌'로 삼아 '스스로 기둥을 세'우며 '상처'를 극복하고 있다.	(O / X)

옥수숫대는

■ : 화자에게 깨달음을 주는 자연물

땅바닥에서 서너 마디까지 / 뿌리를 내딛는다

땅에 닿지 못할 헛발일지라도
 땅속으로 뿌리를 내딛는 것에 실패함.

길게 발가락을 들이민다
 의인법 → 옥수숫대가 뿌리를 뻗는 모습을 표현함.

1연 : 실패를 두려워하지 않는 옥수숫대

원뿌리에서 갈라져 나간 작은 뿌리
허방으로 내딛는 저 곁뿌리처럼
 땅바닥이 움푹 패어 빠지기 쉬운 구덩이

마디마다 맨발의 근성을 키우는 것이다
 삶의 의지

목울대까지 울컥울컥
 음성 상징어

부젓가락 같은 뿌리를 내미는 것이다
 화로에 꽂아 두고 불덩이를 집거나 불을 헤치는데 쓰는 쇠로 만든 젓가락

2연 : 옥수숫대 뿌리의 강인한 생명력

옥수수밭 두둑의 / 저 버드나무는, 또한
 논이나 밭 가장자리에 경계를 이룰 수 있도록 두두룩하게 만든 것

제 흠집에서 뿌리를 내려 제 흠집에 박는다
 상처   고통을 인내하는 버드나무의 모습

상처의 지붕에서 상처의 주춧돌로 / 스스로 기둥을 세운다
 기둥 밑에 기초로 받쳐 놓은 돌

3연 : 시련을 극복하는 버드나무

생이란,

자신의 상처에서 자신의 버팀목을 / 꺼내는 것이라고
 절망   희망
 '푸른 이파리들'과 화자가 서로 교감하는 모습 표현함.

버드나무와 옥수수 / 푸른 이파리들 눈을 맞춘다
 상처를 이겨내고 얻은 생명력

4연 : 버드나무와 옥수수를 보고 얻은 생에 대한 깨달음.

과외식 해설

옥수숫대는~발가락을 들이민다 → 화자는 '땅바닥에서 서너 마디까지 / 뿌리를 내딛는' '옥수숫대'에 주목하고 있다. 줄기를 지탱하기 위해 땅속으로 뿌리를 뻗는 '옥수숫대'를 의인화하여 표현함으로써, 실패를 두려워하지 않고 '발가락을 들이'미는 의지적 존재로 그려 내고 있다.

허방으로 내딛는~뿌리를 내미는 것이다 → 생을 위해 '허방'으로 뻗어 가는 '곁뿌리'와 같이 '맨발의 근성', 즉 삶의 의지를 키우는 '옥수숫대'의 모습을 묘사하고 있다. 또한 '울컥울컥'이라는 음성 상징어를 사용하여 불덩이를 견디는 '부젓가락'과 같이 강인한 '옥수숫대'의 생명력을 생동감 넘치게 표현하고 있다.

저 버드나무는, 또한~제 흠집에 박는다 → 화자의 시선이 '옥수숫대'에서 '버드나무'로 이동하고 있다. '버드나무'는 자신의 고통스러운 상처인 '흠집'에 뿌리를 내리며 고통을 인내하는 모습을 보인다. 이때 '옥수숫대'와 '버드나무'는 모두 삶의 의지를 가진 존재라는 공통점을 지닌다.

상처의 지붕에서~스스로 기둥을 세운다 → 자신의 상처에 뿌리를 내리며 고통을 인내한 '버드나무'가 '상처'를 '주춧돌'로 삼아 '스스로 기둥을 세'우며, 자신의 힘으로 상처를 극복하는 모습을 드러낸 것으로 볼 수 있다.

생이란,~눈을 맞춘다 → '옥수숫대'와 '버드나무'의 모습에서 '생'의 의미를 이끌어 내고 있다. 자신의 상처를 새로운 시작으로 삼는 자연물의 모습으로부터 '생'은 절망도 희망이 될 수 있다는 역설적 깨달음을 얻게 된 것이다. 한편, '눈을 맞춘다'는 화자가 '버드나무'와 '옥수수'의 '푸른 이파리'들과 서로 교감하는 모습을 표현한 것이다. 이때 '눈을 맞'추는 대상을 '푸른 이파리들'로 한정하여, '눈을 맞춘다'를 동질적인 대상들이 서로 교감하는 모습을 드러낸 것으로 해석할 수도 있다.

STEP 03 작품 해제

NIBS 수능특강 | 현대문학

01 | 주제

옥수숫대와 버드나무를 통해 깨달은 생의 의미

02 | 특징

① 옥수숫대와 버드나무의 모습으로부터 삶에 대한 깨달음을 이끌어 내는 전달 중심의 시
② 자연물의 모습을 의인화하여 표현함.
③ 직유를 통해 대상의 외양에서 드러나는 특성을 묘사함.
④ 음성 상징어를 통해 자연물의 모습을 생동감 넘치게 표현함.

03 | 작품 해제

　　이 작품은 옥수숫대와 버드나무라는 자연물을 의인화하여 생에 대한 깨달음을 이끌어 내고 있다. 자신의 상처로 인한 고통을 견뎌내고 이를 새로운 시작으로 삼는 자연의 모습을 형상화하면서 '생이란, / 자신의 상처에서 자신의 버팀목을 / 꺼내는 것'이라는 생의 의미를 도출하고 있다. 화자는 스스로 상처를 극복하는 옥수숫대와 버드나무의 모습을 통해 역설적이게도 생은 절망도 희망이 될 수 있다는 깨달음을 얻고 이를 독자에게 전달하고 있는 것이다.

STEP 04 논문으로 만나는 출제자의 시선

NIBS 수능특강 | 현대문학

이정록의 시 세계

　　이정록은 사소하고 약하고 하찮은 것들에 관심을 가지고 그것들을 소재로 하여 시를 즐겨 쓰는 시인이다. 그런데 이 주변적이고 하찮은 것들에 대한 관심의 기저에는 모성에 대한 연민이 깔려 있다. 그가 할머니와 어머니, 누나에게 가졌던 연민의 감정이 세상 모든 타자화된 여인들에게로 확장되고, 이것이 다시 또 다른 타자인 작고 사소한 것에 대한 연민과 관심으로 이어진 것이다. 이때 시인이 연민을 느끼는 작고 사소한 것들은 주로 자연물들이며, 이에 대한 연민은 자연에 대한 연민을 포함한다고 해도 좋다. 그가 이렇게 자연에 마음을 기울이는 것은 그가 자연의 품에서 나고 자라 자연을 어머니의 품처럼 여기기 때문이라는 이유도 있지만, 인간사의 많은 부분이 자연을 닮아 그 속에서 인간의 보편적 삶의 가치와 이치를 찾을 수 있기 때문이다. 즉 연민에서 시작한 사소하고 작은 관심은 관찰로 이어지고, 관찰은 통찰을 낳고, 결국 그 통찰을 통하여 시인은 자신과 보편적 삶의 진리에 대한 성찰까지 시에 담아낸 것이다.

다음 글을 읽고 물음에 답하시오. [교육청 기출 변형]

(가)

태양이 돌아온 기념으로
집집마다
카렌다아를 한 장씩 뜯는 시간이면
검누른 소리 항구의 하늘을 빈틈없이 흘렀다

머언 해로를 이겨낸 기선(汽船)이
항구와의 인연을 사수하려는 검은 기선이
뒤를 이어 입항했었고
상륙하는 얼골들은
바늘 끝으로 쏙 찔렀자
솟아나올 한 방울 붉은 피도 없을 것 같은
얼골 얼골 희머얼건 얼골뿐

부두의 인부꾼들은
흙을 씹고 자라난 듯 꺼머틔틔했고
시금트레한 눈초리는
푸른 하늘을 쳐다본 적이 없는 것 같았다
그 가운데서 나는 너무나 어린
어린 노동자였고—

물 위를 도롬도롬 헤어 다니던 마음
흩어졌다도 다시 작대기처럼 꼿꼿해지던 마음
나는 날마다 바다의 꿈을 꾸었다
나를 믿고저 했었다
여러 해 지난 오늘 마음은 항구로 돌아간다
부두로 돌아간다 그날의 나진*이여

> – 이용악, 「항구」 –

*나진 : 함경북도 북부 동쪽 해안에 있는 항구 도시.

(나)

옥수숫대는
땅바닥에서 서너 마디까지
뿌리를 내딛는다
땅에 닿지 못할 헛발일지라도
길게 발가락을 들이민다

허방으로 내딛는 저 곁뿌리처럼
마디마다 맨발의 근성을 키우는 것이다
목 울대까지 울컥울컥
부젓가락 같은 뿌리를 내미는 것이다

옥수수밭 두둑의
저 버드나무는, 또한
제 흠집에서 뿌리를 내려 제 흠집에 박는다
상처의 지붕에서 상처의 주춧돌로
스스로 기둥을 세운다

생이란,
자신의 상처에서 자신의 버팀목을
꺼내는 것이라고
버드나무와 옥수수
푸른 이파리들 눈을 맞춘다

> – 이정록, 「희망의 거처」 –

01. (가)와 (나)의 공통점으로 가장 적절한 것은?

① 영탄적 어조를 사용하여 화자의 의지적 태도를 부각하고 있다.
② 직유적 표현으로 대상의 외양에 드러나는 특성을 나타내고 있다.
③ 의문형 진술을 반복적으로 사용해 화자의 정서를 강조하고 있다.
④ 반어적 표현을 활용하여 현실에 대한 비판 의식을 드러내고 있다.
⑤ 대상을 의인화하여 대상이 지닌 속성들을 점층적으로 나열하고 있다.

02. 〈보기〉를 바탕으로 (가)를 감상한 내용으로 적절하지 <u>않은</u> 것은?

―――――――〈보기〉―――――――

　　(가)는 화자의 과거 회상 속 항구의 모습을 감각적으로 형상화하고 있다. 이 작품에서 항구는 부두의 인부들과 어린 노동자인 화자가 고달픈 삶을 이어가는 공간이다. 한편으로는 육지와 바다를 연결하는 곳으로, 새로운 세계로 나아가기 위한 출발점이라는 의미를 갖기도 한다. 이런 항구에서 다른 노동자들이 이상을 잃은 채 살아가는 것과 달리 화자는 방황하는 마음을 다잡아 삶의 의지를 다지고 미래의 희망을 꿈꾸게 된다. 그리고 화자에게 이러한 과거 자신의 모습은 그리움의 대상이 되고 있다.

① '검은 기선'이 '입항'하고 '희머얼건 얼골'이 '상륙하는' 것은, 화자의 시선에서 바라본 항구의 모습을 감각적으로 형상화한 것이겠군.
② '푸른 하늘을 쳐다본 적이 없는 것 같은' '인부꾼들'은, 이상을 잃어버린 모습으로 표현되어 고달픈 생활 현장으로서의 항구를 보여 주는 것이겠군.
③ '날마다 바다의 꿈을 꾸'며 자신을 '믿고'자 했던 화자의 모습은, '시금트레한 눈초리'와 대비되며 새로운 미래에 대한 화자의 희망적 태도를 나타내는 것이겠군.
④ '마음'이 '흩어졌다'가도 '작대기처럼 꼿꼿해'졌다는 것은, 방황하는 마음을 다잡으려 하다가도 바다로 가로막힌 공간에서 좌절하곤 했던 화자의 모습을 드러낸 것이겠군.
⑤ '여러 해 지난 오늘' '마음'이 '항구로 돌아간다'는 것은, 화자가 '그날의 나'진'에서 자신이 가졌던 마음에 대해 느끼는 그리움을 표현한 것이겠군.

03. (나)를 이해한 내용으로 적절하지 <u>않은</u> 것은?

① '들이민다'는 '헛발일지라도'와 연결되어 실패를 두려워하지 않고 시도하는 의지를 드러내고 있다.
② '키우는 것이다'는 '맨발의 근성'과 연결되어 옥수숫대가 다른 존재와의 교감을 통해 성장하게 됨을 드러내고 있다.
③ '박는다'는 '흠집'과 연결되어 버드나무가 고통을 인내하는 모습을 드러내고 있다.
④ '세운다'는 '스스로'와 연결되어 버드나무가 자신의 힘으로 상처를 극복하는 모습을 드러내고 있다.
⑤ '꺼내는 것이라고'는 '생이란'과 연결되어 자연의 모습으로부터 생에 대한 깨달음을 유추하고 있음을 드러내고 있다.

13 신석정, 역사

01 OX 문제를 통한 지문 이해 훈련

1
저 허잘것없는 한 송이의 달래꽃을 두고 보더라도, 다사롭게 타오르는 **햇볕**이라거나, 보드라운 **바람**이라거나, 거기 모여드는 **벌나비**라거나, 그보다도 이 하늘과 땅 사이를 아렴풋이 이끌고 가는 크나큰 그 어느 알 수 없는 「마음」이 있어, 저리도 조촐하게 한 송이의 달래꽃은 **피어나는** 것이요, 길이 멸하지 않을 것이다.

2
바윗돌처럼 **꽁꽁 얼어붙었던 대지를 뚫고 솟아오른**, 저 **애잔한 달래꽃**의 긴긴 역사라거나, 그 막아 낼 수 없는 위대한 힘이라거나, 이것들이 빚어내는 아름다운 모든 것을 내가 찬양하는 것도, 오래오래 우리 마음에 걸친 거추장스러운 푸른 수의(囚衣)를 자작나무 허울 벗듯 홀홀 벗고 싶은 달래꽃같이 위대한 역사와 힘을 가졌기에, 이렇게 살아가는 것이요 살아가야 하는 것이다.

3
한 송이의 달래꽃을 두고 보더라도, 햇볕과 바람과 벌나비와, 그리고 또 무한한 「마음」과 입맞추고 살아가듯, 너의 뜨거운 심장과 아름다운 모든 것이 샘처럼 온통 괴여 있는, 그 눈망울과 그리고 항상 내가 꼬옥 쥘 수 있는 그 뜨거운 핏줄이 나뭇가지처럼 타고 오는 뱅어같이 예쁘디예쁜 손과, 네 고운 청춘이 나와 더불어 가야 할 저 환히 트인 길이 있어 늘 이렇게 죽도록 사랑하는 것이요, 사랑해야 하는 것이다.

OX문제

01	유사한 문장 구조를 반복적으로 제시하며 시상을 전개하고 있다. [2024학년도 수능]	(O / X)
02	'허잘것없는 한 송이의 달래꽃'은 '햇볕'과 '바람', '벌나비'의 도움을 받아 '피어'날 수 있었다.	(O / X)
03	색채어를 활용하여 시적 대상의 아름다움을 감각적으로 형상화하고 있다. [2018학년도 6월]	(O / X)
04	자연과의 교감을 통해 장소에 대한 낙관적 전망을 드러내고 있다. [2022학년도 수능]	(O / X)
05	화자는 '꽁꽁 얼어붙었던 대지를 뚫고 솟아오른' '달래꽃'의 '애잔한' 모습에 안타까움을 느끼고 있다.	(O / X)

1 / 저 허잘것없는 한 송이의 달래꽃을 두고 보더라도, 다사롭게 타오르는 햇볕이라거나, 보드라운
　　　대수롭지 않은　　　　　　　　: '민중'을 상징함.

바람이라거나, 거기 모여드는 벌나비라거나, 그보다도 이 하늘과 땅 사이를 아렴풋이 이끌고 가는 크나
　　　　　　: '달래꽃'이 피어나는 데 도움을 주는 존재　　　　　흐릿하게

큰 그 어느 알 수 없는 「마음」이 있어, 저리도 조촐하게 한 송이의 달래꽃은 피어나는 것이요, 길이 멸

하지 않을 것이다.
망하여 죄다 없어지지 않을

　　　　　　　　　　　　　　　　　　　　　1연 : 달래꽃이 피어나고 멸하지 않는 이유(민중 역사의 생성과 영속성)

2 / 바윗돌처럼 꽁꽁 얼어붙었던 대지를 뚫고 솟아오른, 저 애잔한 달래꽃의 긴 역사라거나, 그
　　　　　　　　고난과 시련의 상황　　　몹시 가냘프고 약한　 '달래꽃'의 강인한 생명력　　고난을 이겨 내 온 민중의 기나긴 역사

막아 낼 수 없는 위대한 힘이라거나, 이것들이 빚어내는 아름다운 모든 것을 내가 찬양하는 것도, 오래
　　　　　　　　역사를 끌고 가는 주체로서의 힘

오래 우리 마음에 걸친 거추장스러운 푸른 수의(囚衣)를 자작나무 허울 벗듯 훌훌 벗고 싶은 달래꽃같
　　　　　　　　　　　　 죄수가 입는 옷　　　 실속이 없는 겉모양
　　　　　　　　우리 민중을 억압해 온 모든 굴레와 속박 → 추상적 관념을 구체적으로 형상화함.

이 위대한 역사와 힘을 가졌기에, 이렇게 살아가는 것이요 살아가야 하는 것이다.

　　　　　　　　　2연 : 고난을 견디며 생명을 이어 가는 달래꽃의 강인한 생명력(고난을 이겨 내 온 민중의 기나긴 역사)

3 / 한 송이의 달래꽃을 두고 보더라도, 햇볕과 바람과 벌나비와, 그리고 또 무한한 「마음」과 입맞추
　　　　　　　　　　　　　　　　　 시적 청자

고 살아가듯, 너의 뜨거운 심장과 아름다운 모든 것이 샘처럼 온통 괴여 있는, 그 눈망울과 그리고 항
연대하고 화합하며 살아가는 모습　　　　: 대상을 사랑하는 당위적 이유

상 내가 꼬옥 쥘 수 있는 그 뜨거운 핏줄이 나뭇가지처럼 타고 오는 뱅어같이 예쁘디예쁜 손과, 네 고
　　　　　　　　　　　　　　　　　　　　　 뱅어과의 민물고기

운 청춘이 나와 더불어 가야 할 저 환히 트인 길이 있어 늘 이렇게 죽도록 사랑하는 것이요, 사랑해야
　　　　　　　　　　　　　 밝고 희망적인 미래

하는 것이다.

　　　　　　　　3연 : 연대와 화합으로 긍정적 미래를 이끄는 달래꽃(민중의 역사를 사랑하는 당위적 이유)

과외식 해설

저 허잘것없는 한 송이의 달래꽃을~길이 멸하지 않을 것이다. → 화자는 소박하고 조촐한 '한 송이의 달래꽃'에 주목하고, '달래꽃'의 모습에서 우리 민중을 떠올리고 있다. 이때 나열된 '햇볕', '바람', '벌나비'는 모두 '달래꽃'이 피어나는 데 도움을 주는 존재들이다. 한 송이의 꽃을 피우기 위해 여러 존재의 도움이 필요하다는 점은, 민중이 살아가기 위해서는 민중 내부에서 서로에 대한 연대가 필요함을 드러낸 것으로 볼 수 있다. 한편, 1연에서 「마음」은 '달래꽃'을 피어나게 한다는 점에서 '자연의 섭리, 우주의 이치'로 나타나는데, 2연의 내용을 고려하면 '역사를 이끌고 가는 민중이 가지고 있는 힘'을 상징한다고 할 수 있다.

바윗돌처럼 꽁꽁 얼어붙었던~내가 찬양하는 것도, → '바윗돌처럼 꽁꽁 얼어붙었던 대지', 즉 고난과 시련의 상황을 '뚫고 솟아오른' '달래꽃'의 모습에서 꽃의 강인하고 끈질긴 생명력을 확인할 수 있다. 화자는 강인한 생명력을 바탕으로 '긴 역사'를 이끌어 간, '위대한 힘'을 지닌 '달래꽃'을 '찬양'하고 있는데, 이는 고난을 이겨 내 온 민중의 강인한 생명력을 예찬하는 것으로 볼 수 있다.

오래오래 우리 마음에~살아가야 하는 것이다. → 화자는 '달래꽃'에서 '우리'로 시상을 확장하여 우리 민중의 '위대한 역사'와 그 역사를 이어 온 '힘'에 주목하고 있다. 오랜 세월 '우리 마음에 걸친 거추장스러운 푸른 수의'는 우리 민중을 억누르는 굴레와 속박으로, 시대적 고통과 심적인 억압을 상징한다. 화자는 우리 민중을 '거추장스러운 푸른 수의'를 '훌훌 벗고 싶은 달래꽃'에 빗대어, 자신들을 옭아매는 억압적 굴레에서 벗어날 수 있는 '위대한 역사와 힘'을 가진 존재로 표현하고 있다. 또한 그 '역사와 힘'을 가졌기에 우리가 '살아가는 것'이고, '살아가야 하는 것'이라고 강조하고 있다.

한 송이의 달래꽃을 두고 보더라도,~사랑해야 하는 것이다. → 1연에서 제시된 '햇볕과 바람', '벌나비', 「마음」을 다시 한번 언급하고, '달래꽃'이 이들과 '입맞추고 살아가'는 모습을 제시하여 연대와 화합의 중요성을 강조하고 있다. 또한 '달래꽃'이 다른 존재들과 연대하듯이 '너'와 '나', 즉 역사를 이끌어 온 주체인 민중이 서로 화합한다면 '환히 트인 길', 과 같은 긍정적인 미래를 만들 수 있다는 인식을 드러내고 있다.

STEP

03 작품 해제

01 | 주제

연대와 화합을 통해 희망찬 역사를 만들어 가는 민중의 생명력

02 | 특징

① '달래꽃'을 통해 민중의 생명력과 그 위대함을 이야기하는 대상 중심의 시
② 추상적인 관념을 감각적 이미지를 통해 구체적으로 형상화함.
③ 유사한 문장 구조를 반복하여 시상에 통일감을 부여하고 의미를 강조함.
④ 비유와 상징을 통해 시상을 구체화함.

03 | 작품 해제

　　이 시는 소박하고 일상적인 자연물인 '달래꽃'을 통해 민중의 생명력과 그 위대함을 노래한 작품이다. 화자는 작고 보잘것없어 보이지만 꽁꽁 얼어붙은 대지를 뚫고 피어나는 '달래꽃'의 모습을 통해, 강인한 생명력으로 고난을 이겨 내며 삶을 지속해 온 민중을 떠올린다. 그리고 역사를 이끌어 온 민중이 연대와 화합을 통해 긍정적 미래를 만들 수 있다는 인식을 드러내고 있다.

STEP 04 논문으로 만나는 출제자의 시선

나BS 수능특강 | **현대문학**

「역사」속 공동체 의식

「역사」는 작고 연약해 보이지만 꽁꽁 얼어붙은 대지를 뚫고 피어나는 '달래꽃'의 끈질긴 생명력을 통해, 작고 연약한 존재들이 모였을 때 그 누구도 막을 수 없는 위대한 힘이 나온다는 것을 말하고 있다. 화자는 '달래꽃'의 긴긴 역사를 찬양하고 있는데, 이는 '바윗돌처럼 꽁꽁 얼어붙었던 대지를 뚫고 솟아오른' 꽃의 '위대한 힘'을 인식했기 때문이다. 화자는 우리가 마음의 '수의'마저 '훌훌 벗고 싶은 달래꽃같이 위대한 역사와 힘을 가졌기에, 살아가는 것이고 살아가야 하는 것이라고 강조한다. 이는 가난한 서민들이 어려운 현실 속에서 살아가고 있지만, 서로 힘을 모은다면 어느 누구도 두렵지 않을 강력한 힘을 발휘할 수 있다는 민중에 대한 공동체 의식으로 해석할 수 있다.

「역사」속 '달래꽃'

「역사」에서 중요한 자연물은 '저 허잘것없는 한 송이의 달래꽃'이다. 그런 꽃을 피어나게 하는 '크나큰 그 어느 알 수 없는 「마음,」'은 '우주의 이치'라고 판단할 수 있으나, 그 뜻은 2연을 통해 '민중의 힘'으로 달라진다. 화자가 '달래꽃'에서 '위대한 역사와 힘'을 통찰했기 때문이다. 들판의 하찮은 '한 송이의 달래꽃'에서 그 '위대한' 것을 통찰하는 안목은, 역사적 위기에서 나아갈 길을 발견하는 예언자로서의 시인의 안목이다.

「역사」에서 '위대한 역사'를 성취하는 길은 화자가 애정을 기울인 앞이 '트인 길'이며, 그 길을 마련한 매개체는 '허잘것없는 한 송이의 달래꽃'이다. 그 꽃은 이름 없는 민중의 상징이며, '위대한 역사와 힘'은 지배층으로부터 억압을 당하는 민중으로부터 나온 힘으로 해석할 수 있다. 그 힘으로 비극적인 죽음의 역사는 희망찬 생명의 역사로 전환될 수 있다. 「역사」는 위기에 처한 시인의 역사의식과 사소한 것에서도 우주적인 큰 세계를 통찰하는 안목이 결합되어 생성된 작품이다.

STEP 05

다음 글을 읽고 물음에 답하시오. [교육청 기출 변형]

(가)

1

[A]
저 하잘것없는 한 송이의 달래꽃을 두고 보드래도, 다사롭게 타오르는 햇볕이라거나, **보드라운** 바람이라거나, 거기 모여드는 벌나비라거나, 그보다도 이 하늘과 땅 사이를 어렴풋이 이끌고 가는 **크나큰** 그 어느 **알 수 없는 마음**이 있어, 저리도 **조촐하게** 한 송이의 달래꽃은 **피어나는** 것이요, 길이 멸하지 않을 것이다.

2

[B]
바윗돌처럼 꽁꽁 얼어붙었던 대지를 뚫고 솟아오른, 저 애잔한 달래꽃의 긴긴 역사라거나, 그 막아낼 수 없는 위대한 힘이라거나, 이것들이 빚어내는 아름다운 모든 것을 내가 찬양하는 것도, 오래오래 우리 마음에 걸친 거추장스러운 푸른 **수의(囚衣)**를 자작나무 허울 벗듯 훌훌 벗고 싶은 달래꽃같이 위대한 역사와 힘을 가졌기에, 이렇게 살아가는 것이요, 살아가야 하는 것이다.

3

[C]
한 송이의 달래꽃을 두고 보드래도, 햇볕과 바람과 벌나비와, 그리고 또 무한한 마음과 입 맞추고 살아가듯, 너의 뜨거운 심장과 아름다운 모든 것이 샘처럼 왼통 괴어 있는, 그 눈망울과 그리고 항상 내가 꼬옥 쥘 수 있는 그 뜨거운 **핏줄**이 나뭇가지처럼 타고 오는 뱅어같이 예쁘디예쁜 손과, 네 고운 청춘이 나와 더불어 가야 할 저 환희 트인 길이 있어 늘 이렇게 죽도록 사랑하는 것이요, 사랑해야 하는 것이다.

— 신경림, 「역사」 —

(나)

마음은 빈집 같아서 어떤 때는 독사가 살고 어떤 때는 청보리밭 너른 들이 살았다

볕이 보고 싶은 날에는 개심사 심검당 볕 내리는 고운 **마루가** 들어와 살기도 하였다

어느 날에는 늦눈보라가 **몰아쳐** 마음이 서럽기도 하였다

겨울 방이 방 한 켠에 묵은 메주를 매달아 두듯 마음에 봄가을 없이 풍경들이 들어와 살았다

그러나 **하릴없이** 전나무 숲이 들어와 머무르는 때가 나에게는 행복하였다

수십 년 혹은 백 년 전부터 살아온 나무들, 천둥처럼 하늘로 솟아오른 나무들

뭉긋이 앉은 그 나무들의 울울창창한 고요를 나는 미륵들의 미소라 불렀다

한 걸음의 말도 내놓지 않고 **오롯하게** 큰 침묵인 그 미륵들이 잔혹한 말들의 세월을 견디게 하였다

그러나 전나무 숲이 들어앉았다 나가면 그뿐, 마음은 늘 **빈집**이어서

마음 안의 그 둥그런 **고요**가 다른 것으로 메워졌다

대나무가 열매를 맺지 않듯 마음이란 그냥 풍경을 들어앉히는 **착한 사진사** 같은 것

그것이 빈집의 약속 같은 것이었다

— 문태준, 「빈집의 약속」 —

(다)

의원이 처음에 들어와 좌정했다. 몸을 기울여 자세히 살펴더니만 고개를 들어 소리를 듣는 듯이 하다가 앞으로 나아와 그 맥을 짚어 보았다. 그러고는 물러나 앉으며 이렇게 말했다.

"제가 그대의 목소리를 듣고 그대의 낯빛을 살펴보니 아픈 사람 같지가 않습니다. 제가 그대의 맥을 짚어 보니 병은 이미 나았습니다. 무엇을 더 고치고 싶은지요?"

"나는 야윈 것을 고치고 싶네."

(중략)

"사는 집이 화려하면 편안해서 살이 찌고, 음식이 사치스러우면 맛이 있어서 살이 찝니다. 용모가 아름답고 보니 기뻐서 살이 찌고, 소리의 가락이 어여쁜지라 즐거워서 살이 찌지요. 이 네 가지를 몸에 지니면 살찌기를 애써 구하지 않더라도 저절로 살이 찝니다. 저들이야 진실로 그 같은 바탕을 갖추고 있는지라 살찌는 것이 당연합니다. 이제 그대는 이미 가난한 데다 신분도 낮고 쑥대로 얽은 초가집에 살면서 채소와 거친 밥을 먹습니다. 눈은 다섯 가지 채색을 본 적이 없고, 귀는 다섯 가지 소리를 들은 적이 없으니, ⊙ <u>바탕이 갖춰지지 않은 상태에서 다만 살찌기를 구한다면 끝내 살이 찔 수도 없을 뿐 아니라 도리어 양비(良肥)마저 잃게 될까 염려됩니다.</u>"

내가 말했다.

"그렇구려. 내가 진실로 이 네 가지의 것이 없는데 또 병으로 야위기까지 하였소. 어찌 이른바 양비란 것이 있단 말이오?"

의원이 말했다.

"ⓛ <u>이른바 양비란 것은 화려한 거처나 사치스러운 음식 또는 즐거운 음악과 마음을 기쁘게 하는 여색을 바탕으로 삼지 않습니다.</u> 도덕으로 채우고 인의로 윤택하게 해서 낯빛에 가득 차올라 얼굴에 환하게 드러나는 것을 말하지요. 이는 진실로 본래부터 지녔던 것을 온전히 해서 평소에 없던 것을 사모하지 않는 것입니다. 이는 진실로 그 마음을 살찌워서 몸이 마르는 것을 병으로 여기지 않는 것이고요. 그대는 또 초나라 장사꾼의 일을 들어 보지 못했습니까? 형산(荊山)의 옥 하나를 쌓아 두니 그 값은 여러 개의 성으로도 능히 바꿀 수 없는 것이었습니다. 하루아침에 제나라로 갔다가 금은보화가 시장에 쌓인 것을 보고는 마음으로 기뻐하여 이것과 맞바꿔 돌아왔습니다. 대저 금은보화는 진실로 부자가 되는 바탕이지만, 형산의 옥 한 개가 지닌 양부(良富)만은 못합니다. 장사꾼이 그 타고난 부를

잃고 나서는 어느새 밑천 또한 다하고 말았지요. 그래서 사람들은 장사를 잘하지 못한 사람이라고 말하며 모두들 초나라 장사꾼을 비웃었지요. 이제 그대가 양비를 버리고 평소에 없던 것을 구하니, ⓒ <u>설령 이것을 얻는다 해도 오히려 장사를 잘하지 못한 것이 되고 맙니다.</u> 찾다가 얻지 못하고 또 본래 지녔던 것마저 잃게 되면 사람들이 이를 비웃으니 어찌 다만 초나라의 장사꾼 정도이겠습니까? ⓔ <u>이 때문에 옛날의 현인과 군자는 먼저 마땅히 살찌워야 할 것을 살피고 고쳐야 할 것을 살폈던 것입니다.</u> 바탕이 있어 살찌는 것으로 그 몸을 살찌우지 않고, 양비로 그 마음을 살찌웁니다. 몸이 살찌지 않음을 병으로 여기지 않고 마음이 살찌지 않음을 가지고 병으로 살지요. ⓜ <u>이것이 온전해지면 저것을 부러워함이 없으니, 어찌 자기의 형옥(荊玉)을 가지고 금은보화와 바꾸려 하겠습니까?"</u>

- 김석주, 「의훈」 -

01. (가)~(다)에 대한 설명으로 가장 적절한 것은?

① (가)는 명사형으로 시행을 종결하여 화자의 인식을 단정적으로 전달하고 있다.
② (나)는 영탄과 독백의 어조를 통해 화자의 심정을 드러내고 있다.
③ (다)는 특정한 장소에 대한 직접적인 경험을 바탕으로 사회 참여 의식을 드러내고 있다.
④ (가)와 (나)는 동일한 시구를 반복하여 시구가 지닌 의미를 강조하고 있다.
⑤ (가)와 (다)는 계절의 변화를 통해 과거와 대비되는 현재의 상황을 드러내고 있다.

02. 〈보기〉를 참고할 때, [A]~[C]에 대한 이해로 적절하지 <u>않은</u> 것은?

─── 〈보기〉 ───

이 시는 소박하고 일상적인 자연물을 통해 민중의 저력과 위대함을 노래한 작품이다. 시적 화자는 여린 자연물의 모습으로부터 강인한 생명력으로 고난을 감내하며 영속적으로 삶을 영위해 온 민중을 떠올린다. 그리고 역사를 이끌어 온 주체인 민중이 연대와 화합을 통해 긍정적 미래를 밝힐 수 있다는 인식을 드러내고 있다.

① [A] : 하잘것없지만 길이 멸하지 않은 달래꽃은 여리지만 계속해서 삶을 이어가는 민중의 영속성을 드러내고 있다.
② [A] : 하늘과 땅 사이에서 어렴풋이 이끌려 가는 달래꽃의 모습은 민중이 고난을 겪는 상황을 드러내고 있다.
③ [B] : 얼어붙었던 대지를 뚫고 솟아오르는 달래꽃은 민중의 강인한 생명력을 드러내고 있다.
④ [B] : 긴 역사와 위대한 힘을 가진 달래꽃의 모습은 역사를 이어 온 민중의 저력을 드러내고 있다.
⑤ [C] : 햇볕, 바람, 벌나비와 입 맞추고 살아가는 달래꽃의 모습은 연대하고 화합하는 민중의 모습을 드러내고 있다.

03. <u>마음</u>을 중심으로 (가)와 (나)를 비교한 내용으로 가장 적절한 것은?

① (가)에서 '마음'은 '보드라운'과 연결되어 애상적 분위기를, (나)에서 '마음'은 '오롯하게'와 연결되어 긴박한 분위기를 환기한다.
② (가)에서 '마음'은 '크나큰'과 연결되어 타인에 대한 과장된 기대를, (나)에서 '마음'은 '착한 사진사'와 연결되어 타인을 위한 숭고한 희생을 강조한다.
③ (가)에서 '마음'은 '알 수 없는'과 연결되어 대상에 대한 냉소적 태도를, (나)에서 '마음'은 '하릴없이'와 연결되어 대상을 수용하는 체념적 태도를 드러낸다.
④ (가)에서 '마음'은 '조촐하게'와 연결되어 상황에 대한 절망감을, (나)에서 '마음'은 '몰아쳐'와 연결되어 상황에 대한 낙관적 자세를 드러낸다.
⑤ (가)에서 '마음'은 '피어나는'과 연결되어 대상을 존재하게 하는 원인을, (나)에서 '마음'은 '늘 빈집'과 연결되어 채워졌다가도 비워지는 상황을 드러낸다.

04. (다)의 ⊙~⑩에 대한 이해로 적절하지 <u>않은</u> 것은?

① ⊙ : 가지지 못한 것을 얻으려 하다가 '양비'마저 잃게 되는 상황에 대한 우려를 드러내고 있다.
② ⓛ : 몸을 살찌우는 네 가지 조건이 '양비'의 바탕이 아님을 드러내고 있다.
③ ⓒ : 몸을 살찌우는 것보다 '양비'를 지키는 것이 더 가치 있는 것임을 드러내고 있다.
④ ⓔ : 옛날의 현인과 군자가 '양비'를 지키고자 했음을 통해 마음을 살찌우는 것의 중요성을 부각하고 있다.
⑤ ⓜ : 몸의 병을 고쳐 도덕과 인의를 온전히 한다면 '양비'는 부러움의 대상이 될 수 없음을 강조하고 있다.

05. 〈보기〉를 참고하여 (가)~(다)를 감상한 내용으로 적절하지 <u>않은</u> 것은?

─── 〈보기〉 ───

문학 작품에서는 추상적인 의미를 실재하는 것처럼 구체화하여 드러내기 위해 여러 가지 방법을 활용한다. (가)와 (나)에서는 추상적인 의미를 감각적인 표현을 활용해 생생하게 구체화하거나, 비유적인 표현을 활용해 대상을 주관적으로 형상화하고 있다. 한편 (다)에서는 추상적인 의미와 구체적인 대상의 유사성을 활용해 추상적인 의미를 알기 쉽게 전달하고 있다.

① (가)에서 마음에 '수의'를 걸치고 있다는 표현은, 화자가 벗어나고 싶어 하는 심적인 억압을 옷에 빗댄 표현을 활용하여 주관적으로 형상화한 것이겠군.
② (가)에서 손의 '핏줄'이 뜨겁다는 표현은, 화자가 긍정적으로 인식하는 대상을 촉각적인 시어를 활용하여 생생하게 드러낸 것이겠군.
③ (나)에서 '마루'가 들어와 살았다는 표현은, 화자의 바람이 마음속에서 이루어진 상황을 실재하는 대상을 활용하여 구체적으로 형상화한 것이겠군.
④ (나)에서 마음 안의 '고요'가 둥그렇다는 표현은, 화자의 잠잠한 내면을 시각적인 시어를 활용하여 실재하는 것처럼 드러낸 것이겠군.
⑤ (다)에서 장사꾼이 '형산의 옥'을 팔았다는 표현은, 세속적 가치를 경계하라는 의미를 세속적 가치와 형산의 옥의 유사성을 활용하여 알기 쉽게 전달한 것이겠군.

14 송수권, 지리산 뻐꾹새

STEP
01 OX 문제를 통한 지문 이해 훈련

나BS 수능특강 │ **현대문학**

여러 산봉우리에 **여러 마리의 뻐꾸기가**
울음 울어
떼로 울음 울어
석 석 삼년도 봄을 더 넘겨서야
나는 길 뜬* 설움에 맞이 들고
그것이 실상은 **한 마리의 뻐꾹새**임을
알아냈다

지리산 하(下)
한 봉우리에 숨은 실제의 **뻐꾹새**가
한 울음을 토해 내면
뒷산 봉우리 받아넘기고
또 뒷산 봉우리 받아넘기고
그래서 여러 마리의 뻐꾹새로 울음 우는 것을
알았다.

*길 뜬 : 길이 덜 든.
*세석 : 조그마한 돌.

지리산 중(中)
저 연연한 **산봉우리들**이 다 울고 나서
오래 남은 추스름 끝에
비로소 한 소리 없는 **강**이 열리는 것을 보았다.

섬진강 섬진강
그 힘센 물줄기가
하동 쪽 남해로 흘러들어
남해 군도의 **여러 작은 섬을 밀어 올리는** 것을 보았다

봄 하룻날 그 눈물 다 슬리어서
지리산 하(下)에서 울던 한 마리 뻐꾹새 울음이
이승의 서러운 맨 마지막 빛깔로 남아
이 세석(細石)* 철쭉꽃밭을 다 태우는 것을 보았다.

OX문제

01	청각적 이미지를 사용하여 대상이 지닌 슬픔을 표현하고 있다. [2017학년도 수능]	(O / X)
02	특정한 장소에 대한 직접적인 경험을 바탕으로 인간의 교만한 태도에 대한 비판을 이끌어 내고 있다. [2019학년도 6월]	(O / X)
03	동일한 종결 어미의 반복을 활용하여 리듬감을 형성하고 있다. [2020학년도 9월]	(O / X)
04	화자는 '석 석 삼년도 봄'에 '여러 마리의 뻐꾸기'의 '울음'이 '한 마리의 뻐꾹새'의 울음소리임을 알게 되었다.	(O / X)
05	'뻐꾹새'의 '한 울음'이 '산봉우리들'에서 '강'으로 이어져 '여러 작은 섬'을 '밀어 올리는' 힘으로 작용하고 있다.	(O / X)

STEP
02 지문 분석

여러 산봉우리에 여러 마리의 뻐꾸기가
우리 민족의 한을 상징함.

울음 울어 / 떼로 울음 울어

석 석 삼년도 봄을 더 넘겨서야
석삼년(=9년)이 세 번 거듭됨(=27년). → 아주 오랜 시간이 흘렀음을 의미함.

길이 덜 든
나는 길 뜬 설움에 맛이 들고
화자가 한에 익숙해짐.

그것이 실상은 한 마리의 뻐꾹새임을

알아냈다
█████ : 화자의 인식과 깨달음을 나타내는 서술어로 각 연을 마무리함.

1연 : 오랜 시간이 지난 후 뻐꾹새 울음소리의 진실을 깨닫게 됨.

지리산 하(下)
지리산 밑
█████ : 첫 행에 시적 공간 제시 → 시상 전개에 통일성을 부여함.

한 봉우리에 숨은 실제의 뻐꾹새가 / 한 울음을 토해 내면

뒷산 봉우리 받아넘기고
█████ : 동일한 시구의 반복 → 뻐꾹새 울음소리(한)의 확산 과정을 강조함.

또 뒷산 봉우리 받아넘기고

그래서 여러 마리의 뻐꾹새로 울음 우는 것을 / 알았다.
설움의 정서가 확장됨.

2연 : 뻐꾹새 한 마리의 울음소리가 봉우리를 타고 산 전체로 퍼짐.

지리산 중(中)
지리산 중턱

저 연연한 산봉우리들이 다 울고 나서
이어져 길게 뻗은

오래 남은 추스름 끝에
오랜 시간 설움과 한을 겪고 그것을 추스른 후에

비로소 한 소리 없는 강이 열리는 것을 보았다.
새로운 역사적 흐름이 시작됨.

3연 : 오랜 울음 끝에 열리는 강의 모습

과외식 해설

여러 산봉우리에~떼로 울음 울어 → '울음 울어'를 반복하여 '뻐꾸기'가 우는 모습을 강조하고 있으며, 이를 통해 한과 설움의 정서를 환기하고 있다. 참고로 원한을 품고 죽은 사람이 뻐꾸기로 환생한다는 여러 설화들을 통해 알 수 있듯이, '뻐꾸기(뻐꾹새)'는 문학에서 주로 우리 민족의 한과 설움을 상징하는 이미지로 활용된다.

석 석 삼년도 봄을~알아냈다 → '석 석 삼년'은 석 삼년, 즉 아홉 해가 세 번 거듭될 정도로 아주 오랜 시간이 흘렀음을 의미한다. 이는 한과 '설움'에 익숙하지 않던 미성숙한 화자가 성숙해지기까지의 시간이며, 깨달음을 얻기까지 아주 오랜 시간이 걸렸음을 드러낸다. '뻐꾹새가 우리 민족의 한을 상징한다고 할 때, '여러 마리의 뻐꾸기'의 '울음'이 '한 마리의 뻐꾹새'의 '울음'이었다는 화자의 깨달음은, 화자가 경험한 개인의 슬픔과 한을 통해 우리 민족이 '한(恨)의 민족'이었음을 깨달았다는 것을 의미한다.

지리산 하(下)~알았다. → '지리산' 아래 '한 봉우리'에서 '실제의 뻐꾹새'가 '한 울음을 토해 내'자, 그 울음이 '뒷산 봉우리'들을 타고 퍼져 '여러 마리의 뻐꾹새'의 집단적 울음으로 이어지는 모습이 묘사되어 있다. 이는 우리 민족의 공통된 한의 정서가 개인에서 전체로 확장되는 것을 표현한 것이다. 또한 '실제의 뻐꾹새'는 '여러 마리의 뻐꾹새'와 다르지 않은 동질적 특성이 있음을 드러낸 것이라 할 수 있다.

지리산 중(中)~강이 열리는 것을 보았다. → '뻐꾹새'의 울음이 그치고 오랜 시간에 걸친 '추스름 끝'에 '비로소 한 소리 없는 강이 열리는 것'을, '지리산' 중턱에서 목격한 화자의 모습이 드러난다. 민족의 한은 단순히 우는 것으로 끝나는 것이 아니라, '강'이라는 새로운 역사적 흐름을 만들어 내었다는 것을 표현한 것으로 볼 수 있다.

섬진강 섬진강

그 힘센 물줄기가

강인한 생명력

하동 쪽 남해로 흘러들어

무리를 이루고 있는 크고 작은 섬들
남해 군도의 여러 작은 섬을 밀어 올리는 것을 보았다

변화와 생성의 과정을 역동적으로 형상화함.

4연 : 여러 작은 섬을 밀어 올리는 섬진강의 힘센 물줄기

봄 하룻날 그 눈물 다 슬리어서

계절적 배경 　　　　차차 희미해져서

지리산 하(下)에서 울던 「한 마리 뻐꾹새 울음이

「 」: 공감각적 심상(청각의 시각화)

이승의 서러운 맨 마지막 빛깔로 남아」

조그마한 돌
이 <u>세석(細石)</u> 철쭉꽃밭을 다 태우는 것을 보았다.

뻐꾹새의 울음이 아름답게 승화되어 나타난 공간

5연 : 뻐꾹새 울음으로 다 태워 버린 세석 철쭉꽃밭

섬진강 섬진강 / 그 힘센 물줄기가 → '뻐꾹새'의 울음이 '산봉우리'들에 의해 확장되어 '섬진강'의 '힘센 물줄기'를 만들어 내고 있다는 점에서, '섬진강'의 '힘센 물줄기'는 우리 민족의 강인한 생명력, 힘을 상징한다고 볼 수 있다.

하동 쪽 남해로~밀어 올리는 것을 보았다 → '섬진강'의 '물줄기'가 '남해'의 '여러 작은 섬을 밀어 올리는' 힘으로 작용하고 있다. 이는 '뻐꾹새'의 울음이 '강', '남해', '섬'으로 잇달아 연결되면서, 민중의 설움이 역사 속에서 변화와 생성의 힘으로 작용하게 됨을 보여 준다.

봄 하룻날 그 눈물~다 태우는 것을 보았다. → '지리산' 아래의 '한 봉우리에 숨어 울던 '한 마리 뻐꾹새 울음'이 역사의 큰 줄기를 이룬 후 아름답게 승화된 모습을, '세석 철쭉꽃밭'의 붉은빛으로 연결 지어 나타내고 있다. 이는 화자가 민족의 정서인 한을 긍정적으로 수용하고 있음을 드러낸 것으로 볼 수 있다.

STEP 03 작품 해제

01 | 주제

지리산 뻐꾹새의 울음소리에서 깨닫게 된 한의 정서

02 | 특징

① 지리산 뻐꾹새의 울음을 통해 우리 민족의 내면에 존재하는 한과 그 힘을 표현한 대상 중심의 시
② 2~4연의 첫 행에 시적 공간을 배열하여 시상 전개에 통일감을 부여함.
③ 단정적 어조로 화자의 인식과 깨달음의 의미를 강조함.
④ 감각적 이미지를 통해 한과 설움의 정서를 환기함.

03 | 작품 해제

　　이 시는 지리산 뻐꾹새 울음소리에서 느끼는 설움의 정서를 노래하고 있는 작품이다. 저 먼 지리산의 어느 곳에서 뻐꾹새가 울음을 토해 내면 그 울음이 산봉우리를 울리며 여러 마리의 뻐꾹새의 울음으로 확장되고, 이 집단적 울음이 섬진강으로 이어지고, 그 섬진강은 다시 남해 군도의 여러 섬을 밀어 올리며, 그 울음이 지리산 세석의 철쭉꽃밭을 다 태웠다는 것이다. 화자는 산에서 강, 바다로 이어지는 거대한 자연이 설움으로 가득하다는 것을 자신도 설움에 잠기면서 깨닫게 되었다고 고백하고 있다.

STEP

04 **논문으로 만나는 출제자의 시선**　　　니BS 수능특강 | **현대문학** ●

「지리산 뻐꾹새」에 드러나는 '한'의 정서

「지리산 뻐꾹새」에서는 '뻐꾹새'를 통해 한의 정서를 한 폭의 그림처럼 표현하고 있다. 이 시의 시선을 따라가 보면 한을 상징하는 뻐꾹새의 울음 소리를 시작으로 자연 하나하나가 그려지고 있음을 알 수 있다. 또한 한 봉우리에서 다른 봉우리로 뻐꾹새의 울음이 전해져서 '여러 마리의 뻐꾹 새로 울음 우는 것'은 민중의 공통된 한의 정서로 확장됨을 나타낸다. 즉, 개인의 한이 민족의 한으로 확대되는 것이다. 그러나 여기서의 '한(恨)' 은 단지 우는 것으로 끝나는 것이 아니라 섬진강의 힘센 물줄기를 만들어 낸다. 그리고 섬진강의 힘센 물줄기는 바로 민중의 힘을 의미한다. 이렇 듯 작품 속 한(恨)의 이미지는 막연한 슬픔에서 끝나지 않고, 민중의 의지와 생명의 의지를 만들어 내고 있다.

「지리산 뻐꾹새」 속 집단적 슬픔의 의미

'지리산'은 한국의 근현대사에서 피비린내 나는 한(恨)의 공간이었다. 임진왜란과 동학 농민 운동이 일어났던 장소였으며, 일제 강점기에는 강제 징 용을 피하고자 젊은이들이 숨어들었던 장소이다. 또한 6.25 전후에는 패잔병과 빨치산(6.25 전쟁 전후에 각지에서 활동했던 공산당의 유격대)에 이르기까지 지리산은 힘없는 약자들을 품어 주었던 은거의 공간이자 이들의 피가 뿌려진 한(恨)의 공간이었다. 이러한 우리 민족의 비극이 서려 있는 공간이기에, 「지리산 뻐꾹새」에 나타나는 공간적 배경인 '지리산' 역시 한과 서러움이 투영되어 있는 공간으로 해석할 수 있다. 이러한 공간 에서 '뻐꾹새'의 울음을 들은 화자는 오랜 시간이 지난 뒤에 그 '울음'이 '여러 마리의 뻐꾸기'의 집합적 울음소리가 아니라, 단지 '한 마리의 뻐꾹 새'의 울음소리임을 깨닫는다. 개인의 미세한 울음은 '뒷산 봉우리 받아넘기고 / 또 뒷산 봉우리 받아넘기'면서 점차 집단적인 큰 울음을 만든다. 우리 민족이 개개인의 슬픔과 한을 통해 이뤄진 한의 민족임을 깨닫고 있는 것이다.

개인은 약하고 힘이 없는 미미한 존재이나, 개인이 모여 많은 사람들이 뜻을 모아 동참했을 때 그 힘은 결코 미미한 것에서 끝나지 않는다. '봉우 리'를 거쳐 메아리가 되어 번지고 퍼져서 '남해 군도의 여러 작은 섬을 밀어 올리는' 큰 변화를 만들었다는 시인의 진술은 그런 점에서 매우 중요 하다. 개인이 힘을 합쳐서 집단을 이룰 때, 그 힘은 부조리한 사회나 왜곡된 권력의 힘을 바로 잡을 수 있는 역동적 에너지가 되는 것이다. 여기 서 화자가 민족의 정서인 한(恨)을 긍정적으로 수용하고 있음이 드러난다. 그렇기에 '한 마리 뻐꾹새 울음이 / 이승의 서러운 맨 마지막 빛깔로 남아 / 이 세석(細石) 철쭉꽃밭을 다 태우는 것을 보았다.'라고 시인은 진술한 것이다.

STEP 05 나BS 실전 문제

다음 글을 읽고 물음에 답하시오. [10.수능.평가원]

(가)

얇은 사(紗) 하이얀 고깔은
고이 접어서 나빌레라.

파르라니 깎은 머리
박사(薄紗) 고깔에 감추오고

두 볼에 흐르는 빛이
정적으로 고와서 서러워라.

빈 대(臺)에 황촉(黃燭)불이 말없이 녹는 밤에
오동잎 잎새마다 달이 지는데

소매는 길어서 하늘은 넓고
돌아설 듯 날아가며 사뿐히 접어 올린 외씨보선이여.

까만 눈동자 살포시 들어
먼 하늘 한 개 별빛에 모두오고

복사꽃 고운 뺨에 아롱질 듯 두 방울이야
세사에 시달려도 번뇌는 별빛이라.

휘어져 감기우고 다시 접어 뻗는 손이
깊은 마음 속 거룩한 합장인 양하고

이 밤사 귀또리도 지새는 삼경(三更)인데
얇은 사(紗) 하이얀 고깔은 고이 접어서 나빌레라.

　　　　　　　　　　　　　- 조지훈, 「승무」 -

(나)

여러 산봉우리에 여러 마리의 뻐꾸기가
울음 울어
떼로 울음 울어
석 석 삼년도 봄을 더 넘겨서야
나는 길뜬* 절옳에 맛이 들고
그것이 실상은 한 마리의 뻐꾹새임을
알아냈다.

지리산 하
　　┌ 한 봉우리에 숨은 실제의 뻐꾹새가
　　│ 한 울음을 토해 내면
[A]
　　│ 뒷산 봉우리 받아넘기고
　　└ 또 뒷산 봉우리 받아넘기고
그래서 여러 마리의 뻐꾹새로 울음 우는 것을
알았다.

지리산 중
저 연연한 산봉우리들이 다 울고 나서
오래 남은 추스름 끝에
비로소 한 소리 없는 강이 열리는 것을 보았다.

섬진강 섬진강
그 힘센 물줄기가
하동 쪽 남해로 흘러들어
남해 군도의 여러 작은 섬을 밀어 올리는 것을 보았다.

봄 하룻날 그 눈물 다 슬리어서
지리산 하에서 울던 한 마리 뻐꾹새 울음이
이승의 서러운 맨 마지막 빛깔로 남아
이 세석(細石)* 철쭉꽃밭을 다 태우는 것을 보았다.

　　　　　　　　　　　　- 송수권, 「지리산 뻐꾹새」 -

*길뜬 : 길이 덜 든.
*세석 : 지리산 정상 아래 부근의 지명.

(다)

무등산 한 활개 뫼가 동쪽으로 뻗어 있어
멀리 떼쳐 와 ⓐ 제월봉(霽月峰)이 되었거늘
무변대야(無邊大野)*에 무슨 짐작 하노라
일곱 굽이 한데 뭉쳐 우뚝우뚝 벌여 논 듯
가운데 굽이는 구멍에 든 ⓑ 늙은 용이
선잠을 갓 깨어 머리를 앉혔으니
너럭바위 위에 송죽을 헤치고 ⓒ 정자를 앉혔으니
구름 탄 청학이 천 리를 가리라 두 날개 벌렸는 듯
옥천산 용천산 내린 ⓓ 물이
정자 앞 넓은 들에 올올히 펴진 듯이

넓거든 기노라 푸르거든 희지 마나
┌ 쌍룡이 뒤트는 듯 긴 깁이 펼쳤는 듯
│ 어디로 가노라 무슨 일 바빠서
│ 닫는 듯 따르는 듯 밤낮으로 흐르는 듯
[B] 물 좇은 사정(沙汀)*은 눈같이 펴졌거든
│ 어지러운 기러기는 무엇을 어르노라
│ 앉으락 내리락 모이락 흩으락
└ 노화(蘆花)*를 사이 두고 우러곰 좇니느뇨
넓은 길 밖이요 긴 하늘 아래 두르고 꽂은 것은
뫼인가 병풍인가 그림인가 아닌가
높은 듯 낮은 듯 궂는 듯 잇는 듯
숨거니 뵈거니 가거니 머물거니
어지러운 가운데 이름난 양하여
하늘도 저어치 않고 우뚝이 섰는 것이 ⓔ 추월산 머리 짓고
용구산 몽선산 불대산 어등산
용진산 금성산이 허공에 벌였거든
원근창애(遠近蒼崖)에 머문 짓도 하도 할샤

- 송순, 「면앙정가」 -

*무변대야 : 끝없이 넓은 들판.

*사정 : 모래톱.

*노화 : 갈대.

01. (가)~(다)의 공통점으로 가장 적절한 것은?

① 단호한 어조로 화자의 의지를 드러낸다.
② 과거와 현재를 대비하여 그리움의 정서를 고조한다.
③ 감각적 이미지를 통해 시적 대상의 운동감을 나타낸다.
④ 대립적 시각을 바탕으로 긍정적 상황 인식을 드러낸다.
⑤ 역설적 표현을 통해 대상의 의미를 긴장감 있게 제시한다.

02. <보기>를 참고하여 (가)를 이해한 내용으로 적절하지 않은 것은?

─── <보기> ───

「승무」는 무녀(舞女)를 무대 공간의 중심에 배치하여 관객이 이를 바라보는 상황을 보여 주고 있다. 무녀와 그 춤을 초점화하기 위해서는 여러 가지 빛이 동원되어야 한다. 이 작품에는 지상과 천상, 상승과 하강, 생성과 소멸의 속성을 지닌 다양한 빛이 등장하여 무녀의 외양과 행위, 더 나아가 내면세계를 비추고 있다. 이 빛은 다양한 상징적 의미를 전달하고, 관객이 무대와 인물을 관조하거나 그것에 몰입할 수 있도록 유도한다.

① 어두운 '밤'은 무녀를 비추는 다양한 빛의 양상을 효과적으로 드러내고, 관객의 관심이 무녀에게 집중되게 한다.
② '흐르는 빛'은 여러 빛들에 비추어진 무녀의 낯빛으로서, 상승 이미지를 통해 환상적인 분위기를 조성한다.
③ 말없이 녹아내리는 '황촉불'과 기우는 '달'은 하강과 소멸 이미지를 지니고 있어 유한한 인간 존재를 떠올리게 한다.
④ 6연의 천상의 '별빛'은 번뇌에서 벗어난 초탈의 세계를 환기하면서 승화의 의미로 이어지게 된다.
⑤ 7연의 '별빛'은 무녀의 눈과 연결되어 그녀가 지향하는 세계와 내면세계를 서로 이어 준다.

03. (가)의 '서러워라'와 (나)의 '설움'에 대한 설명으로 가장 적절한 것은?

① (가)의 설움은 역사적인 삶의 경험에서 비롯된 것이다.
② (나)의 설움은 자연물의 주술적 속성을 통해 구체적으로 표출된다.
③ (가)와 (나)의 설움에는 부정적 현실에 대한 비판 의식이 담겨 있다.
④ (가)와 (나)의 설움은 외부 대상과는 무관하게 화자의 내면에서 생성되는 정서이다.
⑤ (가)는 밤을 지새우는 '귀또리'의 소리를 통해, (나)는 '철쭉꽃'의 색채를 통해 설움을 환기하며 시상을 마무리하고 있다.

04. (나)에 대한 설명으로 적절하지 않은 것은?

① 1연에는 화자가 깨달음에 도달하기까지 걸린 시간과 노력이 나타난다.
② 2연의 '실제의 뻐꾹새'는 '여러 마리의 뻐꾹새'와 상반되는 의미를 형성한다.
③ 2~4연의 첫 행들은 각 연의 시적 공간에 대해 주의를 환기하는 방식으로 시상 전개에 통일성을 부여한다.
④ 3~4연에서 '산봉우리', '강', '남해', '섬'이 잇달아 연결되면서 변화와 생성의 세계를 보여 준다.
⑤ 3~5연은 연의 끝 부분에 '보았다'를 반복적으로 사용하여 깨달음의 의미를 강조한다.

05. [A]와 [B]를 비교한 내용으로 가장 적절한 것은?

① [A]와 달리, [B]는 직유를 통해 시각적 인상을 구체화한다.
② [B]와 달리, [A]는 음보율을 통해 정형적 운율미를 느끼게 한다.
③ [A]와 [B] 모두 어순의 도치를 통해 의미를 강조한다.
④ [A]와 [B] 모두 반어적 표현을 통해 냉소적 태도를 드러낸다.
⑤ [A]와 [B] 모두 영탄적 표현을 통해 자연물에서 받은 감흥을 표출한다.

06. 〈보기〉를 참고하여 (다)를 감상한 내용으로 적절하지 <u>않은</u> 것은?

───── 〈보기〉 ─────

　　송순이 「면앙정가」에서 펼쳐 보인 세계는 흔히 '면앙우주'라고 일컬어
진다. 면앙우주는 작가에게 천지만물의 이치를 심성의 수양으로 내면화
하는 공간이었다. 작가는 자연 세계를 통해 인간 세계의 이치를 읽어 내
는 가운데 조화와 합일을 추구했다. 그는 객관적 자연물에 인간적 생명력
과 의지를 부여하는 방식으로 자신의 이상과 세계관을 표출했다.

① ⓐ의 '제월봉'이 '무변대야에 무슨 짐작'을 한다는 표현에는 높은 이상을 향
한 작가의 의지가 자연물에 투영되어 있군.
② ⓑ의 '늙은 용'이 '선잠을 갓 깨어'라는 표현에는 이상을 펼치기에 이미 늦었
다고 여기는 작가의 조바심이 담겨 있어.
③ ⓒ의 '정자'가 '청학'처럼 '두 날개 벌렸는 듯'하다는 표현에서 면앙정이 비상
(飛上)을 위한 심성 수양의 장소임을 알 수 있군.
④ ⓓ의 '물'이 '밤낮으로 흐르는' 모습을 통해 작가도 자신이 추구하는 바를
쉼 없이 행해야 함을 드러내고 있어.
⑤ ⓔ의 '추월산'을 비롯한 여러 산들이 '높은 듯 낮은 듯 긏는 듯 잇는 듯'
서 있다는 표현에서 조화와 합일을 추구하는 삶의 태도를 볼 수 있군.

STEP 01 OX 문제를 통한 지문 이해 훈련

나BS 수능특강 | **현대문학**

알룩 조개에 입 맞추며 자랐나
눈이 바다처럼 푸를뿐더러 까무스레한 네 얼골
가시내야
나는 발을 얼구며*
무쇠 다리를 건너온 함경도 사내

바람 소리도 호개*도 인전 무섭지 않다만
어두운 등불 밑 안개처럼 자욱한 시름을 달게 마시련다만
어디서 흉참한 기별이 뛰어들 것만 같애
두터운 벽도 이웃도 못 미더운 **북간도 술막**

온갖 방자의 말을 품고 왔다
눈포래를 뚫고 왔다
가시내야
너의 가슴 그늘진 숲속을 기어간 **오솔길**을 나는 **헤매이자**
술을 부어 남실남실 술을 따르어
가난한 이야기에 고히 잠거 다오

네 두만강을 건너왔다는 석 달 전이면
단풍이 물들어 천 리 천 리 또 천 리 산마다 불탔을 겐데
그래두 외로워서 슬퍼서 초마폭으로 얼굴을 가렸더냐
두 낮 두 밤을 두루미처럼 울어 울어
불술기* 구름 속을 달리는 양 유리창이 흐리더냐

차알삭 부서지는 파도 소리에 취한 듯
때로 싸늘한 웃음이 소리 없이 새기는 보조개
가시내야
울 듯 울 듯 울지 않는 **전라도 가시내야**
두어 마디 너의 사투리로 때아닌 봄을 불러 줄게
손때 수집은 분홍 댕기 휘휘 날리며
잠깐 너의 나라로 돌아가거라

이윽고 얼음길이 밝으면
나는 눈포래 휘감아 치는 벌판에 우줄우줄* 나설 게다
노래도 없이 사라질 게다
자욱도 없이 사라질 게다

*얼구며 : '얼리며'의 방언.
*호개 : 호가(胡歌). 북방 오랑캐의 노래.
*불술기 : '불수레', 즉 태양. 혹은 '기차'의 함경도 사투리.
*우줄우줄 : 몸이 큰 사람이나 짐승이 가볍게 율동적으로 자꾸 움직이는 모양.

OX문제

01	표면에 드러난 청자에게 말을 건네는 방식으로 화자의 정서를 드러내고 있다. [2022학년도 6월]	(O / X)
02	유사한 문장 형태를 변주하여 시간의 흐름을 드러내고 있다. [2020학년도 6월]	(O / X)
03	화자는 울고 있는 '전라도 가시내'에게 '두어 마디 너의 사투리'를 건네며 위로하였다.	(O / X)
04	'가시내'는 '눈포래를 뚫고' '오솔길'을 '헤매이'며 '북간도 술막'에 도착하였다.	(O / X)
05	현실에 대한 부정적 인식을 바탕으로 앞날에 대한 회의를 드러내고 있다. [2022학년도 수능]	(O / X)

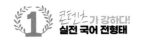
STEP 02 지문 분석

알록 조개에 입 맞추며 자랐나
'가시내'가 과거에 바닷가에서 살았을 것이라 추측함.

「눈이 바다처럼 푸를뿐더러 까무스레한 네 얼골」
　　　　　　　　　　　　　　「 」 : '가시내'의 외양을 감각적으로 묘사함.

가시내야
청자를 상정하여 말을 건넴.
　　　　　　　　　　　▇▇▇ : 고향을 잃고 유랑하는 우리 민족을 상징함.

나는 발을 얼구며
　　　　'얼리며'의 방언

무쇠 다리를 건너온 함경도 사내
두만강 철교　　　　　　　　화자
　　　　　　　　　　　　　1연 : 화자(함경도 사내)와 전라도 가시내의 만남

　　　　　　　　이제는
바람 소리도 호개도 인전 무섭지 않다만
　　　　　북방 오랑캐의 노래

어두운 등불 밑 안개처럼 자욱한 시름을 달게 마시련다만
　　　　　　　　　　　삶의 고난과 시련을 인내하고 받아들이는 자세

　　　　　　　소식
어디서 흉참한 기별이 뛰어들 것만 같애
　　　　흉악하고 참혹한
　　　　　　　　　　　▇▇▇ : 공간적 배경

두터운 벽도 이웃도 못 미더운 북간도 술막
　　　　　　　　　　　주막
　　　　　　　　　　　　2연 : 불안하고 삭막한 북간도의 상황

온갖 방자의 말을 품고 왔다
남이 못되기를 귀신에게 비는 짓

눈포래를 뚫고 왔다
'눈보라'의 방언
　　　　　　　　　　▇▇▇ : 시련, 고난

가시내야

너의 가슴 그늘진 숲속을 기어간 오솔길을 나는 헤매이자
　　　　　삶에 대한 '가시내'의 아픈 기억과 그녀의 어두운 내면

술을 부어 남실남실 술을 따르어
　　　　　　음성 상징어

가난한 이야기에 고히 잠거 다오
　　　　　　　　　　3연 : 전라도 가시내의 이야기를 들으며 동질감을 느끼는 화자

과외식 해설

알록 조개에 입 맞추며~까무스레한 네 얼골 → 화자는 '가시내'의 거무스름한 외양을 보고 과거에 바닷가에서 살았을 것이라 추측하고 있다. 또한 자신의 추측을 토대로 '가시내'의 외양을 '바다'와 연결 짓고, '푸를', '까무스레한'의 색채어를 활용하여 감각적으로 묘사하고 있다.

가시내야~무쇠 다리를 건너온 함경도 사내 → 화자가 '가시내'에게 말을 건네며, 자신의 처지에 대해 이야기하고 있다. 화자는 고향인 '함경도'를 떠나 유랑하고 있는 사내로, 그 과정에서 추위로 발이 어는 시련을 겪기도 했음을 알 수 있다.

바람 소리도 호개도~시름을 달게 마시련다만 → 추상적인 '시름'을 '안개'에 비유하여 구체화하고, 현실의 고통과 시련에 굴복하지 않고 이를 기꺼이 감내하고자 하는 화자의 모습을 드러내고 있다.

어디서 흉참한 기별이~못 미더운 북간도 술막 → 화자와 '가시내'가 만난 공간인 '북간도 술막'은 '두터운 벽'도 '이웃'도 믿을 수 없을 정도로 흉악하고 불안한 공간임을 알 수 있다. 따라서 '북간도 술막'은 화자가 '가시내'를 달래는 '위로의 장소'이기도 하지만 삶의 극한에 몰린 '위기의 장소'이기도 하다.

가시내야~고히 잠거 다오 → '가시내'가 힘겹게 살아온 이야기를 듣고, 그 사연과 처지에 동질감을 느끼는 화자의 모습이 드러난다. 참고로 '가시내'의 고향인 전라도는 한반도 제일 남쪽에 위치해 있으며, 화자의 고향인 '함경도'는 제일 북쪽에 위치해 있다. 작품의 시대적 배경을 고려해 볼 때, 이 두 곳에서 살던 남녀가 '북간도'에 와서 만났다는 것은, 일제 강점기 당시 고향을 떠나 유랑할 수밖에 없었던 우리 민족의 비참한 현실을 드러내는 것이라 할 수 있다. 그렇기에 화자는 '가시내'의 이야기를 들으며, 그녀에게 동질감을 느끼게 된 것이다.

네 두만강을 건너왔다는 석 달 전이면

단풍이 물들어 천 리 천 리 또 천 리 산마다 불탔을 겐데
　　　　　삼천 리 → 우리나라 전체를 비유적으로 이르는 말

그래두 외로워서 슬퍼서 초마폭으로 얼굴을 가렸더냐
　　　　　　　　　　　치마폭

전라도에서 북간도까지 걸리는 시간
두 낮 두 밤을 두루미처럼 울어 울어
　　　　고향을 떠나는 '가시내'의 슬픔 → 유랑하는 민족의 한

불술기 구름 속을 달리는 양 유리창이 흐리더냐
'불수레', 즉 태양. 혹은 '기차'의 방언　　눈물 때문에 흐리게 보임.

4연 : 전라도 가시내의 비극적 삶

차알삭 부서지는 파도 소리에 취한 듯
청각적 이미지 → '가시내'의 고향(전라도)을 드러냄.

때로 싸늘한 웃음이 소리 없이 새기는 보조개
　'가시내'의 냉소적 태도가 드러남.

가시내야

울 듯 울 듯 울지 않는 전라도 가시내야

두어 마디 너의 사투리로 때아닌 봄을 불러 줄게
　　　　　'가시내'에 대한 연민 · 위로

손때 수집은 분홍 댕기 휘휘 날리며
　　　수줍은　　　음성 상징어

잠깐 너의 나라로 돌아가거라
　'가시내'의 고향(전라도)

5연 : 전라도 가시내에 대한 화자의 연민과 위로

이윽고 얼음길이 밝으면

　　　　　　　몸이 큰 사람이나 짐승이 가볍게 율동적으로 자꾸 움직이는 모양 / 음성 상징어
나는 눈포래 휘감아 치는 벌판에 우줄우줄 나설 게다
　　　　　　　　　　비장하고 결연한 모습

노래도 없이 사라질 게다

자욱도 없이 사라질 게다

6연 : 암담한 현실에 맞서는 화자의 비장한 모습

네 두만강을 건너왔다는~산마다 불탔을 겐데 → '가시내'가 '단풍이 물'드는 가을에 고향인 '전라도'에서 '두만강을 건너' '북간도'로 오게 되었음을 알 수 있다.

그래두 외로워서 슬퍼서~유리창이 흐리더냐 → 고향을 떠나 유랑하는 자신의 처지로 인해 눈물을 흘리는 '가시내'의 모습을 비유적으로 형상화하고 있다.

차알삭 부서지는 파도 소리에~전라도 가시내야 → '가시내'의 '싸늘한 웃음'에서 세상에 대한 그녀의 냉소적인 태도가 드러난다. 또한 '울 듯 울 듯 울지 않는' 그녀의 모습은 '가시내'가 부정적 상황에서 고통을 감내하고 있음을 보여 준다.

두어 마디 너의 사투리로~잠깐 너의 나라로 돌아가거라 → '가시내'의 처지에 연민을 느낀 화자가 전라도 사투리를 사용해 그녀에게 위로를 건네고 있다. '너의 사투리'는 '가시내'가 고향을 떠올리며 회상에 잠길 수 있도록 돕는 수단이기에, 화자는 이를 사용하여 고단한 그녀의 삶을 위로하고자 한 것이다.

이윽고 얼음길이 밝으면~자욱도 없이 사라질 게다 → '눈포래 휘감아 치는 벌판'은 화자가 앞으로 맞닥뜨릴 시련을 상징한다. 화자는 날이 밝으면 그곳에 '우줄우줄 나설' 것이라고 말하고 있다. 이는 고통의 순간을 피하지 않고 그에 맞서겠다는 화자의 비장하고 결연한 의지를 드러낸 것으로 볼 수 있다.

STEP 03 작품 해제

01 | 주제

고향을 떠나 북방에서 유랑하는 우리 민족의 비극적 삶

02 | 특징

① 일제 강점기 유랑민의 비극적인 삶을 형상화하고 있는 화자 중심의 시
② 방언의 사용으로 향토적 정서를 조성함.
③ 말을 건네는 방식을 통해 화자의 정서를 드러냄.
④ 일제 강점기 민중의 유랑 과정을 통해 부정적 시대 상황을 제시함.

03 | 작품 해제

　　이 시는 '북간도 술막'에서 화자인 '함경도 사내'가 '전라도 가시내'를 만나 이야기를 나누는 상황을 통해, 고향을 떠나 북방에서 유랑하는 우리 민족의 비극적인 삶을 그려 낸 작품이다. 화자는 '북간도 술막'에서 '전라도 가시내'를 만나 그녀의 사연을 들으며, 그녀가 느낀 아픔과 슬픔에 공감하고 그녀를 위로하고 있다. 한편 이 시는 일반적인 서정시와 달리, 서사적인 요소를 담고 있다. '전라도 가시내'가 고향을 떠나 '북간도'로 오기까지 겪은 힘든 삶의 여정을 보여 주는 4연이 이 부분에 해당한다. 이러한 서사적 성격은 일제 강점기에 고향을 잃고 살아가던 우리 민족의 비참한 현실을 드러내는 데 기여하고 있다.

논문으로 만나는 출제자의 시선

나BS 수능특강 | 현대문학

「전라도 가시내」에 나타난 고향 상실의 문제

「전라도 가시내」는 전라도 바닷가의 한 '가시내'가 고향을 떠나 '북간도 술막'에 이르는 모습을 그려 내고 있다. 이는 일제 강점기 우리 민중이 유랑했던 과정을 시적 화자의 상상을 통해 제시한 것이다. 화자는 '무쇠 다리를 건너온 함경도 사내'가 됨으로써 '전라도 가시내'와 함께 이 고향 상실의 비극에 참여한다. 그래서 '북간도 술막'은 '사내'가 '가시내'를 위로하는 장소이기도 하지만 조선의 민중이 겪어야 했던 혹독한 유랑의 장소가 되기도 한다. '파도 소리', '사투리'로 대변되는 '너의 나라'는 '눈포래 휘감아 치는 벌판'에 나서는 사내의 뒷모습과 대비되면서 더욱 가슴 아픈 고향의 상징이 된다.

당시의 유랑민들은 대체로 국경에 접한 함경도 사람들 위주였다. 하지만 남쪽 끝 전라도에서 땅을 가로질러 두만강을 건너야 하는 사정을 가정한 이 시의 상상력은 고향 상실, 혹은 혈연 공동체의 해체가 특정 지역만의 문제가 아닌, 조선 민중 전체의 문제라는 것을 강조한다.

「전라도 가시내」 속 사투리의 의미

「전라도 가시내」는 한반도의 북쪽 끝인 '함경도 사내'와 남쪽 끝인 '전라도 가시내'가 제3의 장소인 '북간도'에서 만나 서로의 아픔을 공감하는 구조로 이루어져 있다. 함경도 사내는 '무쇠 다리'를, 전라도 가시내는 '두만강'을 건너 북간도로 왔다. 이들은 모두 고향을 떠나 타향에서 슬픔과 고난을 겪으며 살아가는 주변인들이다. 그런데 함경도 사내는 자신의 처지를 한탄하기보다는 전라도 가시내를 깊이 연민한다. '울 듯 울 듯 울지 않는' 전라도 가시내를 위해 함경도 사내가 베푸는 가장 큰 위로는 '두어 마디 너의 사투리로 때아닌 봄을 불러' 주는 것이다.

북방의 언어를 사용하는 사람들에 둘러싸인 채 홀로 남쪽 사투리를 쓰는 전라도 가시내는 그 사람들 속에서 또 다른 주변인이자 소외된 존재이다. 이러한 소외 의식을 달래 줄 수 있는 것이 바로 '사투리'라는 것인데, 이는 전라도 가시내가 아닌 함경도 사내의 생각이라는 점에 주목할 필요가 있다. 즉, 시의 화자인 함경도 사내는 고향의 언어인 사투리가 정서적인 위로의 수단이 된다고 인식하고 있는 것이다.

다음 글을 읽고 물음에 답하시오. [교육청 기출 변형]

(가)

알룩조개에 입맞추며 자랐나
눈이 바다처럼 푸를뿐더러 까무스레한 네 얼굴
가시내야
나는 발을 얼구며
무쇠다리를 건너온 함경도 사내

바람소리도 호개도 인전 무섭지 않다만
어두운 등불 밑 안개처럼 자욱한 시름을 달게 마시련다만
어디서 흥참한 기별이 뛰어들 것만 같애
두터운 벽도 이웃도 못 미더운 ㉠ 북간도 술막

온갖 방자의 말을 품고 왔다
눈포래를 뚫고 왔다
가시내야
너의 가슴 그늘진 숲속을 기어간 오솔길을 나는 헤매이자
술을 부어 남실남실 술을 따르어
㉡ 가난한 이야기에 고히 잠거다오

네 두만강을 건너왔다는 석 달 전이면
단풍이 물들어 천리 천리 또 천리 산마다 불탔을 겐데
그래두 외로워서 슬퍼서 초마폭으로 얼굴을 가렸더냐
두 낮 두 밤을 ㉢ 두루미처럼 울어 울어
불술기 구름 속을 달리는 양 유리창이 흐리더냐

차알싹 부서지는 파도소리에 취한 듯
때로 ㉣ 싸늘한 웃음이 소리 없이 새기는 보조개
가시내야
울 듯 울 듯 울지 않는 전라도 가시내야
두어 마디 너의 사투리로 때 아닌 **봄을 불러줄게**
손때 수줍은 분홍 댕기 휘 휘 날리며
잠깐 ㉤ 너의 나라로 돌아가거라

이윽고 **얼음길**이 밝으면
나는 눈포래 휘감아치는 **벌판에 우줄우줄 나설 게다**
노래도 없이 사라질 게다
자욱도 없이 사리질 게다

– 이용악, 「전라도 가시내」 –

(나)

하늘은 날더러 구름이 되라 하고
땅은 날더러 바람이 되라 하네
청룡 흑룡 흩어져 비 개인 나루
잡초나 일깨우는 잔바람이 되라네
뱃길이나 서울 사흘 목계 나루에
아흐레 나흘 찾아 박가분 파는
가을볕도 서러운 방물장수 되라네
산은 날더러 들꽃이 되라 하고
강은 날더러 잔돌이 되라 하네
산서리 맵차거든 풀 속에 얼굴 묻고
물여울 모질거든 바위 뒤에 붙으라네
민물 새우 끓어 넘는 토방 툇마루
석삼년에 한 이레쯤 천지로 변해
짐부리고 앉아 쉬는 떠돌이가 되라네
하늘은 날더러 바람이 되라 하고
산은 날더러 잔돌이 되라 하네

– 신경림, 「목계장터」 –

01. (가)와 (나)의 공통점으로 가장 적절한 것은?

① 역설적 표현을 사용하여 주제를 부각하고 있다.
② 시상의 반전을 통해 화자의 정서를 심화하고 있다.
③ 동일한 시구를 반복하여 시적 의미를 강조하고 있다.
④ 음성 상징어를 통해 시적 분위기를 생동감 있게 전달하고 있다.
⑤ 명시적 청자에게 말을 건네는 방식으로 화자의 정서를 드러내고 있다.

02. ㉠~㉤에 대한 이해로 적절하지 <u>않은</u> 것은?

① ㉠ : 가시내가 함경도 사내와 함께 있는 공간으로 두렵고 불안한 상황임을 나타낸다.
② ㉡ : 가시내의 고통스럽고 힘들었던 삶을 나타낸다.
③ ㉢ : 가시내가 고국을 떠나야 했던 슬픔을 나타낸다.
④ ㉣ : 가시내가 함경도 사내에게 느끼는 연민의 정서를 나타낸다.
⑤ ㉤ : 가시내가 위로를 받을 수 있는 추억의 공간을 나타낸다.

03. <보기>를 참고하여 (가)와 (나)를 감상한 내용으로 적절하지 <u>않은</u> 것은?

<보기>

　(가)와 (나)에는 평화롭고 안정적인 삶을 살 수 없어 유랑의 삶을 살아 가는 민중들의 모습이 드러나 있다.
　(가)는 유랑하는 삶의 고통과 이에 대응하는 모습, 비슷한 처지의 사람 끼리 위로하는 모습 등을 그리고 있고, (나)는 떠돌이 삶의 비애와 갈등을 그리고 있다.

① (가)의 '봄을 불러줄게'에는 함경도 사내가 가시내의 삶을 위로하고자 하는 모습이 드러나 있군.
② (가)의 '벌판에 우줄우줄 나설 게다'에는 고통스러운 현실에 맞서려는 함경 도 사내의 모습이 나타나 있군.
③ (나)의 '가을볕도 서러운'에는 유랑하는 민중들의 삶의 비애가 드러나 있군.
④ (가)의 '눈포래', '얼음길'과 (나)의 '산서리', '물여울'은 유랑의 삶 속에서 겪 게 되는 시련을 나타내는군.
⑤ (가)의 '자욱도 없이 사라질 게다'와 (나)의 '짐부리고 앉아 쉬는'에는 현실을 극복하려는 민중들의 의지가 드러나 있군.

01 OX 문제를 통한 지문 이해 훈련

나BS 수능특강 | 현대문학

나무들이 실오라기 하나 걸치지 않고 서서
하늘을 향해 길게 팔을 내뻗고 있다
밤이면 메마른 손끝에 아름다운 별빛을 받아
드러낸 몸통에서 흙 속에 박은 뿌리까지
그것으로 말끔히 씻어 내려는 것이겠지
터진 살갗에 새겨진 **고달픈 삶**이나
뒤틀린 허리에 배인 구질구질한 나날이야
부끄러울 것도 숨길 것도 없어
한밤에 내려 몸을 덮는 눈 따위
흔들어 **시원스레 털**어 다시 알몸이 되겠지만
알고 있을까 그들 때로 서로 부둥켜안고
온몸을 떨며 깊은 울음을 터뜨릴 때
멀리서 같이 우는 사람이 있다는 것을

OX문제

01 인격화된 자연물을 청자로 하여 화자의 소망을 전달하고 있다. [2021학년도 6월] (O / X)

02 화자의 인식을 자연물에 투영하여 시적 정서를 환기하고 있다. [2019학년도 6월] (O / X)

03 '나무들'은 '고달픈 삶'에서 비롯된 '부끄러'움을 '시원스레 털'며 극복하고 있다. (O / X)

04 어순의 도치를 통해 상황의 긴박함을 표현하고 있다. [2015학년도 9월B] (O / X)

05 '나무들'은 자신들의 처지에 공감하며 '멀리서 같이 우는 사람'의 존재를 인식하고 있다. (O / X)

나IBS _ 나 없이 EBS 풀지마라

STEP 02 지문 분석

나무들이 실오라기 하나 걸치지 않고 서서
<small>잎이 다 떨어져 나뭇가지만 남은 나무의 모습</small>

하늘을 향해 길게 팔을 내뻗고 있다

밤이면 메마른 손끝에 아름다운 별빛을 받아
<small>나무를 정화해 주는 존재</small>

드러낸 몸통에서 흙 속에 박은 뿌리까지

그것으로 말끔히 씻어 내려는 것이겠지

터진 살갗에 새겨진 고달픈 삶이나
<small>▨ : 삶의 고통과 시련</small>

뒤틀린 허리에 배인 구질구질한 나날이야

부끄러울 것도 숨길 것도 없어
<small>삶의 고난, 상처에 대한 담담한 태도</small>

한밤에 내려 몸을 덮는 눈 따위

흔들어 시원스레 털어 다시 알몸이 되겠지만

「알고 있을까 그들 때로 서로 부둥켜안고

온몸을 떨며 깊은 울음을 터뜨릴 때
<small>존재의 근원적 슬픔</small>

멀리서 같이 우는 사람이 있다는 것을」
<small>나무의 슬픔에 공감해 주는 존재</small>

<small>1~5행 : 별빛으로 자신을 정화하려는 나무들</small>

<small>6~10행 : 부끄러울 것도 숨길 것도 없는 고달픈 삶의 흔적</small>

<small>「 」: 도치법</small>

<small>11~13행 : 나무들을 통한 존재의 근원적 슬픔에 대한 인식</small>

과외식 해설

나무들이 실오라기 하나~팔을 내뻗고 있다 → 겨울이 되어 잎이 지고 가지만 앙상하게 남은 나무(나목)의 모습을 의인화하여 드러내고 있다.

밤이면 메마른 손끝에~씻어 내려는 것이겠지 → '아름다운 별빛'을 통해 헐벗은 자신의 온몸을 '씻어 내'고자 하는 나무의 모습을 확인할 수 있다. 이때 '아름다운 별빛'은 '메마른' 나무의 삶을 치유하고 정화해 주는 긍정적 존재라고 할 수 있다.

터진 살갗에 새겨진~숨길 것도 없어 → '터진 살갗'과 '뒤틀린 허리'는 '고달픈 삶'과 '구질구질한 나날'을 보내며 생긴 나무의 온갖 상처와 고통을 상징한다. 나무는 이러한 상처를 부끄러워하거나 숨기지 않는 담담하고 의연한 태도를 보이고 있다.

알고 있을까~우는 사람이 있다는 것을 → '서로 부둥켜안고 / 온몸을 떨며' 함께 우는 나무들의 모습이 묘사되어 있다. 나무들의 '깊은 울음'은 외부적 시련보다는, 나무들의 내면적 슬픔에서 비롯된 것이라 할 수 있다. 이때 중요한 것은 이러한 나무들의 모습을 보고 '멀리서 같이 우는 사람'이 있다는 점이다. 나무들이 느끼는 슬픔에 공감해 주는 사람이 있다는 점에서, 나무들의 '깊은 울음'은 인간 존재의 근원적 슬픔을 환기한다고 볼 수 있다. 그리고 이를 강조하기 위해 '그들 때로 서로 부둥켜안고 온몸을 떨며 깊은 울음을 터뜨릴 때 멀리서 같이 우는 사람이 있다는 것을 알고 있을까'라는 문장의 어순을 도치하여 제시하고 있다.

STEP 03 작품 해제

01 | 주제

삶의 근원적 슬픔에 대한 인식과 그에 대한 공감

02 | 특징

① 나무의 모습을 통해 삶의 근원적 슬픔에 대해 노래한 대상 중심의 시
② 자연물에 인격을 부여하여 화자의 정서를 드러냄.
③ 어순의 도치를 통해 의미를 강조함.
④ 소재에 상징적 의미를 부여하여 주제 의식을 부각함.

03 | 작품 해제

이 시는 잎을 떨군 채 매서운 겨울 추위를 묵묵히 견디고 있는 나무의 모습을 통해 삶의 근원적 슬픔을 노래하고 있는 작품이다. 이 시에서 추운 겨울은 고통스러운 현실을 상징하며, 나무는 그러한 삶의 고달픔을 부끄러워하지 않고 의연히 하늘을 향해 서 있는 모습으로 그려지고 있다. 그러나 그 나무들도 때로는 온몸을 떨며 깊은 울음을 터뜨리는데, 그 울음은 어떤 외부적 시련 때문이라기보다는 어쩔 수 없는 내면의 슬픔이 터져 나온 것이라 할 수 있다. 이때 그러한 나무들을 바라보며 '멀리서 같이 우는 사람'이 존재하는데, 이는 그가 나목과 유사한 정서를 지니고 있다는 것, 즉 그가 나무처럼 내면의 슬픔을 지닌 존재임을 나타낸다.

STEP 04 논문으로 만나는 출제자의 시선

「나목」 속 울음의 의미

신경림은 겨울에 잎이 떨어진 나무를 보고 「나목」의 시적 구상을 한 것 같다. 여기서 겨울은 현실적 시대 상황일 수 있으며, '실오라기 하나 걸치지 않고 서 있는 나무는 가진 것이 없는 민중일 수 있다.

나무들은 하늘을 향해 팔을 내뻗고 있다. 밤에는 잎이 떨어진 앙상한 가지로 별빛을 받고, 그 별빛으로 몸을 뿌리까지 씻어 내려고 한다. 나무에는 상처가 많다. 그러나 나무는 이것을 부끄러워하거나 숨기지 않고 옷을 벗어 버린다. 한밤에 눈이 내려 몸을 덮지만 나무는 몸을 흔들어 다시 알몸이 된다. 그때 신경림은 나무에게 묻는다. 서로 부둥켜안고 온몸을 떨며 같이 우는 나무와, 같이 우는 사람이 있다는 것을 아느냐고. 이것은 집단적인 공동체적인 울음이다. 작가는 공감과 연대의 마음을 헐벗은 나무에게, 그리고 가난한 사람들에게, 부끄러움이 가득한 사람에게 알려 주고 싶은 것이다. 이러한 측면에서 이 시의 울음은 공감과 연대의 울음이라고 할 수 있다.

신경림의 시 경향

신경림이 쓴 시의 배경은 대개 황폐한 농촌이고 도시 빈민가이며, 그 속에 살아가는 사람들 역시 힘없는 농민, 억울하게 죽은 영혼들, 노숙자 등 한결같이 소외되고 결핍되어 있는 존재들이다. 이들은 한국 사회의 급격한 변화와 역사적 아픔을 고스란히 겪으면서 이 사회의 가장 낮은 계층을 힘겹게 떠받치고 있다.

이것이 바로 신경림이 그들의 가난과 고통을 외면할 수 없는 이유이다. 신경림은 민중의 아픔을 대변한다는 시적 소명 의식을 가지고, 그의 시에서 낮고 소외되어 있으며 결핍된 이들을 위해 노래하였다. 그들과 함께하고 그들을 위로하면서 담아내는 시적 정서는 그의 시 속에 온전히 녹아 있다.

다음 글을 읽고 물음에 답하시오. [교육청 기출 변형]

(가)

무너진 성(城)터 아래 **오랜 세월**을 **풍설(風雪)**에 깎여 온 **바위**가 있다

아득히 손짓하며 **구름이 떠가는 언덕**에 말없이 올라서서

한 줄기 바람에 조찰히* 씻기우는 **풀잎**을 바라보며

나의 몸가짐도 또한 실오리 같은 **바람결에 흔들리**노라

아 **우리들** 태초(太初)의 생명(生命)의 아름다운 분신(分身)으로 여기 태어나

고달픈 **얼굴을 마조 대고 나직히 웃으며 얘기하노니**

때의 흐름이 조용히 물결치는 곳에 그윽히 피어오르는 **한 떨기 영혼**이여

- 조지훈, 「풀잎 단장(斷章)」 -

*조찰히 : 맑고 깨끗하게.

(나)

[A]
┌ 나무들이 실오라기 하나 걸치지 않고 서서
└ **하늘을 향해 길게 팔을 내뻗고 있다**

[B]
┌ 밤이면 메마른 손끝에 아름다운 **별빛**을 받아
│ 드러낸 몸통에서 흙 속에 박은 뿌리까지
└ 그것으로 말끔히 씻어내려는 것이겠지

[C]
┌ 터진 살갗에 새겨진 **고달픈 삶**이나
│ 뒤틀린 허리에 밴 **구질구질한 나날**이야
│ 부끄러울 것도 숨길 것도 없어
│ 한밤에 내려 **몸을 덮는 눈** 따위
└ 흔들어 시원스레 털어 다시 알몸이 되겠지만

[D]
┌ 알고 있을까 그들 때로 서로 부둥켜안고
│ 온몸을 떨며 깊은 울음을 터뜨릴 때
└ **멀리서 같이 우는 사람**이 있다는 것을

- 신경림, 「나목」 -

01. (가)와 (나)의 공통점으로 적절한 것은?

① 대상과의 문답을 통해 주제의식을 부각하고 있다.
② 의문형 어미를 활용하여 화자의 정서를 강조하고 있다.
③ 시대 배경을 드러내는 시어를 반복적으로 사용하고 있다.
④ 특정한 대상을 인간적 속성을 지닌 존재로 형상화하고 있다.
⑤ 근경에서 원경으로 시선을 이동하면서 대상을 포착하고 있다.

02. 〈보기〉를 참고하여 (가)에 대해 이해한 내용으로 적절하지 않은 것은?

〈보기〉

(가)의 화자는 특정한 공간에서 영원에 가까운 기나긴 시간의 흐름을 포착한다. 여기서 화자가 주목하는 대상은 이러한 시간의 흐름을 견뎌내는 강인한 존재가 아니라, 언젠가는 소멸될 삶을 힘겹게 살아가는 여린 존재이다. 화자는 이러한 존재와 교감을 하면서 삶에 대한 새로운 깨달음을 얻는다.

① '바위'는 영원에 가까운 '오랜 세월' 동안 '풍설'을 견뎌온 존재이다.
② '구름이 떠가는 언덕'은 화자가 '태초'로부터 이어지는 기나긴 시간의 흐름을 포착하는 공간이다.
③ '나'는 '풀잎'처럼 '바람결에 흔들리'는 존재로, '우리들'이라는 말을 통해 '풀잎'과의 동질감을 드러낸다.
④ '얼굴을 마조 대고 나직히 웃으며 얘기하노니'는 '나'가 여린 존재인 '풀잎'과 교감하는 모습을 표현한다.
⑤ '한 떨기 영혼'은 '나'가 소멸될 운명을 벗어나 영원의 세계를 지향하는 태도를 지니고 있음을 보여 준다.

03. (나)를 [A]~[D]로 나누어 이해할 때, 적절하지 않은 것은?

① [A]에서 화자는 나무가 '하늘을 향해 길게 팔을 내뻗고 있'는 모습에 주목하여 시상을 열고 있다.
② [B]에서 화자는 [A]에서의 나무의 모습을, '별빛'을 통해 스스로를 정화하려는 것이라고 해석하고 있다.
③ [C]에서 화자는 나무가 '고달픈 삶'이나 '구질구질한 나날'을 당당히 감내할 것이라고 생각하고 있다.
④ [C]에서 화자는 나무가 '몸을 덮는 눈'으로부터 따뜻한 위로를 받을 것으로 기대하고 있다.
⑤ [D]에서 화자는 '멀리서 같이 우는 사람'을 통해 나무의 처지에 공감하는 존재가 있음을 드러내고 있다.

17 | 윤동주, 병원

STEP 01 OX 문제를 통한 지문 이해 훈련

나BS 수능특강 | **현대문학**

　살구나무 그늘로 얼굴을 가리고, **병원** 뒤뜰에 누워, **젊은 여자**가 흰옷 아래로 하얀 다리를 드러내 놓고 일광욕을 한다. 한나절이 기울도록 가슴을 앓는다는 이 여자를 찾아오는 이, 나비 한 마리도 없다. 슬프지도 않은 살구나무 가지에는 바람조차 없다.

　나도 모를 아픔을 오래 참다 처음으로 이곳에 찾아왔다. 그러나 나의 늙은 의사는 젊은이의 병을 모른다. 나한테는 **병이 없다**고 한다. 이 지나친 시련, 이 지나친 피로, 나는 성내서는 안 된다.

　여자는 자리에서 일어나 옷깃을 여미고 화단에서 **금잔화** 한 포기를 따 가슴에 꽂고 **병실** 안으로 사라진다. 나는 그 여자의 건강이 ― 아니 내 건강도 속히 회복되기를 바라며 그가 누웠던 자리에 누워 본다.

OX문제

01　색채의 선명한 대조를 통해 표현 효과를 높이고 있다. [2008학년도 9월]　　　　　　(O / X)
02　'나'는 원인 '모를 아픔'에 '병원'을 찾았지만 '병이 없다'는 진단을 받았다.　　　　　(O / X)
03　동일한 종결 어미의 반복을 활용하여 리듬감을 형성하고 있다. [2020학년도 9월]　　(O / X)
04　현실에 대한 부정적 인식을 바탕으로 앞날에 대한 회의를 드러내고 있다. [2022학년도 수능]　(O / X)
05　'나'는 '금잔화'를 꺾어 병실로 들어간 '젊은 여자'를 보고 병을 회복하지 못할 것이라 생각하였다.　(O / X)

STEP 02 지문 분석

살구나무 그늘로 얼굴을 가리고, 병원 뒤뜰에 누워, 젊은 여자가 흰옷 아래로 하얀 다리를 드러내 놓
　　　　　　　　　　　　　공간적 배경　　　　　화자가 관찰하는 대상　→ 환자복을 의미　　　　: 색채 이미지

고 일광욕을 한다. 한나절이 기울도록 가슴을 앓는다는 이 여자를 찾아오는 이, 나비 한 마리도 없다.
　　　　　　　　　　　　　　　　　　외롭고 쓸쓸한 '젊은 여자'의 상황을 부각함.

슬프지도 않은 살구나무 가지에는 바람조차 없다.　　　　: 잦은 쉼표 사용 → 호흡 조절, 운율 형성

　　　　　　　　　　　　1연 : 병원 뒤뜰에서 일광욕을 하고 있는 여자를 관찰함.

나도 모를 아픔을 오래 참다 처음으로 이곳에 찾아왔다. 그러나 나의 늙은 의사는 젊은이의 병을 모
원인을 모르는 아픔을 가지고 있음.　　　　　　　　병원

른다. 나한테는 병이 없다고 한다. 이 지나친 시련, 이 지나친 피로, 나는 성내서는 안 된다.
　　　　　　　　　　　　　유사한 문장 구조의 반복

　　　　　　　　　　2연 : 오래된 아픔으로 병원에 찾아왔지만 의사는 '나'의 병에 대해 모름.

여자는 자리에서 일어나 옷깃을 여미고 화단에서 금잔화 한 포기를 따 가슴에 꽂고 병실 안으로 사
　　　　　　　　　　　　　　: 병을 치유하고 싶은 소망

라진다. 나는 그 여자의 건강이 ─ 아니 내 건강도 속히 회복되기를 바라며 그가 누웠던 자리에 누워
'나'는 '젊은 여자'에게 동병상련의 감정을 느끼며 자신과 여자의 아픔이 빨리 낫기를 소망함.

본다.

　　　　　　　　　　3연 : '나'는 자신과 여자의 건강이 회복되기를 소망함.

과외식 해설

살구나무 그늘로 얼굴을 가리고,~나비 한 마리도 없다. → 화자는 '병원 뒤뜰'에서 환자복을 입고 '일광욕'을 하고 있는 '젊은 여자'를 관찰하고 있다. 한나절이 지나도록 여자의 곁에 찾아오는 사람은 물론 '나비 한 마리'조차 없는 것을 통해, '젊은 여자'의 아픔을 이해하고 위로해 줄 사람이 없는 상황이며 그녀가 외롭고 쓸쓸한 처지임을 알 수 있다. 한편, '흰 옷', '하얀 다리'에서 나타나는 흰색의 색채 이미지는 환자복을 입은 여인의 창백한 모습을 환기한다. 또한 '병원'은 아픈 사람들이 치료를 받기 위해 가는 밀폐된 공간이라는 점에서 부정적인 상황을 의미한다고 볼 수 있다.

나도 모를 아픔을 오래 참다 처음으로 이곳에 찾아왔다. → 화자의 시선이 외부에서 내면으로 이동하고 있다. 1연에서 등장한 '젊은 여자'에 대응되는 화자는 원인을 모르는 아픔으로 인해 병원으로 오게 되었다.

그러나 나의 늙은 의사는~나는 성내서는 안 된다. → 화자는 오랜 아픔을 참다가 병원에 찾아왔지만 '늙은 의사'는 화자의 병을 모를 뿐 아니라, 병이 없다고 한다. 이에 화자는 '지나친 시련'과 '지나친 피로'를 느끼지만 '성내서는 안 된다'라며 분노를 자제하고 있다. 화자의 정확한 병명이 드러나지 않는 것을 통해 화자가 신체적으로 문제가 있는 것이 아니라, 심적으로 문제가 있는 것임을 암시하고 있다. 일제 강점기라는 시대적 현실을 고려한다면, 화자의 고통은 소시민이 알 수 없는 지식인의 정신적 고뇌임을 알 수 있다.

여자는 자리에서 일어나~그가 누웠던 자리에 누워본다. → 화자는 '금잔화 한 포기'를 '가슴에 꽂고' 병실로 들어가는 '젊은 여자'의 모습을 보며 여자가 지닌 치유에 대한 소망에 공감하고, 그녀와 자신의 건강이 모두 회복되기를 바란다. 또한 그녀가 '누웠던 자리에 누워' 보는 행위를 통해, '젊은 여자'와 '나' 사이의 동질성(사람이나 사물의 바탕이 같은 성질이나 특성)을 드러내고 있다.

03 작품 해제

01 | 주제

고통스러운 상황이 개선되기를 바라는 마음

02 | 특징

① 병원에서 본 환자를 통해 자신을 성찰하고 있는 화자 중심의 시
② 화자의 시선이 외부에서 내면으로 이동하며 시상이 전개됨.
③ 색채 이미지를 통해 시적 대상의 특징을 드러냄.
④ 잦은 쉼표의 사용으로 호흡을 조절하여 운율을 형성함.

03 | 작품 해제

이 시는 화자가 병원 뒤뜰에서 본 젊은 여자 환자를 통해 자신을 성찰하고 그 여자와 자신의 병이 회복하기를 바라는 마음을 표현한 작품이다. 화자는 병원 뒤뜰에서 그늘로 얼굴을 가리고 일광욕을 하는 젊은 여자를 관찰하며 '찾아오는 이'가 없는 그녀의 외롭고 쓸쓸한 처지를 목격한다. 이후 여인에게로 향했던 화자의 시선이 자신에게로 이동하면서 화자는 자신의 오래된 원인 모를 아픔에 대해 이야기한다. 화자는 오랜 아픔을 참다가 병원을 찾아오지만, '늙은 의사'는 화자에게는 병이 없다며 화자의 아픔을 이해하지 못하는 모습을 보인다. 이로 인해 화자는 '지나친 시련'과 '지나친 피로'를 느끼지만, '성내서는 안 된다'라며 분노를 자제한다. 이후 화자는 여자가 지닌 치유에 대한 소망에 공감하며, 자신과 여자가 모두 회복되기를 바라는 마음으로 그녀가 누웠던 자리에 눕는 모습을 보인다. 3연의 산문시 형태로 이루어진 이 시는 화자의 시선이 외부에서 내면으로 이동하며 시상이 전개되고 있으며, 묘사에 의한 시각적 이미지가 두드러지게 나타나는 특징을 보인다.

STEP 04 논문으로 만나는 출제자의 시선

L¦BS 수능특강 | 현대문학

「병원」의 공간적 배경의 의미

「병원」은 윤동주 시인이 일제 강점기 말기에 시대적 현실과 만나는 모습을 그려 낸 작품이다. 이 시에서는 일제 강점기 말기에 받아들일 수 없을 정도로 각박했던 현실을 마음 깊이 받아들여 내면화하는 것이 얼마나 힘겹고 고통스러운 과정이었는지를 가슴 아프게 말해 주고 있다.

'금잔화'가 피어 있는 병원 뒤뜰에 누워 환자가 일광욕을 하고 있는 것으로 미루어 보아, 이 시의 시간적 배경이 되는 계절은 초가을이며, 공간적 배경은 '살구나무'가 있는 '병원 뒤뜰'이다. 병원 뒤뜰은 병원이라는 울타리 안에 있기는 하지만, 환자들을 수용하는 병실을 벗어나 있는 공간이고 어떻게 보면 병원에서도 더 깊숙한 안쪽의 공간이다. 이 공간은 화자의 내면이 토로되는 공간임을 고려할 때, 화자의 정신적인 깊숙한 내면에 대응되는 공간이라고도 볼 수 있다.

이러한 시공간에서 '가슴을 앓는다는' 젊은 여자가 일광욕을 하고 있다는 것, 그러다가 '금잔화 한 포기'를 가슴에 꽂고 병실 안으로 사라졌다는 것이 이 시의 한 축을 이루고 있다. 그런데 그 젊은 여자는 시종일관 '나'의 시선에 의해 관찰되어 외적인 모습과 움직임만이 나타날 뿐, 여자의 생각이나 심리 상태는 전혀 드러나지 않는다. 이에 비해, 여자를 관찰하는 '나'는 자신의 내면을 그 깊숙한 곳까지 과감하게 열어 보이고 있다. 시대적 상황으로 인한 자신의 아픔을 알아주지 않는 세상에 대한 원망과 분노를 표현하면서, 그럼에도 '성내서는 안 된다.'라고 스스로 타이르는 마음을 드러내고 있다. 그리고 끝부분에 이르러, '여자'와 '나'의 건강의 회복을 바라며 '여자'가 누웠던 자리에 '내'가 누워 봄으로써 하나로 합쳐진다.

시의 내용을 통해 '여자'와 '나'는 서로 안팎을 이루는 관계에 있는 존재들임을 알 수 있다. '여자'의 외면이 관찰되고 '나'의 내면이 토로되는 것으로 보아, '여자'는 '나'의 바깥쪽이고 '나'는 '여자'의 안쪽이 되겠다. 하지만 '여자'의 형상을 '나'의 외로운 내면 풍경이 외면화된 것으로 보면, '여자'가 '나'의 안쪽이 되고 '나'는 '여자'의 바깥쪽이 된다. '나'의 내면이란 '시련'과 '피로' 그리고 인내 등의 단어로 집약되는 어떤 심리 상태이며, 이루 말할 수 없이 고독하고 외로운 마음, 말하자면 고립되어 있는 존재 그 자체의 어떤 상태이다. 바로 '내' 존재의 그런 상태가 외부와의 소통이 차단된 채 병원 뒤뜰에 누워 일광욕을 하고 꽃을 따서 가슴에 꽂는, 그런 '여자'의 이미지로 나타난 것이다.

다음 글을 읽고 물음에 답하시오. [17.09.평가원]

(가)

살구나무 그늘로 얼굴을 가리고, 병원 뒤뜰에 누워, 젊은 여자가 흰옷 아래로 하얀 다리를 드러내 놓고 일광욕을 한다. 한나절이 기울도록 가슴을 앓는다는 이 여자를 찾아오는 이, 나비 한 마리도 없다. 슬프지도 않은 살구나무 가지에는 바람조차 없다.

나도 모를 아픔을 오래 참다 처음으로 이곳에 찾아왔다. 그러나 나의 늙은 의사는 젊은이의 병을 모른다. 나한테는 병이 없다고 한다. 이 지나친 시련, 이 지나친 피로, 나는 성내서는 안 된다.

여자는 자리에서 일어나 옷깃을 여미고 화단에서 금잔화 한 포기를 따 가슴에 꽂고 병실 안으로 사라진다. 나는 그 여자의 건강이 ─ 아니 내 건강도 속히 회복되기를 바라며 그가 누웠던 자리에 누워 본다.

─ 윤동주, 「병원」 ─

(나)

유성에서 조치원으로 가는 어느 들판에 우두커니 서 있는 한 그루 늙은 나무를 만났다. 수도승일까. 묵중하게 서 있었다.

다음날은 조치원에서 공주로 가는 어느 가난한 마을 어귀에 그들은 떼를 져 몰려 있었다. 멍청하게 몰려 있는 그들은 어설픈 과객일까. 몹시 추워 보였다.

공주에서 온양으로 우회하는 뒷길 어느 산마루에 그들은 멀리 서 있었다. 하늘 문을 지키는 파수병일까, 외로워 보였다.

온양에서 서울로 돌아오자, 놀랍게도 그들은 이미 내 안에 뿌리를 펴고 있었다. 묵중한 그들의. 침울한 그들의. 아아 고독한 모습. 그 후로 나는 뽑아낼 수 없는 몇 그루의 나무를 기르게 되었다.

─ 박목월, 「나무」 ─

---

01. (가), (나)에 대한 설명으로 가장 적절한 것은?

① (가)와 (나)는 모두 색채 이미지를 활용하여 사물의 역동성을 드러내고 있다.
② (가)와 (나)는 모두 일상을 벗어난 공간과 대비하여 일상의 공간에 의미를 부여하고 있다.
③ (가)는 (나)와 달리, 사물의 속성을 분석하여 미래에 대한 긍정적인 전망을 제시하고 있다.
④ (나)는 (가)와 달리, 추측을 나타내는 표현을 변주하여 사물이 연상시키는 의미를 심화하고 있다.
⑤ (가)는 현재형 시제로 계절의 상징성을, (나)는 과거형 시제로 시간에 따른 사물의 변화상을 보여 주고 있다.

02. 〈보기〉의 관점에서 (가), (나)의 '화자와 대상의 관계'에 대해 이해한 내용으로 적절하지 **않은** 것은?

〈보기〉

(가), (나)의 화자는 특정한 대상에 대한 인식을 통해 자신을 성찰하고 대상에 공감한다. (가)의 화자는 병원에서 본 '여자'의 모습에 주목하고 '여자'의 아픔에 비추어 자신의 처지를 성찰하며 '여자'가 지닌 치유에 대한 소망에 공감한다. (나)의 화자는 여행 중에 만난 '나무'들의 모습에 주목하고 '나무'들에 비추어 자신의 내면을 성찰하며 '나무'들의 모습에서 드러나는 정서에 공감한다. 이를 통해 (가), (나)의 화자는 대상과의 동질성을 확인한다.

① (가)의 화자는 '병원 뒤뜰'에 누워 있는 '여자'를 관찰함으로써, (나)의 화자는 여로에서 만난 '나무'를 반복적으로 제시함으로써 대상을 인식하고 있음을 보여 주고 있다.
② (가)의 화자는 찾는 이가 없는 '가슴을 앓는다는 이 여자'의 처지에, (나)의 화자는 '나무'에게서 본 '수도승', '과객', '파수병'의 모습에 자신을 비추어 보고 있다.
③ (가)의 화자는 '젊은이의 병'을 모르는 '늙은 의사'에 대한 원망을 '여자'와 공유함으로써, (나)의 화자는 '멀리 서 있'는 '나무'들의 위치를 확인함으로써 대상과 자신의 거리를 좁히려 하고 있다.
④ (가)의 화자는 '금잔화 한 포기'를 꽂고 병실로 들어가는 '여자'에게서 '회복'에 대한 소망을 읽어 냄으로써, (나)의 화자는 '나무'들이 '외로워 보였다'고 표현함으로써 대상에 공감하고 있다.
⑤ (가)의 화자는 '그가 누웠던' 곳에 '누워 본다'고 함으로써, (나)의 화자는 '뽑아낼 수 없'는 '나무를 기르게 되었다'고 함으로써 대상과 자신의 동질성을 드러내고 있다.

01 OX 문제를 통한 지문 이해 훈련

ㄴBS 수능특강 | 현대문학

옆구리에서 아까부터
무언가 꼼지락거리고 있었다.
내려다보니 **작은 할머니**였다.
만원 전동차에서 내리려고
혼자 헛되이 **허우적거리고** 있었다.
승객들은 빈틈없이 할머니를 에워싸고
높고 튼튼한 벽이 되어 있었다.
할머니가 아무리 중얼거리며 떠밀어도
벽은 **꿈쩍도 하지 않았다.**
할머니는 있는 힘을 다하였으나
태아의 발가락처럼 꿈틀거릴 뿐이었다.
전동차가 멈추고 문이 열리고 닫혔지만
벽은 조금도 흔들림이 없었다.
할머니가 필사적으로 꿈틀거리는 동안
꿈틀거릴수록 점점 작아지는 동안
승객들은 빈틈을 더 세게 조이며
더욱 견고한 벽이 되고 있었다.

OX문제

01	'작은 할머니'는 '승객들'의 '허우적거'림에도 '꿈쩍도 하지 않'고 있다.	(O / X)
02	대상에 대한 관찰을 통해 시상을 전개하고 있다. [2014학년도 6월B]	(O / X)
03	'태아의 발가락'은 전동차에서 내리기 위해 애쓰는 할머니의 모습을 빗댄 표현이다.	(O / X)
04	유사한 문장 형태를 변주하여 시간의 흐름을 드러내고 있다. [2020학년도 6월]	(O / X)
05	공간의 대비를 통해 지향하는 가치를 드러내고 있다. [2013학년도 9월]	(O / X)

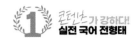

STEP 02 지문 분석

옆구리에서 아까부터

무언가 꼼지락거리고 있었다.

내려다보니 작은 할머니였다.
　　　　　　　화자가 관찰하는 대상

정한 인원이 다 참.
만원 전동차에서 내리려고
　　공간적 배경

혼자 헛되이 허우적거리고 있었다.

> ■ : 작음, 연약함
> ↕
> ■ : 큼, 튼튼함, 견고함

1~5행 : 만원 전동차에서 내리려는 할머니의 모습

승객들은 빈틈없이 할머니를 에워싸고
타인에게 관심이 없는 이기적 존재

높고 튼튼한 벽이 되어 있었다.
승객들의 견고한 상태를 표현함.

할머니가 아무리 중얼거리며 떠밀어도
　　　　전동차에서 내리기 위한 노력

벽은 꿈쩍도 하지 않았다.
　　　　　■ : 할머니를 배려하지 않는 승객들의 모습을 강조함.

할머니는 있는 힘을 다하였으나

태아의 발가락처럼 꿈틀거릴 뿐이었다.
할머니가 작고 연약한 존재임을 비유적으로 표현함.

전동차가 멈추고 문이 열리고 닫혔지만
　　　　　전동차에서 내릴 수 있는 상황

벽은 조금도 흔들림이 없었다.

6~13행 : 할머니가 전동차에서 내리지 못한 이유

할머니가 필사적으로 꿈틀거리는 동안

꿈틀거릴수록 점점 작아지는 동안

승객들은 빈틈을 더 세게 조이며
　　승객들이 할머니에게 고통을 더함.

더욱 견고해진 승객들의 모습을 강조함.
더욱 견고한 벽이 되고 있었다.

14~17행 : 승객들은 더욱 견고한 벽이 됨.

과외식 해설

만원 전동차에서 내리려고~허우적거리고 있었다. → 화자는 비좁은 만원 전동차 안에서 '작은 할머니'를 발견하고 그녀를 관찰하고 있다. 사람이 가득 찬 전동차에서 내리기 위해 '혼자 헛되이 허우적거리는' 할머니의 모습이 묘사되어 있다.

승객들은 빈틈없이 할머니를 에워싸고 / 높고 튼튼한 벽이 되어 있었다. → 화자는 전동차에서 내리려는 할머니를 에워싸고 있는 승객들의 모습을 '높고 튼튼한 벽'에 비유하여, 타인을 배려하지 않는 현대인들의 모습을 나타내고 있다.

할머니는 있는 힘을 다하였으나 / 태아의 발가락처럼 꿈틀거릴 뿐이었다. → 태아는 어머니의 배 속에 있는 아이라는 점에서 작고 연약한 존재로, 화자는 전동차에서 내리기 위해 '있는 힘'을 다하는 할머니의 모습을 '태아의 발가락'에 비유하고 있다. 이는 승객들로 인해 전동차에서 벗어나지 못하는 할머니를 작고 연약한 존재에 비유하여, 부정적인 상황에서 할머니가 한 노력의 결과가 매우 미약함을 드러내고 있는 것이다.

전동차가 멈추고 문이 열리고 닫혔지만 / 벽은 조금도 흔들림이 없었다. → 전동차가 멈추고 문이 열려 할머니가 내릴 수 있는 상황이 되었지만, 할머니는 '조금도 흔들림이 없'이 틈을 내어 주지 않는 승객들로 인해 전동차에서 내리지 못한다. 승객들로 인해 전동차에서 내리지 못한 할머니의 상황을 통해 타인에 대해 무관심한 현대인들의 이기적인 모습이 드러나고 있다.

승객들은 빈틈을 더 세게 조이며 / 더욱 견고한 벽이 되고 있었다. → 승객들은 할머니가 전동차에서 내리기 위한 노력을 하면 할수록 '빈틈을 더 세게' 조여 압박을 가하는 냉혹한 모습을 보이고 있다. 할머니가 다른 승객들로부터 소외된 모습을 통해, 타인을 배려하지 않는 각박한 현대인들의 모습을 부각하고 있다.

STEP 03 작품 해제

01 | 주제

타인에 대한 관심과 배려가 없는 현대인의 모습 비판

02 | 특징

① 승객들로부터 소외당한 '할머니'를 통해 현대인의 이기적인 모습을 비판한 대상 중심의 시
② 시어의 반복과 시구의 변주를 통해 주제 의식을 강조함.
③ 일상적 소재를 통해 이기적인 현대 사회를 비판함.

03 | 작품 해제

　　이 작품은 자신을 에워싸고 있는 승객들로 인해 전동차에서 내리지 못하는 할머니의 상황을 제시하여, 현대인의 이기적인 모습을 비판하고 있다. 배려가 없는 현대인의 모습을 '벽'으로 형상화하고, '벽'이라는 시어를 반복하여 할머니를 에워싼 승객들의 행동에 변화가 없음을 강조한다. 승객들에게 에워싸인 할머니가 내리기 위해 노력하는 모습을 '꼼지락거리고', '허우적거리고', '꿈틀거리는' 등으로 표현하여 할머니가 힘이 없는 사회적 약자임을 드러내고, 할머니를 둘러싼 승객들을 '벽'으로 표현하여 사회적 약자에게 무관심한 현대인의 모습을 드러낸다.

STEP 04 논문으로 만나는 출제자의 시선

하찮은 것에 주목하여 드러낸 생명력의 미학

김기택의 시에는 유난히 하찮은 것, 보잘것없는 존재들이 주요 시적 탐구의 대상으로 등장하는 경향이 있다. 사람 중에서는 아직 모태에서 나오기도 전인 '태아', 혹은 '신생아', 또는 '꼽추 노인', '노숙자' 등 사회의 주변부를 배회하는 아웃사이더인 소외 계층에 주목한다. 그뿐만이 아니다. 이러한 보잘것없는 존재에 대한 주목은 '좌판 위에 쌓인, 털이 없어 추운 / 한 무더기 하얀 닭살'(「닭살」)이나 '늙은 도마 위에서 / 산낙지 한 마리'(「포장마차에서」)와 같은 생명체에 대한 관심으로 이어진다. 비생명체로 따지자면 의자 중에서도 '낡은 의자', 구두 중에서는 '낡은 구두'에 대해 애정을 가지고 사유한다. 이러한 하찮은 존재 중 특히 벌레에 대한 시인의 관심은 유별나다고 할 수 있는데, 대표적인 것만을 들더라도 「태아의 잠」에서는 '모기', '바퀴벌레', '송충이', 「바늘구멍 속의 폭풍」에서는 '파리', 「사무원」에서는 '벌레', 「소」에서는 '달팽이', '송충이', '풀벌레' 등을 들 수 있다.

하찮고 작은 것에 주목하는 시인의 미시적 시선은 보잘것없는 소외된 존재로서의 타자를 시적 대상으로 끌어들임으로써 현대 물질문명에 대한 비판, 인간 소외, 생명의 경이로움 등 다양한 주제를 구현한다. 예를 들어 인간 존재를 벌레에 투사시킴으로써 벌레처럼 비하된 인간의 실존적 양상을 상징하는 카프카의 「변신」과는 달리, 김기택의 벌레는 끈질긴 생명의 동력과 생명의 무한한 가능성을 상징한다. 「유리창의 송충이」에서 '송충이'가 10층에서 더 나아가 아마도 가장 높은 층수라 추측되는 11층까지 기어오르려는 동력을 시인은 '습관의 힘'이라고 지칭한다. '습관의 힘'은 그의 시 「타이어」에서처럼 산업화의 상징으로 나타나는 물체와 관계될 때에는 반복적인 속도와 연결되어 죽음의 이미지를 불러일으키기도 한다. 하지만 '습관의 힘'이 자연물과 관계될 때에는 생명체의 원초적 본능과 연결되면서 오히려 생명의 경이로움을 환기하는 긍정적 요소로 작용하는 것이다.

대표적인 '습관의 힘'이라 할 수 있는 식욕에 관하여 시인은 쥐의 '거품을 물고 떨며 죽을 때까지 그칠 줄 모르는 / 아아 황홀하고 불안한 식욕'이나 '가죽을 벗기면 나올 그 뻘겋고 뜨거운 것들 위에서 / 하수구마다 연결된 그것들[모기]의 엄청난 식욕'으로 형상화하면서 쥐나 모기와 같은 하찮은 것들의 생명에 대한 끈질긴 집요함을 구체적으로 형상화한다. 이와 같이 김기택은 하찮은 것에 주목함으로써 그 안에 내재하는 생명의 약동을 순간 포착한다.

STEP
05 나BS 실전 문제

다음 글을 읽고 물음에 답하시오. [교육청 기출 변형]

(가)

비탈진 공터 언덕 위 푸른 풀이 덮이고 그 아래 웅덩이 옆 미루나무 세 그루 **갈라진 밑동**에도 **푸른 싹**이 돋았다 때로 늙은 나무도 젊고 싶은가 보다

【A】 ┌ 기다리던 것이 오지 않는다는 것은 누구나 안다 누가 누구를 사랑하
     │ 고 누가 누구의 목을 껴안듯이 비틀었는가 나도 안다 돼지 목 따는
     └ 동네의 더디고 나른한 세월

【B】 ┌ 때로 우리는 묻는다 **우리의 굽은 등**에 푸른 싹이 돋을까 묻고 또 묻
     │ 지만 비계처럼 씹히는 달착지근한 혀, 항시 우리들 삶은 낡은 유리
     └ 창에 흔들리는 **먼지 낀 풍경** 같은 것이었다

【C】 ┌ 흔들리며 보채며 얼핏 잠들기도 하고 그 잠에서 깨일 땐 솟아오르고
     │ 싶었다 세차장 고무호스의 **길길이 날뛰는 물줄기**처럼 갈기갈기 찢
     └ 어지며 아우성치며 울고불고 머리칼 쥐어뜯고 몸부림치면서……

그런 일은 없었다 돼지 목 따는 동네의 더디고 나른한 세월, 풀잎 아래 엎드려 숨죽이면 가슴엔 윤기나는 **석탄층***이 깊었다

- 이성복, 「다시 봄이 왔다」 -

*석탄층 : 식물이 땅속에 층을 이루어 퇴적되면서 생긴 층.

(나)

옆구리에서 아까부터
무언가 꼼지락거리고 있었다.
내려다보니 **작은** 할머니였다.
만원 전동차에서 내리려고
혼자 ㉠ <u>헛되이</u> 허우적거리고 있었다.
승객들은 빈틈없이 할머니를 에워싸고
높고 ㉡ <u>튼튼한</u> **벽**이 되어 있었다.
할머니가 아무리 중얼거리며 떠밀어도
벽은 꿈쩍도 하지 않았다.
할머니는 있는 힘을 다하였으나
태아의 발가락처럼 꿈틀거릴 뿐이었다.
전동차가 멈추고 문이 열리고 닫혔지만
벽은 ㉢ <u>조금도</u> 흔들림이 없었다.
할머니가 필사적으로 꿈틀거리는 동안
꿈틀거릴수록 점점 작아지는 동안
승객들은 빈틈을 ㉣ <u>더</u> 세게 조이며
더욱 ㉤ <u>견고한</u> 벽이 되고 있었다.

- 김기택, 「벽」 -

---

01. (가)와 (나)의 공통점으로 가장 적절한 것은?

① 단정적 진술을 활용하여 주제 의식을 드러내고 있다.
② 도치의 방식을 활용하여 시적 의미를 부각하고 있다.
③ 점층적 표현을 활용하여 시적 분위기를 고조하고 있다.
④ 반복과 열거를 활용하여 화자의 의지를 강조하고 있다.
⑤ 동일한 색채어를 반복적으로 제시하여 시상을 전개하고 있다.

02. [A]~[C]에 대한 설명으로 적절하지 <u>않은</u> 것은?

① [A] : 변화 가능성이 없는 상황에서 오는 권태로운 삶을 드러내고 있다.
② [B] : 자신이 처해 있는 현실에 대한 회의적인 태도를 드러내고 있다.
③ [B] : 생기 있는 삶을 기대할 수 없는 비관적 현실 인식을 드러내고 있다.
④ [C] : 치열하고 역동적으로 살기 위해 과거의 삶을 반성하는 모습을 드러내고 있다.
⑤ [C] : 무기력한 삶에서 벗어나 자유롭고 활기 있는 삶을 살고자 하는 욕망을 드러내고 있다.

03. ㉠~㉤의 의미를 고려하여 (나)를 이해한 내용으로 적절하지 <u>않은</u> 것은?

① ㉠을 활용하여 혼자의 힘으로는 문제를 해결할 수 없는 할머니의 상황을 부각하고 있군.
② ㉡을 활용하여 할머니의 어려움을 심화시키는 대상을 강조하고 있군.
③ ㉢을 활용하여 할머니의 고통에 반응하지 않는 승객들의 모습을 강조하고 있군.
④ ㉣을 활용하여 속박된 상황을 벗어나려는 할머니의 모습을 부각하고 있군.
⑤ ㉤을 활용하여 할머니의 처지에 관계없이 자신의 상황을 고수하고 있는 승객들의 모습을 부각하고 있군.

19 | 김현승, 눈물

STEP
01 OX 문제를 통한 지문 이해 훈련

ㄴBS 수능특강 | **현대문학**

더러는
옥토(沃土)에 떨어지는 작은 **생명(生命)**이고저……

흠도 티도,
금가지 않은
나의 전체(全體)는 오직 이뿐!

더욱 값진 것으로
들이라 하올제,

나의 가장 나아종 지니인 것도 오직 이뿐!

아름다운 **나무의 꽃**이 시듦을 보시고
열매를 맺게 하신 당신은,

나의 웃음을 만드신 후에
새로이 나의 **눈물**을 지어 주시다.

OX문제

01	영탄적인 어조로 대상에서 촉발된 인상을 표현하고 있다. [2023학년도 9월]	(O / X)
02	화자는 '눈물'을 '옥토에 떨어지는' '생명'을 지닌 존재로 인식하고 있다.	(O / X)
03	의도적으로 변형한 시어를 통해 현실 극복 의지를 드러내고 있다. [2020학년도 6월]	(O / X)
04	대구를 사용하여 대조적 대상의 속성을 드러내고 있다. [2024학년도 9월]	(O / X)
05	화자는 '나무의 꽃이 시'들고 그 자리에 '열매를 맺게 하'는 '당신'의 뜻을 통해 '눈물'의 의미를 깨닫고 있다.	(O / X)

STEP
02 지문 분석

ЦBS 수능특강 | 현대문학

더러는

: 비유 → '눈물'을 의미함.

옥토(沃土)에 떨어지는 작은 생명(生命)이고저……
농작물이 잘 자랄 수 있는 기름진 땅
/ 하느님의 은총이 가득한 세계(기독교적 발상)

1연 : 순수한 생명인 눈물

「흠도 티도,

「 」: '눈물'의 속성 → 순수, 순결, 완전성

금가지 않은」

나의 전체(全體)는 오직 이뿐!

2연 : 눈물의 절대적 순수성

더욱 값진 것으로

들이라 하올제,
드리라(시적 허용)

나중(시적 허용)   ・지닌(시적 허용)
나의 가장 나아종 지니인 것도 오직 이뿐!
절대자(신)에게 바칠 만한 가장 값진 것

3, 4연 : 눈물의 절대적 가치

『아름다운 나무의 꽃이 시듦을 보시고

『 』: 절대자(신)의 섭리

열매를 맺게 하신 당신은,』
절대자(신)

▨ : 일시적, 가변적 존재
↕
▨ : 영원적, 불변적 존재

나의 웃음을 만드신 후에

새로이 나의 눈물을 지어 주시다.

5, 6연 : 절대자(신)의 섭리와 은총으로서의 눈물

과외식 해설

더러는~작은 생명이고저…… → 「눈물」은 작가가 어린 아들을 잃고 난 뒤에 창작한 작품이다. 자식의 죽음으로 인한 슬픔을 종교적으로 승화하려는 작가의 기독교적 세계관이 바탕에 깔려 있으므로, 이를 고려하여 작품을 감상하는 것이 중요하다.

성경의 마태복음(13:8) '더러는 좋은 땅(옥토)에 떨어지매 혹 백배, 혹 육십 배, 혹 삼십 배의 결실을 하였느니라.'를 활용한 부분으로, '눈물'을 기름진 땅에 떨어져 결실을 맺는 '작은 생명'에 빗대어 표현하고 있다.

흠도 티도,~나의 전체(全體)는 오직 이뿐! → 화자의 모든 것이 '이'는 '눈물'을 가리킨다. 화자는 영탄적 어조를 사용하여 '눈물'이 '흠도 티도' 없고, '금'도 가지 않은 순수하고 완전한 존재임을 강조하고 있다.

더욱 값진 것으로~나아종 지니인 것도 오직 이뿐! → 화자는 '오직 이뿐!'의 시구를 반복하여 자신이 절대자(신)에게 '더욱 값진 것'을 드리고자 할 때, 바칠 만한 가장 소중한 것은 오직 '눈물'뿐임을 강조하고 있다. 화자가 절대자에게 바치는 '눈물'이 어린 아들의 죽음에서 비롯된 것임을 고려할 때, 3~4연은 하느님의 부름을 받은 아브라함이 자신에게 가장 소중한 아들 이삭을 제물로 바치고자 한 성경의 내용을 활용한 부분으로 볼 수 있다.

아름다운 나무의 꽃이~눈물을 지어 주시다. → '나무의 꽃'이 시든 뒤에 '열매'가 열리도록 하는 '당신', 즉 절대자인 신의 섭리를 바탕으로 '눈물'의 진정한 의미를 깨닫게 된 화자의 모습이 드러나 있다. 아름답지만 쉽게 지고 마는 '꽃'은 현상적 아름다움을 지닌 것으로, 인간의 '웃음'과 대응된다. 반면, 씨앗을 그 안에 간직함으로써 영원한 생명을 지니는 '열매'는 순수하고 진실한 내면적 가치를 지닌 것으로, 인간의 '눈물'과 대응된다. 화자는 '꽃'이 시들듯이 '웃음'도 변하기 쉬운 불완전한 것이기에 '웃음'이 아닌, '눈물'을 진정한 삶의 결실이자 신의 섭리와 은총의 결과라고 인식한 것이다.

결국 작가는 기독교적 세계관을 바탕으로 희생을 통한 부활의 씨앗으로서의 '생명'과 인간이 도달할 수 있는 가장 순수하고 값진 가치이자 신이 내린 최고의 은총이라는 새로운 의미를 '눈물'에 부여함으로써, 아들을 잃은 슬픔을 종교적으로 승화하고 순결한 삶을 추구하는 자세를 드러내고자 한 것이다.

STEP 03 작품 해제

01 | 주제

슬픔의 종교적 승화를 통한 순수하고 순결한 삶의 추구

02 | 특징

① 사랑하는 아들을 잃은 슬픔을 종교적으로 승화하는 화자 중심의 시
② 일상적인 언어의 의미를 기독교적 상상력으로 새롭게 해석하여 의미를 부여함.
③ 경어체를 통해 경건한 시적 분위기를 조성함.
④ 비유와 대립적 이미지를 통해 주제를 형상화함.

03 | 작품 해제

　　이 시는 사랑하는 어린 아들을 잃은 작가가 그 지극한 슬픔을 기독교 신앙으로 승화시켜 쓴 작품으로, 기독교적 세계관에 근거하여 '눈물'에 새로운 의미를 부여하고 있다. 사람은 자신의 인간적 한계와 고통을 맛보는 순간에 가장 순수하고 진실해질 수 있는데, 시인은 그것을 '눈물'로 표현하고 있는 것이다.
　　화자에게 있어 '눈물'은 신이 인간에게 내려 준 가장 소중한 것이다. 나무의 '꽃'이 시든 뒤에 '열매'가 열리도록 한 신의 섭리와 마찬가지로 '웃음'이 삶의 '꽃'이라면 '눈물'은 삶의 '열매'에 해당한다. 여기에서 '눈물'은 진정한 삶의 결실로, 신의 섭리와 은총의 결과라는 화자의 깨달음이 드러난다. 이에 따라 '눈물'은 슬픔이 아닌 크나큰 희망으로 화자에게 다가온다. 슬픔과 고뇌라는 '눈물'의 일반적 의미를 벗어나, 인간이 도달할 수 있는 가장 순수하고 값진 가치이자 신이 내린 최고의 은총이라는 새로운 의미를 '눈물'에 부여함으로써 순결한 삶을 추구하는 자세를 노래하고 있는 것이다.

「눈물」 속 종교적 상상력

김현승 시인은 자신의 산문집에서 "「눈물」의 밑바탕에는 기독교 정신이 깔려 있다. 이 시는 내가 그렇게도 아끼던 나의 어린 아들을 잃고 나서 애통해 하던 중 어느 날 문득 얻어진 시다. 나는 내 가슴의 상처를 믿음으로 달래려고 하였고, 그러한 심정으로 이 시를 썼다. '인간이 신 앞에 드릴 것이 있다면 그 무엇이겠는가? 그것은 변하기 쉬운 웃음이 아니다. 오직 정직하고 진실한 눈물이 있을 뿐이다. 이 지상에 오직 썩지 않은 것이 있다면 그것은 신 앞에 흘리는 눈물뿐일 것이다.'라는 것이 이 시의 주제라고 할 수 있을 것이다."라고 밝혔다. 시의 창작 배경에서 밝혔듯이, 시인은 자신의 신앙인 기독교를 통해 아들을 잃은 아버지의 애통한 심정을 달래고 그 과정을 「눈물」에 담아내고 있다.

이 작품에는 참회의 눈물을 통해 신의 구원을 얻을 수 있다는, 믿음에 대한 시인의 생각이 드러나 있다. 작품의 5연과 6연에서 신은 '꽃이 시듦'을 보시고 '열매를 맺게' 하며 '웃음을 만드신' 후에 '나의 눈물'을 지어 주신다. '꽃 → 열매'는 신의 섭리에 의한 자연적 질서이며 그와 동일하게 '웃음 → 눈물' 역시 신의 영역에 속하는 질서로 시인에게 인식된다. 그리고 '꽃'과 '웃음'은 화려함, 행복을 상징하지만, 그 이면에는 불완전성, 가변성을 내포하고 있으며 반대로 '열매', '눈물'은 완전성, 불변성의 의미를 내포하는 것이다.

그리고 이 시는 사랑하는 아들을 잃었다는 구체적인 개인사를 배경으로 하고 있지만, 그 발상 구조는 철저히 종교적 비유에 입각해 있다. 마태복음(13:8)에 '더러는 좋은 땅(옥토)에 떨어지매 혹 백배, 혹 육십 배, 혹 삼십 배의 결실을 하였느니라.'라는 구절이 나오는데, 이러한 **정화와 희생**, 거기에서 나타나게 되는 부활과 재생의 이미지를 그가 빌려 왔음은 어렵지 않게 유추할 수 있다. 한편 창세기(21:6)에는 아브라함이 하느님의 명을 받고, 늙어서 얻은 소중한 아들 이삭을 제물로 바치는 장면이 나온다. 「눈물」에서는 '더욱 값진 것으로 / 들이라 하올제,'와 '나의 웃음을 만드신 후'에 그 내용이 활용되고 있다. 이는 성경에서 가져온 아브라함의 믿음을 통하여 어린 아들에게 찾아온 죽음의 의미를 더욱 풍부하게 한 것이라 볼 수 있다.

「눈물」 속 화자와 절대자의 관계

「눈물」에서 화자의 모든 관심은 절대자인 신에게 맞추어져 있다. 즉 눈물이 아니라, 화자에게 그 눈물을 만들어 준 절대자에게 궁극적 관심이 모아져 있다고 볼 수 있다. 그 절대자가 화자에게 만들어 준 눈물은 이 세상 그 무엇보다 순수하고 소중한 것이다.

먼저 절대자는 화자에게 아름다운 나무의 꽃을 만들어 준다. 그러나 그 꽃은 금방 시들어 버린다. 그 다음 절대자는 화자를 위해 그 꽃이 진 자리에 열매를 맺히게 해 준다. 열매는 단단한 껍질을 가지고 있기에 꽃보다 상대적으로 오래 간다. 다음으로 절대자는 화자에게 웃음 이후에 눈물을 만들어 준다. 이 시에 보이는 눈물은 단순한 액체가 아니다. 흠도 티도 없고, 금도 가지 않은 단단한 보석으로서의 눈물이다. 이 보석으로서의 눈물은 가변적인 웃음과 달리, 영원한 것이다. 그리고 이 눈물은 '옥토에 떨어지는 작은 생명'이기도 하다. 이는 화자가 절대자로부터 영원한 생명을 선물로 받는다는 의미이기도 하다. 이처럼 절대자인 신은 화자에게 변하지 않는 보석처럼 귀중한 생명을 만들어 주는 존재이다.

한편, 화자는 절대자인 신의 은혜에 감사하는 마음으로 그에게 자신이 선물로 받은 영원한 생명인 눈물을 드리려 한다. 자신에게 있어서 가장 소중한 물건, 곧 흠도 티도 금도 가지 않은 자신의 전체를 드리려 하는데, 그것이 바로 눈물뿐이라는 것이다.

이 작품에서 볼 수 있듯이 화자와 절대자 사이에는 가장 소중하고 영원한 생명의 가치가 있는 것을 주고받는 관계가 형성되어 있다. 먼저 조물주인 절대자가 화자에게 선물로 그 소중한 것을 만들어 주면, 피조물인 화자가 감사하는 마음으로 그 선물을 바치는 구조로 되어 있다. 절대자와 화자 간의 이러한 관계는 김현승 시의 서정화 방식을 풀어내는 데 결정적이라 할 수 있다.

20 김춘수, 강우

STEP 01 OX 문제를 통한 지문 이해 훈련

나BS 수능특강 | 현대문학

조금 전까지는 거기 있었는데
어디로 갔나,
밥상은 차려놓고 어디로 갔나,
넙치지지미 맵싸한 냄새가
코를 맵싸하게 하는데
어디로 갔나,
이 사람이 갑자기 왜 말이 없나,
내 목소리는 메아리가 되어
되돌아온다.
내 목소리만 내 귀에 들린다.
이 사람이 어디 가서 잠시 누웠나,
옆구리 담괴가 다시 도졌나, 아니 아니
이번에는 그게 아닌가 보다.
한 뼘 두 뼘 어둠을 적시며 비가 온다.
혹시나 하고 나는 **밖을 기웃거린다.**
나는 풀이 죽는다.
빗발은 한 치 앞을 못 보게 한다.
왠지 느닷없이 그렇게 퍼붓는다.
지금은 어쩔 수가 없다고.

OX문제

01	하강의 이미지가 담긴 시어를 활용하여 화자의 인식을 드러내고 있다. [2022학년도 6월]	(O / X)
02	화자는 '넙치지지미의 맵싸한 냄새'를 맡으며 곁에 없는 '이 사람'을 계속해서 찾고 있다.	(O / X)
03	동일한 구절을 반복하여, 시적 상황에 대한 화자의 부정적 정서가 심화되는 과정을 드러낸다. [2021학년도 9월]	(O / X)
04	시각과 청각 이미지를 통해 애상적 분위기를 자아내고 있다. [2013학년도 9월]	(O / X)
05	화자는 '혹시나 하고' '밖을 기웃거'리며 '이 사람'이 돌아올 것이라는 희망을 끝까지 버리지 않았다.	(O / X)

STEP 02 지문 분석

나BS 수능특강 | 현대문학

조금 전까지는 거기 있었는데

어디로 갔나, / 밥상은 차려놓고 어디로 갔나,

넙치를 밀가루에 묻혀서 기름에 지진 음식
넙치지지미 맵싸한 냄새가
후각적 이미지 → 아내에 대한 그리움을 심화함.

: 동일한 시구의 반복 → 아내에 대한 그리움의 정서를 강조함.

코를 맵싸하게 하는데 / 어디로 갔나,

1~6행 : 밥상을 보고 사라진 아내를 찾음.

이 사람이 갑자기 왜 말이 없나,

: 아내

『내 목소리는 메아리가 되어 / 되돌아온다.

『 』 : 청각적 이미지
→ 아내와의 단절감, 아내의 부재로 인한 공허감을 드러냄.

내 목소리만 내 귀에 들린다.』

7~10행 : 아내를 불러도 내 목소리만 메아리가 되어 되돌아옴.

이 사람이 어디 가서 잠시 누웠나,

옆구리 담괴가 다시 도졌나, 아니 아니
담이 살가죽 속에 뭉쳐서 생긴 멍울

이번에는 그게 아닌가 보다.
아내의 죽음을 현실로 받아들이기 시작함.

한 뼘 두 뼘 어둠을 적시며 비가 온다.
공감각적 심상(시각의 촉각화)

: 화자의 눈물을 상징함.
/ 화자의 슬픔과 절망감을 심화시키는 객관적 상관물

혹시나 하고 나는 밖을 기웃거린다.
마지막 희망과 기대

나는 풀이 죽는다.
아내의 죽음을 현실로 받아들임.

11~16행 : 아내의 죽음을 인식하고 이를 현실로 받아들임.

빗발은 한 치 앞을 못 보게 한다.

왠지 느닷없이 그렇게 퍼붓는다.
갑작스럽게

지금은 어쩔 수가 없다고.
아내의 죽음을 인정하고 체념함.

17~19행 : 퍼붓는 비를 보며 체념함.

과외식 해설

조금 전까지는~밥상은 차려놓고 어디로 갔나, → '조금 전까지' '거기'에 있던 대상을 찾고 있는 화자의 모습이 나타나 있다. '밥상은 차려놓고'라는 표현을 통해 부재하는 대상이 아내임을 추측할 수 있다.

넙치지지미 맵싸한 냄새가~어디로 갔나, → '넙치지지미 맵싸한 냄새'라는 후각적 이미지를 활용하여 화자의 주변에 아내의 흔적이 여전히 남아 있으며, 이로 인해 화자가 그녀의 부재를 인정하지 못하고 계속해서 아내를 찾고 있음을 드러내고 있다. 또한 '어디로 갔나,'라는 동일한 시구를 반복하여 아내에 대한 그리움의 정서를 강조하고 있다.

이 사람이 갑자기~내 귀에 들린다. → 화자의 목소리만 '메아리가 되어 / 되돌아'와서 들린다는 청각적 이미지를 활용하여, 아내와의 단절감과 아내의 부재로 인해 공허감을 느끼는 화자의 모습을 감각적으로 드러내고 있는 부분이다. 한편, '비'를 뜻하는 「강우」가 아내와 사별한 후에 창작된 작품임을 고려할 때, 아내가 부재한 이유는 죽음 때문임을 알 수 있다.

이 사람이 어디 가서~다시 도졌나, → 아내가 대답하지 않거나 보이지 않았던 여느 때의 상황을 떠올리며 아내의 죽음을 받아들이지 못하는 화자의 모습이 드러난다.

아니 아니~나는 풀이 죽는다. → 아내의 죽음을 받아들이지 못하던 화자의 태도 변화가 드러나는 부분이다. 이때 '어둠'은 아내의 죽음을 인정할 수밖에 없는 화자의 어두운 상황과 절망을 암시한다. 또한 화자가 아내의 죽음을 받아들이기 시작한 순간 내리기 시작한 '비'는 화자의 슬픔과 절망감이 집약된 눈물을 의미하는 것으로 해석할 수도 있다.

빗발은 한 치 앞을~지금은 어쩔 수가 없다고. → 더 이상 아내를 만날 수 없다는 사실을 깨달은 화자는 '지금은 어쩔 수가 없다'며 아내의 죽음을 인정하고 체념하는 태도를 보이고 있다. 이때 '한 치 앞을 못 보게' 할 정도로 '빗발'이 '퍼붓는' 상황은 화자의 슬픔과 절망감이 더욱 깊어졌음을 나타낸 것으로 볼 수 있다.

01 | 주제

아내의 죽음으로 인한 슬픔과 절망감

02 | 특징

① 아내를 잃은 상실감과 체념의 정서를 노래한 화자 중심의 시
② 동일한 시구의 반복을 통해 그리움의 정서를 강조함.
③ 감각적 이미지를 활용하여 화자의 현재 상황을 나타냄.
④ 일상의 풍경을 통해 아내의 부재를 받아들이지 못하는 화자의 모습을 형상화함.

03 | 작품 해제

　이 시는 아내와의 사별을 받아들이지 못하는 화자의 심정을 애절하게 노래한 작품이다. 특히 여느 때와 같은 일상의 풍경을 제시하고, 아내의 죽음을 받아들이지 못한 채 계속해서 아내를 찾는 화자의 모습을 묘사하여 애상감을 강조하고 있다.
　넙치지지미 냄새가 나는 밥상을 보고 아내를 찾는 화자는 아내의 대답은 없고 자신의 목소리만 들려오자 공허함을 느낀다. 이전에 아내가 곁에 있던 때에 그랬던 것처럼 '옆구리 담괴가 다시 도졌나' 하고 스스로 질문을 던져 보지만 이전과는 상황이 다름을 인식한다. 화자는 아내의 죽음을 받아들이기 시작하지만, 아내의 부재로 인한 슬픔과 절망감에 빠지고 결국 아내의 죽음에 대해 체념하는 태도를 보인다.

STEP
04   논문으로 만나는 출제자의 시선

아내의 부재로 인한 상실감과 절망감

「강우」에서는 부재 속에서 존재를 증명하려고 한 시인의 의도가 여실히 드러난다. 작품 속 화자는 아내의 죽음을 인정하지 못한다. 그의 일상적 공간 속에는 아직 아내의 흔적이 많이 남아 있기 때문이다. 그 공간에는 아직 아내가 차려 놓은 밥상도 남아 있고, 반찬의 냄새도 남아 있다. 이는 곧 아내의 향기이다. 그녀와 함께했던 일상의 공간에 그대로 남아 있는 아내의 향기 때문에 그는 아내의 부재를 인정하지 못하고, 그녀가 어디로 갔는지 계속해서 찾는다. 그러나 그의 목소리만이 텅 빈 공간에서 메아리가 되어 돌아오고 그는 그제야 아내와의 이별을 현실로 받아들인다. 그 순간 화자의 어두운 마음속에 비가 쏟아져 내리는데, 이는 아내의 부재를 인식하게 되면서 나타나는 슬픔과 절망감이 집약된 눈물을 상징한다. 그는 막막함에 이내 풀이 죽는다. 온 몸에 힘이 풀린 그의 눈물은 '한 치 앞을 못' 볼 정도의 '빗발'과 같이 쏟아진다. '빗발'은 화자의 막막하고 비통한 심정을 더욱더 심화시키고 '지금은 어쩔 수가 없다'며 화자를 체념시킨다.

「강우」에 드러나는 감각의 구체화

「강우」가 수록되어 있는 시집 『거울 속의 천사』의 후기에서 김춘수는 이 시집이 아내의 죽음 이후에 쓰인 것들이라고 밝혔다. 그러므로 그의 시에서 아내는 부재의 방식으로 존재하며, 현재의 시공간 속에서 몸의 감각이나 기억으로 구체화된다. 그리고 아내의 부재로 인한 상실감은 식탁이나 소파와 같은 지극히 일상적이고 생활적인 공간에서 극대화된다.

「강우」는 아내의 죽음 이후에 홀로 남겨진 '나'의 생활 속 풍경을 감각적으로 포착해 내고 있다. '밥상'은 있지만 아내는 없다. 당연히 있어야 할 존재가 부재한다는 사실에 '나'는 더 큰 고독감을 느낀다. 홀로 식사를 해야 하는 상황에서 아내는 '넙치지지미 맵싸한 냄새'와 같은 음식을 통해 현실 세계로 소환된다. '넙치지지미'는 '나'를 아내와 함께 보낸 과거의 시간 속으로 단박에 달려가게 하는 촉매 역할을 하는 것이다. '나'가 아내의 죽음을 이렇게 감각의 차원에서 즉각적으로 느끼는 것은 아내가 자신의 옆에서 함께 오랜 시간 생활해 오며, 보이는 부분에서 보이지 않는 부분까지 매우 깊고 넓게 삶의 모든 영역을 함께 공유해 왔기 때문이라고 할 수 있다.

STEP 05 나BS 실전 문제

다음 글을 읽고 물음에 답하시오. [11.6.평가원]

(가)

조금 전까지는 거기 있었는데
어디로 갔나,
㉠ 밥상은 차려놓고 어디로 갔나,
넙치지지미 맵싸한 냄새가
코를 맵싸하게 하는데
어디로 갔나,
이 사람이 갑자기 왜 말이 없나,
내 목소리는 ㉡ 메아리가 되어
되돌아온다.
내 목소리만 내 귀에 들린다.
이 사람이 어디 가서 잠시 누웠나,
옆구리 담괴가 다시 도졌나, 아니 아니
㉢ 이번에는 그게 아닌가 보다.
한 뼘 두 뼘 어둠을 적시며 비가 온다.
혹시나 하고 나는 밖을 기웃거린다.
나는 ㉣ 풀이 죽는다.
빗발은 한 치 앞을 못 보게 한다.
왠지 느닷없이 그렇게 퍼붓는다.
㉤ 지금은 어쩔 수가 없다고,

　　　　　　　　　　- 김춘수, 「강우(降雨)」 -

(나)

어두운 방안엔
빠알간 숯불이 피고,

외로이 늙으신 할머니가
애처로이 잦아드는 어린 목숨을 지키고 계시었다.

이윽고 눈 속을
아버지가 약을 가지고 돌아오시었다.

아 아버지가 눈을 헤치고 따오신
그 붉은 산수유 열매—

나는 한 마리 어린 짐생,
젊은 아버지의 서느런 옷자락에
열로 상기한 볼을 말없이 부비는 것이었다.

이따금 뒷문을 눈이 치고 있었다.
그날 밤이 어쩌면 성탄제의 밤이었을지도 모른다.

어느새 나도
그때의 아버지만큼 나이를 먹었다.

옛것이라곤 찾아볼 길 없는
성탄제 가까운 도시에는
이제 반가운 그 옛날의 것이 내리는데,

서러운 서른 살 나의 이마에
불현듯 아버지의 서느런 옷자락을 느끼는 것은,

눈 속에 따오신 산수유 붉은 알알이
아직도 내 혈액 속에 녹아흐르는 까닭일까.

　　　　　　　　　　- 김종길, 「성탄제(聖誕祭)」 -

(다)

아직 서해엔 가보지 않았습니다
어쩌면 당신이 거기 계실지 모르겠기에

그곳 바다인들 여느 바다와 다를까요
검은 개펄에 작은 게들이 구멍 속을 들락거리고
언제나 바다는 멀리서 진펄에 몸을 뒤척이겠지요

당신이 계실 자리를 위해
가보지 않은 곳을 남겨두어야 할까봅니다
내 다 가보면 당신 계실 곳이 남지 않을 것이기에

내 가보지 않은 한쪽 바다는
늘 마음속에서나 파도치고 있습니다

　　　　　　　　　　- 이성복, 「서해」 -

LIBS _ 나 없이 EBS 풀지마라

O1. (가)~(다)의 공통점으로 적절한 것은?

① 대구의 방식을 활용하여 리듬감을 주고 있다.
② 사물에 인격을 부여해 시적 정서를 드러내고 있다.
③ 도치의 방식을 활용하여 대상과의 거리를 좁히고 있다.
④ 감각적 심상을 통해 화자의 현재 상황을 나타내고 있다.
⑤ 감탄사를 사용하여 화자의 고조된 감정을 나타내고 있다.

O3. (가)의 ㉠~㉤에 대한 설명으로 가장 적절한 것은?

① ㉠은 화자의 마음이 '이 사람'과 함께했던 때와 마찬가지로 평온함을 나타낸다.
② ㉡은 화자와 '이 사람' 사이의 소통을 나타낸 것으로, 화자가 '이 사람'과 공감하고 있음을 나타낸다.
③ ㉢에서 화자는 스스로 던진 질문에 대한 대답을 통해 '이 사람'과 관련된 상황이 그 이전과는 다름을 스스로 인식하고 있다.
④ ㉣에는 존재를 드러내지 않는 '이 사람'에 대한 배신감이 드러나 있다.
⑤ ㉤에는 '이 사람'의 부재를 인정하지 않겠다는 화자의 다짐이 나타난다.

O2. (가)와 (나)에 대한 설명으로 적절하지 <u>않은</u> 것은?

① (가)에서는 독백적 어조로 화자의 내면을 드러내고 있다.
② (나)에는 과거와 현재를 연결하는 매개체가 있다.
③ (가)와 달리 (나)에는 과거 장면에 대한 묘사가 나타나 있다.
④ (나)와 달리 (가)에는 그리움의 정서가 나타나 있다.
⑤ (가)와 (나)에는 모두 시상을 집약하는 소재가 나타나 있다.

O4. <보기>를 참고하여 (다)를 이해한 내용으로 적절하지 <u>않은</u> 것은?

<보기>

「서해」에서 화자는 바다에 다양한 의미를 부여하면서 '당신'에 대한 역설적 태도를 드러낸다.

① 제1연에서 화자가 '서해'에 가보지 않은 것은 '당신' 때문이야. 화자는 '당신' 때문에 '서해'를 특별한 공간으로 여기는 것이지.
② 제2연에서 '그곳 바다'는 화자가 아직 알지 못하는 바다이고, '여느 바다'는 화자가 알고 있는 바다야. 그런데도 화자는 두 바다가 다르지 않을 것이라고 추측하고 있어.
③ 제2연의 제2~3행에서 화자는 '여느 바다'의 심상을 통해 '그곳 바다'를 추측하고 있어. 그런데 '멀리서'로 보아, 화자와 '당신' 사이에는 어떤 거리감이 있음을 알 수 있어.
④ 제3연에서 '계실 자리'와 '가보지 않은 곳'은 바다를 가리켜. '남겨두어야 할까봅니다'에는 지금은 '당신'에게 갈 수 없지만 나중에라도 가야겠다는 화자의 의지가 담겨 있어.
⑤ 제4연의 '한쪽 바다'는 화자가 '당신'이 계실 것으로 추측하는 곳이야. 그곳은 항상 화자의 마음속에 존재해.

21 | 김수영, 파밭 가에서

01 OX 문제를 통한 지문 이해 훈련

나BS 수능특강 | 현대문학

삶은 계란의 껍질이
벗겨지듯
묵은 사랑이
벗겨질 때
붉은 파밭의 **푸른 새싹**을 보아라
얻는다는 것은 곧 잃는 것이다

먼지 앉은 석경 너머로
너의 그림자가
움직이듯
묵은 사랑이
움직일 때
붉은 파밭의 푸른 새싹을 보아라
얻는다는 것은 곧 잃는 것이다

새벽에 준 조로의 물이
대낮이 지나도록 마르지 않고
젖어 있듯이
묵은 사랑이
뉘우치는 마음의 한복판에
젖어 있을 때
붉은 파밭의 푸른 새싹을 보아라
얻는다는 것은 곧 잃는 것이다

OX문제

01	동일한 시행의 반복을 통해 운율감을 자아내고 있다. [2013학년도 9월]	(O / X)
02	'묵은 사랑'과 다르게 '푸른 새싹'은 새롭게 얻게 되는 가치를 의미한다.	(O / X)
03	색채의 선명한 대조를 통해 시적 분위기를 환기한다. [2013학년도 수능]	(O / X)
04	빗대어 표현하는 방식으로 화자의 인식을 드러내고 있다. [2025학년도 9월]	(O / X)
05	화자는 '묵은 사랑'을 '뉘우치'지도 '마음의 한복판'에서 떨쳐내지도 못하고 있다.	(O / X)

삶은 계란의 껍질이 / 벗겨지듯

묵은 사랑이 / 벗겨질 때

■ : 묵은 사랑, 낡은 가치

↕

■ : 새로운 사랑, 새로운 가치

붉은 파밭의 푸른 새싹을 보아라
붉은색과 푸른색의 색채 대비 → 시적 의미를 강조함.

「얻는다는 것은 곧 잃는 것이다」   「 」 : 역설적 표현 → 새로운 사랑이나 가치를 얻기 위해서는
                                              묵은 사랑이나 낡은 가치에서 벗어나야 함을 강조함.

1연 : 묵은 사랑에서 벗어남으로써 새로운 것을 얻을 수 있다는 깨달음

먼지 앉은 석경 너머로
유리로 만든 거울

너의 그림자가 / 움직이듯
실재가 아닌 허상 → 과거의 추억

묵은 사랑이 / 움직일 때
과거의 사랑(가치)에 대한 추억이 자꾸 떠오를 때

붉은 파밭의 푸른 새싹을 보아라

「얻는다는 것은 곧 잃는 것이다」

2연 : 묵은 사랑에 대한 추억을 떨쳐 내려는 의지

새벽에 준 조로의 물이
물뿌리개

대낮이 지나도록 마르지 않고 / 젖어 있듯이

묵은 사랑이

뉘우치는 마음의 한복판에 / 젖어 있을 때
한가운데

붉은 파밭의 푸른 새싹을 보아라

「얻는다는 것은 곧 잃는 것이다」

3연 : 묵은 사랑에 대한 미련과 그리움에서 벗어나려는 의지

과외식 해설

삶은 계란의 껍질이~푸른 새싹을 보아라 → 화자의 일상적인 체험을 제시하면서 시상이 전개되고 있다. 화자는 '묵은 사랑'을 '삶은 계란의 껍질에 빗대어, 계란 껍질을 벗기는 것처럼 '묵은 사랑'도 벗겨 내야 한다고 인식하고 있다. 한편, 화자는 '묵은 사랑'이 벗겨질 때 '붉은 파밭의 푸른 새싹'을 볼 것을 요구하고 있다. 이때 '붉은 파밭'은 이파리가 시든 파밭을 의미하는데, 이 속에서 '푸른 새싹'이 돋아난다는 점에서 '붉은 파밭'은 '삶은 계란의 껍질', '묵은 사랑'과 같은 새로운 것을 얻기 위해 잃어야 하는 기존의 낡은 가치나 사랑을 의미한다고 할 수 있다.

얻는다는 것은 곧 잃는 것이다 → 껍질을 잃어야 계란을 얻을 수 있는 것처럼, 묵은 사랑을 잃어야 새로운 사랑을 얻을 수 있다는 의미이다. 즉 화자는 새로운 사랑을 얻기 위해서는 묵은 사랑에서 벗어나야 함을 역설적으로 표현하여, 묵은 사랑에 대한 미련과 그리움을 떨쳐내야 한다는 깨달음을 드러내고 있다.

먼지 앉은 석경 너머로~움직일 때 → 그림자는 실재의 모습이 아닌 허상이며, 이것이 먼지 쌓인 거울 너머로 보인다는 점에서 '너의 그림자'는 과거의 추억을 나타낸다고 볼 수 있다. 또한 1연과 구조상 대응된다는 점을 고려할 때, '너의 그림자'는 '묵은 사랑'과 같은 의미로 사용되었다고 할 수 있다. 즉, '너의 그림자'는 추억에 집착하지 말고 떨쳐내야 하는 존재인 것이다.

새벽에 준 조로의 물이~젖어 있듯이 → 동일한 통사 구조가 연마다 반복되고 있는 것을 고려할 때, '조로의 물'은 잃어야 할 '묵은 사랑'과 대응된다. 새벽에 뿌린 '조로의 물'이 '대낮이 지'났음에도 '마르지 않고 / 젖어 있'는 것을 통해, 버려야 할 묵은 가치(사랑)가 쉽게 사라지지 않음을 비유적으로 드러내고 있다. 이때 '새벽에 준 조로의 물'은 과거의 사랑이나 가치에 대한 미련과 그리움을 의미한다고 볼 수 있다.

묵은 사랑이~젖어 있을 때 → '묵은 사랑'이 '뉘우치는 마음'의 한가운데 '젖어 있'다는 것은, '묵은 사랑'을 뉘우치면서도 쉽게 과거에 대한 미련을 떨쳐 내지 못하는 모습을 나타낸 것이다.

STEP 03 작품 해제

01 | 주제

새로운 사랑(새로운 가치)을 추구하려는 의지

02 | 특징

① 자연을 관찰하며 깨달은 삶의 자세를 전하는 전달 중심의 시
② 비유법과 역설법 등 다양한 표현법을 통해 주제 의식을 강조함.
③ 대조적인 시어를 통해 화자가 추구하는 삶의 태도를 드러냄.
④ 붉은색과 푸른색의 색채 대비를 통해 시적 분위기를 환기함.

03 | 작품 해제

이 작품은 묵은 사랑, 혹은 낡은 가치 등에서 벗어나 새로운 사랑, 새로운 가치를 찾아 이전과 다른 삶을 살기 위해 우리가 가져야 할 태도가 무엇인지 전하고 있는 시이다. 해당 작품에서 낡은 가치와 연결되는 것은 '잃는 것'이며, 새로운 가치와 연결되는 것은 '얻는다는 것'이다. 즉, 화자는 새로운 가치를 얻는다는 것이 곧 기존에 가지고 있던 낡은 가치에서의 벗어남을 동반한다는 것을 깨달으며, 새로운 가치 추구에 대한 강한 의지를 드러내고 있다. 또한 붉은색과 푸른색의 색채 대비와 감각적 이미지의 활용, 동일한 통사 구조의 반복, 역설 등 다양한 표현법의 활용을 통해 주제 의식을 효과적으로 부각하고 있다.

STEP 04 논문으로 만나는 출제자의 시선

「파밭 가에서」에서 나타나는 대구법

이 시는 '묵은 사랑이 / 벗겨질 때', '묵은 사랑이 / 움직일 때' 등의 문장을 중심으로 병렬적 대구의 방식을 보여 준다. 또한 각 연마다 '붉은 파밭의 푸른 새싹을 보아라 / 얻는다는 것은 곧 잃는 것이다'라는 시행을 반복하는 것도 병렬적 대구의 방식을 강화한다. 그런데 이 **병렬적 대구**에서 중요한 의미 맥락은 각 연의 문장 내부에 대립적 관계가 개입하여, 각 연마다 대비적 대구를 포함하고 있다는 데서 찾을 수 있다. '붉은 파밭'에서 싹트는 '푸른 새싹'은 '묵은 사랑'이 '벗겨질 때'나, '움직일 때'나, '젖어 있을 때'에도 화자에게 동일한 각성의 계기를 제공한다. 그것은 '얻는다는 것은 곧 잃는 것이다.'라는 깨달음인데, 여기서 **'붉은 파밭'과 '푸른 새싹', '얻는 것'과 '잃는 것'** 등의 대비가 상호 대립에서 교차를 거쳐 융합된다. 이 상호 대립의 교차와 융합은 붉음과 푸름의 색채 대비, '묵은'이 암시하는 '죽음'과 '푸른'이 암시하는 '생명'의 의미 대비 등이 상호 대립에서 교차를 거쳐 융합되는 것과 유사하다.

김수영의 시 세계

김수영은 4·19 혁명과 5·16 군사정변을 겪으면서 혁명과 현실에 대해 비판적으로 성찰하는 시와 시론을 연달아 썼다. 그는 부정적 현실에 대해 비판적 입장을 드러내며, 이를 극복하고 유토피아를 지향하는 의지적 태도를 취하였다. 그런데 1965년 이후의 김수영 시에 나타나는 화자에게 있어 혁명은 실패하였기 때문에 이루어지지 않을 것, 도달하고 싶었지만 실패해 버린, 절대 도달할 수 없는 유토피아로 등장한다. 실패한 혁명을 곱씹는 이러한 행위는 혁명에 대한 애도로 이해할 수 있는데, 이러한 애도는 혁명이 지닌 유령성에 기인한다. 4·19 혁명은 실패했다는 측면에서 존재하지 않고, 실패한 채로 남아 있다는 측면에서 존재하기도 하는데, 실패한 혁명에 대한 애도는 어떠한 방식으로건 실패한 혁명에 변화를 불러일으키고자 하는 화자의 적극적 행위로 이해할 수 있다.

STEP 01 OX 문제를 통한 지문 이해 훈련

나BS 수능특강 | **현대문학** ●

산마다 단풍만 저리 고우면 뭐헌다요
뭐헌다요. 산 아래
물빛만 저리 고우면 뭐헌다요
산 너머, 저 산 너머로
산그늘도 다 도망가불고
산 아래 집 뒤안
하얀 억새꽃 하얀 손짓도
당신 안 오는데 뭔 헛짓이다요
저런 것들이 다 뭔 소용이다요
뭔 소용이다요. 어둔 산머리
초생달만 그대 얼굴같이 걸리면 뭐헌다요
마른 지푸라기 같은 내 마음에
허연 서리만 끼어가고
저 달 금방 져불면
세상 길 다 막혀 막막한 어둠 천지일 턴디
병신같이, 바보 천치같이
이 가을 다 가도록
서리 밭에 **하얀 들국**으로 피어 있으면
뭐헌다요, 뭔 소용이다요.

OX문제

01	자연물을 통하여 시간적 배경을 시각적으로 드러내고 있다. [2020학년도 9월]	(O / X)
02	색채어의 선명한 대조를 통해 시적 분위기를 환기한다. [2013학년도 수능]	(O / X)
03	'초생달'은 임을 떠올리게 하여 화자에게 위안을 주는 존재이다.	(O / X)
04	토속적인 방언을 사용하여 향토적 정감을 환기하고 있다. [2008학년도 6월]	(O / X)
05	'하얀 들국'은 하염없이 임을 기다리는 화자의 모습을 빗댄 표현이다.	(O / X)

STEP 02 지문 분석

산마다 **단풍**만 저리 고우면 **뭐헌다요**

■ : '가을'의 계절감을 나타내는 소재

뭐헌다요. 산 아래

■ : 방언 사용 → 향토적인 정서 / 그리움, 슬픔의 정서 강조

물빛만 저리 고우면 **뭐헌다요**

산 너머, 저 산 너머로

활유법 → 시간의 흐름이 나타남.

산그늘도 다 **도망가불고**

산 아래 집 **뒤안**
집 뒤에 있는 뜰이나 마당

하얀 억새꽃 **하얀** 손짓도
의인법

■ : 색채어 → 대상의 아름다움을 강조하며 화자의 그리움을 심화함.

당신 안 오는데 뭔 **헛짓이다요**
임이 부재한 상황

저런 것들이 다 뭔 **소용이다요**
아름다운 자연물

1행~9행 : 아름다운 자연의 모습과 대조되는 화자의 내면

뭔 소용이다요. 어둔 산머리

초생달만 그대 얼굴같이 걸리면 뭐헌다요
□ : 임을 떠올리게 하는 자연물 / 시간이 흘러 밤이 되었음을 알려 주는 소재

마른 지푸라기 같은 내 마음에

허연 서리만 끼어가고

저 달 금방 **져불면**
달이 지고 더 깊은 밤이 되면

세상 길 다 막혀 막막한 어둠 천지일 **턴디**

10~15행 : 임의 오랜 부재로 인한 깊은 슬픔

병신같이, 바보 천치같이
언제 올지 모르는 임을 기다리는 자신의 모습에 대한 자조

산마다 단풍만 저리 고우면~물빛만 저리 고우면 뭐헌다요 → 가을을 맞이하여 곱게 물든 '단풍'과 아름다운 '물빛'을 바라보고 있는 화자의 모습이 제시되어 있다. 하지만 '뭐헌다요'라는 방언을 반복하는 것으로 볼 때, 화자가 아름다운 자연을 제대로 즐기지 못하고 있음을 알 수 있다.

산 너머, 저 산 너머로 / 산그늘도 다 도망가불고 → 활유법은 무정 명사에 생물적 속성을 부여하여 유정 명사처럼 나타내는 표현 방법이다. 화자는 이러한 활유법을 사용하여 시간이 흘러 저녁이 되었음을 나타내고 있다.

산 아래 집 뒤안~저런 것들이 다 뭔 소용이다요 → 화자가 아름다운 자연의 모습을 즐기지 못하는 이유는 화자가 기다리는 '당신'이 오지 않았기 때문임이 드러나고 있다. 즉, 오지 않는 '당신'에 대한 그리움으로 인해 곱고 아름다운 자연을 봐도 아무런 감흥이나 기쁨의 정서를 느끼지 못하고 있는 것이다. 이때 '단풍', '물빛', '억새꽃'은 화자의 내면과 대비되는 자연물로, 화자의 정서를 심화시키고 있다.

어둔 산머리 / 초생달만 그대 얼굴같이 걸리면 뭐헌다요 → 화자는 어두운 밤이 되어 하늘에 뜬 '초생달'을 보며 임을 떠올리고 있다. 그리운 임을 연상케 하는 '초생달'은 결코 닿을 수 없는 존재라는 점에서, 부재한 임에 대한 화자의 그리움을 더욱 심화시키는 소재임을 알 수 있다.

마른 지푸라기 같은 내 마음에 / 허연 서리만 끼어가고 → 오랜 기다림으로 인해 생기를 잃고 상처를 입은 화자의 내면 상태를 감각적 이미지를 통해 구체화하여 드러낸 부분이다. 화자는 임의 부재로 인해 바싹 마른 자신의 마음 상태를 '마른 지푸라기'에, 자신의 내면에 생긴 한과 상처를 '허연 서리'에 빗대어 표현하고 있다.

저 달 금방 져불면 / 세상 길 다 막혀 막막한 어둠 천지일 턴디 → '달'이 지고 더 깊은 밤이 되면 '세상 길'이 '다 막'힐 정도로 어두워져 임이 화자를 찾아오기가 더 힘들어질 것임을 표현한 부분이다. 다만 '막막한 어둠 천지'는 임의 부재로 인한 화자의 막막하고 암담한 심정을 나타낸 것으로 볼 수도 있다.

이 가을 다 가도록
임의 부재가 길어지고 있음.

서리 밭에 하얀 들국으로 피어 있으면
임을 기다리는 화자의 모습

뭐헌다요, 뭔 소용이다요.

16~19행 : 부질없는 기다림에 대한 자책과 한

서리 밭에 하얀 들국으로 피어 있으면 / 뭐헌다요, 뭔 소용이다요. → '서리 밭에 피어 있는 '하얀 들국'은 하염없이 임을 기다리는 화자의 모습을 형상화한 것이다. 이때 흰색의 색채 이미지를 통해 화자의 한과 그리움, 기다림의 정서를 효과적으로 형상화하고 있다.

STEP 03 작품 해제

나BS 수능특강 | 현대문학

01 | 주제

부재한 임에 대한 그리움과 한(恨)

02 | 특징

① 임의 부재로 인한 절망감과 부질없는 기다림에 대한 안타까움을 드러낸 화자 중심의 시
② 사투리를 사용하여 화자의 정서와 처지를 효과적으로 표현하고 향토적 정감을 환기함.
③ 자연물과 화자의 처지를 대조적으로 제시하여 화자의 정서를 부각함.
④ 계절감을 나타내는 소재를 활용하여 애상적 분위기를 조성함.

03 | 작품 해제

이 작품은 서리를 맞으며 쓸쓸하게 피어 있는 하얀 들국화와 돌아오지 않는 임을 기다리는 화자의 모습을 대응시켜 임에 대한 간절한 그리움과 기다림, 한(恨)을 노래하고 있다. 화자는 가을을 맞이한 자연의 곱고 아름다운 모습을 보고도 '뭐헌다요', '뭔 헛짓이다요', '뭔 소용이다요'를 반복하는데, 이는 화자가 간절하게 기다리는 대상인 '당신', 즉 임이 부재하기 때문이다. 임이 '이 가을 다 가도록' 오랫동안 오지 않고 있고, 앞으로 올 것이라는 기약조차 없으므로 아름다운 자연 경치는 화자에게 아무런 감흥을 주지 못하는 것이다. 긴 기다림으로 인해 지친 화자의 괴롭고 어두운 내면은 외부의 아름다운 자연물들과 대조를 이루어 더 심화되고 부각되며, 이는 '마른 지푸라기', '허연 서리', '어둠 천지'라는 시구를 통해 효과적으로 드러난다. 또한 이 작품은 '뭐헌다요', '도망가불고', '어둠 천지일 턴디' 등의 사투리를 사용해 화자의 그리움과 슬픔의 정서를 강조하고 향토적인 정서를 불러일으킨다. 시에 사용되는 사투리는 단순히 지방색을 드러낼 뿐만 아니라 시적 상황에 어울리는 분위기를 조성하는 정서적 언어인데, 해당 작품에서도 이러한 사투리의 사용을 통해 시적 배경인 가을의 산과 어울리는 분위기를 형성하여 향토적인 정감을 환기하고 화자의 정서를 보다 효과적으로 부각하고 있다.

STEP 04 논문으로 만나는 출제자의 시선

ⅡBS 수능특강 | **현대문학**

김용택 시인의 리얼리즘 구현 방법

김용택 시인은 1970년대 한국 시의 리얼리즘 또는 민중 문학의 전개에 큰 자극이 되었던 신경림 시인 이래로, 농촌적 서정을 가장 빼어나게 표현하고 있다고 평가받아 온 시인이다. 그의 첫 번째 시집 『섬진강』의 발문에도 "김용택의 시는 오늘의 해체된 농촌 공동체의 모습을 현장성에 근거한 삶의 언어로써 생생하게 그려 내었다."라고 언급되어 있다. 이러한 시의 리얼리즘이 어떠한 방식으로 구현되는지에 대해서는 **지역 토속 방언의 사용**을 통해 리얼리즘 시가 갖추어야 할 요건 중 하나인 '**서사성의 강화**'를 만족했기 때문으로 이해할 수 있다. '서사성의 강화'란 사건의 전개나 이야기의 도입을 통해 당대 현실을 총체적으로 드러낼 수 있는가에 관한 것이다. 김용택의 대다수 작품들은 우리 당대의 사회 현실 혹은 역사적 상황으로 인해 피폐해지거나 고통을 받는 농촌 공동체의 삶의 모습이 마치 한 농민이나 농민 일가의 이야기와 같은 사연(사건)을 통해서 제시되어 있다는 점에서 당대 현실을 총체적으로 드러내고 있다고 할 수 있다. 이때, 시에서 농민이 겪고 있는 사연(사건)을 효과적으로 드러내기 위해서 농민 계층의 언어인 방언과 속어가 하나의 형식적 장치로 동원되기도 하는데, 김용택은 시의 리얼리즘을 구현하기 위한 장치로써 이를 활용한 것이다. 즉, 시인은 농촌 사회에서 살아가는 농민들이 실제로 사용하는 토속어를 시어로 등장시킴으로써 서사성과 진솔함을 확보하는 방식을 통해 리얼리즘의 구현을 성공적으로 달성하였다고 할 수 있다.

05 나BS 실전 문제

STEP

다음 글을 읽고 물음에 답하시오. [교육청 기출 변형]

(가)

산마다 단풍만 저리 고우면 뭐헌다요

뭐헌다요. 산 아래

물빛만 저리 고우면 뭐헌다요

산 너머, 저 산 너머로

산그늘도 다 도망가불고

산 아래 집 뒤안

하얀 억새꽃 하얀 손짓도

당신이 안 오는데 뭔 헛짓이다요

저런 것들이 다 뭔 소용이다요

뭔 소용이다요. 어둔 산머리

초생달만 그대 얼굴같이 걸리면 뭐헌다요

마른 지푸라기 같은 내 마음에

허연 서리만 끼어 가고

저 달 금방 져불면

세상 길 다 막혀 막막한 어둠 천지일 턴디

병신같이, 바보 천치같이

이 가을 다 가도록

서리밭에 하얀 들국으로 피어 있으면

뭐헌다요, 뭔 소용이다요

- 김용택, 「들국」 -

(나)

사람이 벽(癖)이 없으면 그 사람은 버림받은 자이다. 벽이란 글자는 질병과 치우침으로 이루어져 '편벽된 병을 앓는다.'라는 의미를 지닌다. 벽이 편벽된 병을 뜻하지만 고독하게 새로운 것을 개척하고 전문 기예를 익히는 것은 오직 벽을 가진 사람만이 가능하다.

김 군이 화원(花園)을 만들었다. 김 군은 ㉠꽃을 주시한 채 하루 종일 눈 한번 꿈쩍하지 않는다. 꽃 아래에 자리를 마련하여 누운 채 꼼짝도 않고 손님이 와도 말 한마디 건네지 않는다.

그런 김 군을 보고, 미친놈 아니면 멍청이라고 생각하여 손가락질하고 비웃는 자가 한둘이 아니다. 그러나 그를 비웃는 웃음소리가 미처 끝나기도 전에 그 웃음소리는 공허한 메아리만 남기고 생기가 싹 가시게 되리라.

김 군은 만물을 마음의 스승으로 삼고 있다. 김 군의 기예는 천고(千古)의 누구와 비교해도 훌륭하다. ㉡『백화보(百花譜)』*를 그린 그는 '꽃의 역사'에 공헌한 공신의 하나로 기록될 것이며, '향기의 나라'에서 제사를 올리는 위인의 하나가 될 것이다. 벽의 공훈이 참으로 거짓이 아니다!

아아! 벌벌 떨고 게으름이나 피우면서 천하의 대사를 그르치는 위인들은 편벽된 병이 없음을 뻐기고 있다. 그런 자들이 이 그림을 본다면 깜짝 놀랄 것이다.

을사년(1785) 한여름에 초비당(苕翡堂) 주인이 글을 쓴다.

- 박제가, 「백화보서(百花譜序)」 -

*백화보 : 피고 지는 다양한 꽃과 잎사귀의 모습 등을 그려놓은 책.

01. (가)와 (나)에 대한 설명으로 가장 적절한 것은?

① (가)는 시상이 전개됨에 따라 어조가 변화하고 있다.

② (나)에는 대상의 행적을 제시하며 예찬하는 태도가 드러나 있다.

③ (가)에는 (나)에서와 달리 현실을 초월하려는 강한 의지가 드러나 있다.

④ (나)에는 (가)에서와 달리 사물에 인격을 부여하여 주제 의식을 강조하고 있다.

⑤ (가)와 (나) 모두 색채어를 사용하여 추상적인 관념을 구체화하고 있다.

02. <보기>를 바탕으로 (가)를 감상한 내용으로 적절하지 <u>않은</u> 것은?

<보기>

이 시는 그리운 임에 대한 애틋함과 이별의 상황에 대한 막막함을 함께 노래한 작품이다. 화자는 임과 이별한 자신의 처지를 늦가을의 아름다운 풍경과 대비하여 강조한다. 동시에 특정 자연물과 자신을 동일시하거나 다양한 이미지를 활용하여 화자 자신의 정서나 처지를 구체적으로 형상화한다.

① '단풍'과 '물빛' 등의 자연물과 대비하며 화자의 처지를 부각한다고 볼 수 있군.

② '하얀 손짓'은 '당신'을 향한 화자의 애틋한 정서를 자연물의 움직임으로 형상화한 것으로 볼 수 있군.

③ '초생달'은 '그대 얼굴'을 떠올리며 이별의 상황에 막막해 하는 화자와 동일시된다고 볼 수 있군.

④ '막막한 어둠'은 '마른 지푸라기'나 '허연 서리'가 환기하는 화자의 정서를 심화한다고 볼 수 있군.

⑤ '서리밭에 하얀 들국'을 통해 부정적 상황 속에 놓인 화자의 처지를 드러낸다고 볼 수 있군.

03. (나)의 ㉠과 ㉡에 대한 설명으로 가장 적절한 것은?

① ㉠과 같은 벽의 공훈을 얻기까지 ㉡에 대한 끊임없는 탐구가 필요하였다.

② ㉠을 아름답게 가꾸는 행위를 통해 ㉡에 대한 편벽된 병을 극복하게 되었다.

③ ㉠에 대한 편벽된 병이 ㉡과 같은 벽의 공훈을 이루어 내는 원동력이 되었다.

④ ㉠에 남다른 의미나 가치를 부여하기 위하여 ㉡에 대한 편벽된 병이 작용하였다.

⑤ ㉠을 탐구하는 행위에 대한 사람들의 비웃음이 ㉡과 같은 벽의 공훈을 이루도록 이끌었다.

23 | 문정희, 흙

STEP

01 OX 문제를 통한 지문 이해 훈련

나BS 수능특강 | **현대문학**

흙이 가진 것 중에
제일 부러운 것은 그의 **이름**이다
흙 흙 흙 하고 그를 불러 보라
심장 저 깊은 곳으로부터
눈물 냄새가 차오르고
이내 두 눈이 젖어온다

흙은 생명의 태반이며
또한 귀의처*인 것을 나는 모른다
다만 그를 사랑한 도공이 밤낮으로
그를 주물러서 달덩이를 낳는 것을 본 일은 있다
또한 그의 **가슴**에 **한 줌의 씨앗**을 뿌리면
철 되어 **한 가마의 곡식**이 돌아오는 것도 보았다
흙의 일이므로
농부는 그것을 **기적**이라 부르지 않고
겸허하게 농사라고 불렀다

그래도 나는 흙이 가진 것 중에
제일 부러운 것은 그의 이름이다
흙 흙 흙 하고 그를 불러 보면
눈물샘 저 깊은 곳으로부터
슬프고 아름다운 목숨의 메아리가 들려온다
하늘이 우물을 파놓고 두레박으로
자신을 퍼 올리는 소리가 들려온다

*귀의처 : 돌아가거나 돌아와 몸을 의지하는 곳.

OX문제

01	화자는 흙이 가진 것 중 흙의 '이름'을 가장 부러워하고 있다.	(O / X)
02	수미상관의 구조를 통해 주제를 강조하고 있다. [2015학년도 9월B]	(O / X)
03	명령적 어조를 통해 현실에 대한 비판 의식을 드러내고 있다. [2014학년도 9월AB]	(O / X)
04	사물의 속성을 분석하여 미래에 대한 긍정적인 전망을 제시하고 있다. [2017학년도 9월]	(O / X)
05	'농부'는 흙의 '가슴'에 뿌린 '한 줌의 씨앗'이 '한 가마의 곡식'으로 돌아오는 것을 '기적'으로 보았다.	(O / X)

STEP 02 지문 분석

흙이 가진 것 중에

제일 부러운 것은 그의 이름이다   ■ : '흙'을 의인화함.

흙 흙 흙 하고 그를 불러 보라   ■ : 흙의 발음을 통해 울음소리인 '흑흑흑'을 연상하게 함.
명령형 종결 어미 → 독자에게 공감을 유도

심장 저 깊은 곳으로부터
감흥의 원천

눈물 냄새가 차오르고
공감각적 이미지(후각의 시각화)

이내 두 눈이 젖어온다

임신 중 태아와 모체의 자궁을 연결하는 기관   1연 : 울음소리를 떠올리게 하는 흙의 이름
흙은 생명의 태반이며
생명을 탄생시키고 키우는 곳

돌아가거나 돌아와 몸을 의지하는 곳
또한 귀의처인 것을 나는 모른다
반어적 표현 → 흙의 속성을 강조함.

다만 그를 사랑한 도공이 밤낮으로
옹기 만드는 일을 직업으로 하는 사람

그를 주물러서 달덩이를 낳는 것을 본 일은 있다   ■ : 흙이 만들어 낸 결과물
도자기

또한 그의 가슴에 한 줌의 씨앗을 뿌리면   □ : 화자의 경험

철 되어 한 가마의 곡식이 돌아오는 것도 보았다

흙의 일이므로

농부는 그것을 기적이라 부르지 않고

겸허하게 농사라고 불렀다
스스로 자신을 낮추고 비우는 태도가 있음.

            2연 : 생명의 근원과 터전이 되는 흙

「그래도 나는 흙이 가진 것 중에

제일 부러운 것은 그의 이름이다

과외식 해설

흙이 가진 것 중에 / 제일 부러운 것은 그의 이름이다 → 화자는 '흙'이 가진 것 중 가장 부러운 것은 '그의 이름'이라며 '흙'이 지닌 속성에 주목하고, 이를 긍정하며 시를 시작하고 있다. 이때 '흙'을 인칭 대명사 '그'로 지칭하여 의인화함으로써 대상에 대한 친밀감을 느끼게 하고 있다.

흙 흙 흙 하고 그를 불러 보라 → '흙 흙 흙'은 [흑흑 흑]으로 발음되는데, 이는 울음소리를 연상하게 한다. 화자는 독자에게 '흙 흙 흙'을 부르도록 요구하며, '흙'이라는 이름이 환기하는 슬픔의 정서를 독자와 공유하고자 한다.

심장 저 깊은 곳으로부터~이내 두 눈이 젖어온다 → '흙'의 이름이 환기하는 울음소리가 '눈물'의 이미지와 연결되어 슬프고도 벅찬 감정을 느끼는 화자의 모습을 감각적으로 보여 주고 있다. 이때 '눈물 냄새가 차오르고'는 '냄새'라는 후각적 이미지를 '눈물'이라는 시각적 이미지로 전이하여 형상화한 공감각적 표현에 해당한다.

흙은 생명의 태반이며~철 되어 한 가마의 곡식이 돌아오는 것도 보았다 → '생명의 태반'은 생명을 탄생시키고 키우는 생명의 시작점으로서의 '흙'의 속성을, '귀의처'는 모든 것이 죽은 후 돌아오는 종착지로서의 '흙'의 속성을 드러내는 표현이다. 화자는 도공이 흙을 주물러 '달덩이'를 만드는 것을 본 경험과, 농부가 흙에 씨앗을 뿌려 '한 가마의 곡식'을 수확한 것을 본 경험을 통해 흙이 '생명의 태반'이며 '귀의처'라는 속성을 가지고 있음을 보여 주고 있다. 자신의 몸을 자양분으로 삼아 생명을 탄생시키고 품어 주는 이러한 '흙'의 속성은 모성의 이미지를 형상화한 것으로 볼 수 있다.

흙의 일이므로~겸허하게 농사라고 불렀다 → 흙의 노력과 희생에 주목하여 땅에 '씨앗'을 뿌려 '곡식이 돌아오는 것'을 '기적'이 아닌, '농사'라고 표현하고 있다.

흙 흙 흙 하고 그를 불러 보면

눈물샘 저 깊은 곳으로부터
　　감흥의 원천

슬프고 아름다운 목숨의 메아리가 들려온다
역설적 표현 → 흙의 희생을 통해 생명의 근원이 됨.

하늘이 우물을 파놓고 두레박으로
　　　　줄을 길게 달아 우물물을 퍼 올리는 데 쓰는 도구

자신을 퍼 올리는 소리가 들려온다」　　「 」: 변형된 수미상관 → 1연의 내용을 반복, 심화함.

3연 : 흙의 속성에 대한 공감과 흙을 통해 느끼는 감흥

슬프고 아름다운 목숨의 메아리가 들려온다 → 역설적 표현을 통해 흙은 생명을 새롭게 만들어 내는 창조의 공간이자, 자기희생의 공간임을 강조하고 있다.

하늘이 우물을 파놓고 두레박으로 / 자신을 퍼 올리는 소리가 들려온다 → 우물에 있는 물을 두레박으로 퍼 올리면 우물 속의 물은 줄어드는 반면, 그 물을 마시는 사람들은 생명을 유지할 수 있게 된다. 즉, 흙이 파 놓은 우물 속의 물을 하늘이 두레박으로 퍼 올리는 것은 흙의 희생을 통해 다른 생명체가 살아갈 기반을 마련해 주는 것으로 해석할 수 있다. 흙이 자신을 희생하여 생명을 만들어 내는 모습을 감각적으로 형상화하여 흙이 지닌 모성성에 대한 화자의 감흥을 강조하고 있다.

STEP
03 작품 해제

나BS 수능특강 | 현대문학 ●

01 | 주제

흙의 생명력과 희생에 대한 예찬

02 | 특징

① 흙에 대한 관찰을 바탕으로 흙이 가진 속성을 예찬하는 대상 중심의 시
② 의인법을 사용하여 대상에 대한 친밀감을 느끼게 함.
③ 반어법과 역설법을 사용하여 주제를 강조함.
④ 변형된 수미상관을 통해 구조적인 안정감을 나타냄.

03 | 작품 해제

　　이 시는 생명의 근원이자 터전인 흙의 모성을 예찬하고 있는 작품이다. 1연에서 화자는 흙을 의인화하여 흙이 가진 것 중에 흙의 이름이 가장 부럽다고 하면서 흙에 대한 예찬적 태도를 보이고 있다. 이때 '흙 흙 흙' 하고 부르는 것은 [흑흑흑]이라는 발음에서 울음소리가 연상된다는 점에서 '심장 저 깊은 곳으로부터 / 눈물 냄새가 차오'른다는 내용으로 이어진다. 2연에서 화자는 흙이 '생명의 태반'이며 '귀의처'라는 것을 모른다고 표현한다. 하지만 도공이 흙을 주물러 '달덩이'를 만들고, 농부가 흙에 씨앗을 뿌려 '한 가마의 곡식'을 수확하는 것을 본 경험을 바탕으로 '생명의 태반'이며 '귀의처'인 흙의 속성을 제시하고 있다. 3연에서는 흙을 불러 보면 '눈물샘 저 깊은 곳으로부터 / 슬프고 아름다운 목숨의 메아리가 들려'오며, '하늘이 우물을 파놓고 두레박으로 / 자신을 퍼 올리는 소리가 들려온다'며 흙이 지닌 모성성에 대한 벅찬 감흥을 형상화하고 있다.

STEP 04 논문으로 만나는 출제자의 시선

문정희의 시적 경향

문정희 시인은 1969년 『월간문학』에 등단한 후 다양한 시 창작 활동을 해 오면서 그리움, 사랑, 생명, 자연, 자유, 불평등 등의 삶의 모습을 현장감 있는 시어로 담아내어 주목을 받아 왔다. 문정희의 초기 시들은 사랑이나 애정을 다루고 있다. 그러나 최근의 시는 사물에 대한 통찰이나 인식의 깊이를 지향하는 경향을 보인다. 그의 시에는 자연과 인간, 즉 생태와 몸과 언어의 다양성을 파악하고 극복하고 이해하려는 태도가 전반적으로 나타난다. 이는 자연과 여성의 상생 의식과 모성을 통한 실천 방향으로 드러난다.

또한 문정희는 여성성과 자연의 본질적 가치의 모색을 통한 전망을 보여 주었다. 그는 여성과 자연에 행사하는 부조리와 억압에 도전하는 내면의 정신세계를 드러내며, 인간과 자연의 조화로운 삶을 추구하는 깊고 묵직한 시 세계를 펼치므로 그의 시에는 생명 존중 의식이 조명되어 나타난다. 한편, 그의 작품들은 사회적 모순 속에 여러 가지 형태로 내재해 있는 여성 문제들을 포착해 내고 여성주의적 시각에서 올바른 전망을 제시하려는 움직임을 보여 왔다. 이는 곧 억압받는 여성들의 공통된 관심사를 체계적으로 이해하면서 사회적 경험과 지각 방식을 보편적인 것으로 표준화하려는 태도를 없애 버리고자 한 것이다. 나아가 여성적인 것의 특수성이나 정당한 차이를 정립하고자 하는 안목과 의지, 여성 억압에 대한 관심에서 출발하여 억압과 차별을 깨뜨리고 마침내 상생과 공존의 지향점을 제시하고 있다는 점을 확인할 수 있다. 문정희 시에 나타난 여성성과 남성성의 본질은 원시적 자연스러움 그 자체라 할 수 있다. 억압받고 차별받는 여성의 처지만을 노래한 것이 아닌, 부드러움과 생명력 등 여성의 본성을 드러내고 있으며, 투박하고 활력 있는 남성성을 존중하며 그들을 향해 손을 내밀어 공존을 모색한다. 그리하여 남성과 여성이 하나의 공동체를 이루는 조화와 평화의 세계인 사회를 추구하고자 한다.

STEP 01 OX 문제를 통한 지문 이해 훈련

나BS 수능특강 | **현대문학**

푸른 수액을 빨며 매미 울음꽃 피우는 한낮이면
꿈에 젖은 듯 반쯤은 졸고 있는 **느티나무**
울퉁불퉁 뿌리, 나무의 발등
혹은 발가락이 땅 위로 불거져 나왔다
군데군데 **굳은살에 옹이**가 박혔다
먼 길 걸어왔단 뜻이리라
화급히 바빠야 할 일은 없어서 나도
그 위에 앉아 신발을 벗는다
그렇게 너와 나와는
참 멀리 왔구나 어디서 왔느냐
언제부터 여기에 있었느냐
어디로 가는 길이냐 물으며 하늘을 보는데
무엇이 그리 무거웠을까 부러진 가지
껍질 그 안 쪽으로
속살이 썩어 몸통이 비어 가는데
그 속에 뿌리를 묻고 풀 몇 포기가 꽃을 피워
잠시 느티나무의 내생을 보여 준다
돌아보면
삶은 커다란 상처 혹은 구멍인데
그것은 또 그 무엇의 자궁일지 알겠는가
그러니 섣불리
치유를 꿈꾸거나 덮으려 하지 않아도 좋겠다

때 아닌 낮 **모기 한 마리**
내 발등에 앉아 배에 피꽃을 피운다
잡지 않는다
남은 길이 조금은 덜 외로우리라
다시 신발끈을 맨다

OX문제

01	말을 건네는 방식을 통해 대상과의 친밀감을 높이고 있다. [2015학년도 9월A]	(O / X)
02	화자는 '느티나무'의 '굳은살에 옹이'가 박힌 것을 보고 긴 세월을 살았을 것이라고 생각하였다.	(O / X)
03	추측을 나타내는 표현을 통해 대상에 대한 회의감을 드러내고 있다. [2020학년도 6월]	(O / X)
04	인간과 자연을 대비하여 주제 의식을 부각하고 있다. [2014학년도 6월B]	(O / X)
05	화자가 '모기 한 마리'를 '잡지 않는' 것은 삶에 대한 의지를 상실했기 때문이다.	(O / X)

푸른 수액을 빨며 매미 울음꽃 피우는 한낮이면
<u>계절적 배경(여름)</u>   <u>시간적 배경</u>

꿈에 젖은 듯 반쯤은 졸고 있는 느티나무
<u>화자가 관찰하는 대상</u>

울퉁불퉁 뿌리, 나무의 발등 / 혹은 발가락이 땅 위로 불거져 나왔다

군데군데 **굳은살**에 **옹이**가 박혔다   ▨ : '느티나무'가 겪은 고난과 시련
<u>나무의 몸에 박힌 가지의 밑부분</u>

먼 길 걸어왔단 뜻이리라
<u>'느티나무'가 긴 세월을 살아왔을 것이라 추측함.</u>

화급히 바빠야 할 일은 없어서 나도 / 그 위에 앉아 신발을 벗는다
<u>매우 급하게</u>   <u>시적 화자</u>   <u>느티나무와 교감을 시도하는 화자의 모습</u>

그렇게 너와 나와는 / 참 멀리 왔구나「어디서 왔느냐
<u>'느티나무'로부터 동질감을 느낌.</u>

언제부터 여기에 있었느냐   「 」: 청자에게 말을 건네는 방식

어디로 가는 길이냐」물으며 하늘을 보는데

무엇이 그리 무거웠을까 **부러진 가지**

껍질 그 안 쪽으로 / **속살이 썩어 몸통이 비어 가는데**
<u>부러진 가지로 인한 상처가 깊어져 썩은 속살을 의미함.</u>

그 속에 뿌리를 묻고 풀 몇 포기가 꽃을 피워

잠시 느티나무의 내생을 보여 준다
<u>죽은 뒤의 생애</u>

돌아보면 / 삶은 커다란 **상처 혹은 구멍**인데
          ▨ : 새로운 생명의 토대

그것은 또 그 무엇의 **자궁**일지 알겠는가

그러니 섣불리 / 치유를 꿈꾸거나 덮으려 하지 않아도 좋겠다

1연 : 느티나무로부터 삶에 대한 깨달음을 얻음.

때 아닌 낮 모기 한 마리

내 발등에 앉아 배에 피꽃을 피운다
　　　　'모기'가 피를 빨아먹는 모습

잡지 않는다
생명을 존중하는 화자의 태도

남은 길이 조금은 덜 외로우리라

다시 신발끈을 맨다
　　　삶에 대한 의지

2연 : 새로운 삶에 대한 의지

때 아닌 낮 모기 한 마리~잡지 않는다 → '모기 한 마리'가 생명을 유지하기 위해 '발등에 앉아' '피꽃을 피'우는 것을 '잡지 않는' 화자의 모습에서 생명을 존중하고 배려하는 태도를 확인할 수 있다.

남은 길이 조금은 덜 외로우리라 / 다시 신발끈을 맨다 → 화자는 자신에게 '남은 길이 조금은 덜 외로'울 것이라며 미래를 긍정적으로 인식하고 있다. '느티나무'로부터 삶의 원리를 발견하고, 이를 바탕으로 자신의 삶을 새롭게 인식하여 낙관적인 태도를 보이고 있는 것이다. 또한 '다시 신발끈을 맨다'며 삶에 대한 새로운 의지를 드러내고 있다.

STEP 03 작품 해제

나BS 수능특강 | **현대문학** ●

01 | 주제

느티나무를 통한 삶에 대한 성찰

02 | 특징

① 느티나무를 관찰하며 얻게 된 화자의 깨달음을 드러내고 있는 대상 중심의 시

② 말을 건네는 방식을 사용하여 자연과의 교감을 드러냄.
③ 자연물을 통해 인간의 삶을 성찰함.

03 | 작품 해제

　이 시는 나무로 상징되는 자연적 이미지를 인간적 이미지로 치환하는 상상력을 보여 주며 자연과의 교감을 시도하고, 이를 통해 자연물에 내재된 원리를 발견함으로써 인간과 자연을 포괄하는 삶의 의미를 도출하고 있는 작품이다. 화자는 느티나무를 통한 성찰의 과정을 통해 삶의 고통이나 상처가 타자를 포용할 수 있는 기반이 될 수 있음을 드러내고 있다.

STEP 04 논문으로 만나는 출제자의 시선

나BS 수능특강 | **현대문학** ●

복효근 시인의 시적 지향

　복효근의 시적 세계를 지배하는 내용은 이른바 생의 문제에서 비롯된다. 복효근 시인은 자연과 사물에 내재한 삶의 원리를 꿰뚫어 보고 그것을 인간의 삶의 원리로 치환하려는 시적 상상력을 보여 준다. 그 상상력은 주로 '나무'로 상징되는 식물적 이미지로 나타나고 있는데, 그 이미지가 보여 주는 것은 우주적 이치을 거스르지 않는 삶의 원리이다. 그는 이러한 시적 상상력을 바탕으로 삶의 원리를 발견하고 자기 존재에 대한 긍정적인 존재 양식을 새롭게 인식한다. 또한 그는 식물적 이미지를 통해서 그 속에 내재한 삶의 원리를 발견하고 해석하는 데 전념하며, 그로 인해 깨닫게 되는 삶의 원리를 자신의 삶의 원리로 전환하는 시적 상상력을 발휘한 작품을 창작해 냈다.

05 나BS 실전 문제

다음 글을 읽고 물음에 답하시오. [교육청 기출 변형]

(가)
향단아 그넷줄을 밀어라
머언 바다로
배를 내어 밀듯이,
향단아

이 다소곳이 흔들리는 수양버들나무와
베갯모에 놓이듯 한 풀꽃더미로부터,
자잘한 나비 새끼 꾀꼬리들로부터
아주 내어 밀듯이, 향단아

산호도 섬도 없는 저 하늘로
나를 밀어 올려다오.
채색한 구름같이 나를 밀어 올려다오
이 울렁이는 가슴을 밀어 올려다오!

서으로 가는 달같이는
나는 아무래도 갈 수가 없다.

바람이 파도를 밀어 올리듯이
그렇게 나를 밀어 올려다오
향단아.

- 서정주, 「추천사」 -

(나)
[A]
┌ 푸른 수액을 빨며 매미 울음꽃 피우는 한낮이면
│ 꿈에 젖은 듯 반쯤은 졸고 있는 느티나무
│ 울퉁불퉁 뿌리, 나무의 발등
│ 혹은 발가락이 땅 위로 불거져 나왔다
│ 군데군데 굳은살에 옹이가 박혔다
└ 먼 길 걸어왔단 뜻이리라

[B]
┌ 화급히 바빠야 할 일은 없어서 나도
│ 그 위에 앉아 신발을 벗는다
│ 그렇게 너와 나와는
└ 참 멀리 왔구나 어디서 왔느냐

┌ 언제부터 여기에 있었느냐
└ 어디로 가는 길이냐 물으며 하늘을 보는데

[C]
┌ 무엇이 그리 무거웠을까 부러진 가지
│ 껍질 그 안 쪽으로
│ 속살이 썩어 몸통이 비어 가는데
│ 그 속에 뿌리를 묻고 풀 몇 포기가 꽃을 피워
└ 잠시 느티나무의 내생을 보여 준다

[D]
┌ 돌아보면
│ 삶은 커다란 상처 혹은 구멍인데
│ 그것은 또 그 무엇의 자궁일지 알겠는가
│ 그러니 섣불리
└ 치유를 꿈꾸거나 덮으려 하지 않아도 좋겠다

[E]
┌ 때 아닌 낮 모기 한 마리
│ 내 발등에 앉아 배에 피꽃을 피운다
│ 잡지 않는다
│ 남은 길이 조금은 덜 외로우리라
└ 다시 신발끈을 맨다

- 복효근, 「느티나무로부터」 -

01. (가)와 (나)의 공통점에 대한 설명으로 적절한 것은?

① 말을 건네는 방식을 활용하여 시적 의미를 드러내고 있다.
② 반어적 표현을 활용하여 시적 대상의 특성을 드러내고 있다.
③ 공감각적 표현을 활용하여 화자의 정서를 구체적으로 드러내고 있다.
④ 원경에서 근경으로 시선을 옮기며 대상의 다양한 측면을 드러내고 있다.
⑤ 상승과 하강의 이미지를 활용하여 미래에 대한 비관적 전망을 드러내고 있다.

02. 〈보기〉는 (가)에 대한 선생님의 설명이다. 이를 토대로 학생들이 발표한 내용으로 적절하지 않은 것은?

─────〈보기〉─────

  시를 낭송하는 것은 시를 특정한 호흡과 어조로 읽는 것이라고 볼 수 있습니다. 시행의 수나 길이 등은 시를 낭송할 때의 호흡에 영향을 줍니다. 각 연이나 시행마다 일정한 시간을 배분하여 낭송하기로 했다면, 그에 따라 낭송의 속도를 조절하는 것이 좋습니다. 또한 화자의 정서를 효과적으로 드러낼 수 있는 어조를 사용하여 낭송해야 합니다. 이러한 점을 고려하여 이 시를 어떻게 낭송할 수 있을지 의견을 말해 볼까요?

① 1연은 다른 연에 비해 행의 길이가 짧으므로 대체로 느리게 낭송하고, 특히 '머언 바다'를 지향하는 화자의 정서가 잘 드러나게 해야겠어요.

② 2연은 다른 연에 비해 행의 길이가 길기 때문에 대체로 빠르게 낭송하고, 특히 '아주 내어 밀듯이'는 지상을 떠나고 싶어하는 화자의 마음에 유의하는 게 좋겠어요.

③ 3연은 명령형 종결 어미가 반복되며 화자의 정서가 점차 고조되고 있으므로, 특히 마지막 행에서는 느낌표에 유의하여 격정적인 어조로 낭송하는 게 좋겠어요.

④ 4연은 다른 연에 비해 행의 수가 적어 음절 수가 적으므로 대체로 느리게 낭송하고, 특히 '나는 아무래도 갈 수가 없다.'는 좌절감이 드러나는 어조로 낭송하는 게 좋겠어요.

⑤ 5연은 행의 길이가 짧아지고 있으므로 점차 빨라지는 급박한 호흡으로 낭송하고, 특히 '향단아'를 읽을 때는 체념적 어조로 낭송하는 게 좋겠어요.

03. 〈보기〉를 참고하여 (나)의 [A]~[E]를 감상한 내용으로 적절하지 않은 것은?

─────〈보기〉─────

  (나)는 '나무'로 상징되는 식물적 이미지를 인간적 이미지로 치환하는 상상력을 보여 주고 있다. 이러한 상상력을 통해 자연과의 교감을 시도하고, 자연물에 내재된 원리를 발견함으로써 인간과 자연을 포괄하는 삶의 의미를 도출하고 있다. 이를 통해 화자는 자기를 긍정하고 타자를 포용하는 삶을 이어 나갈 기반이 마련되었음을 보여 주고 있다.

① [A] : 옹이가 박힌 느티나무 뿌리를 먼 길을 걸어온 발로 치환하는 상상력이 나타나고 있군.

② [B] : 화자는 느티나무에게서 동질감을 느끼며 느티나무와의 교감을 시도하고 있군.

③ [C] : 속살이 썩어 비어 가는 느티나무 몸통에 꽃을 피우는 풀의 모습에서는 자연물에 내재된 원리가 드러나고 있군.

④ [D] : 화자는 상처에 대한 인식의 전환을 통해 삶의 의미를 도출하고 있군.

⑤ [E] : 화자는 조금은 덜 외로우리라는 자기 긍정을 토대로 자연에 대한 경외감을 표출하고 있군.

25 백석, 남신의주 유동 박시봉방

STEP 01 OX 문제를 통한 지문 이해 훈련

나BS 수능특강 | 현대문학

어느 사이에 나는 아내도 없고, 또, / 아내와 같이 살던 집도 없어지고,
그리고 살뜰한 부모며 동생들과도 멀리 떨어져서,
그 어느 **바람 세인 쓸쓸한 거리 끝**에 **헤매**이었다.
바로 날도 저물어서, / 바람은 더욱 세게 불고, 추위는 점점 더해 오는데,
나는 어느 목수(木手)네 집 헌 삿을 깐,
한 방에 들어서 쥔을 붙이었다*.
이리하여 나는 이 습내 나는 춥고, 누긋한 방에서,
낮이나 밤이나 나는 나 혼자도 너무 많은 것같이 생각하며,
딜옹배기에 북덕불이라도 담겨 오면,
이것을 안고 손을 쬐며 재 우에 뜻 없이 글자를 쓰기도 하며,
또 문밖에 나가디두 않고 자리에 누워서,
머리에 손깍지 벼개를 하고 굴기도 하면서,
나는 내 슬픔이며 어리석음이며를 소처럼 연하여 쌔김질하는 것이었다.
내 가슴이 꽉 메어 올 적이며,
내 눈에 뜨거운 것이 핑 괴일 적이며,
또 내 스스로 화끈 낯이 붉도록 부끄러울 적이며,
나는 내 슬픔과 어리석음에 눌리어 죽을 수밖에 없는 것을 느끼는 것이었다.
그러나 잠시 뒤에 나는 고개를 들어,
허연 문창을 바라보든가 또 눈을 떠서 높은 턴정을 쳐다보는 것인데,
이때 나는 내 **뜻**이며 **힘**으로, 나를 이끌어 가는 것이 힘든 일인 것을 생각하고,
이것들보다 더 크고, **높은 것**이 있어서, 나를 마음대로 굴려 가는 것을 생각하는 것인데,
이렇게 하여 여러 날이 지나는 동안에,
내 어지러운 마음에는 슬픔이며, 한탄이며, 가라앉을 것은 차츰 앙금이 되어 가라앉고,
외로운 생각만이 드는 때쯤 해서는,
더러 나줏손에 쌀랑쌀랑 싸락눈이 와서 문창을 치기도 하는 때도 있는데,
나는 이런 저녁에는 화로를 더욱 다가 끼며, 무릎을 꿇어 보며,
어니 먼 산 뒷옆에 바우 섶에 따로 외로이 서서
어두워 오는데 하이야니 눈을 맞을, 그 마른 잎새에는
쌀랑쌀랑 소리도 나며 눈을 맞을, / 그 드물다는 굳고 정한 갈매나무라는 나무를 생각하는 것이었다.

*쥔을 붙이었다 : 주인집에 세 들었다.

OX문제

01	'한 방'은 '나'가 '바람 세인 쓸쓸한 거리 끝'에 '헤매'인 후 찾은 공간이다.	(O / X)
02	특정한 장소에 대한 직접적인 경험을 바탕으로 인간의 교만한 태도에 대한 비판을 이끌어 내고 있다. [2019학년도 6월]	(O / X)
03	'나'는 자신의 '뜻'과 '힘'만으로 '더 크고, 높은 것'을 마음대로 바꿀 수 있을 것이라 생각하였다.	(O / X)
04	음성 상징어의 사용으로 생동감을 부각하고 있다. [2020학년도 9월]	(O / X)
05	화자의 인식을 자연물에 투영하여 시적 정서를 환기하고 있다. [2019학년도 6월]	(O / X)

지문 분석

어느 사이에 『나는 아내도 없고, 또,

『 』: 화자의 처지 → 가족의 해체와 고향 상실

아내와 같이 살던 집도 없어지고,

사랑하는 마음이 지극한
그리고 살뜰한 부모며 동생들과도 멀리 떨어져서,』
고향의 가족들과도 떨어져 있음.

그 어느 바람 세인 쓸쓸한 거리 끝에 헤매이었다.
센(시적 허용)

바로 날도 저물어서,

바람은 더욱 세게 불고, 추위는 점점 더해 오는데,   ■ : 시련과 고난
화자가 처한 암울한 현실 상황을 제시함.

나는 어느 목수(木手)네 집 헌 샅을 깐,
박시봉   샅자리 = 갈대를 엮어서 만든 자리

한 방에 들어서 쥔을 붙이었다.
방 한 칸   주인집에 세 들었다.
                                메마르지 않고 좀 눅눅한   1~8행 : 객지에서 떠돌다가 어느 목수네 집에 방을 얻게 됨.
이리하여 나는 이 습내 나는 춥고, 누긋한 방에서,
세를 얻은 방의 열악한 환경

낮이나 밤이나 나는 나 혼자도 너무 많은 것같이 생각하며,
제 몸 하나 감당하기 힘든 화자의 처지

짚이나 풀 따위가 어지럽게 얼크러진 뭉텅이에 피운 불
딜옹배기에 북덕불이라도 담겨 오면,
질옹배기(둥글넓적한 질그릇)

「이것을 안고 손을 쬐며 재 우에 뜻 없이 글자를 쓰기도 하며,

또 문밖에 나가디두 않고 자리에 누워서,   「 」: 무기력한 화자의 태도

머리에 손깍지 벼개를 하고 굴기도 하면서,」
베개   뒹굴기도

계속하여
나는 내 슬픔이며 어리석음이며를 소처럼 연하여 쌔김질하는 것이었다.
한번 삼킨 먹이를 다시 게워 내어 씹음.

9~15행 : 지난 삶에 대한 성찰

내 가슴이 꽉 메어 올 적이며,

내 눈에 뜨거운 것이 핑 괴일 적이며,
눈물

과외식 해설

남신의주 유동 박시봉방 → '남신의주 유동'은 주소, '박시봉'은 집주인의 이름을 뜻한다. 그리고 '방'은 예전에 편지를 쓸 때 집주인의 이름 아래 붙여 그 집에 거처하고 있음을 나타내던 것이다. 제목을 통해 해당 작품이 편지의 형식을 취하고 있음을 알 수 있으며, 화자가 '박시봉'의 집에 세 들어 살고 있음을 알 수 있다. 이를 통해 화자의 처지(타향에서의 힘겨운 셋방살이)를 제목에 압축적으로 제시하고 있음을 알 수 있다.

어느 사이에 나는 아내도 없고,~쓸쓸한 거리 끝에 헤매이었다. → 고향을 상실하고 가족과 떨어진 채 타지를 유랑하고 있는 화자의 처지가 드러나 있다. '아내'와 '아내와 같이 살던 집'이 없어졌다는 것에서 가족의 해체를, '부모'와 '동생들'과도 멀리 떨어져 있다는 것에서 고향의 상실을 확인할 수 있다. 이를 통해 화자의 상황이 부정적(-)임을 알 수 있다.

나는 어느 목수(木手)네 집 헌 샅을 깐, / 한 방에 들어서 쥔을 붙이었다. → '쓸쓸한 거리 끝에 헤매이던' 화자가 '바람'과 '추위'를 피해 박시봉이라는 '목수'의 집 방 한 칸에 세 들어 살게 되었음을 알 수 있다. 가족과 헤어져 떠돌이 생활을 하고 있는 화자의 외롭고 고단한 처지를 확인할 수 있다.

이리하여 나는 이 습내 나는~쌔김질하는 것이었다. → 열악한 방 안에서 자신의 지난 삶을 돌아보며 생각에 잠긴 화자의 모습이 드러난다. 화자는 무능하고 나약한 삶에서 오는 '슬픔'과 '어리석음'을 소가 되새김질하는 것처럼 반복적으로 성찰하고 있다.

내 가슴 꽉 메어 올 적이며,~죽을 수밖에 없는 것을 느끼는 것이었다. → 자신의 삶을 성찰하며 슬픔과 부끄러움을 느끼던 화자는 절망감에 빠져 죽음까지 생각하는 모습을 보이고 있다.

또 내 스스로 화끈 낯이 붉도록 부끄러울 적이며,

나는 내 슬픔과 어리석음에 눌리어 죽을 수밖에 없는 것을 느끼는 것이었다.
                                            자신의 삶에 대해 절망감을 느낌.
        □ : 시상의 전환   16~19행 : 절망감으로 인해 죽음까지 생각함.
그러나 잠시 뒤에 나는 고개를 들어,
          시선의 변화 → 심리 및 태도의 변화를 암시함.

허연 문창을 바라보든가 또 눈을 떠서 높은 턴정을 쳐다보는 것인데,
                                      천장

이때 나는 내 뜻이며 힘으로, 나를 이끌어 가는 것이 힘든 일인 것을 생각하고,

이것들보다 더 크고, 높은 것이 있어서, 나를 마음대로 굴려 가는 것을 생각하는 것인데,
     내 뜻과 힘   혼자서의 힘으로 바꿀 수 없는 초월적 운명
                                        20~23행 : 자신의 삶에 대한 운명론적 인식
이렇게 하여 여러 날이 지나는 동안에,
            시간의 변화

『내 어지러운 마음에는 슬픔이며, 한탄이며, 가라앉을 것은 차츰 앙금이 되어 가라앉고,』
   『 』 : 슬픔과 절망감에 빠졌던 화자의 마음이 운명에 대한 수용을 통해 진정됨.

외로운 생각만이 드는 때쯤 해서는,

         저녁 무렵
더러 나줏손에 쌀랑쌀랑 싸락눈이 와서 문창을 치기도 하는 때도 있는데,
          음성 상징어(의태어)

나는 이런 저녁에는 화로를 더욱 다가 끼며, 무릎을 꿇어 보며,
                              지난 삶에 대한 반성

어니 먼 산 뒷옆에 바우 섶에 따로 외로이 서서
  어느   바위 옆

어두워 오는데 하이야니 눈을 맞을, 그 마른 잎새에는

쌀랑쌀랑 소리도 나며 눈을 맞을,
음성 상징어(의태어)

          맑고 깨끗한
그 드물다는 굳고 정한 갈매나무라는 나무를 생각하는 것이었다.
      ▨ : 시련과 고난을 이겨 내는 의지적 삶을 상징하는 객관적 상관물
                                        24~32행 : 새로운 삶에 대한 의지

그러나 잠시 뒤에 나는 고개를 들어, → 시상이 전환되는 부분이다. '그러나'라는 부사어와 화자가 고개를 드는 모습을 통해 화자의 심리 및 태도가 변화할 것임을 예측할 수 있다.

나는 고개를 들어,~나를 마음대로 굴려 가는 것을 생각하는 것인데, → '고개를 들어' '문창'과 '높은 턴정'으로 시선을 이동한 화자는 자신의 뜻과 힘, 즉 개인의 의지로 현실적 한계를 이겨내는 것이 힘든 일임을 인식하고 있다. 또한 자신의 의지로 바꿀 수 없는 초월적 운명에 의해 삶이 이끌려 왔음을 깨닫고 있다.

이렇게 하여 여러 날이 지나는 동안에,~한탄이며, 가라앉을 것은 차츰 앙금이 되어 가라앉고, → 운명에 대한 깨달음을 얻은 뒤 시간이 흐르며 화자의 내면이 안정되었음을 알 수 있는 부분이다. 화자는 자신의 힘으로 바꿀 수 없는 운명에 대해 수용함으로써 슬픔과 절망의 감정을 가라앉힐 수 있게 된 것이다.

어니 먼 산 뒷옆에~그 드물다는 굳고 정한 갈매나무라는 나무를 생각하는 것이었다. → '눈'을 맞으면서도 곧고 바른 모습을 보이는 '갈매나무'는 절망적인 현실을 의연하게 견디는 의지적인 삶을 상징한다. 화자는 이러한 '갈매나무'에 자신이 지향하는 삶의 태도를 투영하고 있으며, 현실에 대한 극복 의지와 희망을 가질 것을 다짐하고 있다. 즉, 화자는 무기력하고 절망적인 삶에 대한 성찰을 바탕으로 자신이 지향해야 할 삶에 대한 의지를 '갈매나무'의 모습으로 드러내고 있다.

STEP
03 작품 해제

01 | 주제

지난 삶에 대한 성찰과 새로운 삶에 대한 의지

02 | 특징

① 암담한 현실 속에서 삶에 대한 성찰을 드러낸 화자 중심의 시
② 산문적 서술을 통해 시상을 전개함.
③ 잦은 쉼표의 사용을 통해 운율을 형성함.

03 | 작품 해제

　이 시는 화자가 가족과 헤어지고 객지에서 홀로 생활하면서 조용히 자신의 삶을 성찰하는 작품으로, 한국이 낳은 가장 아름다운 서정시의 하나로 손꼽히기도 한다. 다소 특이한 느낌을 주는 이 시의 제목에서 '남신의주'와 '유동'은 지명이며, '박시봉'은 화자가 세를 든 집의 주인 이름에 해당한다. 결국 이 시는 남신의주 유동에 있는 박시봉이라는 사람의 집에 세 들어 사는 화자가 자신의 근황과 심경을 적어 내려가는 편지 형식이라 할 수 있다. 작품의 내용을 고려해 볼 때, 박시봉이라는 사람은 목수 일을 하는 사람이며, 화자는 그곳에서 가족과 떨어져 자신이 지나온 삶을 되새기고 있음을 알 수 있다.

　화자는 슬픔과 어리석음으로 이어진 자신의 지난 삶을 되새김질하는 소처럼 회상하면서, 끝없는 비애에 빠져들고 있다. 그런데 화자는 자신이 그렇게 살아온 것이 인간의 의지를 넘어선 초월적 운명에 의해 결정된 것이라고 생각한다. 그렇기에 화자는 자신의 슬프고 부끄러운 삶을 자신의 운명으로 받아들이면서 체념하게 된다. 그러나 그는 그런 가운데서도 어둡고 슬픈 현실 속에서, 눈을 맞고 서 있는 '굳고 정한 갈매나무'처럼 굳세고 깨끗하게 살아갈 것을 다짐하고 있다. 이러한 점에서 이 시는 현실에 맞서는 치열한 의식을 보여 주고 있지는 못하지만, 현실의 아픔을 수용하고 그것을 마음속 깊이 새기면서 현실의 고통을 극복하겠다는 굳건한 삶의 자세를 제시하고 있다고 볼 수 있다.

「남신의주 유동 박시봉방」의 작품론

이 작품은 유랑을 하던 백석 시인이 남신의주 유동에 있는 박시봉이라는 사람의 집에 머무르며 자아 성찰을 하는 과정을 보여 주는 작품이다. 이 시에서 시인은 독백조의 이야기를 통해 '갈매나무'와 동화되어 가는 모습을 잘 보여 주고 있다. 시에서 서정적 자아는 자아와 세계의 대립과 갈등을 겪고 있으나, 곧 내면의 깨달음을 통해 자아와 세계의 합일을 이루고자 하는데, 그 가운데 그것을 가능하게 하는 중요한 계기는 바로 자아 성찰이다. 특히, 이 시에 드러나는 성찰은 일시적인 것이 아니라 백석의 삶 전체의 가치관을 드러내는 것이기에 중요하다.

이 시는 내용상 크게 세 부분으로 나누어 볼 수 있는데, 처음 부분(1행~8행)은 화자가 이 집에 머물게 된 과정과 현실로부터의 단절을 의미하는 '방'에 대해 이야기하고, 두 번째 부분(9행~19행)은 화자가 부끄러웠던 과거에 대한 자아 성찰을 하면서 절망에 휩싸여 죽음마저 생각하는 극단적인 결심의 과정을 다소 격앙된 어조로 서술하고 있다. 한편, 마지막 부분(20~32행)에서는 이러한 심리적 불균형을 운명론적 세계관으로 극복하여 자기 동일성을 회복하는 화자의 모습이 드러난다. 그 작은 방에 '나 혼자도 너무 많은 것' 같은 자기 부정을 못 견디고 '슬픔과 어리석음에 눌리어' 결국 죽음을 생각했을 때, 화자가 바라본 대상은 '허연 문창'과 '높은 턴정'이었다. 이것은 나의 의지보다 '더 크고, 높은 것이 있어서, 나를 마음대로 굴려 가는 것', 즉 운명을 의미하는데 여기서 운명을 받아들여 삶을 살아가겠다는 방향으로 생각의 전환이 이루어지게 된다. 이 시는 무력하고 운명론적인 세계관을 보여 현실을 당당하게 맞서지 못했다는 점에서 낭만적이고 운명론에 함몰되었다는 비판을 받기도 했으나, 체념이나 순응이라고만 할 수는 없으며 오히려 긍정적인 현실 극복의 의지를 보여 주는 작품이라 할 수 있다. 무기력한 자신의 삶을 되돌아보고 반성을 거친 다음, 외로이 서서 눈을 맞으면서 꿋꿋이 견디는 '그 드물다는 굳고 정한 갈매나무'와 자신을 동일시함으로써 지금의 현실을 극복하고 자신이 이루어야 할 삶의 지향을 인식하는 치열한 내면 성찰의 과정을 잘 보여 주기 때문이다. 여기에서 백석이 비관적인 운명론을 극복하려는 의지를 보여 주고 있다고 볼 수 있다. 이와 같은 화자의 자아 성찰 과정은 화자의 시선 처리에서도 드러난다. '눕다', '굴다(뒹굴다)'에서 '고개를 들다', '눈을 뜨다', '서다'로의 수직적 시선 이동은 서정적 자아의 보다 높은 의지를 보여 주는 것이다. 이렇게 시선을 내면에 두고서 치열한 자기 반성적 사고를 함으로써 화자는 갈등을 극복해 내고 현실에서의 회복 의지를 보여 주고 있는 것이라 할 수 있다.

「남신의주 유동 박시봉방」 제목의 의미

제목에서 '남신의주'와 '유동'은 지명이다. '박시봉'은 이 시의 초반부 '어느 목수네 집 헌 삿을 깐, / 한 방에 들어서 쥔을 붙이었다.'라는 구절로 보아 화자가 세 들어 사는 집의 목수 일을 하는 주인의 이름이다. '방'은 각이 진 '귀퉁이', '곁'의 의미로, 편지에서 세대주나 집주인의 이름 아래 붙이어 그 집에 거처하고 있음을 나타내는 말로 쓰인다. 한 집의 방 하나에 세를 들어 사는 세대가 많았던 과거, 편지 봉투에 자신의 거처의 주소지를 쓸 때 집주인의 이름 아래 '방'자를 붙여 쓰는 것은 일상에서 흔했던 일이었다. 따라서 이 시의 제목은 화자가 거처하고 있는 공간의 집주소인 것이다. 시의 제목 다음에는 시인의 이름이 나오기 마련이다. 이러한 점에서 이 시의 제목은 편지 봉투의 발신인 주소에 해당하고, 시인의 이름인 백석이 발신인에, 시의 내용은 편지의 내용에 해당하여, 객지에 홀로 떨어진 자신의 처지와 지난 삶을 되돌아보며 앞으로의 삶의 자세에 대해 다짐하는 내용이 자신에게 띄우는 편지 형식을 띠고 있는 것으로 볼 수 있다.

시에 나타난 문체적 특성

이 시는 전통적 율격에서 벗어나 산문적 서술로 이어져 자연스럽게 읽히는 줄이 많지 않다. 「남신의주 유동 박시봉방」이라는 제목을 통해 짐작되는 자기 성찰의 내용과 편지투의 형식은 읽는 이로 하여금 친근감을 느낄 수 있게 하는 긍정적인 힘이 되기도 하지만, 자칫하면 독자로 하여금 시의 내용을 너무 빠르고 쉽게 읽어버리게 만듦으로써 시가 갖는 세부적인 느낌과 울림을 충분히 음미하지 못하게 만드는 부정적인 영향을 끼칠 수도 있다. 이 같은 문제를 해결하고자 시인이 선택한 것은 무려 34회에 이르는 쉼표의 사용이다. '내 어지러운 마음에는 슬픔이며, 한탄이며, 가라앉을 것은 차츰 앙금이 되어 가라앉고,'에서와 같이 '쉼표'를 자주 찍어 읽는 이의 속도에 제동을 건다. 독자가 시의 세부가 자아내는 느낌에 관심을 가지지 않고 일반적인 산문을 읽듯이 빨리 읽어 넘기지 않도록, 시인은 행의 끝뿐만 아니라 행의 중간에도 읽는 이의 시선과 호흡을 멈출 필요가 있는 곳에 꼼꼼하게 쉼표를 찍어 놓은 것이다.

Memo

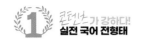

다음 글을 읽고 물음에 답하시오. [교육청 기출 변형]

(가)

어느 사이에 나는 아내도 없고, 또,

아내와 같이 살던 집도 없어지고,

그리고 살뜰한 부모며 동생들과도 멀리 떨어져서,

그 어느 바람 세인 쓸쓸한 거리 끝에 헤매이었다.

바로 날도 저물어서,

바람은 더욱 세게 불고, 추위는 점점 더해 오는데,

나는 어느 목수네 집 헌 샅을 깐,

한 방에 들어서 쥔을 붙이었다*.

이리하여 나는 이 습내 나는 춥고, 누긋한 방에서,

낮이나 밤이나 나는 나 혼자도 너무 많은 것같이 생각하며,

딜옹배기*에 북덕불*이라도 담겨 오면,

이것을 안고 손을 쬐며 재 우에 뜻 없이 글자를 쓰기도 하며,

또 문밖에 나가지도 않고 자리에 누워서,

머리에 손깍지 베개를 하고 굴기도 하면서,

나는 내 슬픔이며 어리석음이며를 소처럼 연하여 쌔김질하는 것이었다.

내 가슴이 **꽉** 메어 올 적이며,

내 눈에 뜨거운 것이 **핑** 괴일 적이며,

또 내 스스로 화끈 낯이 붉도록 부끄러울 적이며,

나는 내 슬픔과 어리석음에 눌리어 죽을 수밖에 없는 것을 느끼는 것이었다.

그러나 잠시 뒤에 나는 고개를 들어,

허연 문창을 바라보든가 또 눈을 떠서 높은 천정을 쳐다보는 것인데,

이때 나는 내 뜻이며 힘으로, 나를 이끌어 가는 것이 힘든 일인 것을 생각하고,

이것들보다 더 크고, 높은 것이 있어서, 나를 마음대로 굴려 가는 것을 생각하는 것인데, / 이렇게 하여 여러 날이 지나는 동안에,

내 어지러운 마음에는 슬픔이며, 한탄이며, 가라앉을 것은 차츰 **앙금**이 되어 **가라앉고**, / 외로운 생각만이 드는 때쯤 해서는,

더러 나줏손*에 **쌀랑쌀랑** 싸락눈이 와서 문창을 치기도 하는 때도 있는데, / 나는 이런 저녁에는 화로를 더욱 다가 끼며, 무릎을 꿇어 보며,

어니 먼 산 뒷옆에 바위 섶*에 따로 외로이 서서,

어두워 오는데 하이야니 눈을 맞을, 그 마른 잎새에는,

쌀랑쌀랑 소리도 나며 눈을 맞을,

그 드물다는 굳고 정한 갈매나무라는 나무를 생각하는 것이었다.

         - 백석, 「남신의주 유동 박시봉방」 -

*쥔을 붙이었다 : 세를 얻어 생활하였다.

*딜옹배기 : 아가리가 넓게 벌어진 둥글넓적한 질그릇.

*북덕불 : 짚이나 풀 따위의 엉클어진 뭉텅이에 피운 불.

*나줏손 : '저녁때'의 방언.

*섶 : '옆'의 방언.

(나)

혁명은 안 되고 나는 방만 바꾸어 버렸다

그 방의 벽에는 **싸우라** 싸우라 싸우라는 말이

헛소리처럼 아직도 어둠을 지키고 있을 것이다

나는 모든 노래를 그 방에 함께 남기고 왔을 게다

그렇듯 이제 나의 가슴은 이유 없이 메말랐다

그 방의 벽은 나의 가슴이고 나의 사지일까

일하라 일하라 일하라는 말이

헛소리처럼 아직도 나의 가슴을 울리고 있지만

나는 그 노래도 그 전의 노래도 함께 다 잊어버리고 말았다

혁명은 안 되고 나는 방만 바꾸어 버렸다

나는 인제 녹슬은 펜과 뼈와 광기―

실망의 가벼움을 재산으로 삼을 줄 안다

이 가벼움 혹시나 역사일지도 모르는

이 가벼움을 나는 나의 재산으로 삼았다

혁명은 안 되고 나는 방만 바꾸었지만

나의 입속에는 **달콤한** 의지의 잔재 대신에

다시 **쓰디쓴** 담뱃진 냄새만 되살아났지만

방을 잃고 낙서를 잃고 기대를 잃고

노래를 잃고 가벼움마저 잃어도

이제 나는 무엇인지 모르게 기쁘고

나의 가슴은 이유 없이 풍성하다

         - 김수영, 「그 방을 생각하며」 -

01. (가)와 (나)의 공통점에 대한 설명으로 가장 적절한 것은?

① 유사한 문장 형태를 반복하여 시적 의미를 강조하고 있다.
② 추측을 나타내는 표현을 활용하여 대상의 양면성을 부각하고 있다.
③ 현실에 대한 부정적 인식을 바탕으로 앞날에 대한 회의를 드러내고 있다.
④ 계절감이 드러난 시어를 활용하여 화자가 처한 상황을 강조하고 있다.
⑤ 표면에 드러난 청자에게 말을 건네는 방식으로 화자의 정서를 드러내고 있다.

03. 〈보기〉를 참고하여 (가), (나)를 이해한 내용으로 적절하지 않은 것은?

───〈보기〉───

시적 공간의 하나인 '방'은 화자가 처한 상황과 화자의 내면 의식을 드러내는 경우가 많다. (가)에서 방은 화자가 자기 자신에 대한 생각을 되새기는 공간이면서 내적 의지를 떠올려 앞으로 살아가야 할 삶의 자세를 생각하는 공간이다. 한편 (나)에서 방은 화자의 의식을 상징하는 공간으로, 방을 바꾸는 화자의 행위 속에는 혁명의 실패에 따른 좌절감과 그 무게감에서 벗어나려고 하는 화자의 의식이 투영되어 있다.

① (가)는 '쥔을 붙인' 방을 '습내 나는 춥고, 누긋한 방'으로 묘사함으로써 화자가 처한 현실 상황의 초라함을 드러내는군.
② (가)는 '문밖에 나가지도' 않고 '내 슬픔이며 어리석음이며'를 '쌔김질'하는 화자의 모습을 제시함으로써 방이 자기 자신에 대한 생각을 되새기는 공간임을 드러내는군.
③ (나)는 '모든 노래를 그 방에 함께 남기고 왔을 게다'라고 함으로써 혁명이 좌절된 화자의 상황을 드러내는군.
④ (가)는 화자 자신을 '문창' 너머의 '더 크고, 높은 것'과 동일시하고, (나)는 '벽'을 '나의 가슴', '나의 사지'와 동일시함으로써 방이 화자의 내면 의식에 미친 영향을 드러내는군.
⑤ (가)는 화자가 방에서 '굳고 정한 갈매나무'를 생각했다고 함으로써, (나)는 화자가 방을 바꾼 후 '실망의 가벼움을 재산으로 삼을 줄 안다'라고 함으로써 화자가 지니게 된 삶의 태도를 드러내는군.

02. (가), (나)에 대한 설명으로 적절하지 않은 것은?

① (가)에서 '꽉'과 '핑'은 화자가 자신에 대해 느끼는 심정을 부각한다.
② (가)에서 '앙금'이 되어 '가라앉'는 것으로 제시한 것은 화자의 내적 갈등이 심화되는 양상을 드러낸다.
③ (가)에서 '쌀랑쌀랑'을 반복적으로 사용한 것은 화자의 감각 체험이 연상 작용으로 이어지고 있음을 드러낸다.
④ (나)에서 '싸우라'와 '일하라'를 각각 '헛소리'와 연결한 것은 혁명의 외침을 공허하게 느끼게 된 화자의 인식을 드러낸다.
⑤ (나)에서 '쓰디쓴'을 '달콤한'과 대비한 것은 자신이 지향해 온 것과 괴리된 현실에 대한 화자의 정서를 부각한다.

26 | 최승호, 내 영혼의 북가시나무

수능 국어 대비
실전 국어 전형태

STEP
01 OX 문제를 통한 지문 이해 훈련

나BS 수능특강 | 현대문학 ●

하늘에서 새 한 마리 깃들이지 않는
내 영혼의 북가시나무를
무슨 무슨 주의(主義)의 엿장수들이 가위질한 지도 오래되었다
이제 내 영혼의 북가시나무엔
가지도 없고 잎도 없다
있는 것은 흠집투성이 몸통뿐,

허공은 나의 나라, 거기서는 더 해 입을 것도 의무도 없으니
죽었다 생각하고 사라진 신목(神木)의 향기 맡으며 밤을 보내고

깨어나면 다시 국도변(國道邊)에 서 있는 내 영혼의 북가시나무,
귀 있는 바람은 들었으리라
원치 않는 깃발과 플래카드들이
내 앙상한 몸통에 매달려 나부끼는 소리,
그 뒤에 내 영혼이 소리 죽여 울고 있는 소리를.

봄기운에
대장간의 낫이 시퍼런 생기를 띠고
톱니들이 갈수록 뾰족하게 빛이 나니
살벌한 몸통으로 서서 반역하는 내 영혼의 북가시나무여
잎사귀 달린 시(詩)를, 과일을 나눠 주는 시를
언젠가 나는 쓸 수도 있으리라 초록과 금빛의 향기를 뿌리는 시를
하늘에서 새 한 마리 깃들여
지저귀지 않아도

OX문제

01	다양한 감각적 심상을 사용하여 화자의 현재 상황을 나타내고 있다. [2014학년도 9월AB]	(O / X)
02	'국도변'과 달리 '허공'은 '원치 않는 깃발과 플래카드'가 없는 자유로운 곳으로, 화자가 지향하는 공간이다.	(O / X)
03	화자는 부정적 현실에 대해 거리를 두어 관조하는 태도를 취하고 있다. [2016학년도 6월AB]	(O / X)
04	'봄기운'에 '생기'를 얻은 화자는 세 개의 '시'를 완성하였다.	(O / X)
05	도치된 문장으로 마무리하여 상황의 긴박성을 강조하고 있다. [2015학년도 6월A]	(O / X)

과외식 해설

하늘에서 새 한 마리 깃들이지 않는

참나뭇과의 상록 활엽 교목으로, 목재의 빛깔이 붉음.

■ : 화자가 지향하는 것 (긍정적)
↕
■ : 화자의 내면을 고통스럽게 하는 것 (부정적)

내 영혼의 북가시나무를
□ : '내 영혼' 은유 → 화자의 내면을 의미함.

체계화된 이론이나 학설
무슨 무슨 주의(主義)의 엿장수들이 가위질한 지도 오래되었다
이념을 강요하는 폭력적인 세력

이제 내 영혼의 북가시나무엔 / 가지도 없고 잎도 없다

있는 것은 흠집투성이 몸통뿐.
상처로 가득한 화자의 영혼

1연 : 이념이 강요되는 현실에서 상처 입은 '나'의 영혼

허공은 나의 나라, 거기서는 더 해 입을 것도 의무도 없으니
하늘 / 상처 입은 화자가 잠시나마 자신을 위로하는 공간

죽었다 생각하고 사라진 신목(神木)의 향기 맡으며 밤을 보내고
신령스러운 나무

2연 : 신목의 향기를 맡으며 얻는 위로

깨어나면 다시 국도변(國道邊)에 서 있는 내 영혼의 북가시나무,

「귀 있는 바람은 들었으리라

원치 않는 깃발과 플래카드들이

내 앙상한 몸통에 매달려 나부끼는 소리,

그 뒤에 내 영혼이 소리 죽여 울고 있는 소리를.」
고통 받는 화자의 영혼, 상처 입은 내면

「 」 : 도치법 → 현실의 횡포를 강조함.

3연 : 현실의 횡포에 시달리고 고통 받는 '나'의 영혼

봄기운에 / 대장간의 낫이 시퍼런 생기를 띠고

톱니들이 갈수록 뾰족하게 빛이 나니

내 영혼의 북가시나무를~가위질한 지도 오래되었다
→ '북가시나무'는 '내 영혼'을 빗댄 표현으로, 이는 화자의 내면을 의미한다. 한편 '북가시나무'에게 '가위질'을 하는 '무슨 무슨 주의의 엿장수들'은 이념을 강요하는 폭력적 존재들이다. 화자는 이들에 의해 오랜 세월 자신의 영혼이 상처를 입었음을 드러내며, '엿장수들'에 대한 부정적 인식을 보이고 있다.

이제 내 영혼의 북가시나무엔~있는 것은 흠집투성이 몸통뿐. → '가지도 없고 잎도 없는 '흠집투성이 몸통'은 '엿장수들'의 '가위질'로 인해 황폐해진 화자의 영혼을 의미한다. 즉, 화자의 영혼이 폭력적 현실 속에서 상처를 입은 것이다.

허공은 나의 나라,~밤을 보내고 → 부정적인 현실 속에서 상처 입은 화자가 자신에게 해를 끼칠 존재가 없고, 의무도 없는 '허공'을 생각하고 있다. 그리고 그곳에서 신령스러운 나무의 '향기'를 맡으며 '밤을 보내'는 상상을 하고 있는데, 이는 이념의 강요가 없는 순수한 세계에서 상처 입은 자신의 내면을 잠시나마 위로하고자 한 것으로 볼 수 있다.

깨어나면 다시 국도변(國道邊)에 서 있는 내 영혼의 북가시나무, → '국도변'은 이념이 지배하는 공간으로, '허공'과 대립되는 공간이다. 작품이 쓰인 시대적 배경을 고려하면, 독재 정권 하의 현실을 상징한다고 볼 수 있다. 밤이 지나 깨어나면 '다시' 이념을 강요하는 현실과 마주할 수밖에 없는 화자의 부정적 상황이 드러난다.

귀 있는 바람은 들었으리라~울고 있는 소리를. → '깃발과 플래카드들'은 화자가 '원치 않는' 대상으로, 화자에게 강요되는 온갖 정치적 이념을 의미한다. 화자는 외부 세계의 횡포로 인해 고통 받는 자신의 모습을 '소리'라는 청각적 이미지를 통해 감각적으로 형상화하고 있다. 또한 도치를 통해 부정적 현실과 상처 입은 자신의 내면을 강조하여 드러내고 있다.

봄기운에~톱니들이 갈수록 뾰족하게 빛이 나니 → 화자의 영혼을 '북가시나무'에 비유하였으니, 이를 자를 수 있는 대장간의 '낫'과 '톱니'는 화자에게 있어 부정적인 존재에 해당한다.

살벌한 몸통으로 서서 반역하는 내 영혼의 북가시나무여
화자의 태도 변화(눈물 → 저항)

「잎사귀 달린 시(詩)를, 과일을 나눠 주는 시를

언젠가 나는 쓸 수도 있으리라 초록과 금빛의 향기를 뿌리는 시를
공감각적 심상(시각의 후각화)

하늘에서 새 한 마리 깃들여

지저귀지 않아도」   「 」: 도치법 → 아름다운 시를 짓고자 하는 소망, 순수성을 지키려는 화자의 의지를 강조함.

4연 : 현실에 대한 저항 / 순수성을 지키려는 의지

살벌한 몸통으로 서서 반역하는 내 영혼의 북가시나무여 → 화자의 태도가 바뀌고 있는 부분이다. 화자는 울며 상처받는 것에 그치지 않고 '반역'을 하고 있다. 영탄적 표현을 사용하여 억압적이고 폭력적인 상황에 맞서 자신의 영혼을 지키고자 하는 화자의 의지적 태도가 드러난다.

잎사귀 달린 시(詩)를,~초록과 금빛의 향기를 뿌리는 시를 → 화자는 자신이 쓰고 싶은 순수한 시를 북가시나무의 '잎사귀 달린' 모습, '과일을 나눠 주는' 모습에 빗대어 표현하고 있다. 또한 영혼의 순수성을 지켜내어 '초록과 금빛의 향기를 뿌리는' 아름다운 시를 쓰고자 하는 마음을 표현하고 있다. 이들을 열거하여 미래에 대한 화자의 소망과 기대감을 드러내고 있다.

하늘에서 새 한 마리 깃들여 / 지저귀지 않아도 → 화자는 부정적인 현실이 변하지 않아도 순수하고 아름다운 시를 쓸 것을 다짐하며, 긍정적인 미래를 지향하고 있는 모습을 보이면서 시상을 마무리하고 있다.

STEP 03 작품 해제

01 | 주제

부정적인 현실 속에서도 순수함을 지키고자 하는 의지

02 | 특징

① 이념이 강요되는 현실에 맞서 영혼의 순수성을 지켜 내고자 하는 화자 중심의 시
② 대조와 상징을 사용하여 주제 의식을 형상화함.
③ 도치법을 사용하여 시적 여운을 남기고, 화자가 지향하는 바를 강조함.

03 | 작품 해제

이 시는 온갖 이념이 넘쳐 나고 사상이 강요되는 폭력적 현실에 대항하며 참된 자유와 사랑이 담긴 시를 쓰고자 하는 화자의 순수한 의지를 노래한 작품이다. 화자는 자신의 영혼을 '북가시나무'에 빗대고, '북가시나무'가 이념의 폭력성에 의해 상처 받는 모습을 드러내고 있다. 또한 '낫'과 '톱니'로 상징되는 부정적 현실의 위협에도 불구하고 화자는 현실의 횡포에 저항하는 태도를 보이면서 영혼의 순수성을 지켜 내어, 북가시나무에 잎이 달리고 과일이 열리듯 참다운 자유와 사랑이 넘치는 시를 쓰겠다는 다짐을 드러낸다.

STEP 04 논문으로 만나는 출제자의 시선

최승호 시인의 시적 경향

최승호 시인이 활발하게 작품 활동을 했던 1980년대는 해체시, 민중시 등이 전개되던 시기였다. 그는 사회 현상에 대한 사유 과정을 바탕으로, 시 속에 물질문명에 대한 비판과 그 안에서 살아가는 현대인들의 모습을 주로 그려 내었다. 그는 현실에 존재하는 폭력의 공포와 무력한 일상을 살아가는 현대인의 모습을 적나라하게 형상화하였다.

그는 작품에서 자본주의 사회의 병리적 현실을 보여 주는, 파편화되고 사물화된 소재들을 주로 사용하였다. 그가 인식하는 세계와 자아의 관계는, 언제나 억압하는 거대한 존재와 억압당하는 약소한 개인의 대결 구도를 보여 주는데, 바로 이 지점을 통해 시인은 문명의 폭력을 여실히 드러내며 그에 대한 비판적 관점을 보여 준다.

최승호는 "갇혀 죽은 새는 죽어서도 갇혀 있고, 자유롭게 죽은 새는 죽어서도 자유롭"다고 말한다. 이는 시인의 자아가 억압된 상태라는 점을 시사한다. 시인은 거기서 그치지 않고 자아의 정신적 깨달음을 통해 자아와 문명 간의 화해의 실마리를 마련하고자 하며, 부정적인 상황에서도 인간이 추구해야 하는 현실 너머의 이상을 추구하는 자아의 모습을 제시한다.

STEP

01 OX 문제를 통한 지문 이해 훈련

나BS 수능특강 | **현대문학** ●

유자낡에 유자가 열리고 귤나무에는 귤이 열리는 이 지순(至純)한 길은 바다로 기울었다.

길에는 자갈이 빛났다. 건조한 가을길에 **가뿐한** 나의 **신발**(겨우 무거운 **젊음의 젖은 구두를 벗**은……) 길은 바다로 기울고 발바닥에 느껴지는 이 신비스러운 경사감(傾斜感).

겨우 시야(視野)가 열리는 남색(藍色), 심오한, 잔잔한 세계. 하늘과 맞닿을 즈음에 이 신비스러운 수평(水平)의 거리감(距離感).

유자낡에 유자가 열리고 귤나무에는 귤이 열리는 이 당연한 길은 바다로 기울고, 가뿐한 나의 신발.

나의 뒤통수에는 **해가 저물고**. 설레는 구름과 바람. 저녁 햇살 속에 자갈이 빛나는 길은 바다로 기울고, 나의 발바닥에 이 **신비스러운 경사감**. 오오 기우는 세계여.

OX문제

01 명사로 된 시어를 일부 행들의 끝에 배치하여 운율감을 자아낸다. [2014학년도 5월B] (O / X)
02 화자는 '젊음의 젖은 구두를 벗'고 '가뿐한' '신발'을 신은 것을 후회하고 있다. (O / X)
03 주어진 현실에 순응하는 모습을 통해 중심 제재를 바라보는 비관적 태도를 암시하고 있다. [2023학년도 수능] (O / X)
04 영탄적 표현을 통해 인물에 대한 그리움을 드러내고 있다. [2024학년도 9월] (O / X)
05 화자는 '해가 저물고' 있는 하강적 상황에 맞서 '신비로운 경사감'을 느끼며 상승적 행동으로 의지를 드러내고 있다. (O / X)

STEP
02 지문 분석

유자<u>낡</u>에 유자가 열리고 귤나무에는 귤이 열리는 이 <u>지순(至純)</u>한 길은 바다로 <u>기울었다.</u>
유자나무 　　　　　　　　　더할 수 없이 순결한 　　　　　경사가 졌다.

　　　　　1연 : 유자나무와 귤나무가 있는, 바다로 기운 길

길에는 자갈이 빛났다. 건조한 <u>가을길</u>에 가뿐한 나의 신발(겨우 무거운 젊음의 젖은 구두를 벗은
　　　　　　　　　계절적 배경

……) 길은 바다로 기울고 발바닥에 느껴지는 이 신비스러운 경사감(傾斜感).

　　　　　2연 : 가뿐한 신발을 신고 걸으며 느끼는 신비로운 경사감

　　　　색채어
　겨우 시야(視野)가 열리는 <u>남색(藍色)</u>, 심오한, 잔잔한 세계. 하늘과 맞닿을 즈음에 이 신비스러운 수
　　　　　　　　　　바다

평(水平)의 거리감(距離感).

　　　　　3연 : 심오하고 잔잔한 바다에서 느껴지는 평온함.

유자<u>낡</u>에 유자가 열리고 귤나무에는 귤이 열리는 이 당연한 길은 바다로 기울고, 가뿐한 나의 신발.

　　　　　4연 : 가뿐한 신발을 신고 걷는, 바다로 기운 당연한 길

나의 <u>뒤통수</u>에는 해가 저물고. 설레는 구름과 바람. 저녁 햇살 속에 자갈이 빛나는 길은 바다로 기울
　　　황혼을 배경으로 걸어가고 있음.

고, 나의 발바닥에 이 신비스러운 경사감. <u>오오 기우는 세계여.</u>
　　　　　　　영탄적 표현 → 감정의 고조

　　　　　5연 : 황혼 무렵 바다로 기우는 세계에서 느끼는 신비스러운 경사감

과외식 해설

유자<u>낡</u>에 유자가 열리고 귤나무에는 귤이 열리는 이 지순(至純)한 길은 바다로 기울었다. → 유자나무에 유자가 열리고 귤나무에 귤이 열리는 것은 자연의 섭리에 따른 자연스러운 현상으로, '지순한 길'은 이러한 자연의 섭리에 따르는 길을 의미한다. 문학에서 '길'이 단순히 걷는 곳이 아닌, 사람이 살아가는 과정을 상징하는 시어로 사용된다는 점을 고려할 때, '지순한 길'이 '바다로 기울었다'는 것은 나이가 들어 인생의 황혼기에 접어든 화자의 상황을 나타낸 것으로 볼 수 있다.

건조한 가을길에 가뿐한 나의 신발~이 신비스러운 경사감(傾斜感). → 화자는 '무거운 젊음의 젖은 구두'를 벗고 '가뿐한' '신발'을 신은 채 '신비스러운 경사감'을 느끼며 '바다'로 향하고 있다. '무거운 젊음의 젖은 구두'가 젊은 시절 화자의 무거웠던 마음을 의미한다고 보았을 때, 이와 대비되는 '가뿐한 나의 신발'은 현재의 삶에 대한 만족감을 의미한다고 볼 수 있다. 이를 통해 화자는 젊음의 시절을 지나 나이가 든다는 것을 긍정적으로 인식하고 있음을 알 수 있다.

겨우 시야(視野)가 열리는~이 신비스러운 수평(水平)의 거리감(距離感). → 화자는 경사진 '길'에서 '하늘과 맞닿을' 듯한 '바다'를 보며 느껴지는 '수평의 거리감'을 '신비스러워' 하고 있으며, '남색'의 색채어를 사용하여 심오하고 잔잔한 세계인 바다의 평온함을 감각적으로 형상화하고 있다.

나의 뒤통수에 해가 저물고.~오오 기우는 세계여. → '해가 저물고'에서 석양이 질 무렵, 즉 황혼이라는 시간적 배경이 드러나고 있다. 황혼이 '노년'을 비유적으로 이르는 말로 쓰인다는 점을 고려하면, '해가 저무는' 시간은 황혼기에 접어든 화자의 모습과 호응하여 시적 의미를 강조한다고 볼 수 있다. 또한 황혼길 위의 '구름과 바람'을 '설레'하고 '발바닥에' 느껴지는 '경사감'을 '신비스러워' 하는 화자의 모습에서 나이가 들며 다가오는 미래에 대한 긍정적 인식이 드러나고 있다.

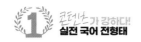

03 작품 해제

01 | 주제

나이가 들며 느끼는 가뿐함과 신비로움

02 | 특징

① 인생의 황혼기를 향해 가는 화자의 정서를 드러낸 화자 중심의 시
② 영탄적 표현을 사용하여 화자의 정서를 강조함.
③ 명사로 된 시어를 일부 행들의 끝에 배치하여 시상을 집중시킴.

03 | 작품 해제

　　이 작품은 황혼기에 접어든 화자가 나이가 들며 느끼는 긍정적인 감정을 형상화한 시이다. 화자는 자신이 늙어 가는 일을, 무거운 젊음의 구두를 벗고 가뿐한 신발을 신은 채 신비스러운 경사감을 느끼며 내리막길을 걸어 바다에 이르는 일에 빗대고 있다. 그리고 그것이 유자나무에 유자가 열리고 귤나무에 귤이 열리는 것처럼 자연의 섭리를 따르는 당연한 결과라는 깨달음을 제시하고 있다.

04 논문으로 만나는 출제자의 시선

▶ 박목월의 시 세계

　　박목월(1916-1984)은 한국 시 문학사에서 전통 서정의 계보를 이어 온 중요한 시인이다. 그리고 자연 속에 존재하는 감각적 실재와 형이상학적 의미를 형상화한 시인으로서, 무엇보다도 '청록파'의 한 구성원으로서 널리 기억되고 있는 시인이다. **청록파의 자연**은 현실적으로 존재하는 자연이라기보다 시인의 내면 속에서 이상화된 자연이다. 이는 일제에게 빼앗긴 딛고 설 땅과 잃어버린 하늘을 되찾는 데에 관심을 기울였기 때문이다. 청록파의 구성원이었던 박목월은 초기 시에서 이러한 자연 지향적 특성을 그대로 보여 주면서 현실을 떠나고 싶어 하는 그리움의 정서를 드러내었다.

　　한편, 초기에 노래했던 세계는 격변의 시대 상황에 처한 박목월에게 새로운 변화를 요구하고 있었다. 박목월의 시는 후기에 접어들어 이전의 시 세계를 자양분으로 삼아 새로운 출발을 하게 된다. 중기 시에서는 자아와 세계의 대립과 화해를 바탕으로 삼고 일상의 무게를 세밀히 포착하여 그것을 집중적으로 다루었다면, 후기 시에는 자아와 세계가 바람직한 방향으로 합일점을 모색하는 데 주안점을 둔다. 이 시기에 주목해야 할 내용은 자아가 죽음과 삶을 동일시하는 경지까지 도달하였다는 인식의 심화를 보인다는 점이다. 그만큼 박목월이 인생의 연륜과 더불어 생의 진리를 진지한 자세로 통찰했음을 간파할 수 있다. 모든 인간은 죽음 앞에서 지나온 삶의 여정을 되돌아보고 스스로 반성의 시간을 마련한다. 삶과 죽음의 일원화, 즉 이것의 참다운 형태를 위해 그의 시 세계는 '자아 → 현실 → 안식의 세계'라는 여정을 밟았으며, 삶과 죽음의 자연스러운 접속은 박목월이 도달한 가장 궁극적 경지이다.

STEP 01 OX 문제를 통한 지문 이해 훈련

나BS 수능특강 | 현대문학

스물 안팎 때는
먼 수풀이 온통 산발을 하고
어지럽게 흔들어
갈피를 못 잡는 그리움에 살았다.
숨 가쁜 나무여 사랑이여.

이제 마흔 가까운
손등이 앙상한 때는
나무들도 전부
겨울나무 그것이 되어
잎사귀들을 떨어내고 부끄럼 없이
시원하게 벗을 것을 **벗어 버렸다.**

비로소 나는 탕에 들어앉아
그것들이 나를 향해
손을 흔들며
기쁘게 다가오고 있는 것 같음을
부우연 노을 속 한 경치로써
조금씩 확인할 따름이다.

OX문제

01	의인법을 사용하여 현실에 대한 비판적 관점을 나타내고 있다. [2015학년도 6월A]	(O / X)
02	대구를 사용하여 대조적 대상의 속성을 드러내고 있다. [2024학년도 9월]	(O / X)
03	화자는 시간이 지나 '잎사귀'가 떨어진 '겨울나무'를 안타까워하고 있다.	(O / X)
04	영탄적 표현을 통해 인물에 대한 그리움을 드러내고 있다. [2024학년도 9월]	(O / X)
05	화자는 '갈피를 못 잡는 그리움' 같은 것을 '시원하게' '벗어 버'리고 기쁨을 느끼고 있다.	(O / X)

STEP 02 지문 분석

스물 안팎 때는
　　　젊은 날

「먼 수풀이 온통 산발을 하고」
　　　풀어 헤친 머리카락

　　　　　　　　　　　　　　　　　「 」 : 의인법

어지럽게 흔들어

갈피를 못 잡는 그리움에 살았다.　　　　　▇ : 불필요한 것

숨 가쁜 나무여 사랑이여.　　　　　　　▇ : 시련의 시기
　　돈호법, 영탄법　　　　　　　대비 ↕
　　　　　　　　　　　　　　　　　　　▇ : 성숙의 시기

　　　　　　　　　　　　　　1연 : 젊은 날의 방황과 열정

이제 마흔 가까운 / 손등이 앙상한 때는
　　　중년기

나무들도 전부 / 겨울나무 그것이 되어

「잎사귀들을 떨어내고 부끄럼 없이」

시원하게 벗을 것을 벗어 버렸다.

　　　　　　　　　　　2연 : 마흔이 가까운 때의 성숙한 모습

비로소 나는 탕에 들어앉아

「그것들이 나를 향해 / 손을 흔들며」
　　겨울나무

기쁘게 다가오고 있는 것 같음을」

부우연 노을 속 한 경치로써
부연(연기나 안개가 낀 것처럼 선명하지 못하고 조금 하얀) → 시적 허용

조금씩 확인할 따름이다.

　　　　　　　　　　　3연 : 겨울나무를 통해 발견한 삶의 의미

과외식 해설

스물 안팎 때는 / 먼 수풀이 온통 산발을 하고 → 젊은 시절의 혼란스러웠던 마음을 감각적으로 드러내고 있다. 마구 흩어지고 정돈되지 않은 감정을 머리를 풀어 헤친 무성한 수풀의 모습에 빗대어 표현하고 있다.

어지럽게 흔들어~그리움에 살았다 → 젊은 시절 어디로 가야할지 방향을 잡지 못하고 흔들렸던 화자의 모습을 묘사하고 있다. 과거에는 젊음의 열정도 있었지만, 미래에 대한 불안 등 복잡한 마음으로 살았음을 유추할 수 있다. 화자는 이런 젊은 시절의 자신을 '숨 가쁜 나무'에 비유하고 있다. 이때 '그리움'은 젊은 시절의 불완전함과 방황 속에서 화자가 지향했던 무언가에 대한 감정으로 볼 수 있다.

이제 마흔 가까운~겨울나무 그것이 되어 → 마흔에 가까워지면서 변화를 맞이하게 된 화자의 현재 모습이 나타나 있다. 혼란과 불안 같은 감정이 폭풍처럼 요동쳤던 젊은 날과 달리, 현재는 마치 '겨울나무'처럼 불필요한 것을 다 내려놓은 상태임을 알 수 있다. 이때 '겨울나무'는 모든 걸 내려놓고 본질만 남긴 현재의 화자를 비유한 것으로 볼 수 있다.

잎사귀들을~벗어 버렸다. → '잎사귀', '벗을 것'은 젊은 날에 가지고 있던 불필요한 것을 의미한다. 화자는 이들을 버림으로써 본연의 자신을 찾고 있다. 젊은 시절의 방황과 혼란을 지나 덤덤히 자신을 받아들이는 태도가 나타나 있다.

비로소 나는 탕에 들어앉아 → 차분하게 자신을 되돌아보는 모습을 '탕에 들어앉'았다고 표현하고 있다. 마치 인생의 어느 한 지점에서 숨을 돌리고 자신을 돌아보는 느낌이라고 생각하면 된다.

그것들이 나를 향해~기쁘게 다가오고 있는 것 같음을 → 화자는 성숙해진 '겨울나무', 즉 현재 자신의 모습이 자신을 향해 기쁘게 다가오는 것처럼 보인다고 표현하였다. 화자가 자신의 진정한 모습을 발견하고 삶의 의미를 깨달아 가는 과정에서 느낀 기쁨이 겨울나무에 투영된 것이다.

부우연 노을 속~따름이다. → 자신의 인생을 해가 저무는 풍경의 한 장면처럼 바라보는 모습이 나타나 있다. 이 작품은 나무의 성장과 계절에 따른 변화를 통해 화자의 내면세계가 성숙하는 과정을 나타낸 것임을 알 수 있다.

STEP
03 작품 해제

LBS 수능특강 | 현대문학

01 | 주제

겨울나무를 통해 삶의 참모습을 확인하는 기쁨

02 | 특징

① 나무의 모습을 인간의 삶에 대응시켜 삶의 의미에 대해 말하는 화자 중심의 시
② 자연물에 인격을 부여하여 화자가 느끼는 친근감을 드러냄.
③ 과거와 현재를 대비하여 주제 의식을 강조함.
④ 영탄적 어조를 활용하여 화자의 정서를 드러냄.

03 | 작품 해제

이 시는 나무의 모습을 인간의 삶에 대응시킨 작품으로, 젊은 시절의 방황과 열정을 산발을 한 나무에, 중년의 삶과 깨달음을 겨울나무에 투영하고 있다. 화자는 스물 안팎의 시절에 삶의 진정한 모습을 발견하지 못한 채 복잡한 마음속에서 방황했지만, 중년이 되어 겨울나무가 나뭇잎을 떨궈 본래의 모습을 드러내듯 젊은 날에 가지고 있던 불필요한 것들에서 벗어나고 있다. 그리고 탕에 들어앉아 차분하게 자신을 되돌아보며 삶의 진리를 깨닫고, 겨울나무를 통해 자신의 참모습을 확인해 가는 기쁨을 발견한다.

STEP
04 논문으로 만나는 출제자의 시선

LBS 수능특강 | 현대문학

박재삼의 서정적 세계관과 감정의 물질화

박재삼의 시가 보이는 뚜렷한 형식적 특징 중 하나는 자연과 인간의 일체감을 노래한다는 것이다. 박재삼은 자아와 세계, 혹은 서로 다른 사물들 사이의 동일성을 발견하는 서정적 세계관을 가지고 있다. 박재삼의 시에서는 이러한 동일성을 자연과 인간의 유기적인 관계 속에서 형상화하며, 이는 감정의 물질화라는 독특한 방식으로 드러난다. 감정의 물질화란 세계에 대한 주체가 객체를 자기화하는 방식이 아니라, 주체와 객체가 동등한 위치에서 소통하는 방식을 의미한다. 이는 자연과 인간이 분리된 존재가 아니라 서로 영향을 주고받으며 조화를 이루는 존재임을 보여 준다. 형식적으로 박재삼의 시는 자연의 이야기를 전면에 내세우고, 인간의 문제를 통해 그 의미를 확장하거나 대상에 대한 인간의 보편적 태도나 개인적인 욕망과 감정을 드러낸다. 이는 자연과 인간이 서로 영향을 주고받으며 존재한다는 그의 시적 인식을 효과적으로 보여 준다.

박재삼의 시는 도시적 감수성에 기대어 새로운 형식을 실험하던 동시대 시인들과는 다른 방향을 추구했다. 그는 자연을 단순한 심미적 감상의 대상으로 삼기보다, 삶의 한복판에서 존재하는 본질적인 요소로 바라보았다. 이러한 태도는 **자연과 인간을 동일화하는 방식으로 나아가며, 감정의 물질화를 통해 보다 구체적인 시적 형상으로 나타난다.**

결국 박재삼의 시에서 감정의 물질화는 단순한 수사적 기법이 아니라, 자연과 인간의 상호 소통을 가능하게 하는 핵심 요소다. 그의 시에서는 내면이 생생하게 형상화되며, 이를 통해 독자들은 자연과 인간이 하나로 어우러지는 서정적 세계를 경험하게 된다.

29 | 고재종, 감나무 그늘 아래

STEP 01 OX 문제를 통한 지문 이해 훈련

감나무 잎새를 흔드는 게
어찌 바람뿐이랴.
감나무 잎새를 반짝이는 게
어찌 햇살뿐이랴.
아까는 오색딱다구리가
따다다닥 찍고 가더니
봐 봐, 시방은 청설모가
쪼르르 타고 내려오네.
사랑이 끝났기로서니
그리움마저 사라지랴.
그 그리움 날로 자라면
주먹송이처럼 커갈 땡감들.
때론 머리 위로 흰구름 이고
때론 온종일 장대비 맞아보게.
이별까지 나눈 마당에
기다림은 왠 것이랴만,
감나무 그늘에 평상을 놓고
그래 그래, 밤이면 잠 뒤척여
산이 우는 소리도 들어보고
새벽이면 퍼뜩 깨어나
계곡 물소리도 들어보게.
그 기다림 날로 익으니
서러움까지 익어선
저 **짙푸른 감들**, 마침내
형형 등불을 밝힐 것이라면
세상은 어찌 환하지 않으랴.
하늘은 어찌 부시지 않으랴.

OX문제

01	'주먹송이처럼 커갈 땡감들'은 시간이 지나도 사라지지 않고 점점 커지는 그리움을 상징한다.	(O / X)
02	수미상관의 기법을 활용하여 구조적 안정감을 얻고 있다. [2020학년도 6월]	(O / X)
03	자연물이 쇠락하는 과정을 제시하여 인생에 대한 무상감을 드러내고 있다. [2022학년도 수능]	(O / X)
04	화자는 '짙푸른 감들'이 '서러움까지 익'고 나서야 '마침내' 잘 익은 감이 될 것이라고 생각한다.	(O / X)
05	자연과의 교감을 통해 낙관적 전망을 이끌어 내고 있다. [2022학년도 수능]	(O / X)

STEP 02 지문 분석

감나무 잎새를 흔드는 게 / 어찌 바람뿐이랴.

　　　　　■ : 설의법 → 의미 강조

유사한 통사 구조('~를 ~는 게 어찌 ~뿐이랴')의 반복
→ 운율 형성 및 시적 의미 강조

감나무 잎새를 반짝이는 게 / 어찌 햇살뿐이랴.

아까는 오색딱다구리가 / 따다다닥 찍고 가더니

　　■ : 시간의 흐름　　　음성 상징어(의성어)

봐 봐, 시방은 청설모가 / 쪼르르 타고 내려오네.

　　지금　　　　음성 상징어(의태어)

　　　　　　　　　　　　　　　1~8행 : 감나무의 모습을 바라봄.

사랑이 끝났기로서니

그리움마저 사라지랴.

그 그리움 날로 자라면

　　직유법

주먹송이처럼 커갈 땡감들.

　　　　　덜 익어 맛이 떫은 감

　　　　　　　　　　9~12행 : 땡감이 자라는 듯이 커지는 그리움

때론 머리 위로 흰구름 이고

　　　　　　　　이고

때론 온종일 장대비 맞아보게.

이별까지 나눈 마당에

　　화자의 현재 상황

기다림은 왠 것이랴만,

감나무 그늘에 평상을 놓고

　　밖에다 내어 앉거나 드러누워 쉴 수 있도록 나무로 만든 것

그래 그래, 밤이면 잠 뒤척여 / 산이 우는 소리도 들어보고

　　　　　　　　　　　이별 후의 화자의 감정이 이입됨.

새벽이면 퍼뜩 깨어나 / 계곡 물소리도 들어보게.

　　　　　　　　　　　　13~21행 : 이별한 임을 기다림.

그 기다림 날로 익으니

　　　　시간이 지날수록

서러움까지 익어선

감나무 잎새를 흔드는 게~어찌 햇살뿐이랴. → 유사한 통사 구조와 설의법을 통해 감나무 잎이 흔들리고 반짝이는 것이 '바람'과 '햇살' 때문만은 아님을 강조하고 있다. 이때 '감나무 잎새'를 화자와 동일시하는 대상으로 본다면, '바람'과 '햇살' 같은 외부적 조건 외에도 내면의 감정(그리움, 사랑 등)이 화자를 흔들고 반짝이게 할 수 있음을 드러낸 것으로 해석할 수 있다.

사랑이 끝났기로서니~주먹송이처럼 커갈 땡감들. → 사랑이 끝나도 그리움은 완전히 사라지지 않음을 설의법으로 강조하여 드러내고 있다. 또한 이 그리움은 단순히 같은 강도로 지속되는 것이 아니라, 시간이 지날수록 더 커지는 감정임을 '주먹송이처럼 커갈 땡감들'에 빗대어 표현하고 있다.

때론 머리 위로 흰구름 이고 / 때론 온종일 장대비 맞아보게. → 흰 구름을 머리에 얹거나 장대비를 맞는 것은, 땡감이 성장하는 과정에서 다양한 경험을 겪는 모습을 표현한 것이다. 이는 화자의 내면적 성장과 연결되며, 이별 후 겪는 다양한 감정을 인내하는 과정을 상징한다고 볼 수 있다.

기다림은 왠 것이랴만, / 감나무 그늘에 평상을 놓고 → 현재 화자는 '이별'을 한 후 대상을 향한 그리움을 지닌 채, 그를 기다리고 있는 상황임을 알 수 있다. 한편 '감나무 그늘에 평상'은 화자가 감나무의 땡감이 무르익어 홍시가 되는 과정을 보는 곳으로, 자신의 감정에 대한 깨달음을 얻는 공간으로 볼 수 있다.

그 기다림 날로 익으니 / 서러움까지 익어선 → '기다림 날로 익는다'는 표현에서 시간이 흐르면서 기다림이 성숙해짐을 알 수 있다. '기다림'과 '서러움'이라는 추상적 대상을 시각적으로 구체화(추상적 관념의 구체화)하여 '기다림'과 '서러움'이 깊이 있는 감정으로 성숙해 감을 드러내고 있다.

저 짙푸른 감들,「마침내
　　　'땡감'을 의미함.

형형 등불을 밝힐 것이라면」
　　　밝은 등불 → 잘 익은 감(홍시)을 의미함.

「 」: 행간 걸침 → 시적 긴장감을 조성하여 의미를 강조함.

세상은 어찌 환하지 않으랴.

하늘은 어찌 부시지 않으랴.

유사한 통사 구조('~은 어찌 ~지 않으랴')의 반복
→ 미래에 대한 긍정적 전망을 드러냄.

22~27행 : 서러움을 견뎌내 성숙해진 내면

저 짙푸른 감들, 마침내 / 형형 등불을 밝힐 것이라면 → 땡감이 서러움까지 익어 가는 과정을 거쳐 마침내 홍시가 되는 것처럼, 화자도 이별의 아픔까지 충분히 감내할 때 비로소 내면의 풍요로움을 얻을 수 있음을 표현하고 있다. 결국 이 작품은 '감'이라는 구체적 사물을 통해 '그리움', '기다림', '서러움'이라는 감정을 시각적으로 드러내고 있는 것이라 볼 수 있다.

세상은 어찌 환하지 않으랴. / 하늘은 어찌 부시지 않으랴. → 유사한 통사 구조와 설의법을 통해 미래에 대한 긍정적 전망을 드러내고 있다. 화자는 홍시가 될 감을 통해 기다림의 의미를 깨닫고 내적으로 성숙해진 모습을 보이고 있다.

STEP
03 작품 해제

01 | 주제

익어 가는 감을 통해 깨닫는 정신적 성숙

02 | 특징

① 감나무를 바라보며 이별의 고통을 딛고 내적으로 성숙하는 모습을 보여 주는 화자 중심의 시
② 유사한 통사 구조의 반복을 통해 운율을 형성함.
③ 설의법을 통해 화자의 정서를 효과적으로 드러냄.
④ 시간의 흐름에 따라 시상을 전개함.

03 | 작품 해제

　　이 시는 감나무의 짙푸른 땡감이 홍시로 변해 가는 과정과 이별 후 대상을 그리워하고 기다리는 과정을 일치시켜 주제를 드러내는 작품이다. 감나무의 익어 가는 땡감은 임에 대한 그리움이 심화되는 화자의 처지를, 기다림 끝에 맺어지는 홍시는 이별의 고통을 감내한 화자가 얻게 되는 내적 성숙을 나타낸다. 이처럼 화자는 감나무의 감이 익어 가듯 이별의 서러움이 익어 마침내 성숙해질 것이라 여기고 있다.

04 논문으로 만나는 출제자의 시선

ЦBS 수능특강 | 현대문학

고재종의 시 세계

고재종의 시는 주제 의식에 따라 크게 초기의 현실주의적 농민 시와 중·후반의 생태학적 자연 서정시로 나뉜다.

초기 시에 해당하는 『바람부는 솔숲에 사랑은 머물고』부터 『사람의 등불』까지는 농촌을 배경으로 치열한 농민의 삶과 정서를 보여 주었다. 그러다가 『날랜 사랑』부터 『그때 휘파람새가 울었다』까지는 자연에 대한 생명 존중의 태도를 보이며, 조금씩 주제 의식이 변형되어 가는 모습을 보여 주었다. 초기에는 농촌의 현실에 대한 고재종의 실제 체험에서 비롯되는 작품들이 많지만, 그 이후부터는 농민에 대한 인식과 생태학적 상상력으로 전환의 과정을 겪고 있다.

고재종의 시가 보이는 특징은 서정시의 본질인 인간의 자연화와 자연의 인간화가 무리 없이 이루어진다는 점이다. 농민의 삶을 둘러싸고 있는 환경과 자연, 자연에서 체득한 생태주의 시의 생명 의식은 그의 시에서 생태학적 자연 서정시의 주제로 활용되고 있다.

고재종의 시에 나타나는 자연

고재종에게 자연은 단순한 관찰 대상이 아니라 삶 자체이다. 자연을 통해 생명에 대한 자각을 일깨운 그는 시에 생태학적 인식을 담아내었다. 그의 시에는 자연의 느낌과 소리가 생생하게 녹아 있으며, 이를 통해 독자들에게 자연과의 일체감을 느끼도록 한다. 이는 그의 시가 단순한 묘사를 넘어 자연 속에서 삶의 원리를 발견하고, 그 속에서 성찰하는 깊이를 보여 주는 이유이기도 하다.

고재종에게 시는 진정한 감동을 통해 공감대를 형성하고, 상실된 세계와의 동일성을 회복하는 수단이다. 그의 시에서는 시인의 예리한 관찰력과 자연과의 상호 연관성이 강하게 드러난다. 그는 자연을 바라보는 투명한 시선을 유지하며, 자연의 생동감을 감탄의 경지로까지 끌어올린다. 이를 통해 세상의 찌든 때에서 잠시나마 벗어나 자연과의 조화를 경험하는 시간을 갖는다.

자연 속에서 삶의 원리를 발견하고 이를 성찰하는 태도는 그의 작품 속에 진지하게 드러난다. 고재종은 자연적 사물 속에서 내면의 진정성과 힘이 어떻게 생성되는지를 섬세하게 관찰하고, 이를 통해 독자들에게 깊은 울림을 전달한다.

또한 그는 생명의 작은 움직임에도 민감하게 반응하며, 자연 속에서 아름다운 선율을 포착해 낸다. 그는 시에 인간사와 자연의 조화를 그려 내며, 이는 삶의 고단함을 위로하는 따뜻한 정서로 작용한다. 그는 자연의 다양한 갈피 속에서 생명의 충만한 기운을 채취하고, 이를 감동과 전율로 전파하는 능력을 지니고 있다.

결국, 고재종의 시는 자연과 함께 살아가는 인간의 내면 풍경을 섬세하게 포착하며, 이를 정서적으로 환기하는 언어적 감각이 돋보인다. 그의 작품은 자연과 인간이 조화를 이루며 공존하는 세상을 향한 깊은 통찰을 담고 있으며, 이러한 시적 태도는 독자들이 자연과의 교감을 새롭게 경험하도록 이끈다.

STEP 01 OX 문제를 통한 지문 이해 훈련

나BS 수능특강 | **현대문학** ●

번짐,
목련꽃은 번져 사라지고
여름이 되고
너는 내게로
번져 어느덧 내가 되고
나는 다시 네게로 번진다
번짐,
번져야 살지
꽃은 번져 열매가 되고
여름은 번져 가을이 된다
번짐,
음악은 번져 그림이 되고
삶은 번져 죽음이 된다
죽음은 그러므로 번져서
이 삶을 다 환히 밝힌다
또 한번 ― 저녁은 번져 밤이 된다
번짐,
번져야 사랑이지
산기슭의 오두막 한 채 번져서
봄 나비 한 마리 날아온다

OX문제

01 동일한 시구의 반복을 통해 시적 분위기를 고조하고 있다. [2023학년도 6월]　　　　　　(O / X)
02 계절의 변화를 통해 화자의 인식 전환을 보여 주고 있다. [2022학년도 수능]　　　　　　(O / X)
03 '너'와 '나'를 사이의 '번짐'은 대상 간의 경계를 허무는 역할을 한다.　　　　　　(O / X)
04 대구의 방식으로 시상을 마무리하면서 여운을 강화한다. [2014학년도 9월B]　　　　　　(O / X)
05 '번짐'은 '죽음'과 '삶'이 분리된 것이 아니라 연결되어 순환하는 것임을 보여 준다.　　　　　　(O / X)

STEP 02 지문 분석

번짐, ▨ : 경계와 차이를 허물고 조화를 이루게 하는 것
　　　⇒ 반복을 통한 운율 형성, 의미 강조

목련꽃은 번져 사라지고 / **여름**이 되고
봄에 피는 꽃 → 봄을 상징하는 시어

▨ : 어떤 대상이 번짐의 과정을 거쳐 다른 대상으로 변화하는 모습

너는 **내**게로 / 번져 어느덧 **내**가 되고

나는 다시 **네**게로 번진다

1~6행 : 번짐의 모습 ① - 봄과 여름, '너'와 '나'

번짐,

번져야 살지
번지는 행위 → 존재의 생명력 유지를 위한 조건

꽃은 번져 **열매**가 되고 ┐
　　　　　　　　　　　├ 대구법
여름은 번져 **가을**이 된다 ┘

7~10행 : 번짐의 모습 ② - 꽃과 열매, 여름과 가을

번짐,

음악은 번져 **그림**이 되고 ┐
　　　　　　　　　　　├ 대구법
삶은 번져 **죽음**이 된다 ┘

11~16행 : 번짐의 모습 ③ - 음악과 그림, 삶과 죽음, 저녁과 밤

죽음은 그러므로 번져서 / 이 **삶**을 다 환히 밝힌다

또 한번 — **저녁**은 번져 **밤**이 된다
순환성, 지속성 강조

11~16행 : 번짐의 모습 ③ - 음악과 그림, 삶과 죽음, 저녁과 밤

번짐,

번져야 사랑이지
번지는 행위 → 사랑의 필수 조건

산기슭의 오두막 한 채 번져서 / **봄 나비** 한 마리 날아온다
　인간 세상을 의미함.　　　자연을 의미함.

17~20행 : 번짐의 모습 ④ - 오두막과 봄 나비

과외식 해설

번짐, → 첫 행에 '번짐'이라는 시어만을 배치하고 이를 계속 반복함으로써, '번짐'이 이 시의 핵심 개념이자 주제임을 강조하고 있다. 참고로, 이 작품의 제목 중 '수묵'은 먹으로 그린 그림으로, 종이에 먹물이 엷게 번지는 것이 특징이다. 엷고 짙음이 확실하지 않아 형태가 명확하지 않다는 점을 통해, '번짐'은 단순한 확산이나 변화가 아니라 경계가 사라지고 서로 하나가 된다는 의미를 내포함을 알 수 있다. 시에서 제목은 시의 중심 주제를 파악할 수 있게 하는 중요한 요소이니 참고하자.

목련꽃은 번져 사라지고 / 여름이 되고 → 목련꽃은 봄에 피었다가 사라지는데, 목련꽃이 번져 여름이 된다는 것은 꽃이 지면서 계절이 변화하는 자연의 순환을 의미한다. 즉 '번짐'은 소멸이 아닌 사라짐을 통한 새로운 시작을 의미함을 알 수 있다.

너는 내게로~나는 다시 네게로 번진다 → '너'와 '내'가 천천히 스며들어 어울리면서 서로 동화되는 모습을 보여 주고 있다. 인간과 인간이 경계와 차이를 허물고 서로에게 스며들어 교감하는 모습을 수묵의 번짐을 통해 설명하고 있는 것이다.

꽃은 번져 열매가 되고 / 여름은 번져 가을이 된다 → 꽃이 져야만 열매를 맺을 수 있고, 여름이 지나야만 가을이 될 수 있는 자연의 섭리와 계절의 순환이 나타난다. 이를 통해 '번짐'은 성장과 결실의 과정을 의미함을 알 수 있다.

삶은 번져 죽음이 된다~이 삶을 다 환히 밝힌다 → 삶과 죽음은 서로 영향을 주는 순환 관계에 해당함을 알 수 있다. 또한 죽음의 유한성이 오히려 하루하루의 삶을 '환히 밝힌다'는 점에서 역설적인 의미를 확인할 수 있다.

산기슭의 오두막 한 채 번져서 / 봄 나비 한 마리 날아온다 → 인간과 자연이 서로 조화를 이루며 존재하고 있음을 드러내고 있다. 결국 이 작품은 '번짐'이라는 개념을 중심으로 인간, 자연, 예술, 시간의 조화로운 순환을 나타냈음을 알 수 있다. 시인은 경계와 차이가 사라진 조화로운 세상을 바라며, '번짐'은 단순한 확산이 아니라 경계를 허물고 서로를 연결하는 과정임을 드러낸 것이다.

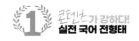

03 작품 해제

01 | 주제

번짐으로 이루는 조화로운 세계에 대한 염원

02 | 특징

① 수묵화의 '번짐'을 통해 경계 짓지 않는 조화로운 세계에 대한 바람을 드러낸 대상 중심의 시
② 동일한 시어의 반복과 대구법을 통해 운율을 형성하고 의미를 강조함.
③ 상징적 시어를 통해 주제 의식을 드러냄.
④ 자연의 순환과 연속성을 통해 삶의 이치를 밝힘.

03 | 작품 해제

　　이 작품은 수묵화가 '번짐'을 통해 경계 짓지 않는 조화로운 세계를 보여 주듯이, 우리들이 사는 세상도 조화로운 세계를 이루기를 바라는 마음을 드러내고 있다. 수묵화는 먹의 진함이나 연함 정도를 사용해 그린 그림을 말하는데, 화자는 이를 활용하여 세상의 모든 관계가 경계가 뚜렷하지 않은 방식으로 맺어져 있음을 표현하고 있다. 작품은 1~6행에서 계절의 변화·'너'와 '나'의 관계 형성, 7~10행에서 성장과 결실, 11~16행에서 음악과 미술·삶과 죽음·저녁과 밤, 17~20행에서 인간과 자연을 제시하며, 대상들이 모두 서로 관계를 맺고 있음을 형상화하고 있다.

04 논문으로 만나는 출제자의 시선

장석남의 시 세계

　　장석남의 시는 눈으로 볼 수 없는 세계와 인간의 내면을 탐구하며, 자연과 인간의 관계를 심도 있게 조명한다. 그의 시적 표현은 마음의 미세한 변화와 감각을 포착하는 데에 강한 예리함을 보여 주며, 다양한 자연물의 이미지를 자유롭게 결합하여 이상적인 세계를 꿈꾼다. 이러한 과정에서 장석남의 시적 자아는 대상 간의 차이를 지우고 그 너머의 연결을 중시하는 화합의 정신을 드러낸다.

　　그의 시에서는 하늘과 땅, 삶과 죽음의 경계가 모호해지며, 이 두 세계 간의 연결 통로가 '삶'과 '사랑'이라는 개념으로 제시된다. 이 통로를 통해 하늘의 씨앗이 땅에서 결실을 맺는 당위성이 강조되며, 이곳과 저곳이 서로 연계된 공간으로 인식될 수 있는 가능성이 생긴다.

　　또한 장석남은 시공간을 넘나드는 연상 작용을 통해 무의식의 흐름을 자연스럽게 드러내며, 이질적인 두 사물의 결합을 통해 새로운 정서를 환기시키고 아름다운 세계를 그리려 한다. 그의 상상력은 긴장감을 드러내지 않으면서도 비유를 통해 다층적인 의미를 형성하여 독자에게 깊은 감동을 준다.

　　결국, 장석남의 시는 자연과 인간, 삶과 죽음, 사랑의 연결을 강조하며, 이 모든 것이 서로 얽혀 새로운 정서를 만들어 내는 과정을 보여 준다. 이러한 시적 탐구는 독자에게 자연과 인간 존재의 깊은 연관성을 깨닫게 하는 기회를 제공한다.

01 OX 문제를 통한 지문 이해 훈련

나BS 수능특강 | 현대문학 ●

해가 졌는데도 어두워지지 않는다
겨울 저물녘 **광화문 네거리**
맨몸으로 돌아가 있는 가로수들이
일제히 불을 켠다 나뭇가지에
수만 개 꼬마전구들이 들러붙어 있다
불현듯 불꽃나무! 하며 손뼉을 칠 뻔했다

어둠도 이젠 병균 같은 것일까
밤을 끄고 휘황하게 낮을 켜 놓은 권력들
내륙 한가운데에 서 있는
해군 장군의 동상도 잠들지 못하고
문 닫은 세종문화회관도 두 눈 뜨고 있다

엽록소를 버린 **겨울나무들**
한밤중에 이상한 광합성을 하고 있다
광화문은 광화문(光化門)
뿌리로 내려가 있던 겨울나무들이
저녁마다 황급히 올라오고
겨울이 교란당하고 있는 것이다
밤에도 잠들지 못하는 사람들
광화문 겨울나무 불꽃나무들

OX문제

01	자연물을 살아 있는 대상으로 묘사하여 화자와 자연의 유대감을 나타내고 있다. [2025학년도 9월]	(O / X)
02	화자는 '광화문 네거리'에 있는 '해군 장군의 동상'을 감상하며 예찬하고 있다.	(O / X)
03	특정한 장소에 대한 직접적인 경험을 바탕으로 세태를 비판하고 있다. [2019학년도 6월]	(O / X)
04	현실에 대한 부정적 인식을 바탕으로 미래에 대한 회의를 드러내고 있다. [2022학년도 수능]	(O / X)
05	'한밤중에 이상한 광합성'을 하는 '겨울나무들'과 '밤에도 잠들지 못하는 사람들'은 대조적인 의미를 가진다.	(O / X)

해가 졌는데도 어두워지지 않는다
역설적 상황 → 자연의 순리를 파괴하는 현대 문명을 비판함.

겨울 저물녘 광화문 네거리
        시적 배경

맨몸으로 돌아가 있는 가로수들이
겨울이 되어 잎이 떨어진 모습

일제히 불을 켠다 나뭇가지에

수만 개 **꼬마전구**들이 들러붙어 있다
        ▇ : 현대 문명 상징(부정적)

불현듯 불꽃나무! 하며 손뼉을 칠 뻔했다
영탄적 표현   인공적인 아름다움에 현혹될 뻔한 화자의 모습

                    1연 : 해가 져도 어두워지지 않는 광화문 네거리

어둠도 이젠 병균 같은 것일까   ▇ : 생명체가 힘을 되찾을 수 있는 휴식의 시간

밤을 끄고 휘황하게 낮을 켜 놓은 권력들
        빛이 나서 눈부시도록 번쩍이게
바다에서 멀리 떨어져 있는 육지
  내륙 한가운데에 서 있는
        광화문 광장

해군 장군의 동상도 잠들지 못하고
  이순신 장군의 동상   활유법 → 어두워야 할 밤이 밝은 비정상적인 상황을 강조함.

문 닫은 세종문화회관도 두 눈 뜨고 있다

                    2연 : 인공적인 빛이 만들어 낸 비정상적인 상황

「엽록소를 버린 겨울나무들   「 」: ① 겨울 → 잎이 없어 광합성을 하지 않아도 되는 계절
  나뭇잎이 떨어진   ② 밤 → 햇빛이 없으므로 광합성을 할 수 없는 시간
                                ⇒ 자연이 지닌 본성을 무너뜨리는 현대 문명 비판
한밤중에 이상한 광합성을 하고 있다」
        식물이 빛을 이용하여 양분을 스스로 만드는 과정

광화문은 광화문(光化門)
        한자의 뜻을 사용하여 현대 문명의 비순리성 비판

겨울의 휴식을 취하고 있던
뿌리로 내려가 있던 겨울나무들이

과외식 해설

해가 졌는데도 어두워지지 않는다 / 겨울 저물녘 광화문 네거리 → 해가 지면 어두워지는 것이 자연의 순리이지만, '광화문 네거리'는 날이 저물 무렵에도 여전히 밝은 상황임을 역설적으로 제시하고 있다. 이를 통해 자연의 질서가 무너진 도시의 비정상적인 상황을 보여 준다.

맨몸으로 돌아가 있는~수만 개 꼬마전구들이 들러붙어 있다 → 잎이 떨어진 겨울나무를 둘러싼 '꼬마전구'가 불을 밝히고 있는 모습이다. 이는 인간이 자신들의 욕망을 충족하기 위해, 겨울나무에 인공적인 장식물을 둘러 인위적으로 연출한 상황이다.

불현듯 불꽃나무! 하며 손뼉을 칠 뻔했다 → '불꽃나무'는 화려한 전구 장식을 한 나무의 모습을 나타내는 표현이다. 화자가 이를 보고 '손뼉을 칠 뻔'한 것은, 인위적인 화려함에 현혹된 화자의 모습을 나타낸 것으로 볼 수 있다.

어둠도 이젠 병균 같은 것일까 → 설의적 표현을 사용하여 '어둠'을 '병균'과 같이 제거해야 할 대상으로 보는 현대 문명사회의 인식을 비판하고 있다. 전구가 감긴 나무의 모습을 보고 감탄하던 화자가 상황에 대해 깊이 사유하기 시작했음을 알 수 있다.

밤을 끄고 휘황하게 낮을 켜 놓은 권력들 → 자연스럽게 어두워져야 할 공간을 문명의 힘으로 낮처럼 밝게 만든 도시 권력(정부, 자본, 기업 등)을 지적하고 있다.

엽록소를 버린 겨울나무들~광합성을 하고 있다. → 잎이 떨어진 '겨울나무들'이 '이상한 광합성'을 강요당하는 모습을 확인할 수 있다. 도시의 불빛이 나무들의 생태를 통제하여 본성을 무너뜨리고 있음을 비판하고 있는 부분이라고 할 수 있다.

광화문은 광화문(光化門) → '광화문'은 본래 '임금의 큰 덕이 온 나라를 비춘다.'라는 의미를 담고 있는데, 여기서는 그 한자를 그대로 풀어 '빛이 되는 문'이라고 하여 밤에도 빛이 꺼지지 않는 광화문 거리의 모습을 비판하고 있다. 이를 통해 화자는 자연의 질서를 훼손하는 현대 문명사회의 병폐를 부각하고 있다.

뿌리로 내려가 있던~교란당하고 있는 것이다 → 나무들은 본래 겨울에 돌아올 봄을 준비하여 휴식을 취해야 하는데, 인공적인 불빛 때문에 계절에 따른

저녁마다 황급히 올라오고

겨울이 교란당하고 있는 것이다
마음이나 상황을 뒤흔들어서 어지럽고 혼란하게 함.

밤에도 잠들지 못하는 사람들

광화문 겨울나무 불꽃나무들
자연의 섭리를 거스르는 상황에 놓인 대상들을 나열함.

3연 : 자연의 섭리를 거스르는 겨울 도시의 모습

자연스러운 본성조차 흐트러지고 있음을 보여 주고 있다. '겨울이 교란당하고 있는 것이다'라는 직접적인 표현을 통해, 인공적인 빛과 문명이 자연의 순리를 파괴하고 있음을 강조하고 있다.

밤에도 잠들지 못하는 사람들 / **광화문 겨울나무 불꽃나무들** → 자연뿐만 아니라 인간도 현대 문명의 영향을 받고 있음을 나타내고 있다. 이를 통해 화자의 인식 대상이 '나무들'에서 '사람들'로 확대되었음을 알 수 있다. 결국 이 시는 문명화된 사회에서 자연과 인간 모두가 충분한 휴식을 취하지 못하는 현실을 보여 주며, 과도한 현대 문명에 대한 경각심을 불러일으키는 작품이라고 볼 수 있다.

STEP 03 작품 해제

ⱔBS 수능특강 | **현대문학** ●

01 | 주제

현대 도시 문명에 대한 비판

02 | 특징

① 광화문의 밤 풍경을 관찰하며 자연의 순리를 파괴하는 현실에 문제를 제기하는 대상 중심의 시
② 계절적, 시간적 배경을 제시하여 문제 상황을 강조함.
③ 자연물에서 인간의 문제로 인식을 확대하여 현실을 바라봄.

03 | 작품 해제

이 시는 문명이 만들어 낸 화려한 풍경으로 인해 자연의 질서와 생명력이 파괴되고 있는 부조리한 상황에 대해 비판하고 있는 작품이다. 해가 졌는데도 겨울나무를 둘러싸고 있는 전구들로 인해 거리는 어두워지지 않고, 나무들은 잎이 없는 상태임에도 '이상한 광합성'을 하고 있다. 밤은 휴식을 위한 시간이며, 나무들에게 겨울은 돌아올 봄을 위한 준비 기간이지만 광화문 네거리는 이와 같은 당연한 자연의 순리조차 지켜지지 않는 곳이다. 나무뿐만 아니라 사람들조차 밤에 잠들지 못하는 모습을 본 화자는 현대 문명으로 인해 자연의 질서가 파괴된 현실을 비판하고 있다.

04 논문으로 만나는 출제자의 시선

나BS 수능특강 | **현대문학**

이문재의 시 세계

이문재는 30년 가까이 시를 써 오면서 자신만의 독특한 생태 의식을 깊이 있게 발전시켜 온 시인이다. 그의 첫 번째 시집에서는 환경에 대한 관심이 약하게 드러났지만, 시간이 지나면서 점점 더 강하게 표현되었다. 그는 매 시집마다 분명한 주제를 가지고, 생태시의 가능성을 탐구해 왔다. 두 번째 시집 『산책시편』에서는 도시의 속도를 비판하며 '산책'과 '느림'의 가치를 제안하고, 세 번째 시집 『마음의 오지』에서는 새로운 생태적 환경을 전망하기도 하였다. 한편, 네 번째 시집 『제국호텔』에서는 자연과 멀어지는 현대인의 삶이 얼마나 위험한 것인지 경고하고, 다섯 번째 시집 『지금 여기가 맨 앞』에서는 교감의 순간을 포착하였다. 그는 이처럼 매 시집마다 인상적인 문제의식을 드러내면서 1990년대 이후 생태시를 대표하는 시인으로 자리 잡았다.

이문재와 도시 생태에 대한 비판적 시선

이문재는 자신의 시에서 사유의 주체로서의 '나'를 전면에 내세우고 있다. 시인 자신과 일치하는 '나'는 시 속에서 항상 걸으며 눈에 들어온 풍경을 관조하고 끊임없이 사색한다. 그의 산책은 단순한 이동이 아니라 시적 태도와 방법론으로 드러나며, 특히 이 행위가 대도시에서 이루어진다는 점에서 특징적이다. 그는 도시를 근대적 삶의 상징으로 간주하고, 이를 비판적인 시선으로 바라본다.

그의 시에 등장하는 자연은 본래의 모습과 달리 도시 속에서 변형된 형태로 존재한다. 그는 이러한 도시 생태의 반자연적 양상을 날카롭게 포착한다. 「광화문, 겨울, 불꽃, 나무」(『제국호텔』)에서 도시 속 나무의 생태는 인공적인 빛에 의해 심각하게 훼손된다. '겨울나무'를 감고 있는 '꼬마전구들'은 잎을 떨군 나무들에게 '이상한 광합성'을 강요한다. 또한 도시의 불빛은 나무뿐 아니라 인간의 삶 역시 통제하며 생명력을 고갈시킨다. 그의 시는 도시적인 삶의 모습이 생태적으로는 가장 적합하지 않다는 사실을 실감나게 환기한다. 이렇듯 이문재는 산책자로서 대도시의 구석구석을 거닐며 자연 파괴를 감행하는 근대 문명을 비판한다. 인공조명으로 인해 본래의 기능을 잃은 '불꽃나무'는 문명의 폭력성을 상징하며, 이러한 인공적 요소는 자연의 순리를 파괴하는 현실을 보여 준다.

이문재의 시 세계는 단순한 풍경 묘사를 넘어, 문명과 자연, 인간과 환경의 관계를 성찰한다. 「광화문, 겨울, 불꽃, 나무」는 도시 속 자연의 교란을 강렬하게 드러내며, 독자에게 우리가 살아가는 공간을 다시 생각하게 한다. 이는 첨단 도시 환경 속에서 간과되는 본질적 문제들을 환기하며, 자연과 공존하는 삶의 중요성을 강조하는 시인의 태도를 보여 준다.

32 나희덕, 그 복숭아나무 곁으로

STEP 01 OX 문제를 통한 지문 이해 훈련

너무도 여러 겹의 마음을 가진
그 **복숭아나무** 곁으로
나는 왠지 가까이 가고 싶지 않았습니다
흰꽃과 분홍꽃을 나란히 피우고 서 있는 그 나무는 아마
사람이 앉지 못할 그늘을 가졌을 거라고
멀리로 멀리로만 지나쳤을 뿐입니다
흰꽃과 분홍꽃 사이에 수천의 빛깔이 있다는 것을
나는 그 나무를 보고 멀리서 알았습니다
눈부셔 눈부셔 알았습니다
피우고 싶은 꽃빛이 너무 많은 그 나무는
그래서 외로웠을 것이지만 외로운 줄도 몰랐을 것입니다
그 **여러 겹의 마음을 읽**는 데 참 오래 걸렸습니다

흩어진 꽃잎들 어디 먼 데 닿았을 무렵
조금은 심심한 얼굴을 하고 있는 그 복숭아나무 **그늘**에서
가만히 들었습니다 저녁이 오는 소리를

OX문제

01	지시어를 반복적으로 사용하여 중심 소재로 초점을 모으고 있다. [2015학년도 6월A]	(O / X)
02	화자는 '복숭아나무'가 가진 '여러 겹의 마음을 읽'고 '복숭아나무'가 가진 마음에 공감하고 있다.	(O / X)
03	인격화된 사물을 청자로 하여 자연에서 얻은 깨달음을 진술하고 있다. [2020학년도 6월]	(O / X)
04	'그늘'은 화자가 '복숭아나무'에 대한 태도를 바꾸는 계기를 제공하고 있다.	(O / X)
05	시간의 경과에 따라 시상을 전개하여 삶의 무상함을 드러내고 있다. [2013학년도 수능]	(O / X)

STEP 02 지문 분석

너무도 여러 겹의 마음을 가진
'복숭아나무' 의인화

■ : 지시어 반복 → '복숭아나무'로 초점을 모음.

그 복숭아나무 곁으로
□ : 시적 대상 → 이해하기 어려운 타인을 상징함.

■ : 경어체('-ㅂ니다') 사용 → 고백적 어조

나는 왠지 가까이 가고 싶지 않았습니다
복숭아나무에 대한 화자의 거리감 ①

흰꽃과 분홍꽃을 나란히 피우고 서 있는 그 나무는 아마

사람이 앉지 못할 그늘을 가졌을 거라고

■ : 동일한 시어 반복 → 리듬감 형성

멀리로 멀리로만 지나쳤을 뿐입니다
복숭아나무에 대한 화자의 거리감 ②

1연(1~6행) : 멀리서 바라본 복숭아나무에 대한 편견

「흰꽃과 분홍꽃 사이에 수천의 빛깔이 있다는 것을
화자가 생각한 복숭아나무의 '여러 겹의 마음'과 연관됨. → 대상의 본질, 내면

나는 그 나무를 보고 멀리서 알았습니다

눈부셔 눈부셔 알았습니다」
「 」 : 복숭아나무에 대한 화자의 새로운 깨달음

피우고 싶은 꽃빛이 너무 많은 그 나무는
복숭아나무가 '수천의 빛깔'을 갖게 된 이유

그래서 외로웠을 것이지만 외로운 줄도 몰랐을 것입니다

그 여러 겹의 마음을 읽는 데 참 오래 걸렸습니다
대상에 대한 편견을 극복하고 이해하는 것

1연(7~12행) : 복숭아나무에 대한 진정한 이해

흩어진 꽃잎들 어디 먼 데 닿았을 무렵
복숭아나무의 꽃잎이 날아다니다 땅에 떨어질 무렵 → 시간의 경과

조금은 심심한 얼굴을 하고 있는 그 복숭아나무 그늘에서
화자와 복숭아나무가 교감하는 공간

공감각적 심상(시각의 청각화)
가만히 들었습니다 저녁이 오는 소리를
도치법 → 마지막 행에 사용하여 시적 여운을 줌.

2연 : 복숭아나무와 '나'의 조화

STEP 03 작품 해제

01 | 주제

복숭아나무에 대한 이해와 공감

02 | 특징

① 대상이 지닌 참모습을 발견하는 과정에서 깨달은 바를 드러낸 화자 중심의 시
② 대상을 의인화하여 주제 의식을 드러냄.
③ 지시어를 반복하여 중심 소재로 초점을 모음.
④ 시간의 경과에 따라 대상에 대한 화자의 태도와 인식의 변화가 나타남.

03 | 작품 해제

이 시는 편견과 선입견으로 이해하지 못하는 타인을 '복숭아나무'에 비유하고, 복숭아나무가 지닌 참모습을 발견하는 과정을 통해 타인에 대한 진정한 이해를 소망하는 내용을 그리고 있다. 화자는 담담하고 차분한 경어체의 어조로 복숭아나무가 '너무도 여러 겹의 마음'을 가졌기에, 사람이 앉을 만한 그늘은 없을 거라며 복숭아나무를 일방적으로 멀리한다. 하지만 멀리서 복숭아나무를 바라보던 화자는 어느 날 복숭아나무가 '피우고 싶은 꽃빛이 너무 많'아 외로운 줄도 모르고 외로웠을 것이라며 복숭아나무의 '여러 겹의 마음'을 이해하게 된다. 화자가 복숭아나무를 이해하는데 오래 걸렸기에 그가 복숭아나무의 '그늘' 아래에 있게 되는 때는 어느새 복숭아나무의 꽃이 다 져 버린 후이다. 화자는 꽃이 다 져 버려 '조금은 심심한 얼굴'을 하고 있는 복숭아나무를 의인화하여 그에 대한 친밀감을 드러내며, 마침내 복숭아나무의 '그늘' 아래서 '저녁이 오는 소리'를 가만히 들으며 비로소 복숭아나무에 대해 이해하고 교감하는 모습을 보여 준다. 이 작품은 복숭아나무에 대한 화자의 인식과 태도의 변화 과정을 통해, 우리가 대상에 대해 가지게 되는 일방적인 편견에서 벗어나 대상을 이해하고 그 대상과 소통해야 함을 말하고 있다.

04 논문으로 만나는 출제자의 시선

작품의 상징성 해석

「그 복숭아나무 곁으로」에서 흰꽃과 분홍꽃을 한몸에 피우고 서 있는 복숭아나무는 그 다양한 꽃빛만큼이나 '너무도 여러 겹의 마음'을 지니고 있다. 그런데 그 여러 겹의 마음을 읽어 내기 전까지 '나'와 '나무'의 심리적 거리는 멀기만 하다. 화자는 처음에 이 복숭아나무의 다채로운 속성을 부담스러워하며 멀리서만 바라본다. 그러나 시간이 흐르면서 그 거리를 좁히고, 마침내 나무의 다층적인 내면을 이해하게 된다. 그 기다림과 탐색의 과정 속에서 화자는 흰꽃과 분홍꽃 사이에 존재하는 수천 가지의 빛깔을 발견하고, 그 다채로운 내면이 결국 외로움과도 연결될 수 있음을 깨닫는다.

시간이 흘러, 화자는 그 나무의 '그늘'로 들어간다. 저녁이 찾아오며 태양 빛이 기울어질 때, 비로소 나무는 깊은 그늘을 드리운다. 화자는 그 그늘에서 '저녁이 오는 소리를' '가만히' 듣는다. '그늘'이라는 시각적 이미지와 '소리'라는 청각적 이미지는 이렇게 연결되어 화자와 복숭아나무의 성숙한 만남을 그려 낸다. 이 만남은 낯선 타자를 조심스럽게 배려하면서 그 곁으로 다가서기까지의 숱한 기다림과 인내를 겪은 경험의 결과이며, 이를 통해 결국 화자는 나무의 그늘과 함께하는 경험을 하게 된다. 처음에는 '사람이 앉지 못할 그늘'일 것이라 짐작했지만, 마침내 화자는 그 그늘 속에서 평온히 머무르며 '저녁이 오는 소리'를 듣는다. 이는 단순한 거리감의 해소를 넘어, 타자의 내면을 이해하고 공감하는 과정의 완성을 보여 준다.

해석의 확장 : 또 다른 '나'와의 화해

이 시에서 화자는 자신과의 화해를 시도하고 있는 것으로 볼 수 있다. '피우고 싶은 꽃빛이 너무 많은' 복숭아나무는 '여러 겹의 마음'을 지닌 화자 자신의 모습이기도 하기에 더욱 '가까이 가고 싶지 않았'다고 화자는 고백한다. **자신의 모습이 투영된 복숭아나무를 외면하면서 '외로'워 했던 화자는 이제 내 안의 무수히 많은 자아들의 다양성을 인정하기까지 '참 오래' 걸렸다고 고백하면서, '수천의 빛깔'이 뿜어내는 다양성에 '눈부셔' 한**다. '사람이 앉지 못할 그늘'을 가진 듯 보였던 그 나무의 그늘 아래로 화자가 들어서는 모습은 '수천의 빛깔'을 지닌 다양한 '나'들과 '나'가 서로를 받아들이며 하나로 녹아드는 장면을 연상시킨다. 그래서 이 시의 마지막 연은 '복숭아나무 그늘에서 / 가만히' '저녁이 오는 소리'를 듣는 평화로운 분위기를 선물한다.

05 나BS 실전 문제

다음 글을 읽고 물음에 답하시오. [교육청 기출 변형]

(가)

너무도 여러 겹의 마음을 가진

그 복숭아나무 곁으로

나는 왠지 가까이 가고 싶지 않았습니다

흰꽃과 분홍꽃을 나란히 피우고 서 있는 그 나무는 아마

사람이 앉지 못할 그늘을 가졌을 거라고

멀리로 ㉠ 멀리로만 지나쳤을 뿐입니다

흰꽃과 분홍꽃 사이에 수천의 빛깔이 있다는 것을

나는 그 나무를 보고 멀리서 알았습니다

눈부셔 눈부셔 알았습니다

피우고 싶은 꽃빛이 너무 많은 그 나무는

그래서 외로웠을 것이지만 **외로운 줄도 몰랐을 것입니다**

그 여러 겹의 마음을 읽는 데 참 오래 걸렸습니다

흩어진 꽃잎들 어디 먼 데 닿았을 무렵

조금은 심심한 얼굴을 하고 있는 그 **복숭아나무 그늘에서**

가만히 들었습니다 저녁이 오는 소리를

             - 나희덕, 「그 복숭아나무 곁으로」 -

(나)

천변 잔디밭을 밟고

사람들이 걷기 운동을 하자

잔디밭에 외줄기 길이 생겼다

어쩌나 잔디가 밟혀죽을 텐데

내 걱정 아랑곳없이

가르마길이 나고 그 자리만 **잔디가 모두 죽었다**

오늘 새벽에도 사람들이 그 길을 걷는데

㉡ 멀리서도 보였다

죽은 잔디싹들이 사람의 몸 속에 푸른 길을 내고 살아 있는 것이

푸른 잔디의 것이 아니라면

저 사람들의 말소리가 저렇게 청량하랴

걷는 사람들의 웃음소리 얘기소리에서

싱싱한 풀꽃 냄새가 난다

그제서야 나는 잔디가 죽은 것이 아니라

사람들에게 길을 내어주고 비켜서 있거나

아예 **사람 속에서 꽃피고 있음을 안다**

그렇듯 언젠가는 사람들도

잔디에게 자리를 내어준다는 것도 알겠다

             - 복효근, 「잔디에게 덜 미안한 날」 -

01. (가)와 (나)의 공통점으로 가장 적절한 것은?

① 색채어를 활용하여 대상의 모습을 구체화하고 있다.

② 설의적 표현을 사용하여 화자의 깨달음을 드러내고 있다.

③ 경어체를 활용하여 화자의 내적 정서를 고백하고 있다.

④ 후각적 심상을 활용하여 대상의 속성을 부각하고 있다.

⑤ 상승과 하강의 이미지를 반복하여 주제를 강조하고 있다.

02. ㉠, ㉡에 대한 설명으로 가장 적절한 것은?

① ㉠은 대상에 대한 동경을, ㉡은 연민을 나타낸다.

② ㉠은 대상에 대한 기대감을, ㉡은 친밀감을 나타낸다.

③ ㉠은 대상에 대한 동질감을, ㉡은 일체감을 나타낸다.

④ ㉠은 대상에 대한 상실감을, ㉡은 실망감을 나타낸다.

⑤ ㉠은 대상에 대한 심리적 거리감을, ㉡은 관심을 나타낸다.

03. 다음은 (가), (나)에 대한 '엮어 읽기 과제 수행록'이다. 과제를 수행한 결과로 적절하지 <u>않은</u> 것은?

◦ 공통점 : 인식의 변화 과정을 담고 있음.
◦ 시적 대상(의미)
  (가) : 복숭아나무(타인), (나) : 잔디(자연물)
◦ 시상의 흐름에 따른 감상

(가)	시상	(나)
'사람이 앉지 못할 그늘을 가졌을 거'에서 타인에 대한 선입견이 나타남 ·········· a	피상적 인식	'잔디가 모두 죽었다'에서 자연물에 대한 단편적 인식이 나타남.
'흰꽃과 분홍꽃 사이에 수천의 빛깔이 있다'에서 타인의 본모습을 발견함.	새로운 발견	'푸른 잔디의 것이 아니라면 저 사람들의 말소리가 저렇게 청량하랴'에서 자연물과 사람들의 관계를 발견함. ············· b
'외로운 줄도 몰랐을 것'에서 욕심을 버리고 다른 사람을 위해 자신을 희생하는 타인의 모습을 인식하게 됨. ············· c	인식의 변화	'잔디가 죽은 것이 아니라' '사람 속에서 꽃 피고 있음'에서 자연물이 사람들에게 생명력을 전해 준다고 인식하게 됨.
'복숭아나무 그늘에서 가만히 들었습니다'에서 타인을 진정으로 이해하고 교감함. ··· d	결과	'언젠가는 사람들도 잔디에게 자리를 내어 준다'에서 죽음이 생명으로 이어지는 자연의 순환적 원리를 깨달음. ············· e

---

① a   ② b   ③ c   ④ d   ⑤ e

33 문태준, 가재미

STEP 01 OX 문제를 통한 지문 이해 훈련

나BS 수능특강 | 현대문학

김천의료원 6인실 302호에 산소마스크를 쓰고 암 투병 중인 **그녀**가 누워 있다
바닥에 바짝 엎드린 **가재미**처럼 그녀가 누워 있다
나는 그녀의 옆에 나란히 한 마리 가재미로 눕는다
가재미가 **가재미에게 눈길**을 **건네**자 그녀가 울컥 눈물을 쏟아낸다
한쪽 눈이 다른 한쪽 눈으로 옮아 붙은 야윈 그녀가 운다
그녀는 죽음만을 보고 있고 나는 그녀가 살아온 파랑 같은 날들을 보고 있다
좌우를 흔들며 살던 그녀의 물속 삶을 나는 떠올린다
그녀의 오솔길이며 그 길에 돋아나던 대낮의 뻐꾸기 소리며
가늘은 국수를 삶던 저녁이며 흙담조차 없었던 그녀 누대의 가계를 떠올린다
두 다리는 서서히 멀어져 가랑이지고
폭설을 견디지 못하는 나뭇가지처럼 등뼈가 구부정해지던 그 겨울 어느 날을 생각한다
그녀의 숨소리가 느릅나무 껍질처럼 점점 거칠어진다
나는 그녀가 죽음 바깥의 세상을 이제 볼 수 없다는 것을 안다
한쪽 눈이 다른 쪽 눈으로 캄캄하게 쏠려 버렸다는 것을 안다
나는 다만 좌우를 흔들며 헤엄쳐 가 그녀의 물속에 나란히 눕는다
산소호흡기로 들이마신 물을 마른 내 몸 위에 그녀가 가만히 적셔 준다

OX문제

01	단정적 어조로 대상에 대한 주관적 정서를 강화하고 있다. [2010학년도 6월]	(O / X)
02	동일한 시구를 반복함으로써 화자의 의지를 강조하고 있다. [2018학년도 수능]	(O / X)
03	화자는 '그녀'의 모습을 통해 '가재미'를 연상하고, '그녀'를 '가재미'에 비유하고 있다.	(O / X)
04	화자가 '가재미에게' '건네'는 '눈길'은 '그녀'에게 보내는 공감과 연민의 시선이다.	(O / X)
05	동적 이미지를 통해 미래에 대한 화자의 소망을 나타낸다. [2013학년도 9월]	(O / X)

과외식 해설

김천의료원 6인실 302호에 산소마스크를 쓰고 암 투병 중인 그녀가 누워 있다
　구체적 공간 제시　　　　　　　시적 대상('그녀')의 상황

바닥에 바짝 엎드린 가재미처럼 그녀가 누워 있다　　　■ : 직유법 → '그녀'의 모습을 선명하게 형상화함.
　　　　가자미. 몸이 납작한 물고기
　　　　　　　　　　　1~2행 : 암 투병으로 입원실에 누워 있는 그녀

나는 그녀의 옆에 나란히 한 마리 가재미로 눕는다　　　□ : '그녀'의 고통을 이해하는 화자 상징
　　　　　　누워 있는 '그녀'와 시선을 맞추려는 화자의 모습

가재미가 가재미에게 눈길을 건네자 그녀가 울컥 눈물을 쏟아낸다
　그녀　　　공감과 위로

한쪽 눈이 다른 한쪽 눈으로 옮아 붙은 야윈 그녀가 운다
　　가자미의 외형적 특징을 '그녀'의 상황과 연결함.
　　　　　　　　　　3~5행 : 죽음을 앞두고 '가재미'처럼 누워 우는 그녀
　　　　　　　　잔물결과 큰 물결
그녀는 죽음만을 보고 있고 나는 그녀가 살아온 파랑 같은 날들을 보고 있다
　　　　　　　　　　'그녀'의 고단했던 삶(과거)을 떠올림. → 현재의 비극성 강화

좌우를 흔들며 살던 그녀의 물속 삶을 나는 떠올린다

「그녀의 오솔길이며 그 길에 돋아나던 대낮의 뻐꾸기 소리며　　「　」: 그녀의 삶을 이루던 요소들을 열거함.

가늘은 국수를 삶던 저녁이며」흙담조차 없었던 그녀 누대의 가계를 떠올린다
　가는　　　　　　　흙으로 쌓아 만든 담　　　여러 대를 거치는 동안의 집안 살림 → 대로 가난하게 살아옴.
　　　　　　　　　　아래쪽이나 한끝이 갈라지고
두 다리는 서서히 멀어져 가랑이지고
똑바로 서 있지 못하고 점점 쇠약해져 가는 '그녀'의 모습
　　　　　　　　　　　병세가 악화되던 시점
폭설을 견디지 못하는 나뭇가지처럼 등뼈가 구부정해지던 그 겨울 어느 날을 생각한다
　　　　　　　　　　6~11행 : 가난하고 힘겨웠던 그녀의 과거 삶에 대한 환기

그녀의 숨소리가 느릅나무 껍질처럼 점점 거칠어진다

나는 그녀가 죽음 바깥의 세상을 이제 볼 수 없다는 것을 안다

한쪽 눈이 다른 쪽 눈으로 캄캄하게 쏠려 버렸다는 것을 안다

『나는 다만 좌우를 흔들며 헤엄쳐 가 그녀의 물속에 나란히 눕는다
　　　　　　　　　죽음을 앞둔 '그녀'의 상황을 받아들이고 '그녀'를 위로함.

산소호흡기로 들이마신 물을 마른 내 몸 위에 그녀가 가만히 적셔 준다』
　　　　　　　　　　　　『　』: 화자와 '그녀'가 나눈 교감
　　　　　　　　　　12~16행 : 죽음을 앞둔 그녀와의 교감

김천의료원 6인실 302호에~가재미처럼 그녀가 누워 있다 → '그녀'가 있는 '김천의료원'에 문병을 간 화자의 상황이 제시되고 있다. 그리고 화자는 암에 걸려 침대에 힘없이 누워 있는 '그녀'의 상태를 '바닥에 바짝 엎드린 가재미'의 모습에 빗대어 표현하고 있다.

나는 그녀의 옆에 나란히~그녀가 울컥 눈물을 쏟아낸다 → 화자가 '그녀' 옆에 가재미처럼 눕는 행위는 '그녀'의 처지에 공감하고 위로를 보내는 행동으로 볼 수 있다. 이때 화자가 '그녀'에게 건넨 눈길에 '그녀'가 울컥 눈물을 흘리는 것은, 화자의 공감과 위로가 '그녀'에게 전해졌음을 보여 준다.

한쪽 눈이 다른 한쪽 눈으로 옮아 붙은 야윈 그녀가 운다 → 어릴 때는 눈이 양쪽에 위치해 있다가 성장하면서 점차 한쪽으로 몰리는 가재미의 외형적 특징을, 삶에서 죽음으로 옮겨 가는 '그녀'의 처지와 연결 지어 형상화하고 있다.

그녀는 죽음만을 보고 있고~생각한다 → 화자는 삶의 희망을 버린 '그녀'를 대신하여 '그녀'의 과거를 떠올리고 있다. 이때 '오솔길'은 '그녀'가 걸어온 삶의 길을, '가늘은 국수'와 '흙담조차 없었던' 누대의 가계'는 가난하게 살아온 '그녀'의 삶을 의미한다.

그녀의 숨소리가~쏠려 버렸다는 것을 안다 → '그녀'의 병세가 악화되고 있음을 보여 준다. 또한 '그녀가 죽음 바깥의 세상을 이제 볼 수 없으며, '한쪽 눈이 다른 쪽 눈으로 캄캄하게 쏠려 버렸다는 것'은 '그녀'가 죽음에 임박했음을 나타낸다. 이는 앞서 나온 '한쪽 눈이 다른 한쪽 눈으로 옮아 붙은' 표현이 변주된 것으로, 이제는 완전히 죽음을 향한 상태가 되었음을 강조한다. 이때 화자가 이를 '안다'고 표현한 것을 통해, 화자는 죽음을 앞둔 '그녀'의 상황을 정확하고 인지하고 있음을 알 수 있다.

나는 다만 좌우를 흔들며~그녀가 가만히 적셔 준다 → '그녀'가 죽음에 임박했음을 깨달은 화자는 '그녀'와 같이 '좌우를 흔들며' 헤엄쳐 가 '그녀'와 나란히 누웠다. 이는 '그녀'의 죽음을 받아들이면서 위로하는 화자의 태도를 드러낸다. 또한 마지막 행에서 '그녀'가 '산소호흡기로 들이마신 물을 마른' 화자의 몸에 적셔 주는 행위는 화자를 위한 '그녀'의 애정을 의미한다. 이러한 모습들은 화자와 '그녀' 사이의 교감을 보여 주는 것이라 할 수 있다.

03 작품 해제

01 | 주제

암 투병 중인 '그녀'에 대한 연민과 깊은 교감

02 | 특징

① 죽음을 앞둔 '그녀'에 대한 연민과 애정을 드러내는 화자 중심의 시
② 직유법, 열거법 등을 사용하여 대상에 대한 화자의 인식을 표출함.
③ 시적 공간과 시적 상황을 구체적으로 제시하여 사실감을 줌.
④ 현재형 어미를 사용하여 시적 상황을 생생하게 드러냄.

03 | 작품 해제

　　이 시는 암 투병 중인 시인의 친척을 대상으로 한 작품으로 알려져 있다. 작품에서 화자는 죽음을 앞두고 힘없이 누워 있는 그녀의 모습을 '가재미'에 빗대어 표현한다. 이 독특한 비유는 힘겨운 삶을 살다 죽음을 앞둔 그녀를 향한 위로와 연민을 효과적으로 전달한다. 화자는 그녀의 고통을 이해하며 교감하는 모습을 보여 줌으로써 삶과 죽음의 경계에 선 사람들을 향해 따뜻한 마음을 드러내고 있다.

STEP 04 논문으로 만나는 출제자의 시선

인간에 대한 이해

「가재미」는 '가재미'의 속성과 죽음을 향해 가고 있는 그녀의 상황을 구체적으로 연결해 절묘하게 표현한 시다. 시인은 살이 빠져 마치 침대에 붙어 있는 듯한, 몸을 거의 움직이지 못한 채 간신히 눈동자로만 의사 표현을 하는 그녀를 '가재미'에 빗대어 표현하고 있다. '가재미'는 단순히 그녀가 누워 있는 모습을 시각적으로 보여 줄 뿐만 아니라, 오직 죽음을 향해 천천히 나아가는 그녀의 현재 상태를 드러내는 이미지에 해당한다. 즉, '가재미'라는 비유는 옆으로 누운 채 한쪽 눈으로 서로를 바라보는 모습에서 출발해, 결국 그녀가 죽음으로 향하고 있는 상황을 더욱 강조하며 깊은 슬픔을 불러일으킨다.

「가재미」의 특징 중 하나는 인간의 삶을 보다 구체적으로 드러내며, 이를 진정으로 이해하는 모습을 보여 준다는 점이다. 시에서 '나'가 죽음을 앞둔 그녀의 병실 침대에 나란히 눕자, 산소마스크에 의지해 겨우 숨을 이어 가던 그녀가 '나'를 알아보고 눈물을 흘린다. 그런 그녀를 보며 '나'는 그녀가 살아온 고된 삶을 떠올린다. 평생을 가난하고 힘겹게 살아온 그녀에게 '나'가 해 줄 수 있는 일은 아무것도 없다. 다만 가재미처럼 누워 눈을 맞추며 마지막 인사를 건넬 수 있을 뿐이다. 그런 '나'를 아끼는 그녀의 마음을 담은 듯, 산소호흡기에서 뿜어져 나오는 김이 '나'를 감싼다.

이 시의 내용은 감상적일 만큼 쓸쓸하고 슬프지만, 이를 묘사하는 시인의 표현은 정확하고 예리하다. 시인이 자신의 감정을 담담하게 제시하고 있다는 점은 이 시의 큰 장점이다. 시인은 충분히 울고 있지만, 그 울음소리를 직접적으로 드러내지 않는다. 그렇기에 「가재미」는 정확한 표현과 서정적인 분위기를 모두 갖춘, 보기 드물게 아름다운 시로 평가된다.

한편, 이러한 아름다움의 바탕에는 인간에 대한 깊은 이해와 포용이 있다. '나'는 누운 채 그녀가 살아온 삶을 찬찬히 떠올린다. 흙담조차 없던 집, 가늘은 국수로 상징되는 대대로 이어진 가난, 그리고 그녀가 겪었던 힘든 나날들이 스쳐 지나간다. 한 인간을 이해한다는 것은 결국 그가 살아온 모든 것을 알고, 그것을 마음으로 받아들이는 것이다. 인간에 대한 애정은 이처럼 온전한 이해와 연민을 통해 완성된다.

「가재미」에 나타난 비유

「가재미」에서 암 투병으로 죽어 가는 '그녀'를 대신하는 핵심적인 비유어는 '가재미'다. 시적 주체가 그녀를 가재미에 비유한 것은 다음과 같은 공통성 때문이다.

① 그녀는 암 투병으로 늘 누워 있다. 가자미 역시 납작한 몸을 바다 밑바닥에 눕히고 산다. ② 그녀의 눈은 가자미처럼 한쪽 눈이 다른 한쪽 눈으로 옮아 붙었다. 이것은 그녀가 다시 살아날 가능성을 잃었다는 뜻이다. 지금 '그녀는 죽음만을 보고' 있다. ③ 건강할 때에도 그녀의 삶은 고난이 많았다. '그녀가 살아온 파랑 같은 날'은 가자미가 크고 작은 물결을 헤쳐 온 날이기도 하다. ④ 그녀의 가난은 '좌우를 흔들며 살던' '물속 삶'에 비유될 만한 것이었다. ⑤ 늙고 병들어 구부정해진 등뼈와 가랑이진 다리를 한 그녀의 현재 모습은, 어릴 때는 보통의 물고기와 같다가 다 자란 후에 몸이 뒤틀린 가자미를 생각나게 한다. ⑥ '그녀의 숨소리'는 느릅나무 껍질 같은데, 이 나무의 껍질은 가자미의 피부색이기도 하다. ⑦ 마침내 그녀는 산소 호흡기로 산소가 아니라 물을 들이마신다. 그녀와 가자미가 한 몸이 되었다는 뜻이다.

그녀가 '가재미'에 비유되면서, 그녀의 과거와 현재와 미래, 그녀의 모습과 삶과 환경이 모두 가자미의 그것들로 설명된다.

다음 글을 읽고 물음에 답하시오. [교육청 기출 변형]

(가)

여승(女僧)은 합장(合掌)하고 절을 했다
가지취의 내음새가 났다
쓸쓸한 낯이 옛날같이 늙었다
ⓐ 나는 불경(佛經)처럼 서러워졌다

평안도(平安道)의 어늬 산(山) 깊은 금점판*
나는 파리한 여인(女人)에게서 옥수수를 샀다
여인은 나 어린 딸아이를 따리며 가을밤같이 차게 울었다

섶벌*같이 나아간 지아비 기다려 십 년(十年)이 갔다
지아비는 돌아오지 않고
어린 딸은 도라지꽃이 좋아 돌무덤으로 갔다

산(山)꿩도 설게 울은 슬픈 날이 있었다
산(山)절의 마당귀에 여인의 머리오리가 눈물방울과 같이 떨어진 날이
있었다

- 백석, 「여승」 -

*금점판 : 금광의 일터.
*섶벌 : 재래종의 일벌.

(나)

김천의료원 6인실 302호에 산소마스크를 쓰고 암 투병 중인 그녀가 누
워 있다
㉠ 바닥에 바짝 엎드린 가재미처럼 그녀가 누워 있다
㉡ 나는 그녀의 옆에 나란히 한 마리 가재미로 눕는다
가재미가 가재미에게 눈길을 건네자 그녀가 울컥 눈물을 쏟아낸다
한쪽 눈이 다른 한쪽 눈으로 옮아 붙은 야윈 그녀가 운다
그녀는 죽음만을 보고 있고 ⓑ 나는 그녀가 살아온 파랑 같은 날들을 보
고 있다
좌우를 흔들며 살던 그녀의 물속 삶을 나는 떠올린다
그녀의 오솔길이며 그 길에 돋아나던 대낮의 뻐꾸기 소리며
㉢ 가늘은 국수를 삶던 저녁이며 흙담조차 없었던 그녀 누대*의 가계를
떠올린다
두 다리는 서서히 멀어져 가랑이지고
폭설을 견디지 못하는 나뭇가지처럼 등뼈가 구부정해지던 그 겨울 어느
날을 생각한다

㉣ 그녀의 숨소리가 느릅나무 껍질처럼 점점 거칠어진다
㉤ 나는 그녀가 죽음 바깥의 세상을 이제 볼 수 없다는 것을 안다
한쪽 눈이 다른 쪽 눈으로 캄캄하게 쏠려버렸다는 것을 안다
나는 다만 좌우를 흔들며 헤엄쳐 가 그녀의 물속에 나란히 눕는다
산소호흡기로 들이마신 물을 마른 내 몸 위에 그녀가 가만히 적셔준다

- 문태준, 「가재미」 -

*누대 : 여러 대.

01. (가)와 (나)의 공통점으로 가장 적절한 것은?

① 자연물과 대상을 대비하여 화자의 심리를 드러내고 있다.
② 비유적 표현을 통해 시적 상황을 효과적으로 나타내고 있다.
③ 현재 시제를 사용하여 시적 상황을 현장감 있게 제시하고 있다.
④ 상승과 하강의 이미지를 대비하여 시적 의미를 강화하고 있다.
⑤ 음성 상징어를 사용하여 시적 대상이 지닌 정서를 생동감 있게 드러내고
있다.

02. ⓐ, ⓑ에 대한 설명으로 적절한 것은?

① ⓐ는 자신과 시적 대상의 삶을 비교하고 있다.
② ⓐ는 시적 대상으로 인해 삶을 바라보는 관점이 변하고 있다.
③ ⓑ는 시적 대상을 통해 자신이 추구하는 삶의 모습을 드러내고 있다.
④ ⓑ는 시적 대상과의 상호 작용을 통해 정서적으로 교감하는 모습을 드러내
고 있다.
⑤ ⓐ와 ⓑ는 모두 시상이 전개되면서 시적 대상과 하나가 되려는 의지를 드러
내고 있다.

03. 〈보기〉를 바탕으로 (가)를 감상한 내용으로 적절하지 <u>않은</u> 것은?

<보기>

「여승」은 한 여인의 비극적 삶을 통해 일제의 식민지 수탈로 농촌 공동체가 몰락하고 가족 공동체가 파괴되는 당대의 현실을 그리고 있다. 이 작품은 가족의 생계를 위해 집을 떠난 지아비를 찾아 금점판을 떠돌다가 어린 딸마저 잃고 여승이 되어 버린 한 여인의 기구한 인생을 4연 12행의 짧은 구성으로 밀도 있게 보여 준다. 또한 이 시의 시상은 시간적 흐름에 따르지 않고 시간적 순서를 재구성하여 전개되고 있는 것이 특징이다.

① 여인이 '금점판'에서 '옥수수'를 팔고 '나'가 그 '옥수수'를 사는 것은 농촌 공동체의 몰락과 이를 회복하기 위한 행위로 볼 수 있군.
② '섶벌같이 나아간 지아비'가 '십 년이' 지나도록 '돌아오지' 않은 사실은 가난으로 인해 가족 공동체가 파괴된 모습으로 볼 수 있군.
③ '어린 딸'이 '도라지꽃이 좋아 돌무덤'으로 갔다는 것은 남편을 찾아 떠돌다가 딸마저 잃게 된 여인의 기구한 삶을 드러낸 것이군.
④ '여인의 머리오리가 눈물방울과 같이 떨어진 날'은 여인이 현실의 삶을 견디지 못하고 여승이 된 날로 볼 수 있군.
⑤ 여인의 비극적인 삶을 재구성하여 1연에서는 여승이 된 현재 모습을, 2~4연에서는 여승이 되기까지의 과거 모습을 보여 주고 있군.

04. ㉠~㉺에 대한 이해로 적절하지 <u>않은</u> 것은?

① ㉠ : 병상에 누워 투병하는 그녀의 모습에서 납작한 가재미를 떠올리고 있다.
② ㉡ : 투병 중인 그녀에 대한 나의 연민과 위로가 구체적 행위로 드러나 있다.
③ ㉢ : 가난하고 힘들게 살았던 그녀의 과거 삶이 드러나 있다.
④ ㉣ : 죽음이 임박해지고 있는 그녀의 현재 상황이 드러나 있다.
⑤ ㉤ : 죽음을 받아들일 수밖에 없는 그녀의 체념적 태도가 나타나 있다.

STEP

01 OX 문제를 통한 지문 이해 훈련

ㄴBS 수능특강 | **현대문학** ●

여수*에 잠겼을 때, 나에게는 조그만 희망도 숨어버린다.
요령*처럼 흔들리는 슬픈 마음이여!
요지경 속으로 나오는 좁은 세상에 이상스러운 세월들
나는 추억이 무성한 **숲속**에 섰다.

요지경을 메고 다니는 늙은 장돌뱅이의 고달픈 **주막** 꿈처럼
누덕누덕이 기워진 **때 묻은 추억**,
신뢰할 만한 현실은 어디에 있느냐!
나는 시정배와 같이 현실을 모르며 아는 것처럼 믿고 있었다.

괴로운 행려 속 외로이 쉬일 때이면
달팽이 깍질 틈에서 문밖을 내다보는 얄미운 노스타르자*
너무나, 너무나, **뼈 없는 마음**으로
오— 늬는 무슨 두 뿔따구를 휘저어보는 것이냐!

*여수 : 객지에서 느끼는 쓸쓸함이나 시름.
*요령 : 놋쇠로 만든 종 모양의 큰 방울.
*노스타르자 : 노스탤지어. 고향을 몹시 그리워하는 마음. 또는 지난 시절에 대한 그리움.

OX문제

01 '숲속'에서 '주막'으로 이동한 화자는 휴식하며 '때 묻은 추억'을 떠올리고 있다.   (O / X)
02 고향을 아름다운 추억이 간직되어 있는 공간으로 묘사하고 있다. [2007학년도 6월]   (O / X)
03 영탄과 독백의 어조를 통해 화자의 심정을 드러내고 있다. [2014학년도 수능A]   (O / X)
04 반어적 표현을 통해 자조적인 태도를 드러내고 있다. [2007학년도 9월]   (O / X)
05 쓸쓸히 떠도는 현실을 극복한 화자는 '달팽이'와 같이 '뼈 없는 마음'을 가지고 살아가고자 한다.   (O / X)

과외식 해설

여수에 잠겼을 때, 나에게는 조그만 희망도 숨어버린다.
객지에서 느끼는 쓸쓸함이나 시름   → 절망적 현실
→ 화자가 현재 고향을 떠나 있는 처지임이 드러남.

요령처럼 흔들리는 슬픈 마음이여!
손잡이가 달린 작은 종처럼(직유법)   ▨ : 영탄적 표현 → 화자의 정서 강조

요지경 속으로 나오는 좁은 세상에 이상스러운 세월들
장난감의 하나로 렌즈 속의 환상적이거나 재미있는 이미지를 돌려보는 것

나는 추억이 무성한 숲속에 섰다.
      추상적 관념인 '추억'을 시각화함.

        1연 : 여수에 잠겨 현실에 절망하며 추억을 떠올림.

      고단한 하루를 마치고 꾸는 꿈처럼(직유법)
요지경을 메고 다니는 늙은 장돌뱅이의 고달픈 주막 꿈처럼
        돌아다니면서 물건을 파는 장수

누덕누덕이 기워진 때 묻은 추억,
      가난하고 고단한 화자의 추억   ▨ : 화자를 의미하는 시어

신뢰할 만한 현실은 어디에 있느냐!

나는 시정배와 같이 현실을 모르며 아는 것처럼 믿고 있었다.
  시장에서 장사하는 사람과 같이(직유법)

        2연 : 현실을 모르고 살아온 삶에 대한 자책

      외롭게 쉴 때면
괴로운 행려 속 외로이 쉬일 때이면
      나그네가 되어 돌아다님.

달팽이 깍질 틈에서 문밖을 내다보는 얄미운 노스타르자
      껍질   노스탤지어. 고향을 몹시 그리워하는 마음. 또는 지난 시절에 대한 그리움.

너무나, 너무나, 뼈 없는 마음으로
반복 → 정서 강조   · 연약, 나약, 소심

오—늬는 무슨 두 뿔따구를 휘저어보는 것이냐!
    달팽이   더듬이를 휘저어 무언가를 찾는 몸짓

        3연 : 괴로운 행려 속에서 느끼는 향수

여수에 잠겼을 때,~이상스러운 세월들 → 화자는 절망적인 현실 속에서 동요하는 자신의 심정을 흔들리는 '요령'의 모습으로 형상화하며 슬픔을 강조하고 있다. 한편, 이 작품이 일제 강점기에 쓰였음을 고려할 때, '요지경' 속에서 확인되는 '좁은 세상'은 시대적 상황을 표현한 것으로 볼 수 있다.

나는 추억이 무성한 숲속에 섰다. → '추억이 무성한 숲속'은 고향과 과거에 대한 추억을 시각적으로 구체화한 표현이다. 화자가 이 '숲속에 섰다'는 것은 고향과 과거의 대한 추억을 떠올리며 여수를 달래고자 한 것으로 볼 수 있다.

요지경을 메고 다니는~때 묻은 추억, → 고향을 상실한 채 혼란스러운 세월 속에서 긴 시간을 방랑한 화자를 '늙은 장돌뱅이'처럼 빗대어 표현하고 있다. 또한 부정적 현실 속에서 화자의 추억은 아름답기보다는 해지고 찢어진 곳을 너저분하게 기운 것처럼 '때묻'어 있음을 드러내고 있다.

신뢰할 만한 현실은 어디에 있느냐!~아는 것처럼 믿고 있었다. → 현실이 불확실하고 신뢰할 수 없음을 영탄적 표현을 활용해 강조하고 있다. 방랑하며 살아온 화자는 현실에 대한 믿음을 잃었다. 그리고 현실을 제대로 모르면서도 현실에 대한 막연한 믿음을 가지고 기대를 하며 살아왔음을 깨닫고, 자조적인 시선으로 자신을 바라보고 있다.

괴로운 행려 속~얄미운 노스타르자 → '달팽이 깍질'은 화자의 소극적인 내면을 의미한다. 화자는 객지를 떠돌면서 괴로움과 외로움을 느낄 때마다 고향과 지난 시절에 대한 그리움에 잠겨 있었음을 알 수 있다. 화자는 이를 얄밉다고 표현하며 자조적 태도를 보이고 있다.

너무나, 너무나,~두 뿔따구를 휘저어보는 것이냐! → '달팽이'가 '두 뿔따구를 휘'젓는 모습은 화자가 고향을 그리워하며 추억을 떠올리는 행위를 묘사한 것이다. 화자는 이러한 행위가 무력한 현실에서 어떠한 변화를 주지 못한다는 사실에 대한 자조와 한탄을 드러내고 있다. 즉 화자는 부정적인 현실에 능동적으로 대응하지 못하고, 현실에 대한 착각 속에서 달팽이처럼 껍질 안에 숨어 고향만 떠올리는 자기 자신의 모습을 성찰하고 있는 것이다.

STEP 03 작품 해제

01 | 주제

객지에서 느끼는 쓸쓸함과 고향에 대한 그리움

02 | 특징

① 방랑하는 현실의 답답함과 고향에 대한 그리움을 드러낸 화자 중심의 시
② 영탄적, 비유적 표현으로 화자의 내면을 효과적으로 드러냄.
③ 추상적 관념을 구체적 대상으로 시각화하여 형상화함.

03 | 작품 해제

이 시는 방랑의 세월 속에서 느끼는 답답함과 고향에 대한 그리움 등을 그린 작품으로, 독특한 비유와 상징, 애상적인 어조를 통해 화자의 정서를 섬세하게 표현하고 있다. 화자가 고향을 그리워하는 것은 혼란스러운 현실에서 느끼는 답답함에서 비롯된다. 현실에 대해 알고 있다고 믿었으나 사실은 모르고 있었다는 것을 깨달은 화자는, 어지럽고 고달픈 현실에서 신뢰할 것이 없음을 괴롭게 깨닫는다. 이에 대한 자책과 회한 속에서 화자는 마음의 안식으로서의 고향을 떠올린다. 화자의 모습에는 일제 강점기의 억압적인 현실에 방황했던 시인의 모습이 투영되어 있으며, 고향을 떠나 유랑하며 현실을 바꾸지 못한 채 고향의 추억만을 떠올리는 자신에 대한 자조적 한탄이 드러나고 있다.

STEP 04 논문으로 만나는 출제자의 시선

니BS 수능특강 | **현대문학**

작가론

오장환은 1933년, 16세의 나이에 등단해 서정주, 이용악, 이육사, 윤곤강 등과 『시인부락』, 『낭만』, 『자오선』 등의 동인으로 활동을 하였고, 1930년대를 대표하는 시인 중 한 사람으로 자리매김하였다.

오장환의 초기 시라고 할 수 있는 식민지 시대의 시편에는 강렬한 비애와 죽음 의식 그리고 유랑 의식이 함께 갖추어져 있다. '해변가로 밀려온 소라 속처럼 나도 껍데기가 무척은 무거웁고나. 수통하고나.(「성씨보」)'라고 자신을 부정적으로 묘사했던 그는 다른 여러 작품들에서 자기 동일성의 위기 국면을 노래하면서, 고향을 떠나 객지를 떠돌고 결국 고향으로 돌아가려는 떠돌이로서의 정체성을 드러내었다.

해방기에는 조선 문학가 동맹에 가담하여 활동하였고, 월북하여 1951년 타계할 때까지 지속적으로 작품을 창작함으로써 짧은 생애에도 불구하고 방대한 작품을 남겼다.

'고향'의 상실과 유랑

일제 강점기였던 1930년대는 여러 시인들이 우회적인 방법으로 나라를 잃은 안타까운 감정과 그리운 고향을 형상화하는 시들을 발표했다. '고향'이라는 장소에 의미를 두고 시로 형상화함으로써, 부정적 현실에서 고향이 실존적인 대상으로 인식되고 생명력을 갖게 되었기 때문이다. 오장환 또한 고향에 대한 느낌을 구체적으로 형상화한 시를 남겼다.

오장환의 시 속 고향에는 장소에 대한 애정분만 아니라 상실의 면모가 드러나기도 한다. 고향이라는 근원적 뿌리에 대한 애정은 물론이며, 고향을 등진 유랑자가 겪는 장소 상실의 감정이 뚜렷하게 나타나 있다. 시인은 시 속에 '고향에 대한 애착을 드러내며 내면에 고향이 깊이 자리 잡고 있음을 표현하지만, 현실적으로 돌아가지 못하는 상태이므로 장소에 대한 상실감 또한 드러낸다.

이러한 상황은 화자 개인에게만 국한된 것이 아니라, '고향'이라는 장소를 잃어버려 떠도는 사람들에게 공통적인 상처로 작용하므로, 모든 실향민의 아픔을 표현하였다. 식민지 시대를 살아가던 사람들은 정체성의 혼란을 겪어야 했으며, 익숙한 장소를 잃어버리고 유랑하는 경험을 하였다. 이러한 경험은 시에서 고향 상실로 표출되었고, 그로 인한 고통 또한 형상화되었다.

STEP

01 OX 문제를 통한 지문 이해 훈련

ㄴBS 수능특강 | **현대문학** ●

청계천 7가 골동품 가게에서
나는 어느 황소 목에 걸렸던 방울을
하나 샀다.

그 영롱한 소리의 방울을 딸랑거리던
소는 이미 이승의 짐승이 아니지만,
나는 소를 몰고 **여름 해 질 녘 하산하던**
그날의 소년이 되어, 배고픈 저녁연기 피어오르는
마을로 터덜터덜 걸어 내려왔다.

장사치들의 흥정이 떠들썩한 문명의
골목에선 지금, **삼륜차가 울려대는 경적**이
저자 바닥에 따가운데
내가 몰고 가는 **소의 딸랑이는 방울소리**는
돌담 너머 옥분이네 안방에
들릴까 말까,
사립문 밖에 나와 날 기다리며 섰을
누나의 귀에는 들릴까 말까.

OX문제

01 청각의 시각화를 통해 소재의 생동감을 부각하고 있다. [2019학년도 6월] (O / X)

02 화자는 '여름 해 질 녘 하산하던' 자신을 떠올리며 '마을'을 그리워하고 있다. (O / X)

03 동일한 시행의 반복을 통해 운율감을 자아내고 있다. [2013학년도 9월] (O / X)

04 구체적 지명을 활용하여 향토적 정서를 환기하고 있다. [2014학년도 6월AB] (O / X)

05 '삼륜차가 울려대는 경적'과 다르게 '소의 딸랑이는 방울소리'는 화자가 그리워하는 대상이다. (O / X)

LIBS _ 나 없이 EBS 풀지마라

STEP 02 지문 분석

청계천 7가 골동품 가게에서
화자의 현재 공간 → 구체적 지명으로 제시

나는 어느 황소 목에 걸렸던 방울을 / 하나 샀다.

☐ : 시상을 유발하는 소재(그리운 과거를 떠올리게 하는 매개물)

1연 : 골동품 가게에서 방울을 사는 화자

그 영롱한 소리의 방울을 딸랑거리던

소는 이미 이승의 짐승이 아니지만,
골동품 가게의 방울을 목에 달았던 소

「나는 소를 몰고 여름 해 질 녘 하산하던

「 」 : '방울'을 매개로 하여 과거를 회상하는 화자의 모습을
참신한 표현으로 드러냄.

그날의 소년이 되어, 배고픈 저녁연기 피어오르는
어린 시절의 화자   소박한 시골 마을의 풍경

마을로 터덜터덜 걸어 내려왔다.」
화자의 고향

2연 : 방울을 매개로 그리운 어린 시절을 회상함.

장사치들의 흥정이 떠들썩한 문명의
상인들이 물건을 사고파는 소리

☐ : 현재의 복잡한 도시 문명(부정적)
‡
☐ : 과거의 평화로웠던 고향 마을(긍정적)

골목에선 지금, 『삼륜차가 울려대는 경적이

저자 바닥에 따가운데』 『 』 : 공감각적 심상(청각의 촉각화)
시장바닥

내가 몰고 가는 소의 딸랑이는 방울소리는

돌담 너머 옥분이네 안방에 / 들릴까 말까,

사립문 밖에 나와 날 기다리며 섰을   ☐ : 설의적 표현 / 동일한 시구 반복
→ 화자의 정서 강조, 운율 형성

누나의 귀에는 들릴까 말까.

3연 : 시끄러운 일상에서 그리운 고향을 떠올림.

과외식 해설

청계천 7가 골동품 가게에서~하나 샀다. → '청계천 7가 골동품 가게'라는 구체적인 공간적 배경에서 '어느 황소 목에 걸렸던 방울' 하나를 사게 된 화자의 상황이 제시되고 있다. 시적 공간과 화자의 상황이 명확히 드러날 때에는 잘 체크해 두어야 한다.

그 영롱한 소리의 방울을 딸랑거리던 / 소는 이미 이승의 짐승이 아니지만, → 소가 걸고 있던 방울이 골동품(오래되었거나 희귀한 옛 물품) 가게에 있었다는 것은, 현재 사람들이 이를 더 이상 쓰지 않는다는 의미이다. 그리고 '이승의 짐승이 아니'라는 것에서도 드러나듯 골동품 가게에 있는 방울을 목에 달았던 소는 이미 죽은 상황임을 알 수 있다.

나는 소를 몰고 여름 해 질 녘 하산하던~마을로 터덜터덜 걸어 내려왔다. → 실제로 화자가 다시 소년이 되었거나 '마을'로 공간을 이동한 것이 아니라, '골동품 가게'에서 산 '방울'의 소리를 듣고 과거를 회상하고 있는 것이다. 화자에게는 소가 내는 방울 소리를 들으며 마을로 내려왔던 과거 경험이 있었기에, 현재 방울 소리를 듣고 자연스럽게 과거를 회상하고 있다. 한가로웠던 과거를 그리워하는 화자의 반응을 체크할 수 있다.

장사치들의 흥정이 떠들썩한 문명의~딸랑이는 방울 소리는 → 시끌벅적하고 복잡한 현대 도시 문명의 모습과 평화롭고 한가로웠던 과거 고향의 모습이 대비되는 부분이다. 화자는 '골동품 가게'에서 산 '방울'이 환기하는 정겨운 '방울소리', 즉 과거의 고향을 그리워하고 있다.

돌담 너머 옥분이네 안방에~누나의 귀에는 들릴까 말까. → 설의적 표현을 사용한 '들릴까 말까'의 시구를 반복하여 과거에 대한 그리움의 정서를 강조하고 있다. 또한 '돌담 너머'의 '옥분이'와 '사립문 밖'에서 화자를 기다리며 서 있는 '누나'는 화자가 그리워하는 유년 시절의 추억을 이루고 있는 대상들이라 할 수 있다.

STEP 03 작품 해제

01 | 주제

어린 시절과 고향에 대한 그리움

02 | 특징

① 유년 시절 고향에서의 추억을 떠올리며 그리워하고 있는 화자 중심의 시
② '방울소리'를 매개로 과거에 대한 향수를 불러일으키며 시상을 전개함.
③ 특정 시구를 반복하여 운율을 형성하고 시적 의미를 강조함.
④ 대립적인 시어(방울소리 ↔ 경적)를 통해 화자의 정서를 효과적으로 드러냄.

03 | 작품 해제

이 시는 골동품 가게에서 구입한 소 방울을 통해 유년 시절 고향에서의 추억을 떠올리는 작품이다. 딸랑거리는 방울 소리라는 청각적 심상을 통해 화자의 과거 체험을 환기함으로써 과거의 아름답고 소중한 추억을 불러내고 있다. 화자는 방울 소리를 들으며 풀을 먹인 소를 몰고 산을 내려왔던 유년 시절의 여름날 저녁을 떠올린다. 바쁘고 시끄러운 소음으로 상징되는 현재의 일상과 달리, 소 방울 소리가 들리는 고즈넉한 고향의 모습은 기억 속에 아련하게 남아 있다.

STEP 04 논문으로 만나는 출제자의 시선

나BS 수능특강 | **현대문학**

▶ 작가론

이수익은 1962년 《서울신문》 신춘문예에 시가 당선되어 등단하였다. 이수익은 이미지즘적인 기교를 통해 우수와 비애, 관조와 객관화 등을 표현하여 다른 시인의 작품들과는 차별성을 보이고 있으며, 이에 따라 그만의 독특한 시 세계를 구축하고 있다.

이수익의 초기 시는 등단 이후 1970년대의 작품으로, 그 시기에 나타난 자기애적 탐닉 행위에 집중했다. 보다 완벽한 아름다움을 담아내기 위해 절제되고 객관화된 시어를 사용하였으며, 시적 기법에서의 독보적인 위치를 획득하였다.

중기 시는 1980년대 작품으로, 중견 시인이자 한 가정의 가장으로서 고심하게 되는 관계 의식에 집중했다. 이 시기는 문단의 상황으로나, 개인사적으로나 급변하는 모습을 보였다. 이수익에게 상경(지방에서 서울로 감)과 각종 문학상 수상은 문단의 중앙으로 들어가게 되었을 뿐만 아니라, 가족·문단·직장의 울타리 속에서 관계 의식을 자각하게 된 기점이 되었다. 이러한 상황에서 그는 방어 기제적 면모를 보이며, 여러 위치에서의 관계에 대해 사유하고자 했다.

후기 시는 1990년대 이후 작품으로, 기존의 소극적이고 정체된 자아의 모습과는 다르게 보다 적극적인 행동으로 스스로 존재론적 탐구에 집중했다. 주관과 객관, 나와 당신, 그리고 세계로 이어지는 끊임없는 존재 인식은 자아의 통합과 세계와의 화해로 이어졌다. 이처럼 자기 존재의 확인 작업은 단지 주관의 표출만이 아닌, 낭만적 에로티시즘의 완성을 이루었다.

다음 글을 읽고 물음에 답하시오. [교육청 기출 변형]

(가)

잃어버렸습니다.
무얼 어디다 잃었는지 몰라
두 손이 주머니를 더듬어
길에 나아갑니다.

돌과 돌과 돌이 끝없이 연달아
길은 돌담을 끼고 갑니다.

담은 **쇠문**을 굳게 닫아
길 위에 긴 그림자를 드리우고

길은 **아침에서 저녁으로**
저녁에서 아침으로 통했습니다.

돌담을 더듬어 눈물짓다
쳐다보면 하늘은 부끄럽게 푸릅니다.

풀 한 포기 없는 이 길을 걷는 것은
담 저쪽에 내가 남아 있는 까닭이고,

내가 사는 것은, 다만,
잃은 것을 찾는 까닭입니다.

- 윤동주, 「길」 -

(나)

청계천 7가 골동품 가게에서
나는 어느 황소 목에 걸렸던 ㉠ 방울을
하나 샀다.

그 영롱한 소리의 방울을 딸랑거리던
소는 이미 이승의 짐승이 아니지만,
나는 ㉡ 소를 몰고 여름 해 질 녘 하산하던
그날의 소년이 되어, 배고픈 저녁 연기 피어오르는
마을로 터덜터덜 걸어 내려왔다.

장사치들의 흥정이 떠들썩한 문명의

골목에선 지금, 삼륜차가 울려 대는 ㉢ 경적이
저자바닥에 따가운데
내가 몰고 가는 소의 딸랑이는 ㉣ 방울소리는
돌담 너머 옥분이네 안방에
들릴까 말까,
사립문 밖에 나와 날 기다리며 섰을
누나의 귀에는 들릴까 말까.

- 이수익, 「방울소리」 -

01. (가), (나)의 공통점으로 가장 적절한 것은?

① 화자의 시선 이동에 따라 시상을 전개하고 있다.
② 특정 소재에 주목하여 화자의 정서를 드러내고 있다.
③ 자연물에 인격을 부여하여 정서적으로 교감하고 있다.
④ 어조의 변화를 통해서 정적인 분위기를 강조하고 있다.
⑤ 음성 상징어를 사용하여 대상을 생동감 있게 드러내고 있다.

02. 〈보기〉는 (가)에 대한 수업의 일부이다. 학생들의 대답으로 적절하지 <u>않은</u> 것은?

─〈보기〉─

선생님 : 1연에서 화자가 '길'로 나아가는 것은 잃어버린 자아를 찾기 위한 행위를 의미합니다. 화자는 본질적 자아를 회복하고 싶어 하는 것이지요. 그럼, 2연부터 어떻게 해석될 수 있는지 발표해 볼까요?

① 2연에서 '돌과 돌과 돌이 끝없이 연달아' 있다는 것은 잃어버린 자아를 찾고자 하는 화자의 의지가 확고하다는 것을 보여 줍니다.
② 3연에서 돌담에 '쇠문'이 굳게 닫혀 있다는 것은 화자가 본질적 자아를 찾는 과정이 쉽지 않다는 것을 뜻합니다.
③ 4연에서 길이 '아침에서 저녁으로', '저녁에서 아침으로' 통한다는 것은 잃어버린 자아를 찾기 위한 화자의 노력이 지속적임을 의미합니다.
④ 5연에서 화자는 본질적 자아를 찾지 못해 '눈물'지으며 자신에게 부끄러움을 느낍니다.
⑤ 6연, 7연에서 화자는 '풀 한 포기 없는' 상황 속에서도 잃어버린 자아를 찾는 것이 살아가는 이유임을 분명히 하고 있습니다.

03. ㉠~㉣을 중심으로 (나)를 이해한 것 중, 적절하지 <u>않은</u> 것은?

① ㉠은 화자를 유년 시절의 시간과 공간으로 유도하는 기능을 한다.
② ㉡은 ㉠에 의해 연상된 것으로 화자의 소박하고 평화롭던 시절을 환기한다.
③ ㉢은 ㉣과 대비되어 현대 문명의 부정적 이미지를 부각시킨다.
④ ㉣을 통해 화자는 소중한 이에 대한 그리움의 정서를 환기한다.
⑤ ㉣은 ㉡을 통해 깨닫게 된 자연과 인간사의 부조화를 상징한다.

나 없이
EBS
풀지마라

**EBS 수특 국어
완벽 대비!**

정답과 해설

나 없이
EBS
풀지 마라

Part 1. 현대시   01 | 박두진, 해

O/X 정답

01. O	02. X	03. O	04. X	05. O

1. 대상을 반복적으로 호명하면 초점은 자연스레 모아지므로 선지의 앞부분만 판단하면 된다. '해야'라며 중심 대상인 '해'를 반복적으로 호명하고 있으므로 선지의 내용은 적절하다.
2. 화자는 '달밤이 싫'다는 이유로 '해'가 '솟아'나길 바라고 있으나, '밤새도록' '산'을 넘는 주체가 화자인 것은 아니다. 화자는 '해'가 '산'을 '넘어' 솟아나면서 '어둠을 살라 먹'기를 바라고 있다.
3. '해야 솟아라. 말갛게 씻은 얼굴 고운 해야 솟아라.', '산 넘어 산 넘어서 어둠을 살라 먹고, 산 넘어서 밤새도록 어둠을 살라 먹고,' 등에서 유사한 시구를 점층적으로 변주하여 리듬감을 형성하고 있다.
4. 자연물인 '해'의 속성에 주목하고 있다고 볼 수 있으나, 이를 통해 교훈적 의미를 전달하고 있지는 않다.
5. '꽃도 새도 짐승도 한자리 앉아,~앳되고 고운 날을 누려 보리라.'에서 화자는 '꽃', '새', '짐승'이 모두 모여 조화롭게 살아가는 '앳되고 고운 날'을 소망하고 있음을 드러내고 있다.

나BS 실전 문제 정답

01. ③	02. ②	03. ④

01.

의인법 같은 특정 표현법을 사용하면 시적 의미는 당연히 드러나므로 선지의 앞부분만 확인하면 된다. (가)는 '맑갛게 씻은 얼굴', '애띈 얼굴' 등에서 자연물인 '해'에 인격을 부여하고 있다. 참고로 '해야'와 같이 자연물을 호명하는 것 자체로도 의인화를 허용할 수 있다. 한편 (나)에서는 자연물인 '호박'을 '그녀'라고 지칭하며 인격을 부여하고 있으므로 선지의 내용은 적절하다.

오답 풀이

① (가) X, (나) X / (가)와 (나) 모두 냉소적 어조를 사용하고 있지 않으며, 이를 통해 대상과의 거리감을 드러내고 있지도 않다. ② (가) X, (나) X / (가)와 (나) 모두 역설적 상황을 제시하여 대상의 속성을 부각하고 있지 않다. ④ (가) X, (나) X / (가)와 (나) 모두 과거와 현재를 대비하고 있지 않으며, 이를 통해 미래에 대한 전망을 드러내고 있지도 않다. ⑤ (가) O, (나) X / 긍정적 대상에게 말을 건네면 '친밀감'을 허용할 수 있다. (가)는 '해야'라며 대상에게 말을 건네는 방식을 사용하고 있으므로 적절하다. 반면, (나)는 대상에게 말을 건네는 방식을 사용하고 있지 않으며, 이를 통해 친밀감을 드러내고 있지도 않다.

02.

〈보기〉에 따르면 (가)에서 '해'는 '작가가 지향하는 세계로 향하게 하는 긍정적 매개의 역할을 하'며, '부정적인 대상과 대비되는 밝음을 상징'한다. 2연의 '눈물 같은 골짜기'와 '아무도 없는 뜰'은 이러한 '해가 없는 부정적 공간에 해당하므로, 이 두 공간을 '해'가 매개한다고 볼 수는 없다.

오답 풀이

① 〈보기〉에 따르면 (가)에서 '해'는 '부정적인 대상과 대비되는 밝음을 상징'한다. 이를 고려할 때 '어둠을 살라 먹'는 '해'는 부정적인 대상인 '어둠'과 대비되는 광명한 존재라고 할 수 있으며, 이 둘의 대비를 통해 '해'의 의미를 부각하고 있다고 볼 수

있다. ③ 음성 상징어를 사용하면 대상의 속성을 생동감 있게 표현할 수 있다. '훨훨훨 깃을 치는 청산'이라는 표현에서 날개 치며 시원스럽게 나는 모양의 의태어인 '훨훨훨'을 활용하여 햇빛을 받은 '청산'의 활기찬 모습을 강조하고 있으므로 선지의 내용은 적절하다. ④ 〈보기〉에 따르면 (가)에서 '작가가 궁극적으로 바라는 것'은 '활기찬 세상에서 모든 살아 있는 것들이 화합하여 평화롭게 살아가는 것'이다. 이를 고려할 때, 4, 5연에서 '사슴과 놀고', '칡범과 놀고'라는 행위를 제시한 것은 화합과 평화의 가치를 드러내기 위함이라고 볼 수 있다. ⑤ 〈보기〉에 따르면 (가)에서 '해는 작가가 지향하는 세계로 향하게 하는 긍정적 매개의 역할을 하'며, 작가는 궁극적으로 '활기찬 세상에서 모든 살아 있는 것들이 화합하여 평화롭게 살아가는 것'을 바라고 있다. 이를 고려할 때, 6연에서 '해'가 솟으면 '꽃도 새도 짐승도 한자리 앉아, 애띄고 고운 날을 누리자고 표현한 것은 작가가 지향하고자 하는 세계를 드러내기 위함이라 볼 수 있다.

03.

화자가 '늙은 호박'을 '벌레들이 오글오글 빨고 있는' 모습에서 ⓔ(불꽃)을 연상했다는 점에서, ⓔ은 벌레들을 위해 희생하는 늙은 호박을 비유한다고 볼 수 있다. 따라서 ⓔ은 자신의 생명을 벌레들에게 전이하는 '호박'을 비유하는 것이기에 강렬한 생명력을 환기한다고 볼 여지는 있으나, 이것이 화자에게 삶의 의지를 부여한다고 보기는 어렵다.

오답 풀이

① '늙은 호박'을 보고 ⓖ(뜻밖의 수확)이라고 표현한 것은, 화자가 호박을 음식으로 인식한 것이다. 이는 호박의 가치를 물질적 측면에서 인식하는 화자의 태도가 드러난다고 볼 수 있다. ② '호박'을 '뜻밖의 수확'이라고 인식했던 화자는 벌레들이 호박을 빨고 있는 모습을 보고 '소신공양을 위해 / 타닥타닥 타고 있는 불꽃 같다며 이를 ⓒ(은밀한 의식)이라고 표현하였다. '소신공양'은 자기 몸을 태워 부처 앞에 바치는 일을 뜻하는 말로, 호박의 희생정신을 드러낸다. 따라서 ⓒ은 호박의 가치에 대한 화자의 인식이 물질적 측면에서 정신적 측면으로 바뀌었음을 보여 주는 표현이라 할 수 있다. ③ 벌레들이 호박을 빨고 있는 모습을 본 화자가 '소신공양'을 위해 타오르는 '불꽃'을 떠올리며 ⓒ(고춧대)를 덮어 준 것을 통해 화자가 '호박'을 의미 있는 존재로 여기고 있음을 짐작할 수 있으므로 적절하다. ⑤ 화자는 속살이 사라지고 남은 호박의 형체를 ⓜ(둥근 사리들!)이라고 표현했는데, 이때 '사리'는 훌륭한 스님이 죽은 후 화장하면 나온다는 구슬 모양의 것을 가리킨다. 따라서 ⓜ을 통해 '호박'의 희생을 긍정적으로 바라보는 화자의 시각이 드러난다고 할 수 있다.

Part 1. 현대시   02 | 한용운, 당신을 보았습니다

O/X 정답

01. O	02. X	03. O	04. X	05. X

1. 경어체는 청자를 전제하는 것이기 때문에 경어체의 종결 어미를 사용하면 말을 건네는 방식을 허용할 수 있다. 경어체의 종결 어미를 통해 '당신'에게 말을 건네는 방식을 사용하여 시상을 전개하고 있으므로 적절하다.
2. '주인'에게서 굴욕적인 말을 듣고 눈물을 쏟거나 자신을 '능욕하려는 장군'을 만났던 것에 대해 이야기하는 것에서 현실에 대한 부정적 인식이 나타난다고 볼 수 있으나, 이를 바탕으로 앞날에 대한 회의를 드러내고 있지는 않다. 화자는 오히려 '당신'을 보고 부정적 현실을 극복하고자 하는 의지를 다지고 있다.
3. '저녁거리가 없어서 조나 감자를 꾸러 이웃집에' 간 화자는 도움은커녕 주인으로부터 「거지는 인격이 없다. 인격이 없는 사람은 생명이 없다. 너를 도와주는 것은 죄악이다.」라는 굴욕적인 말을 듣고 돌아 나왔으므로 적절하다.

4. 화자는 '스스로의 슬픔'이 '남에게 대한 격분'으로 바뀌려는 찰나가 아닌, '남에게 대한 격분이 스스로의 슬픔으로 화(化)하는 찰나에 당신을 보았'다고 하였으므로 적절하지 않다.

5. '당신을 보았습니다.'라는 시구가 반복되고 있으나, 이를 통해 시적 상황에 대한 화자의 부정적 정서가 심화되는 과정을 드러내고 있지는 않다. 화자는 부정적인 시적 상황에서 '당신을 보게' 됨으로써 절망을 극복하고 참된 가치를 추구하고자 하고 있다.

Part 1. 현대시　　03 | 심훈, 그날이 오면

O/X 정답

| 01. O | 02. X | 03. X | 04. O | 05. O |

1. '삼각산이 일어나 더덩실 춤이라도 추고 / 한강물이 뒤집혀 용솟음칠 그날이,'에서 역동적 이미지를 통해 '그날(미래)'에 대한 화자의 소망을 나타내고 있다.

2. '깨어져', '죽사오매', '한' 등에서 암울하고 비관적인 정서를 내포한 시어를 사용했다고 볼 수 있다. 그러나 이를 통해 '그날'에 대한 강렬한 열망을 강조하고 있을 뿐, 비극적 상황을 고조하고 있지는 않다.

3. 화자가 '그날이 오기를 바라고 있는 것은 맞으나, 화자가 현재 '종로의 인경을 머리로 들이받아 울리'고 있는 것은 아니다. 해당 구절은 '그날'이 온다면 '종로의 인경을 머리로 들이받아' 죽더라도 기쁠 것임을 드러낸 표현이다.

4. '오히려 무슨 한이 남으오리까.'에서 설의적 표현을 사용하여 '그날'이 오기를 염원하는 화자의 정서를 강조하고 있다.

5. '두개골은 깨어져 산산조각이 나도 / 기뻐서 죽사오매 오히려 무슨 한이 남으오리까.'에서 화자는 '그날'이 와서 자신의 '두개골'이 '깨어져 산산조각이 나도' '기뻐서 죽'는 것이기에 '한이 남'지 않을 것이라 말하고 있다.

Part 1. 현대시　　04 | 조지훈, 산상의 노래

O/X 정답

| 01. O | 02. X | 03. X | 04. O | 05. X |

1. 1연과 7연이 수미상관의 구조를 이루고 있으며, 1연에서 '무엇을 간구하며 울어 왔'던 화자가 7연에서는 바람직한 미래를 '기다리며 노래하'고 있으므로 선지의 설명은 적절하다.

2. '무엇을 기다리며 노래하는가.'라며 물음의 형식으로 종결하고 있으나, 이를 통해 화자의 깨달음이 부정되고 있음을 나타내고 있지 않다. 또한 윗글에서 화자는 어떠한 깨달음을 얻고 있지 않다.

3. '환히 트이는 이마 위 / 떠오르는 햇살은 / 시월상달의 꿈과 같고나.'는 '아침'을 맞이한 화자의 기쁨과 즐거움을 나타내고 있는 부분이다. 씁쓸해하는 화자의 태도는 나타나지 않는다.

4. '오래 잊었던 피리의 / 가락을 더듬노니'에서 공감각적 표현(청각의 촉각화)을 사용하여 이미지를 선명하게 드러내고 있다.

5. 화자가 '맑은 바람 속에 옷자락을 날리며' '홀로 서서' '무엇을 기다리며 노래하'고 있는 것은 맞다. 하지만 여기서의 '무엇'은 1연에서 화자가 '간구하며 울었던 '무엇'이 아닌 새로운 미래에 대한 염원, 소망 등을 의미한다. 1연의 '무엇'은 화자가 과거에 간구했던 것인 광복, 해방 등을 의미하고, 7연의 '무엇'은 앞으로 나아가야 할 이상향 등을 의미하므로 동일하게 볼 수 없다.

01.

시에 있는 모든 표현이나 시어들은 주제 의식을 드러내기 위한 것이니, 선지의 앞부분만 판단해 보자. (가)의 화자는 '나래 떨던 샛별아 숨으라.', '향기로운 싸릿순을 사양하라.'와 같은 명령적 어조를 통해 '샛별'과 '사슴과 토끼'의 행동을 유도하고 있다. 한편 (나)의 화자는 '치욕으로 푸르다'와 같은 단정적 서술을 통해 도시 문명을 부정적으로 생각하면서도 그에 적응하며 살고 있는 나무와 자신의 치욕을 드러내고 있다. 참고로 단정적 어조란 '~다.'와 같이 명확하거나 확신이 담긴 표현을 사용하는 어조를 가리킨다.

오답 풀이

① (가) X, (나) X / (가)에는 계절의 변화가 나타나 있지 않으며, (나)에서도 공간의 이동은 나타나지 않는다. ② (가) X, (나) X / (가)에 '높으디높은 산마루', '떠오르는 햇살'이라는 시각적 이미지가 나타나 있기는 하나, 이를 통해 자연의 위대함을 표현하고 있지는 않다. 한편 (나)에서는 '나비와 벌이 / 붕붕거린다는 것', '아삭아삭 / 뜯어 먹는다는 것'이라는 청각적 이미지가 사용되었지만, 이를 통해 자연에 대한 두려움을 표현하고 있지는 않다. ④ (가) O, (나) X / (가)에서 화자가 '샛별'이라는 무생물을 '샛별아'라고 부르는 것을 통해 인격화된 사물을 청자로 하여, '숨'으라는 소망을 전달하고 있음을 알 수 있다. 한편 (나)에서 '나무'는 인격화된 사물이지만 화자가 '나무'에게 말을 건네고 있지 않으며, 화자의 소망이 나타나고 있지도 않다. ⑤ (가) X, (나) X / (가)에서 '극복 의지'는 허용할 수 있지만, 도치법은 사용되지 않았다. 한편 (나)는 '참을 수 없다 나무는, 알고 보면 / 치욕으로 푸르다'에서 도치법을 사용하고 있으나, 이를 통해 부정적 현실에 대한 극복 의지를 드러내고 있지는 않다.

02.

시에서 변화(시상/태도/시공간)는 출제의 핵심이다. 화자의 상황이 변한 것을 극적으로 보여 주는 첫 연과 마지막 연을 대비하면서 변화의 내용을 물어보고 있다. '향기로운 싸릿순'은 평화로운 풍경을 나타내는 시어로 볼 수 있으므로 지향점으로 볼 여지가 있으나, '나래 떨던 샛별'은 부정적인 상황(어둠)에서 '떨'고 있는 대상이므로, 화자의 지향점(도달하고자 하는 목표)으로 보기 어렵다.

오답 풀이

① 화자는 [A]에서 생명력이 없는 '낡은 고목'에 '못 박힌 듯 기대어' 있는 부정적인 상황에 처해 있다. 이에 반해 [B]는 '맑은 바람 속에' '무엇을 기다리며 노래'하고 있는 긍정적인 상황이다. 따라서 [A]에서 화자를 울게 한 문제는 [B]에서 기다림의 대상이 아니다. ② 화자가 [A]에서 생명력을 상실한 '낡은 고목'에 '못 박힌 듯 기대어' 있다는 것은 과거의 고통을 나타내는 것이다. 반면 [B]에서는 '맑은 바람'이 부는 긍정적인 상황 속에 서 있는 것이므로, 긍정적인 미래에 대한 기대가 드러났다고 볼 수 있다. ③ [A]의 '긴 밤'은 화자가 울어 왔던 부정적인 상황이지만, [B]는 '이 아침' 이후 '꽃다운 하늘'이 찾아온 긍정적인 상황이므로 부정적인 시간을 지나 긍정적인 미래가 펼쳐질 것을 기대할 수 있을 것이다. 덧붙여 시대적 상황을 고려했을 때, '긴 밤'은 일제에 의해 주권을 빼앗긴 조국의 암울한 현실이고, '이 아침' 이후는 조국 광복 이후의 평화로운 시간이므로 상황이 변했다는 것을 알 수 있다. ⑤ '사늘한 가슴'과 '메마른 입술'은 생명력을 잃은 부정적인 상태이다. 따라서 [A]에서는 '사늘한 가슴'에 다시 생명력이 깃들기를 '간구'한 것이고, 긍정적인 상황인 [B]의 '노래'는 '메마른 입술'의 생명력이 회복된 이후이므로 그 후의 소망을 나타낸다고 볼 수 있다.

03.

〈보기〉에서 '나무'는 '도시에 제대로 뿌리박지 못하면서도 도시 환경에 적응하여

꽃을 피'운다고 했고, 화자는 그에 대한 '치욕'을 읽어 냈다고 했으므로, 나무가 환경에 적응하지 못했다는 설명과 화자가 이를 비판하고 있다는 설명은 적절하지 않다.

오답 풀이

① '들뜬 뿌리'는 제대로 뿌리를 내리지 못하고 들떠 있는 나무를 가리킨다. 〈보기〉에서 나무는 '도시에 제대로 뿌리박지 못'하고 있다고 했고, '도시의 이주민인 화자'가 '나무에 대해 동질감'을 느낀다고 했으므로 적절한 설명이다. ② '내성'은 어떤 것을 반복적으로 접하면서 변화를 견딜 수 있는 생물의 성질을 의미한다. 따라서 '내성이 생긴 이파리'는 '나무'가 삭막한 도시 환경에 적응하며 버티기 위해 가지게 된 성질을 가리킨다고 볼 수 있다. ③ '가로등'은 도시 문명을 가리키고, 이를 '시끄러운'과 같이 부정적으로 표현했으므로, '시끄러운 가로등 곁'은 나무가 꽃을 피우며 참아 내야 할 삭막한 도시 환경을 가리킨다. ④ 〈보기〉를 통해 나무가 삭막한 도시 환경에서 고통을 견디며 꽃을 피우고, 도시 환경에 적응하고 있음을 알 수 있다. 따라서 '신경증과 불면증'은 나무가 도시에 적응하기 위해 견뎌 내야 할 고통을 보여 준다.

Part 1. 현대시   05 | 이육사, 황혼

O/X 정답

01. O	02. O	03. O	04. X	05. X

1. 명시적 청자인 '황혼'에게 말을 건네는 방식으로 시상을 전개하고 있으므로 적절하다.
2. '십이성좌의 반짝이는 별들에게도~많은 수인들에게도', '고비 사막을~토인들에게라도'에서 '별들', '수녀들', '수인들', '행상대', '토인들'이라는 소외된 존재들을 열거하여 주제를 부각하고 있으므로 적절하다.
3. 화자는 '골방의 커-튼을 걷고' '황혼을 맞아들'인 후 '바다의 흰 갈매기들같이도 / 인간은 얼마나 외로운 것이냐'라며 '인간'이 '외로운' 존재임을 인식하였으므로 적절하다.
4. 화자가 아늑한 '골방'이라는 공간에 있는 것은 맞으나, 커튼을 걷고 외부에 대한 관심을 지속적으로 표출한다는 점에서 탈속적 삶을 추구한다고 볼 수 없다.
5. '오월'을 계절적 배경을 알려 주는 시어로 볼 수 있으나, 이를 통해 시간에 따라 화자의 처지가 달라졌음을 드러내고 있지는 않다.

나BS 실전 문제 정답

01. ②	02. ③	03. ③	04. ④

01.

(가)는 '부드러운', '뜨거운'이라는 촉각적 심상을 활용하여 각각 '황혼'과 '입술'의 속성을, (나)는 '차운(차가운)'이라는 촉각적 심상을 활용하여 '물보라'의 속성을 구체화하고 있다.

오답 풀이

① (가) X, (나) X / (가)와 (나) 모두 수미상관 기법을 사용하고 있지 않다. ③ (가) X, (나) X / (가)는 '-이냐', '-ㄹ까'라는 의문형 종결 어미를 통해 물음의 방식을 취하고 있을 뿐, 묻고 답하는 형식을 사용하고 있지는 않다. 또한 (나)에서도 묻고 답하는 형식은 나타나지 않았다. ④ (가) O, (나) X / (가)에서는 '푸른'이라는 색채어를 활용하여 커튼이 있는 '골방'이라는 시적 공간에 대한 인식을 드러내고 있다. 반면 (나)에서는 색채어를 사용하고 있지 않다. ⑤ (가) X, (나) X / (가)와 (나) 모두

반어적 표현을 사용하고 있지 않으며, 현실에 대한 비판 의식을 드러내고 있지도 않다.

02.

'별들', '수녀들', '수인들'이 바로 '의지할 가지 없'이 '떨고 있는' 존재들이므로, '의지할 가지 없'이 '떨고 있는' 존재들이 이들에게 위로 받기를 바라는 마음을 보여 준다는 선지의 내용은 적절하지 않다.

오답 풀이

① '바다의 흰갈매기들같이도~외로운 것이냐'에서 화자는 '인간'을 '바다의 흰갈매기'에 빗대어 '외로운' 존재임을 부각하고 있다. ② '황혼'의 '손'에 '입술'을 '맞추'고 싶어 하던 화자의 인식이 '모-든 것'에 '입술'을 '보내'려는 것으로 확장되고 있으므로 선지의 내용은 적절하다. ④ '행상대'와 '인디언'은 '지구의 반쪽'에 머무는 소외된 자들이다. 따라서 화자가 이들이 머무는 '지구의 반쪽'을 자신의 '타는 입술에 맡겨달'라고 한 것은, '행상대'와 '인디언'을 향한 관심을 드러낸 것으로 볼 수 있다. ⑤ 화자는 '내 오월의 골방이~걷게 하겠지'에서 '오월의 골방'에서 느껴지는 '아늑'함을 표현함과 동시에 '내일도' '커-튼을 걷어' '황혼'을 맞이하고 싶은 마음을 드러내고 있다.

03.

'옛날은 / 이제 아득히 띄워보내고,'를 통해 화자가 '물거품'같이 '일었다간 스러'졌던 과거의 자신을 극복해야 할 대상으로 여기고 있음을 알 수 있다. 따라서 화자가 자신에 대한 미련으로 인해 현재의 바다와 맞서고 있다고 볼 수는 없다.

오답 풀이

① 화자는 '소년처럼 울음을 참았'던 과거의 경험을 떠올리며 자신이 겪었던 시련을 '차운 물보라'에 빗대어 표현하고 있으므로 선지의 내용은 적절하다. ② 화자는 '부서지는 파도 사이로' '해로가 일렁'이는 상황에서 '나는 홀로이니라, / 나는 바다와 더불어 홀로이니라.'라고 하였으므로 선지의 내용은 적절하다. ④ '자폭의 잔을 채우던 옛날'을 '이제 아득히 뛰워보내'려는 화자의 모습을 통해 화자가 '옛날'을 부정적인 과거로 여기며 현재의 자신과 단절되기를 바라고 있음을 알 수 있다. ⑤ 화자는 '슬픔'이 '바다'처럼 크더라도 '뉘우치지 않을 / 나의 하늘을 꿈꾸'겠다며 미래의 삶을 지향하는 태도를 보이고 있으므로 선지의 내용은 적절하다.

04.

〈보기〉에 따르면 (나)는 '부정적 속성을 지니고 있는 바다와 긍정적 대상인 하늘을 대비하여 나타냄으로써 화자의 내면 상황을 선명하게 드러내고 있'다. 화자는 이러한 바다와 '하늘'을 대립적으로 제시하여 고난과 시련에도 굴하지 않고 밝은 미래로 향하겠다는 의지를 드러내고 있을 뿐, 바다를 '하늘'로 여기는 인식의 전환을 하고 있지는 않다.

오답 풀이

① 〈보기〉에 따르면 (가)에서는 '커튼이 쳐진 골방 안의 고립성과 골방 밖 세계의 개방성이 대립 구조를 이루며 화자의 인식이 부각'된다. (가)의 화자는 '골방의 커-튼을 걷'음으로써 골방 밖 세계에 존재하는 '황혼을 맞아들'이고 있으므로, 화자가 '커-튼을 걷'는 행위를 통해 대립적 구조를 이루는 두 공간이 연결될 수 있음을 인식하고 있다고 볼 수 있다. ② (가)에서 화자는 골방 안의 '커-튼을 걷어' '황혼'을 바라보며 '별들', '수녀들', '수인들', '행상대', '인디언'과 같은 소외된 상황에 놓인 존재들에게 황혼의 포용성이 전해지기를 바라고 있으므로 선지의 내용은 적절하다. ③ 〈보기〉에 따르면 (가)에서 '커튼이 쳐진 골방 안의 고립성과 골방 밖 세계의 개방성'은 '대립 구조를 이룬다. 골방 안이라는 고립된 공간에 있는 (가)의 화자는 골방 밖 세계에 있는 황혼에게 '모-든 것'에 '입술을 보내게 해' 달라며 자신의 바람을 전달함으로써 공간의 한계를 넘어서고자 하는 모습을 보이고 있으므로 선지의 내용은 적절하다.

⑤ '차운 물보라가 / 이마를 적실 때마다' 소극적인 자세로 '소년처럼 울음을 참'기만 했던 (나)의 화자는 '천인의 깊이'의 바다에 '꽃처럼 황홀한 순간을 마련'하는 능동적 자세를 보이며 '하늘을 꿈꾸'고 있으므로 선지의 내용은 적절하다.

Part 1. 현대시   06 | 최두석, 성에꽃

O/X 정답

01. X   02. O   03. X   04. X   05. X

1. '차가운 아름다움'에서 역설적 표현이 사용되었다. 하지만 이를 통해 차가운 유리 창에 서린 서민들의 삶의 아름다움을 강조하고 있을 뿐, 모순적인 상황에 대한 반성적인 자세를 보여 주고 있지는 않다.
2. '지금은 면회마저 금지된 친구여.'에서 영탄적 표현을 통해 '친구'에 대한 그리움을 드러내고 있으므로 선지의 내용은 적절하다.
3. 화자가 '새벽 시내버스'에서 '성에꽃'들을 관찰하고 있는 것은 맞다. 그러나 '전람 회'는 여러 성에꽃들이 있는 모습을 비유적으로 나타낸 표현일 뿐, 화자가 실제로 전람회에 간 것은 아니므로 선지의 내용은 적절하지 않다.
4. 화자가 손가락으로 '성에꽃'을 '정성스레' '한 잎 지우'고 보는 것은 서민들의 삶과 생명력이 담긴 '성에꽃'에 대한 애정에서 비롯된 행위이며, 이는 서민들의 삶의 숨결을 더 잘 느끼고자 하는 태도이므로 부정적 시대 현실에 대한 저항으로 보기는 어렵다.
5. '오랫동안 함께 길을 걸었으나 / 지금은 면회마저 금지된 친구여.'에서 과거와 대비되는 현재의 상황을 드러내고 있다고 볼 수 있다. 하지만 계절적 배경은 '겨울'로 계절의 변화를 나타내고 있지는 않으므로 선지의 내용은 적절하지 않다.

나BS 실전 문제 정답

01. ①   02. ⑤   03. ①   04. ④   05. ③

01.

계절적 배경을 제시하면 시의 분위기는 자연스레 형성되므로, 선지의 앞부분만 판단하면 된다. (가)는 '봄', (나)는 '엄동(겨울)'이라는 계절적 배경을 소재로 하여 시의 분위기를 형성하고 있다.

오답 풀이

② (가) X, (나) X / (가)는 '푸른 웃음 푸른 설움', (나)는 '차가운 아름다움'에서 역설적 표현을 사용하고 있다. 그러나 (가)와 (나) 모두 이를 통해 일상적 삶에 대한 반성을 드러내고 있지는 않다. ③ (가) X, (나) X / (가)는 '들', (나)는 '시내버스'라는 공간적 배경이 제시되어 있을 뿐, (가)와 (나) 모두 여정에 따른 공간 변화는 나타나지 않는다. ④ (가) O, (나) X / (가)는 '가르마 같은', '꿈속을 가듯', '삼단 같은', '살찐 젖가슴 같은' 등에서 직유법을 여러 번 사용하여 대상의 모양이나 속성을 선명하게 제시하고 있으나, (나)에서는 '전람회에 온 듯'에서만 직유법이 나타나고 있다. ⑤ (가) X, (나) O / (가)는 명사나 명사형으로 된 시어를 일부 행들의 끝에 배치하고 있지 않다. 반면, (나)는 '성에꽃', '어른', '아름다움' 등에서 명사나 명사형으로 된 시어를 행들의 끝에 배치하여 운율감을 자아내고 있다.

02.

[A]에서 빼앗긴 조국의 현실에 대해 인식하던 화자는 [B]~[D]에서 봄을 맞이해 생명력 넘치는 국토의 모습에 대한 애정과 국토를 빼앗긴 현실에 대한 자조적 태도를 드러낸 후, [E]에서 암울한 현실에 대해 재인식하고 있다. 따라서 [B]~[D]에서의 화자의

행위가 민중의 처지를 바꿔 보려는 적극적 의지의 소산(어떤 행위나 상황 따위에 의한 결과로 나타나는 현상)이라고 보기는 어렵다.

오답 풀이

① 〈보기〉에 따르면 (가)에는 민중의 참담한 상황에 주목하여 민중의 생활을 노래했던 당대 기조가 잘 반영되어 있다. 이를 고려할 때, [A]의 ㉠(남의 땅―빼앗긴 들)은 국토를 빼앗긴 당시 민중의 참담한 상황을 나타낸 표현이라 할 수 있다. ② 〈보기〉에 따르면 (가)에는 민중의 참담한 상황과 노동에 기반한 민중의 생명력에 주목하면서 민중의 생활을 노래했던 당대 기조가 잘 반영되어 있다. 이를 고려할 때, [C]의 '잘 자란' ㉢(보리밭)에는 암울한 시대 상황을 견디며 살아가는 민중의 생명력이, ㉣(호미)에는 노동을 중시하는 화자의 태도가 함의되어 있다고 볼 수 있다. ③ [B]에서 '입술을 다문~말을 해 다오'와 같이 침묵하는 조국에 대한 답답함을 적극적으로 토로하던 화자는 [D]에서 '무엇을~답을 하려무나'와 같이 국토를 빼앗긴 현실에 대한 허탈감을 드러내며 자조적인 태도를 보이고 있다. 이러한 태도의 변화를 고려하면, 봄을 맞은 국토의 활기찬 모습과 이에 대한 애정을 드러낸 [C]에도 민중의 실상에 대한 화자의 안타까움이 내재되어 있다고 볼 수 있다. ④ [B]의 ㉡(푸른 하늘 푸른 들이 맞붙은 곳)은 희망의 이미지를 드러내며 광복된 조국을 상징한다고 볼 수 있으므로, 화자의 이상이 투영되어 있다고 볼 수 있다. 한편 [D]의 ㉤(푸른 웃음 푸른 설움이 어우러진 사이)에는 국토의 봄 경치를 바라보는 것에 대한 기쁨과 나라를 잃은 현실에서 오는 서러움이 표현되어 있으므로, 화자의 현실 인식이 투영되어 있다고 볼 수 있다.

03.

(가)는 '막막한 한숨이던가', '정열의 숨결이던가', '지금은 면회마저 금지된 친구여'에서, (나)는 '도전을 멈추지 않았으랴', '황홀 보아라' 등에서 영탄적 어조를 사용하여 화자의 고조된 감정을 드러내고 있다.

오답 풀이

② (가) X, (나) X / (가)와 (나) 모두 공감각적 심상을 활용하고 있지 않다. ③ (가) X, (나) O / (가)는 음성 상징어를 사용하고 있지 않다. 한편 (나)는 '싸그락 싸그락', '난분분 난분분'에서 음성 상징어를 반복하여 대상에 생동감을 부여하고 있다. ④ (가) X, (나) X / (가)와 (나) 모두 반어적 표현을 활용하고 있지 않다. ⑤ (가) X, (나) X / (가)는 명령형 표현을 사용하고 있지 않다. 한편 (나)는 '보아라'에서 명령형 표현을 사용하고 있으나, 이를 통해 화자의 의지를 강조하고 있지는 않다.

04.

화자는 '성에꽃 한 잎'을 '정성스레' '지우'며 '성에꽃'에 담긴 서민들의 삶에 대한 애정을 드러내고 있을 뿐, 무력감을 드러내고 있지 않다.

오답 풀이

① '엄동(겨울)'이라는 계절적 배경과 관련지어 '엄동 혹한일수록 / 선연히(산뜻하고 아름답게) 피는 성에꽃'의 속성을 드러내고 있다. ② 화자는 '어제 이 버스를 탔던 / 처녀 총각 아이 어른 / 미용사 외판원 파출부 실업자의 / 입김과 숨결이 / 간밤에 은밀히 만나 피워 낸' 성에꽃'에서 '기막힌 아름다움'을 느끼고 있으므로 선지의 내용은 적절하다. ③ 서민들의 삶의 애환과 열정이 담긴 '성에꽃'들을 '전람회에 온 듯 / 자리를 옮겨 다니며 보'는 화자의 모습에서 그들에 대한 화자의 따뜻한 시선을 느낄 수 있으며, 화자는 이를 바탕으로 '성에꽃'의 '아름다움에 취'하고 있으므로 선지의 내용은 적절하다. ⑤ 화자는 '오랫동안 함께 길을 걸었으나 / 지금은 면회마저 금지된 친구'를 떠올리며 안타까움을 느끼고 있으므로 선지의 내용은 적절하다.

05.

〈보기〉에 따르면 (나)에서 눈은 나뭇가지에 눈꽃을 피우기 위해 인내하고 헌신하

는 존재이며, 이러한 노력으로 첫사랑인 눈꽃을 피워 낸다. 이를 고려할 때, '마침
내 피워 낸 저 황홀'은 나뭇가지의 노력을 통해 피어난 봄꽃에 대한 기쁨이 아닌,
눈의 노력으로 피어난 눈꽃에 대한 기쁨을 드러내는 표현이므로 선지의 내용은
적절하지 않다.

오답 풀이

① 〈보기〉에 따르면 (나)에서 눈은 나뭇가지에 눈꽃을 피우기 위해 인내하고 헌신하
는 존재이다. 이를 고려할 때 '흔들리는 나뭇가지에 꽃 한번 피우'기 위해 눈이 '미끄
러지고 미끄러지길 수백 번' 했다는 것은 눈이 눈꽃을 피우기 위해 많은 시련을 겪
었음을 드러내는 표현이라 할 수 있다. ② 〈보기〉에 따르면 (나)에서 눈은 나뭇가지
에 눈꽃을 피우기 위해 인내하고 헌신하는 존재이다. 이를 고려할 때 눈이 '햇솜 같
은 마음을 다 퍼부어' 주는 것에서 나뭇가지에 대한 눈의 헌신적 태도가 드러난다고
볼 수 있다. ④ 〈보기〉에 따르면 (나)는 인내와 헌신으로 나뭇가지에 첫사랑인 눈꽃
을 피워 내는 눈과 봄이 되어 아름다운 꽃을 피워 내는 나뭇가지의 모습을 통해 사
랑의 고귀함을 전달한다. 이를 고려할 때 눈이 '피워 낸 저 황홀', 즉 눈꽃이 피었던
자리이자 봄꽃이 피어나는 '한 번 덴 자리'는 고귀한 사랑의 바탕으로 볼 수 있다.
⑤ 〈보기〉에 따르면 (나)에서 눈은 인내와 헌신의 노력을 바탕으로 첫사랑인 눈꽃을
피워 내고, 나뭇가지는 봄이 되어 아름다운 꽃을 피워 낸다. 이를 고려할 때, 나뭇가
지가 '봄'에 '터뜨'리는 '아름다운 상처'는 끝없는 인내와 헌신 끝에 얻은 사랑의 결실
인 봄꽃이라 볼 수 있다.

Part 1. 현대시	07 | 정지용, 불사조

O/X 정답

01. O	02. X	03. X	04. O	05. O

1. '-도다', '-노라'의 감탄형 종결 어미를 반복하여 리듬감을 형성하고 있으므로 선
   지의 내용은 적절하다.
2. '비애'를 '너'라고 칭하고 있으므로 인격화된 대상을 청자로 하고 있다는 설명은
   적절하나, 화자의 소망을 전달하고 있지는 않으므로 선지의 내용은 적절하지 않
   다.
3. 화자가 '비애'를 '돌려보낼' '이웃'을 '찾지 못'한 것은 맞으나, '비애'가 화자에게 이
   른 것이 아니라 화자가 '비애'에게 '행복'이 '너'를 아주 싫어한다고 이른 것이므로
   선지의 내용은 적절하지 않다.
4. 화자는 자신의 '청춘이 다한 어느 날' '죽었'던 '비애'를 '스사로 불탄 자리에서 나
   래를 펴는' '불사조'에 빗대어 표현함으로써 '비애'의 영원성을 드러내고 있다.
5. '나'라는 화자를 거듭 명시하면서 시상을 전개하고 있으므로 선지의 내용은 적절
   하다.

Part 1. 현대시	08 | 문병란, 꽃씨

O/X 정답

01. O	02. X	03. X	04. X	05. O

1. '기인'이라는 의도적으로 변형한 시어를 사용하여 리듬감에 변화를 주고 있으므로
   선지의 내용은 적절하다.
2. '가을'이라는 계절적 배경을 활용하고 있으나, 이를 통해 향토적(고향이나 시골의
   정취가 담긴) 분위기를 조성하고 있지는 않다.

---

3. 화자는 '숱한 잎'과 '꽃'의 '찬란한 빛깔'이 사라진 가을날, '작은 꽃씨 한 알'을 보
   고 있는 것이다. '작은 꽃씨 한 알'의 '찬란한 빛깔이 사라진' 것이 아니며, 이에
   대한 안타까움을 드러내고 있지도 않으므로 선지의 내용은 적절하지 않다.
4. 화자의 시선이 화자 내면에서 외부 세계로 이동하는 방식으로 시상을 전개하고
   있지 않다. 오히려 외부 세계의 '작은 꽃씨'를 보던 화자가 '내 마음 어느 깊이에
   서도 / 고이 여물어 가는 빛나는 외로움!'이라며 자신의 내면을 돌아보고 있다.
5. '빛나는 여름의 오후,~만져지는 것일까.'에서 화자가 '하나의 무게', 즉 '꽃씨'를 '꽃
   들의 몸부림'과 '노을의 입김이 여'문 결과로 인식하고 있음을 알 수 있다.

나BS 실전 문제 정답

01. ①	02. ⑤	03. ③	04. ①

01.

> (가)는 '산, 산, 산들!', '산이여!' 등에서, (나)는 '작은 꽃씨 한 알!' 등에서, (다)는
> '태고적 고독인가'에서 영탄적 표현을 통해 감정을 표출하고 있다.

오답 풀이

② (가) X, (나) O, (다) X / (가)와 (다)에서는 역설적 표현을 활용하고 있지 않다.
반면 (나)는 '고이 여물어 가는 빛나는 외로움!'에서 역설적 표현을 활용하여 정서를
심화시키고 있다. ③ (가) X, (나) X, (다) X / 화자의 태도나 어조를 변화시켜 시상
의 전환을 이룰 때 '시상의 반전'을 허용할 수 있다. (가)~(다)는 모두 이러한 시상의
반전을 사용하고 있지 않으며, 화자의 인식 변화를 나타내고 있지도 않다. ④ (가)
X, (나) X, (다) X / (가)~(다) 모두 대상과의 문답 형식을 취하고 있지 않다. ⑤
(가) X, (나) X, (다) X / (가)와 (나)에서는 영탄적 표현을 통해 감정을 표출하고 있
으므로, 객관적 관찰을 통해 주관적 서술을 배제하고 있다고 볼 수 없다. 한편 (다)
의 경우 화자가 침엽수들이 서 있는 모습을 비교적 객관적으로 제시하고 있으나, '내
어달리고 싶은 마음이건만', '잎새조차~태고적 고독인가' 등과 같이 대상의 상황에 대
한 주관적 판단을 내리고 있으므로 주관적 서술을 완전히 배제하고 있다고 보기 어
렵다.

02.

> 〈보기〉에 따르면 (가)의 자연은 약육강식의 논리에 의해 지배되는 상황을 극복하
> 고 모든 구성원들이 조화롭게 공존하면서 살 수 있기를 염원하는 작가의 바람이
> 깃들어 있는 공간이다. 이를 고려할 때, '여우 이리 등속'은 '사슴', '토끼'와 더불
> 어 화합하며 살아가기를 바라는 화자의 바람이 깃들어 있는 대상이라고 볼 수 있
> 다. 따라서 '여우 이리 등속'이 평화롭게 살아가는 약자들의 삶을 유린할 강자들을
> 의미한다고 보는 것은 적절하지 않다.

오답 풀이

① 〈보기〉에 따르면 (가)에는 고압적이고 잔혹한 현실 상황을 극복하고 새로운 세계
를 지향하려는 작가 의식이 담겨 있으며, 이 작품 속의 자연은 모든 구성원들이 조
화롭게 공존하며 살 수 있기를 염원하는 작가의 바람이 깃들어 있는 공간이다. 이를
고려할 때, 다양한 생명체들이 어우러져 살아가고 있는 '큰 산 그 넘엇산'은 현실과
대비되는 공간으로, 화자가 마음속으로 염원하고 있는 세계라고 할 수 있다. ② 〈보
기〉에 따르면 (가)에서 자연은 모든 구성원들이 조화롭게 공존하며 살 수 있기를 염
원하는 작가의 바람이 깃들어 있는 공간이다. 이를 고려할 때, '무수한 짐승'은 산을
구성하는 존재들로 화자는 이들의 조화로운 공존을 바라고 있다고 볼 수 있다. ③
〈보기〉에 따르면 (가)에는 일제 강점기에 민족 공동체가 처한 고압적이고 잔혹한 현
실 상황을 극복하려는 작가 의식이 담겨 있다. 이를 고려할 때, '누거 만년 너희들
침묵이 흠뻑 지리함 즉하매'의 '누거 만년'은 일제 강점기라는 암울한 현실이 오래되
었음을 보여 주는 표현으로, 화자는 이에 대해 '지리함(지루함)'이 심하다며 답답함을
드러내고 있으므로 선지의 내용은 적절하다. ④ 〈보기〉에 따르면 (가)에는 일제 강점

기에 민족 공동체가 처한 고압적이고 잔혹한 현실 상황을 극복하려는 작가 의식이 담겨 있다. 이를 고려할 때, 화자가 기다리고 있는 '확 확 치밀어 오를 화염'은 부정적 현실을 타개할 수 있는 수단이라고 볼 수 있다.

03.

ⓐ(꽃)는 가을이 되어 숱한 꽃잎이 떨어지고 '꽃씨'로 여물게 되는 존재이므로 변화하는 존재라고 볼 수 있다. 한편, ⓑ(침엽수)는 '잦은 계절의 변화에도 / 잎새조차 변하지 않'는 존재이므로 항구적(변하지 아니하고 오래가는) 존재라고 할 수 있다.

오답 풀이

① ⓐ X, ⓑ X / ⓐ는 계절의 흐름에 따라 '꽃씨'로 여물게 되는 존재일 뿐, 능동적 존재라고 볼 수 없다. 또한 ⓑ는 외부적 환경이나 시간의 흐름에도 변함없는 모습을 지니고 있는 존재일 뿐, 수동적 존재라고 볼 수 없다. ② ⓐ △, ⓑ X / (나)의 화자가 '꽃씨'를 보며 내적 성숙을 다짐하고 있다는 점에서 '꽃씨'로 여무는 ⓐ를 선망의 대상이라고 볼 여지는 있으나, ⓑ는 연민의 대상이 아니다. (다)의 화자는 ⓑ의 속성을 높이 평가하고 있다. ④ ⓐ X, ⓑ X / ⓐ와 ⓑ 모두 화자의 자긍심(스스로 자신의 능력을 믿음으로써 가지는 당당함)을 드러내는 대상이 아니다. ⑤ ⓐ X, ⓑ X / (나)는 '꽃'이 '꽃씨'로 여무는 과정을 통해 삶의 내적 성숙을 지향하고 있는 작품이므로, ⓐ가 무력한 현실과 밀접한 관련을 맺고 있다고 보기는 어렵다. 한편 (다)는 '겨울'에도 푸름을 잃지 않는 '침엽수'의 모습을 통해 바람직한 삶의 자세를 드러내고 있는 작품이므로, ⓑ가 무력한 현실과 관련을 맺고 있다고 보기는 어렵다.

04.

내면적 성숙이 이루어진 시기는 '숱한 잎'과 '꽃'의 '찬란한 빛깔이 사라진' 상태인 '가을'이라고 볼 수 있다. ㉠(여름의 오후)은 '핏빛 꽃들의 몸부림'이 여물기 전이므로 선지의 내용은 적절하지 않다.

오답 풀이

② '작은 꽃씨 한 알'을 받아 든 화자는 '핏빛 꽃들의 몸부림'과 '뜨거운 노을의 입김이 여물'면서 '하나의 무게로 만져지는 것'이라고 인식하고 있다. 따라서 '꽃씨'가 '만져지는' 느낌을 ㉡(하나의 무게)과 같이 무게감으로 표현한 것을 통해 꽃씨가 지닌 의미를 인식하게 되었다고 볼 수 있다. ③ ㉢(고적한 곳)은 '깊은 밤 눈 덮여' 있는 곳으로, 어둡고 추운 공간으로 형상화되어 있다. ④ 화자는 '침엽수들'이 '먼 산맥을 이어 / 내어달리고 싶은 마음'을 억제하여 ㉣(푸르른 정열)에 가두어 두었다며 그들을 내적 의지를 지닌 존재로 그리고 있으므로 선지의 내용은 적절하다. ⑤ 화자는 '나무'가 ㉤(차운 바람)이 부는 날에도 '오히려 위엄을 잃지 않는다'며 '나무'의 가치를 부각하고 있다.

Part 1. 현대시   **09 | 장만영, 달·포도·잎사귀**

O/X 정답

01. O   02. X   03. X   04. X   05. O

1. '버레 우는'의 청각적 이미지, '달은 과일보다 향그럽다' 등 다양한 이미지를 통해 달빛이 비치는 '고풍한 뜰'의 정경을 감각적으로 드러내고 있으므로 선지의 내용은 적절하다.
2. '순이'라는 구체적인 청자를 설정하고 있으나, 이를 통해 자연에서 얻은 깨달음을 진술하고 있지는 않다.
3. 화자가 '고풍한 뜰'에 '고요히 앉아 있다'고 표현한 것은 '순이'가 아니라 '달빛'이므로 선지의 내용은 적절하지 않다.

4. '동해 바다 물처럼 / 푸른'에서 색채 이미지를 활용하고 있으나, 이를 통해 대조적 대상의 속성을 드러내고 있지는 않다.
5. 화자는 '달빛'을 받고 있는 '포도 넝쿨 밑에 어린 잎새들'을 보며 '호젓'함을 느끼고 있으므로 선지의 내용은 적절하다.

니BS 실전 문제 정답

01. ①   02. ⑤

01.

(가)는 '순이', (나)는 '조카아이들'에게 말을 건네는 방식으로 화자의 정서를 드러내고 있으므로 선지의 내용은 적절하다.

오답 풀이

② (가) X, (나) O / (가)는 동일한 시행을 반복하고 있지 않다. 반면 (나)는 '그 까치밥 따지 말라'는 동일한 시행을 반복하여 바람직한 삶의 태도에 대해 전하려는 화자의 태도를 강조하고 있다. ③ (가) X, (나), O / (가)는 '벌레', '달빛' 등과 같은 자연물을 사용하여 가을밤의 서정적 분위기를 드러내고 있을 뿐, 현실에 대한 비판적 인식을 나타내고 있지는 않다. 반면 (나)는 '까치밥', '겨울', '눈'과 같은 자연물들을 통해 인정과 배려가 없는 차갑고 각박한 현실에 대한 비판적 인식을 나타낸다고 볼 수 있으므로 선지의 내용을 허용할 수 있다. ④ (가) X, (나) X / (가)의 '순이'를 향토적 분위기를 자아내는 소재라고 볼 수는 있으나, 이를 통해 과거에 대한 그리움을 드러내고 있지는 않다. 한편 (나)는 '말쿠지', '짚신'과 같은 향토적 소재를 사용하고 있으나, 이를 통해 과거에 대한 그리움을 드러내고 있지는 않다. ⑤ (가) X, (나) X / (가)는 '가을', (나)는 '겨울', '눈'이라는 계절이 드러나는 소재를 활용하고 있으나, (가)와 (나) 모두 이를 통해 시간의 경과를 보여 주고 있지는 않다.

02.

'머나먼 길'은 '아이들'이 앞으로 살아가야 할 험난한 인생의 길을 의미한다. 따라서 '머나먼 길'에 '아이들'에게 펼쳐질 밝은 미래에 대한 작가의 확신이 드러나 있다고 볼 수는 없다.

오답 풀이

① '고향'은 추운 겨울 '공중을 오가는 날짐승에게' '따뜻한' '등불이' 되어 주는 '까치밥'이 있는 곳이며, '서울'은 이러한 '고향'의 '까치밥'을 따는 '조카아이들'이 사는 곳이므로 '고향'은 '서울'과 대비되는, 화자가 관심을 가지는 공간이라고 할 수 있다. ② 〈보기〉에 따르면 (나)의 작가는 도시 문명으로 인해 사라지고 잊혀 가는 우리의 고향과 소중한 전통문화에 관심을 가졌다. 이를 고려할 때, '서울 조카아이들'이 따려는 고향의 '까치밥'은 잊혀 가는 소중한 전통문화에 대한 화자의 안타까움이 나타나 있는 소재라고 볼 수 있다. ③ 〈보기〉에 따르면 (나)의 작가는 힘든 삶을 견뎌 온 서민의 삶에 공감하였다. 이를 고려하면, '사랑방 말쿠지에 짚신'을 걸어 두고 '무덤 속을 걸어가'신 '할아버지'와 '그 짚신 짊어지고' '새벽 두만강 국경을 넘'었던 '아버지'의 모습은 힘든 삶을 견뎌 온 서민의 삶을 형상화한 것이라 볼 수 있다. ④ '할아버지'가 걸어 놓은 '짚신'은 '외로운 길손의 길보시가 되'기도 하고, 이를 '아버지'가 짊어지고 '새벽 두만강 국경을 넘기도 하였다'는 것에서, '짚신'은 다음 세대에 대한 따뜻한 배려의 마음을 표현한 것이라 볼 수 있다.

Part 1. 현대시　　10| 최하림, 아침 시

O/X 정답

01. O	02. O	03. O	04. O	05. X

1. '솟아오른다', '솟아오르는' 등의 상승의 이미지가 담긴 시어를 활용하여 '굴참나무'와 '아이들'에 대한 화자의 인식을 드러내고 있으므로 선지의 내용은 적절하다.

2. '이파리들이 쏟아지듯'과 '종다리처럼 혹은 / 꽁지 붉은 비둘기처럼', '굴참나무처럼'에서 빗대어 표현하는 방식을 사용하여 각각 '잡목 숲'과 '아이들'의 속성을 드러내고 있으므로 선지의 내용은 적절하다.

3. '큼큼큼'과 '포르릉 포르릉'이라는 음성 상징어를 활용하여 자전거를 타며 '기침을 하'는 '볼이 붉은 막내'의 모습과 새가 나는 모습을 생동감 넘치게 표현하고 있으므로 선지의 내용은 적절하다.

4. '굴참나무'가 '천관산 입구에 이르면' '해'를 마주할 생각에 '마음'이 '달떠'오른다고 하였으므로 선지의 내용은 적절하다.

5. '아이들'이 '자전거'를 타고 '잡목 숲 옆구리를 빠져나'간 것은 맞지만, '잡목 숲'에 '이파리들이 쏟아'진 것은 아니다. '이파리들이 쏟아지듯'은 빛이 내리쬐는 '잡목 숲'의 모습을 비유하기 위해 사용된 보조 관념이므로 선지의 내용은 적절하지 않다.

Part 1. 현대시　　11| 유치환, 생명의 서·일장

O/X 정답

01. O	02. X	03. X	04. X	05. O

1. '백일이 불사신같이 작열하고'에서 비유적 표현을 활용하여 해가 뜨겁게 타오르는 '아라비아의 사막'에 대한 인식을 드러내고 있다.

2. 화자는 '생명이 부대'끼는 부정적 현실에 처해 있으며, 이러한 현실에서 벗어나기 위해 '아라비아의 사막'으로 간다는 가상의 상황을 설정한 것이므로 선지의 내용은 적절하지 않다.

3. '일체가 모래 속에 사멸(죽어 없어짐)'하였다는 점에서 사라져 가는 대상이 제시되었다고 볼 수는 있으나, 이에 대한 화자의 안타까움을 드러내고 있지는 않다.

4. '백일이 불사신같이 작열하고 / 일체가 모래 속에 사멸'하는 곳에서 '방황하'는 주체는 화자가 아닌, '알라의 신'이므로 선지의 내용은 적절하지 않다.

5. 화자는 '원시의 본연한 자태'를 지니고 있는 본질적 자아인 '나'를 '대면'하기 위해 '아라비아의 사막'으로 가고자 하는 것이므로 선지의 내용은 적절하다.

나BS 실전 문제 정답

01. ④	02. ③	03. ③

01.

(가)와 달리 (나)는 '한 다리를 들고 날나리를 불거나 / 고갯짓을 하고 어깨를 흔들거나'에서 대구의 방식으로 시상을 마무리하고 있다. 이때 선지의 '여운'에 대해서는 고민할 필요가 없다. 시의 마지막 부분에서 어떠한 어구를 반복하거나 강조하거나 생략하면 '여운'은 당연히 느껴지는 것이기 때문이다. 대구를 활용하면 유사한 문장 구조가 반복되면서 리듬감이 생기고 여운은 자연스럽게 따라온다.

오답 풀이

① (가) X / 시에 등장하는 모든 시어는 어떠한 분위기를 조성하므로, 선지의 앞부분만 판단하면 된다. (가)에는 계절을 드러내는 시어가 사용되지 않았다. ② (나) X / '운동장→소줏집→장거리→쇠전→도수장'이라는 공간의 변화는 나타나지만, 시간의 변화는 나타나지 않았다. ③ (가) X, (나) O / 청각적 심상을 활용한 것은 (가)가 아니라 (나)이다. (나)는 '꽹과리' 소리나 '킬킬대는' 소리, 사람들의 '울부짖'는 소리에서 청각적 이미지를 활용하고 있다. ⑤ (가) X, (나) X / '탈속적 공간'은 단순하게 속세를 벗어난 곳이 아니라, 속세와의 강한 단절이 이뤄지는 공간이다. 따라서 (가)의 '아라비아의 사막'은 시적 공간의 탈속성이 드러난다고 볼 수 있다. 하지만 이를 통해 이상향에 대한 화자의 동경을 나타냈다고 보기는 어렵다. 한편, (나)에는 탈속성을 지닌 시적 공간이 나타나지 않는다.

02.

밑줄 문제는 밑줄뿐만 아니라 그 주변도 함께 보며 판단을 해야 한다. 화자는 ⓒ(열렬한 고독) 가운데 홀로 서면, 자신이 원하는 '나'를 '운명처럼 반드시' 만날 수 있다고 하였으므로, 절대적 고독에서 벗어남으로써 화자가 원하는 '나'에 도달한다는 선지의 내용은 적절하지 않다.

오답 풀이

① ㉠(병든 나무)은 '독한 회의'를 해결하지 못하고 '삶의 애증'에 힘들어하는 모습을 드러낸 반면, 3연의 '나'는 내가 가진 본래의 모습('나의 생명')을 뜻하는 것이므로 '병든 나무'와 대비된다. ② ㉡(영겁의 허적)은 어떤 것도 존재하지 못하는 '아라비아의 사막'의 극한 상태를 나타낸 것으로, 그곳에 '호올로' 서는 것이 '나'와 대면하는 조건에 해당하므로 선지의 내용은 적절하다. ④ ㉣(원시의 본연한 자태)은 화자가 원하는 '나'의 모습이다. 따라서 '나'가 원시적 생명력을 지닌 존재라는 판단은 자연스럽다. ⑤ 화자는 '원시의 본연한 자태'를 배우지 못한다면, ㉤(회한 없는 백골)이 되겠다고 하였다. 이는 '죽음'을 각오하고 원하는 것을 이루기 위해 노력하겠다는 의미로, '화자의 의지'가 나타난 구절로 볼 수 있다. 또한 화자는 '원시의 본연한 자태(나의 생명)'를 배우지 못하면 죽겠다는 것이지, 당장 죽고 싶다며 죽음을 원하고 있는 것이 아니다. 따라서 생명을 회복하려는 의지적 자세를 충분히 허용할 수 있다.

03.

〈보기〉의 일부만 보고 오독하면 안 된다. 〈보기〉에서 '농무'는 농민들이 삶의 활력과 신명을 얻기 위해 추는 춤이라고 했다. 하지만 이 작품에서는 그것을 통해 역설적으로 '현실의 암울함'을 드러낸다고 했다. 그럼 '농무'를 추는 농민이 느끼는 '신명'은 단순한 즐거움과 극복의 마음일까, 아니면 역설적으로 '할 수 있는 것이 농무밖에 없다는 현실의 암울함'을 말하고자 하는 것일까? 〈보기〉에 따르면 답은 명확하게 나온다. '농무'를 추는 농민이 느끼는 '신명'은, 〈보기〉에 따르면 '현실의 암울함'을 말하고자 하는 것이다.

오답 풀이

① 시의 전체적인 내용과 관련 지어 보자. 농무를 통해 신명과 활력을 얻었다면 시의 내용이 긍정적으로 표현되어야 하고 또한 어려움을 극복하려는 태도도 드러나야 한다. 그래야 농무를 통해 활력을 얻고 신명을 얻었다고 판단할 수 있다. 하지만 시의 내용을 보면, 화자는 우울하고 속상한 마음을 보인다. 〈보기〉에서 농무를 통해 '현실의 암울함'을 드러낸다고 했고, 화자도 '답답하고 고달프게 사는 것이 원통하다'라고 했으니까 '무력감'이 느껴진다고 볼 수 있겠다. ② 현실에 절망하여 농무를 추고 있는 화자의 눈에 어떤 모습이 들어오는지 확인해 보자. 화자는 농무를 추며 장거리로 나섰는데 쪼무래기들만 따라붙어서 악을 쓰고, 처녀애들은 철없이 킬킬대고 있구나. 이 모습을 통해 다른 이들은 농촌 현실에 대해 관심이 없다는 것을 알 수 있겠다. 그나마 관심이 있는 대상이 초딩들과 철없는 처녀애들이니 화자의 심정은 우울하겠지. 그리고 저녁이 되니, (함께 농무를 추던) 어떤 친구가 울부짖고 또 다른 친구는 해해대며 현실에 대해 한탄하는 내용이 나온다. 이 모든 모습들을 감안한다면, 화자가 농무를 흥겹게 축제로 대한다고 할 수 없겠지. ④ 〈보기〉에서 1970년대

산업화와 도시화로 인해 농촌이 피폐해져 갔다고 했으므로, 당시 농민들은 '산구석에 처박혀' 농사짓는 것이 '원통'했을 것이고, '도시로 떠날 수밖에' 없었겠지. ⑤ ⓒ는 어떻게 춤을 출지 고민하는 모습인데 이것을 '도시와는 다르게 피폐해져' 가는 농촌 현실과 연결 지어 보면, '앞날을 낙관하지 못하는 농촌 사람들'이 던지는 자조적인 물음이겠지. '쌤! 저는 예전에 이 부분을 한의 승화와 극복의 태도라고 배웠고, 참고 서에도 그렇게 나왔는데요?'라고 질문하는 학생들은 문학에 대한 기본적인 접근법을 싹 다 갈아엎길 바란다. 문학의 해석은 단정적이지 않다. 네가 기존에 알고 있던 해석이 틀린 것은 아니다. 다만, 출제자의 의도(〈보기〉)와 다를 뿐이다.

Part 1. 현대시   12| 이정록, 희망의 거처

O/X 정답

01. X	02. O	03. X	04. X	05. O

1. '옥수숫대'와 '버드나무'의 모습에 대한 긍정적 인식을 바탕으로 절망도 희망이 될 수 있다는 '생'의 의미에 대한 깨달음을 전달하고 있을 뿐, 중심 제재에 대한 예찬적 태도를 드러내고 있지는 않다.
2. '옥수숫대는~뿌리를 내딛는다', '저 버드나무는,~제 흠집에 박는다' 등에서 현재형 진술을 통해 '옥수숫대'와 '버드나무'의 역동적 성격을 보여 주고 있다.
3. '옥수숫대'가 '마디마다 맨발의 근성을 키워' '부젓가락 같은 뿌리를 내미는 것'은 맞으나, '땅에 닿지 못할 헛발일지라도' 뿌리를 '들이민다'고 하였으므로 선지의 내용은 적절하지 않다.
4. '옥수숫대'와 '버드나무'를 의인화하고 있으나, 이를 통해 대상이 지닌 속성들을 점층적으로 나열하고 있지는 않다.
5. '버드나무'는 '제 흠집', 즉 '상처'를 '주춧돌'로 삼아 '스스로 기둥을 세'우며 자신의 힘으로 '상처'를 극복하는 모습을 보이고 있으므로 선지의 내용은 적절하다.

나BS 실전 문제 정답

01. ②	02. ④	03. ②

01.

(가)에서는 '솟아나올 한 방울 붉은 피도 없을 것 같은', '흙을 씹고 자라난 듯' 등에서 직유적 표현을 통해 '검은 기선'에서 '상륙'하는 '희머얼건 얼굴'을 지닌 인부들과 '꺼머티티'한 '부두의 인부꾼들'의 외양에 드러나는 특성을 나타내고 있다. 한편 (나)에서는 '부젓가락 같은'에서 직유적 표현을 통해 '옥수숫대'의 외양에 드러나는 특성을 나타내고 있다. 참고로 '곁뿌리처럼'은 '옥수숫대'의 외양에 드러나는 특성이 아닌, 삶의 의지를 키우는 '옥수숫대'의 모습을 드러낸 직유적 표현에 해당한다.

오답 풀이

① (가) X, (나) X / (가)의 '그날의 나진이여'에서 영탄적 어조가 사용되었다. 하지만 이를 통해 '나진'에서 미래의 희망을 꿈꾸던 과거 자신의 모습을 그리워하는 화자의 모습을 부각하고 있을 뿐, 화자의 의지적 태도를 부각하고 있지는 않다. 반면, (나)에서는 영탄적 어조가 사용되지 않았으며, 이를 통해 화자의 의지적 태도를 부각하고 있지도 않다. ③ (가) X, (나) X / (가)와 (나) 모두 의문형 진술을 사용하고 있지 않다. ④ (가) X, (나) X / (가)와 (나) 모두 반어적 표현을 활용하고 있지 않다. ⑤ (가) X, (나) X / (가)는 '항구와의 인연을 사수하려는 검은 기선'에서 '기선(증기 기관의 동력으로 움직이는 배)'을 의인화하고 있으나, 대상이 지닌 속성들을 점층적으로 나열하고 있지는 않다. 한편 (나)는 '길게 발가락을 들이민다' 등에서 '옥수숫대'와 '버드나무'를 의인화하고 있으나, 대상이 지닌 속성들을 점층적으로 나열하고

있지는 않다.

02.

〈보기〉에 따르면 항구에서 화자는 방황하는 마음을 다잡아 삶의 의지를 다지고 미래의 희망을 꿈꾸었다. 따라서 '마음'이 '흩어졌다'가도 '작대기처럼 꼿꼿해'졌다는 것은, 방황하다가도 마음을 다잡아 의지를 다지는 화자의 모습을 나타낸 것일 뿐, 가로막힌 공간에서 좌절하곤 했던 화자의 모습을 드러낸 것이 아니다.

오답 풀이

① 〈보기〉에 따르면 (가)는 화자의 과거 회상 속 항구의 모습을 감각적으로 형상화하고 있다. '검은 기선'이 '입항'하고 '희머얼건 얼굴'이 '상륙하는' 것은, 화자의 시선에서 바라본 항구의 모습, 즉 배가 항구에 들어오고 희고 멀건 외양을 가진 인부들이 육지로 올라오는 모습을 시각적 이미지를 통해 감각적으로 형상화한 것이라고 할 수 있다. ② 〈보기〉에 따르면 (가)에서 항구는 부두의 인부들이 고달픈 삶을 이어 가는 공간이며, 부두의 인부들은 이상을 잃은 채 살아가는 모습으로 그려지고 있다. '푸른 하늘'은 이상을 상징하는 소재이므로, 이를 '쳐다본 적이 없는 것 같은' '인부꾼들'의 모습은 이상을 잃어버린 모습을 나타낸 것이라 할 수 있다. 또한 이러한 '인부꾼'들의 모습을 통해 고달픈 생활 현장으로서의 항구를 보여 주고 있다고 할 수 있다. ③ 〈보기〉에 따르면 (가)에서 화자는 항구에서 다른 노동자들이 이상을 잃은 채 살아가는 것과 달리, 방황하는 마음을 다잡아 삶의 의지를 다지고 미래의 희망을 꿈꾸었다. 이를 고려할 때, '날마다 바다의 꿈을 꾸'며 자신을 '믿고'자 했던 화자의 모습은, 미래에 대한 희망적 태도를 나타낸 것으로 볼 수 있다. 또한 '시금트레한 눈초리'는 인부꾼들의 이상을 잃은 모습을 표현한 것으로, 화자의 희망적 태도와 대비되고 있으므로 선지의 내용은 적절하다. ⑤ 〈보기〉에 따르면 (가)의 화자에게 방황하는 마음을 다잡아 삶의 의지를 다지고 미래의 희망을 꿈꾸었던 과거 자신의 모습은 그리움의 대상이 되고 있다. '여러 해 지난 오늘' '마음'이 '항구로 돌아간다'는 것은, 화자가 '그날의 나진'에서 자신이 가졌던 마음, 즉 힘겨운 삶 속에서도 의지와 희망을 잃지 않았던 마음에 대해 느끼는 그리움을 표현한 것이라고 할 수 있다.

03.

'키우는 것이다'는 '맨발의 근성'과 연결되어 옥수숫대가 곁뿌리를 내밀어 스스로의 힘으로 땅을 딛고 서는 모습을 나타낸 것이다. 따라서 옥수숫대가 다른 존재와의 교감을 통해 성장하게 됨을 드러내고 있다는 선지의 내용은 적절하지 않다.

오답 풀이

① '들이민다'는 '헛발일지라도'와 연결되어 실패를 두려워하지 않고 '발가락', 즉 뿌리를 뻗어 땅을 디디고자 하는 옥수숫대의 의지를 드러낸 것이므로 선지의 내용은 적절하다. ③ '박는다'는 '흠집'과 연결되어 버드나무가 자신의 고통스러운 상처인 '흠집'에 뿌리를 내리며 고통을 인내하는 모습을 드러낸 것이므로 선지의 내용은 적절하다. ④ '세운다'는 '스스로'와 연결되어 자신의 상처에 뿌리를 내리며 고통을 인내한 '버드나무'가 자신의 힘으로 상처를 극복하는 모습을 나타낸 것이므로 선지의 내용은 적절하다. ⑤ '꺼내는 것이라고'는 '생이란'과 연결되어 옥수숫대와 버드나무의 모습을 통해 깨닫게 된 생에 대한 인식을 드러낸 것이므로 선지의 내용은 적절하다.

Part 1. 현대시   13| 신석정, 역사

O/X 정답

01. O	02. O	03. X	04. X	05. X

1. '~(으)ㄴ는 ~거나', '~는 것이요, ~(으)ㄴ/ㄹ 것이다.'와 같이 유사한 문장 구조를 반복적으로 제시하며 시상을 전개하고 있으므로 선지의 내용은 적절하다.

2. '허잘것없는 한 송이의 달래꽃'은 '다사롭게 타오르는 햇볕', '보드라운 바람', '거기 모여드는 벌나비'가 있어 '피어나는 것'이라고 하였으므로 선지의 내용은 적절하다.

3. '푸른'이라는 색채어를 활용하여 '수의(죄수가 입는 옷)'를 감각적으로 형상화하고 있다. 이때 '수의'는 '우리 마음에 걸친 거추장스러운' 옷으로, 화자가 벗어나고 싶어 하는 심적인 억압을 의미한다. 따라서 색채어를 활용하여 '수의'의 아름다움을 감각적으로 형상화하고 있다고 볼 수는 없다.

4. 화자는 '달래꽃'이 다른 존재들과의 연대를 통해 피어나듯이, '너'와 '나'도 서로 화합한다면 '환히 트인 길', 즉 긍정적인 미래를 밝힐 수 있다고 말하고 있다. 즉 자연물에 대한 인식을 바탕으로 미래에 대한 낙관적 전망을 드러내고 있을 뿐, 자연과의 교감을 통해 장소에 대한 낙관적 전망을 드러내고 있지는 않으므로 선지의 내용은 적절하지 않다.

5. 화자는 '바윗돌처럼 꽁꽁 얼어붙었던 대지를 뚫고 솟아오른' '달래꽃'의 '애잔한' 모습에서 강인한 생명력을 느끼며 '달래꽃'을 '찬양하'고 있으므로 선지의 내용은 적절하지 않다.

▌나BS 실전 문제 정답

01. ④   02. ②   03. ⑤   04. ⑤   05. ⑤

01.

> 동일한 시구가 반복되면 시구가 지닌 의미는 당연히 강조가 되므로 선지의 앞부분만 확인하면 된다. (가)는 '한 송이의 달래꽃을 두고 보드래도'라는, (나)는 '어떤 때는', '전나무 숲이'라는 동일한 시구의 반복을 통해 시구가 지닌 의미를 강조하고 있다.

오답 풀이

① (가) X / (가)는 명사형으로 시행을 종결하고 있지 않다. ② (나) X / (나)는 독백적 어조를 통해 화자의 심정을 드러낼 뿐, 영탄의 어조는 사용되지 않았다. ③ (다) X / (다)는 특정한 장소에 대한 직접적인 경험이 제시되지 않았으며, 사회 참여 의식 역시 드러나지 않았다. ⑤ (가) X, (다) X / (가)와 (다) 모두 계절의 변화는 드러나지 않았으며, 이를 통해 과거와 대비되는 현재의 상황을 드러내고 있지도 않다.

02.

> [A]에서 '하늘과 땅 사이를 어렴풋이 이끌고 가는' '마음'은 '달래꽃'을 '피어나'게 하는 원인일 뿐, 민중이 고난을 겪는 상황과는 관련이 없다.

오답 풀이

① 〈보기〉에 따르면 (가)에서 시적 화자는 여린 자연물의 모습으로부터 영속적(영원히 계속되는 것)으로 삶을 영위해 온 민중을 떠올린다. 이를 고려할 때 [A]에서 '허잘것없는' '달래꽃'이 여러 존재의 도움을 받아 '조촐하게' '피어나'고, 그 '길이 멸하지 않는다는 것은, 여리지만 계속해서 삶을 이어가는 민중의 영속성을 드러낸 것으로 볼 수 있다. ③ 〈보기〉에 따르면 (가)에서 시적 화자는 여린 자연물의 모습으로부터 강인한 생명력으로 고난을 감내하며 영속적으로 삶을 영위해 온 민중을 떠올린다. [B]에서 '달래꽃'이 '바윗돌처럼' '얼어붙었던 대지를 뚫고 솟아오'르는 모습은, 고난을 감내하는 민중의 강인한 생명력을 드러낸 것이므로 선지의 내용은 적절하다. ④ 〈보기〉에 따르면 (가)는 소박하고 일상적인 자연물을 통해 민중의 저력(속에 간직하고 있는 든든한 힘)과 위대함을 노래한 작품이다. [B]에서 화자는 '달래꽃'을 강인한 생명력을 바탕으로 '긴긴 역사'를 이끌어 간, '위대한 힘'을 가진 존재로 묘사하고 있는데, 이는 고난을 이겨 내며 긴 역사를 이어 온 민중의 저력을 드러낸 것으로 볼 수 있다. ⑤ 〈보기〉에 따르면 (가)는 역사를 이끌어 온 주체인 민중이 연대와 화합을 통해 긍정적 미래를 밝힐 수 있다는 인식을 드러내고 있다. [C]에서 '달래꽃'이 '햇볕과

바람과 벌나비'는 1연에서 '달래꽃'이 피어나는 데 도움을 줬던 존재들로, 이들과 '입 맞추고 살아가'는 모습은 서로 연대하고 화합하는 모습을 드러낸 것이므로 선지의 내용은 적절하다.

03.

> (가)에서 '크나큰 그 어느 알 수 없는 마음이 있어' '한 송이의 달래꽃'이 '피어'난다고 하였으므로, '마음'은 '피어나는'과 연결되어 달래꽃을 존재하게 하는 원인을 드러낸다고 할 수 있다. 한편, (나)에서 '마음'은 '늘 빈집이어서' '전나무 숲이' '들어앉았다 나가기도 하고, 그 '안의 둥그런 고요가 다른 것으로 메워'지기도 한다고 하였으므로, '마음'은 '늘 빈집'과 연결되어 채워졌다가도 비워지는 상황을 드러낸다고 할 수 있다.

오답 풀이

① (가) X, (나) X / (가)에서 '보드라운'은 '마음'이 아닌 '바람'과 연결되는 시어이며, 이를 통해 애상적(슬퍼하거나 가슴 아파하는) 분위기를 환기하고 있지도 않다. 한편, (나)에서 '마음'은 '오롯하게'와 연결되어 고요한 분위기를 환기하므로 선지의 내용은 적절하지 않다. ② (가) X, (나) X / (가)에서 '마음'은 '크나큰'과 연결되어 '달래꽃을 피워 내는 힘을 강조할 뿐, 타인에 대한 과장된 기대를 강조하지는 않는다. 한편, (나)에서 '마음'은 '착한 사진사'와 연결되어 마음속 모습을 있는 그대로 보여 주는 상태를 드러낼 뿐, 타인을 위한 숭고한 희생을 강조하고 있지는 않다. ③ (가) X, (나) X / (가)에서 '마음'은 '알 수 없는'과 연결되어 '달래꽃을 피우기 위해 작용하는 자연의 섭리 혹은 우주의 이치의 의미를 나타낼 뿐, 대상에 대한 냉소적 태도를 드러내지는 않는다. 한편, (나)에서 '마음'은 '하릴없이'와 연결되어 '전나무 숲'을 수용하며 느끼는 행복감을 드러낼 뿐, 체념적 태도를 드러내고 있지는 않다. ④ (가) X, (나) X / (가)에서 '조촐하게'는 '마음'이 아닌 '달래꽃'과 연결되는 시어이며, 이를 통해 상황에 대한 절망감을 드러내고 있지도 않다. 한편, (나)에서 '몰아쳐'는 '마음'이 아닌 '늦눈보라'와 연결되어 '마음'이 서러워지는 부정적 상황을 드러내고 있으므로, 상황에 대한 낙관적 자세를 드러낸다고 볼 수 없다.

04.

> ⑩은 도덕과 인의를 지켜 "양비"가 "온전해지면" 몸이 살찌는 것을 "부러워"하지 않게 될 것이라는 의미이다. 의원은 "마음을 살찌워서 몸이 마르는 것을 병으로 여기지 않는 것"을 강조하고 있으므로 선지의 내용은 적절하지 않다.

오답 풀이

① ㉠에서 '의원'은 '나'가 "살찌기를 구"하다가 "도리어 양비마저 잃게 될까 염려"된다고 하였으므로 선지의 내용은 적절하다. ② ㉡에서 "화려한 거처", "사치스러운 음식", "즐거운 음악", "마음을 기쁘게 하는 여색"은 몸을 살찌우는 네 가지 조건이며, "양비란 것"은 이것들을 "바탕으로 삼지 않"는다고 하였으므로 선지의 내용은 적절하다. ③ ㉢에서 "장사를 잘하지 못한 것"은 "초나라 장사꾼"이 "형산의 옥"을 "금은보화"와 맞바꾼 것을 의미한다. 이때 "형산의 옥"은 양비로 마음을 살찌우는 것을, "금은보화"는 몸을 살찌우는 것을 나타낸 것이므로 선지의 내용은 적절하다. ④ ㉣에서 "옛날의 현인과 군자"가 "마땅히 살찌워야 할 것을 살"폈다고 하며, 몸을 살찌우지 않고 "양비로 그 마음을 살찌"우는 것의 중요성을 부각하고 있으므로 선지의 내용은 적절하다.

05.

> (다)에서 '형산의 옥'은 마음을 살찌우는 것을 나타내므로, 세속적 가치와의 유사성이 있다고 보기 어렵다. 참고로 세속적 가치는 '금은보화'와 유사성을 갖는다.

오답 풀이

① 〈보기〉에 따르면 (가)는 비유적인 표현을 활용해 대상을 주관적으로 형상화하고 있다. (가)에서 '마음에 걸친 거추장스러운' '수의'는 우리 민중을 억누르는 심적인 억

압을 빗댄 표현이다. (가)에서는 이를 '훌훌 벗고 싶'다고 표현하며, 심적인 억압에서 벗어나고 싶은 마음을 주관적으로 형상화하였으므로 선지의 내용은 적절하다. ② 〈보기〉에 따르면 (가)는 추상적인 의미를 감각적인 표현을 통해 생생하게 구체화하고 있다. (가)에서 손의 '뜨거운 핏줄'은 '예쁘디예쁜 손'에 대한 화자의 긍정적 인식을, '뜨거운'이라는 감각적(촉각적)인 시어를 활용하여 나타낸 것이므로 선지의 내용은 적절하다. ③ 〈보기〉에 따르면 (나)는 추상적인 의미를 감각적인 표현을 통해 생생하게 구체화하고 있다. (나)에서 '마음'에 '볕 내리는 고운 마루가 들어와 살'았다는 표현은, '볕이 보고 싶은' 화자의 바람이 마음속에서 이루어진 상황을 실재하는 대상인 '마루'를 활용하여 구체적으로 형상화한 것이므로 선지의 내용은 적절하다. ④ 〈보기〉에 따르면 (나)는 추상적인 의미를 감각적인 표현을 통해 생생하게 구체화하고 있다. (나)에서 '고요'라는 화자의 잠잠한 내면을 '둥그런'이라는 시각적인 시어를 활용하여 실재하는 것처럼 드러내었으므로 선지의 내용은 적절하다.

Part 1. 현대시 | 14| 송수권, 지리산 뻐꾹새

▌O/X 정답

| 01. O | 02. X | 03. O | 04. X | 05. O |

1. '울음 울어', '한 울음을 토해 내면' 등에서 청각적 이미지를 활용하여 '뻐꾹새'가 지닌 슬픔을 표현하고 있다.
2. '지리산'이라는 특정한 장소에서 뻐꾹새의 울음소리를 듣는 화자의 직접적인 경험이 나타나기는 하지만, 이를 바탕으로 인간의 교만한 태도에 대한 비판을 이끌어 내고 있지는 않다.
3. '-다'라는 동일한 종결 어미를 반복하여 리듬감을 형성하고 있다.
4. 화자는 '석 석 삼년도 봄을 더 넘'긴 후에야 '여러 마리의 뻐꾸기'의 '울음'이 '한 마리의 뻐꾹새'의 울음소리임을 '알아냈'으므로 선지의 내용은 적절하지 않다.
5. '뻐꾹새'의 울음이 '산봉우리들'에 의해 확장되어 '강'의 '힘센 물줄기'를 만들어 내고, 이 물줄기가 '여러 작은 섬'을 '밀어 올리는' 힘으로 작용하고 있으므로 선지의 내용은 적절하다.

▌나BS 실전 문제 정답

| 01. ③ | 02. ② | 03. ⑤ | 04. ② | 05. ① |
| 06. ② | | | | |

01.

'감각적 이미지'는 시각, 청각, 촉각, 미각, 후각을 나타내는 이미지로, 대부분의 시에 당연히 있으니 이 부분은 굳이 확인하지 않아도 괜찮다. (가)는 '돌아설 듯 날아가며 사뿐히 접어 올린 외씨보선' 등, (나)는 '작은 섬을 밀어 올리는 것을 보았다.' 등, (다)는 '닫는 듯 따르는 듯 밤낮으로 흐르는 듯' 등에서 '운동감(움직임)'이 드러나므로 선지의 내용은 적절하다.

◆오답 풀이

① (가) X, (나) X, (다) X / '단호한 어조'는 '단정적 어조'를 말하며, '단정적'이란 '딱 잘라서 판단하고 결정하는 또는 그런 것'을 의미한다. (나)를 보면 '~임을 / 알아냈다.', '~것을 / 알았다.' 등과 같이 다른 판단이나 생각이 끼어들 여지없이 딱 꼬집어 판단하는 말투로 이루어져 있으므로 단호한 어조가 나타난다고 볼 수 있다. 그러나 이를 통해 화자의 깨달음을 강조할 뿐, 화자의 의지를 드러내고 있지는 않다. 한편, (가)와 (다)에는 단호한 어조가 드러나지 않으며, 이를 통해 화자의 의지를 드러내고 있지도 않다. ② (가) X, (나) X, (다) X / (나)에서는 깨닫기 이전과 이후의 대비가 나타나지만, 그리움의 정서는 드러나지 않는다. 한편, (가)와 (다)에는 과거와

현재의 대비가 나타나지 않으며, 이를 통해 그리움의 정서를 드러내고 있지도 않다. ④ (가) X, (나) X, (다) X / (가)~(다) 모두 상황에 대한 대립적 시각은 나타나지 않는다. ⑤ (가) O, (나) X, (다) X / '긴장감'은 '시적 긴장감'을 말한다. '시적 긴장감'은 독자가 느끼는 것으로 '변화'가 나타날 때 주로 느껴진다. 흔히 '낯설게 하기, 도치, 역설, 반어' 등에서 '시적 긴장감'이 나타난다. (가)는 '고와서 서러워라.'에서 역설적 표현을 확인할 수 있으므로 시적 긴장감을 허용할 수 있지만, (나)와 (다)에서는 역설적 표현이 사용되고 있지 않다.

02.

'흐르는 빛'은 상승적 이미지가 아니라 하강적 이미지에 해당하므로 선지의 내용은 적절하지 않다.

◆오답 풀이

① 〈보기〉에서 '무녀와 그의 춤을 초점화하기 위해서는 여러 가지 빛이 동원되어야 한다.'라고 하였다. 어두운 '밤'은 '흐르는 빛'이나 '별빛'과 같은 다양한 빛의 양상이 효과적으로 드러날 수 있는 시간적 배경으로, 어둠 속에서 무녀를 비추는 빛을 통해 관객의 관심이 무녀에게 집중되게 한다. ③ 〈보기〉에 따르면 (가)에는 '소멸의 속성을 지닌 다양한 빛이 등장'한다. 이때 말없이 녹아내리는 '황촉불'과 기우는 '달'은 하강과 소멸의 이미지를 지닌다. 이러한 '황촉불'과 '달'의 이미지는 유한성을 드러내며, 유한성이라는 공통된 속성을 갖고 있는 인간 존재와 자연스럽게 대응된다. ④ 6연의 '별빛'은 여승이 지향하는 것이다. 현재 시적 대상인 여승이 승무를 추면서 번뇌를 극복하고 있다는 점에 주목해 보면 여승이 원하는 세계와 '별빛'을 관련지을 수 있고, 이것(별빛)을 생각하며 극복을 한다고 하면 '승화'라는 말을 허용할 수 있겠다. ⑤ 〈보기〉에서 '다양한 빛이~내면세계를 비추고 있다.'라고 했다. 이를 통해 '무녀'가 바라보는 7연의 '별빛'은 무녀의 눈과 연결되어 그녀가 지향하는 세계와 내면세계를 서로 이어 준다고 볼 수 있다.

03.

(가)는 '귀또리(=귀뚜라미)'라는 '청각적 이미지'를 통해 쓸쓸함과 설움을 불러일으키며 시상을 마무리하고 있다. 한편, (나)에서 설움은 '뻐꾹새 울음'을 통해 화자가 느끼는 것으로, 5연에서 '철쭉꽃밭'의 붉은빛과 연결되며 마무리되고 있다.

◆오답 풀이

① (가)의 설움은 무녀의 한에서 비롯된 것이지, 역사적인 삶의 경험에서 비롯된 것이 아니다. ② (나)의 설움은 '뻐꾸기'라는 자연물을 통해서 나타난다. 하지만 뻐꾸기가 무엇을 이루어 주는 주술적인 속성을 갖고 있지는 않다. ③ (가)와 (나)의 설움에는 모두 부정적 현실에 대한 비판 의식이 담겨 있지 않다. ④ (가)에서는 화자가 여승의 모습(외부 대상)을 바라보며 설움을 느끼고 있으니 설움이 외부 대상과 무관하다고 볼 수 없다. 한편 (나)에서는 화자가 시간의 흐름(석 석 삼년)을 통해 설움을 느끼고 있으니, 여기서의 설움은 인간이 태어나면서부터 가진 본질적인 설움이 아니라 외부 대상을 통해 생성된 정서라고 할 수 있다. 하지만 '석 석 삼년' 동안 화자가 무슨 일을 겪었는지는 나오지 않았기에 구체적으로 외부 대상이 무엇인지는 확인할 순 없다. 다만 기존에 느끼지 못했던 설움을 느꼈다는 점에서, 그 설움은 화자의 내면에서 생성되는 정서라고 볼 수 없다.

04.

2연에서 '실제의 뻐꾹새'가 울음을 토해 내면, 뒷산 봉우리가 그 소리를 넘기고 넘겨서 '여러 마리의 뻐꾹새'가 우는 소리가 된다고 했다. 즉, '여러 마리의 뻐꾹새'는 모두 근원적인 한을 의미하는 '실제의 뻐꾹새'로부터 파생된 동질적인 것이지, 그와 상반되는 의미를 지니는 것이 아니다.

◆오답 풀이

① '석 석 삼년도 봄을 더 넘겨서야'에서 확인할 수 있다. ③ 2~4연의 첫 행에 제시

된 '지리산 하', '지리산 중', '섬진강 섬진강'은 시적 공간에 해당하며 독자들의 주의를 환기한다. 또한 각 연의 첫 행에 이러한 시적 공간을 제시하면 시상 전개에 통일성이 부여된다. ④ 산봉우리들이 울고 난 후 강이 열리고, 그 강이 남해로 흘러들어 섬을 밀어 올렸다는 것에서 '산봉우리', '강', '남해', '섬'이 잇달아 연결되는 것을 확인할 수 있으며, 이를 통해 '강이 열리'고(생성), '섬을 밀어 올리는'(변화) 등의 변화와 생성의 세계를 보여 주고 있으므로 선지의 내용은 적절하다. ⑤ 3~5연의 끝 부분은 모두 '보았다'로 끝맺었으며, 이를 통해 화자의 깨달음을 강조하고 있다.

05.

[B]에는 직유(~듯)가 쓰였으나, [A]에는 직유가 쓰이지 않았다.

오답 풀이

② [A] X, [B] O / [B]에서는 4음보라는 음보율을 통해 정형적 운율미를 느끼게 하고 있지만, [A]에서는 음보율이 나타나지 않는다. ③ [A] X, [B] O / 도치법은 문장 성분의 순서를 바꾸어서 내용을 강조하는 표현법이다. [B]의 '어디로 가노라 무슨 일 바빠서'를 도치로 볼 수 있으나, [A]에는 도치가 쓰이지 않았다. ④ [A] X, [B] X / [A]와 [B] 모두 반어적 표현이 쓰이지 않았으며, 냉소적 태도도 드러나지 않는다. ⑤ [A] X, [B] O / [B]의 '우러곰 좇니느뇨(울면서 쫓아 다니느냐)'에서 영탄적 표현을 통해 자연물에서 받은 감흥을 표출하고 있음을 확인할 수 있으나, [A]에는 영탄적 표현이 사용되지 않았다.

06.

있는 그대로의 해석이 다시 한번 강조되는 문제다. 〈보기〉에 따르면 작가는 객관적 자연물에 인간적 생명력과 의지를 부여하는 방식으로 자신의 이상과 세계관을 표출했다. 이를 고려할 때 '늙은 용'이 '선잠을 갓' 깼다는 구절은 나이가 많은 화자의 이제라도 무언가를 하겠다는 의지로 볼 수는 있다. 하지만 '이미 늦었다고 여기는 작가의 조바심'으로 보는 것은 조금 오버한 해석이 아니냐.

오답 풀이

① 넓은 들판에 (우뚝 솟은) '제월봉'은 '자연물에~의지를 부여'했다는 〈보기〉의 내용을 고려할 때, '작가의 의지'로 충분히 허용 가능하다. ③ '청학'이 두 날개를 벌린 것은 비상하려는 화자의 내면을 표출한 것으로 볼 수 있다. 따라서 '정자'가 '청학'처럼 '두 날개 벌렸는 듯'하다는 표현을 통해 면앙정이 비상을 위한 심성 수양의 장소임을 알 수 있다. ④ 〈보기〉에서 면앙우주는 천지만물의 이치를 심성의 수양으로 내면화하는 공간이라고 하였으므로, '물'이 밤낮으로 쉬지 않고 흐르는 모습은 작가가 자신이 추구하는 바를 쉼 없이 행해야 한다는 것과 연결됨을 알 수 있다. ⑤ 〈보기〉의 '작가는 자연 세계를 통해~조화와 합일을 추구했다.'를 통해, '추월산'을 비롯한 여러 산들이 '높은 듯 낮은 듯 긏는 듯 잇는 듯' 서 있다는 표현이 조화와 합일을 추구하는 삶의 태도와 연결됨을 알 수 있다.

| Part 1. 현대시 | 15| 이용악, 전라도 가시내 |

O/X 정답

| 01. O | 02. X | 03. X | 04. X | 05. X |

1. 표면에 드러난 청자인 '가시내'에게 말을 건네는 방식으로 화자의 정서를 드러내고 있으므로 선지의 내용은 적절하다.
2. '노래도 없이 사라질 게다 / 자욱도 없이 사라질 게다'에서 유사한 문장 형태를 변주하고 있으나, 이를 통해 시간의 흐름을 드러내고 있지는 않다.
3. 화자가 '두어 마디 너의 사투리'를 사용하여 '전라도 가시내'를 위로한 것은 맞다. 하지만 그녀는 '울 듯 울 듯 울지 않'았다고 하였으므로 선지의 내용은 적절하지

않다.
4. '눈포래를 뚫고' '북간도 술막'에 도착한 주체는 '가시내'가 아닌 화자인 '함경도 사내'이다. 또한 '그늘진 숲속을 기어간 오솔길'은 삶에 대한 '가시내'의 아픈 기억을 상징하는 것으로, 이 역시 '가시내'가 아닌 화자가 '헤매'인다고 하였으므로 선지의 내용은 적절하지 않다.
5. '얼음길', '눈포래 휘감아 치는 벌판' 등에서 현실에 대한 화자의 부정적 인식을 확인할 수 있다. 하지만 화자는 이를 피하지 않고 이에 맞서겠다는 결연한 모습을 보일 뿐, 앞날에 대한 회의(마음속에 품고 있는 의심)를 드러내고 있지는 않다.

나BS 실전 문제 정답

01. ③   02. ④   03. ⑤

01.

(가)는 '울 듯 울 듯'과 '사라질 게다'의 반복을 통해, (나)는 '되라 하고'와 '되라 하네'의 반복을 통해 시적 의미를 강조하고 있다. 참고로 시구는 단어 두 개 이상을 의미한다.

오답 풀이

① (가) X, (나) X / (가)와 (나) 모두 역설적 표현을 사용하고 있지 않다. ② (가) X, (나) X / 시상의 반전은 긍정에서 부정(혹은 부정에서 긍정), 소극적 태도에서 적극적 태도(혹은 적극적 태도에서 소극적 태도), 깨닫기 전의 상황에서 깨달은 후의 상황 등으로 시에 나타난 생각이나 감정이 급격하게 변화하는 것을 의미한다. (가)와 (나) 모두 이러한 시상의 반전은 나타나지 않는다. ④ (가) O, (나) X / (가)는 '남실 남실', '휘 휘' 등에서 음성 상징어를 통해 시적 분위기를 생동감 있게 전달하고 있다. 반면 (나)에는 음성 상징어가 나타나지 않는다. ⑤ (가) O, (나) X / (가)는 명시적 청자인 '가시내'에게 말을 건네는 방식으로 화자의 정서를 드러내고 있다. 반면 (나)에는 명시적 청자가 드러나지 않으며, 말을 건네는 방식을 사용하고 있지도 않다.

02.

ⓔ(싸늘한 웃음)은 가시내가 자신의 삶과 세상에 대해 짓는 냉소적 웃음을 의미하므로, 이를 함경도 사내에게 느끼는 연민의 정서를 나타낸다고 볼 수는 없다.

오답 풀이

① ㉠(북간도 술막)은 '흉참한 기별이 뛰어들 것' 같고, '두터운 벽도' '이웃'도 믿을 수 없는 두렵고 불안한 공간으로 그려지고 있으므로 선지의 내용은 적절하다. ② ㉡(가난한 이야기)은 가시내가 힘겹게 살아온 이야기를 의미하므로, 가시내의 고통스럽고 힘들었던 삶을 나타낸다고 할 수 있다. ③ ㉢(두루미처럼 울어 울어)은 가시내가 고향인 '전라도'를 떠나 유랑하는 자신의 처지로 인해 눈물을 흘리는 모습을 묘사한 것이므로, 가시내가 고국을 떠나야 했던 슬픔을 나타낸다고 할 수 있다. ⑤ ㉤(너의 나라)은 '너의 사투리', '수줍은 분홍 댕기'를 고려할 때, 가시내가 위로를 받을 수 있는 추억의 공간인 고향을 의미하므로 선지의 내용은 적절하다.

03.

(가)의 '자욱도 없이 사라질 게다'는 함경도 사내가 '눈포래 휘감아치는 벌판', 즉 시련과 고통이 가득한 현실에 대응하는 비장한 태도를 드러낸 것이므로, 현실을 극복하려는 의지가 드러난다고 볼 수 있다. 하지만 (나)의 '짐부리고 앉아 쉬는'은 잠시나마 쉬고 싶은 정서를 표현한 것이므로, 현실을 극복하려는 의지가 드러나 있다고 보기 어렵다.

오답 풀이

① 〈보기〉에 따르면 (가)는 비슷한 처지의 사람끼리 위로하는 모습을 그리고 있다. '봄을 불러줄게'는 함경도 사내가 전라도 사투리를 사용해 가시내가 '너의 나라', 즉 고향을 떠올릴 수 있도록 하여 그녀를 위로하고자 하는 마음을 드러낸 것으로 볼 수 있다. ② 〈보기〉에 따르면 (가)는 유랑하는 삶의 고통과 이에 대응하는 모습을 그리고 있다. '벌판에 우줄우줄 나설 게다'는 '눈포래 휘감아치는 벌판', 즉 고통스러운 현실의 순간을 피하지 않고 맞서겠다는 화자의 비장하고 결연한 모습을 형상화한 것이므로 선지의 내용은 적절하다. ③ 〈보기〉에 따르면 (나)는 떠돌이 삶의 비애와 갈등을 그리고 있다. '가을볕도 서러운'은 떠돌이 '방물장수'가 느끼는 서러운 삶의 정서를 드러낸 것이므로 선지의 내용은 적절하다. ④ (가)의 '눈포래'와 '얼음길'은 '벌판'에 나서는 화자가 마주하게 되는 고통과 시련을 나타낸다고 할 수 있다. 한편 (나)의 '산서리'는 매섭고 차가운 존재로, '물여울'은 모진 존재로 묘사되고 있으므로, 이들은 유랑의 삶 속에서 화자가 겪게 되는 고통과 시련을 나타낸다고 할 수 있다.

Part 1. 현대시 16 | 신경림, 나목

O/X 정답

01. X	02. O	03. X	04. X	05. X

1. '나무들'을 부끄러움을 느끼고 울음을 터뜨리는 등의 존재로 인격화하고 있다. 하지만 이를 청자로 설정하여 화자의 소망을 전달하고 있지는 않다.
2. 화자의 인식을 '나무들'에 투영하여 시적 정서를 환기하고 있다.
3. '나무들'은 '고달픈 삶'에 대해 '부끄러울 것도 숨길 것도 없다'고 하였다. 또한 '시원스레' 터는 것은 '몸을 덮는 눈'이므로 선지의 내용은 적절하지 않다.
4. '알고 있을까~사람이 있다는 것을'에서 어순의 도치가 드러나지만, 이를 통해 상황의 긴박함을 표현하고 있지는 않다.
5. '나무들'이 '온몸을 떨며 깊은 울음을 터뜨릴 때 / 멀리서 같이 우는 사람이 있다는 것을' 그들은 '알고 있을까'라며 의문을 드러내고 있으므로, '나무들'이 '우는 사람'의 존재를 인식하고 있다고 보기 어렵다.

나BS 실전 문제 정답

01. ④	02. ⑤	03. ④

01.

(가)에서는 '구름'을 '아득히 손짓하'는 인간적 속성을 지닌 존재로, '풀잎'을 '고달픈 얼굴을 마조 대고 나직히 웃으며 얘기하'는 인간적 속성을 지닌 존재로 형상화하고 있다. 한편 (나)에서는 '나무'를 '서로 부둥켜안고' '울음'을 터뜨리는 등의 인간적 속성을 지닌 존재로 형상화하고 있다.

오답 풀이

① (가) X, (나) X / (가)와 (나) 모두 대상과의 문답은 나타나지 않는다. ② (가) X, (나) O / (가)에서는 의문형 어미를 활용하고 있지 않다. 반면 (나)에서는 '알고 있을까'에서 의문형 어미를 활용하여 화자의 정서를 강조하고 있다. ③ (가) X, (나) X / (가)와 (나) 모두 시대 배경을 드러내는 시어를 반복적으로 사용하고 있지 않다. ⑤ (가) X, (나) X / (가)와 (나) 모두 근경에서 원경으로 시선을 이동하면서 대상을 포착하고 있지 않다.

02.

〈보기〉에 따르면 화자는 언젠가는 소멸될 삶을 힘겹게 살아가는 여린 존재에 주목하여, 이러한 존재와 교감을 하면서 삶에 대한 새로운 깨달음을 얻는다. 화자는

영원한 시간의 흐름 속에서 순간을 살아가는 '풀잎'과 교감하면서 '풀잎'에서 느낀 생명의 신비와 감동을 '한 떨기 영혼'으로 표현하고 있다. '나'가 소멸될 운명을 벗어나 영원의 세계를 지향하고 있지는 않으므로 선지의 내용은 적절하지 않다.

오답 풀이

① 〈보기〉에 따르면 (가)의 화자는 특정한 공간에서 영원에 가까운 기나긴 시간의 흐름을 포착한다. '바위'는 영원에 가까운 '오랜 세월' 동안 '풍설에 깎'이는 고난과 시련을 견뎌온 존재이므로 선지의 내용은 적절하다. ② 〈보기〉에 따르면 (가)의 화자는 특정한 공간에서 영원에 가까운 기나긴 시간의 흐름을 포착한다. 화자는 '구름이 떠가는 언덕'에 올라 '풀잎'을 바라보며 '태초의 생명'을 생각하며 '태초'로부터 이어지는 기나긴 시간의 흐름을 포착하고 있으므로 선지의 내용은 적절하다. ③ '나'는 '바람'에 흔들리는 '풀잎'을 바라보며 자신 '또한' '바람결에 흔들'린다고 표현하였으므로, '나'는 '풀잎'처럼 '바람결에 흔들리'는 존재임을 알 수 있다. 또한 '우리들'은 '나'와 '풀잎'을 지칭하는 표현이므로, 이를 통해 '풀잎'과의 동질감을 드러낸 것이라 할 수 있다. ④ 〈보기〉에 따르면 (가)의 화자는 언젠가는 소멸될 삶을 힘겹게 살아가는 여린 존재에 주목하여, 이 존재와 교감을 한다. '나'가 '바람결에 흔들리'는 '풀잎'과 '얼굴을 마조 대고 나직이 웃으며 얘기하'는 모습은, 화자가 주목한 대상인 '풀잎'과 감정의 교류를 나누는 모습을 표현한 것이므로 선지의 내용은 적절하다.

03.

[C]에서 '나무'는 '한밤에 내려 몸을 덮는 눈'을 '흔들어 시원스레 털어 다시 알몸'이 될 거라고 하였으므로, '몸을 덮는 눈'을 따뜻한 위로를 주는 대상으로 볼 수는 없다.

오답 풀이

① [A]에서 화자는 겨울이 되어 잎이 지고 가지만 앙상하게 남은 '나무(나목)'가 '하늘을 향해 길게 팔을 내뻗고 있'는 모습에 주목하여 시상을 열고 있다. ② [B]에서 화자는 [A]의 '하늘을 향해' '팔'을 내뻗는 나무의 모습을, '별빛'을 통해 헐벗은 자신의 온몸을 '씻어내려는 것'으로 보고 있다. 이때 '별빛'은 메마른 나무의 삶을 치유하고 정화해 주는 존재로 볼 수 있으므로 선지의 내용은 적절하다. ③ [C]에서 나무는 '고달픈 삶'이나 '구질구질한 나날'을 '부끄러울 것도 숨길 것도 없어' 한다고 하였다. 이는 '나무'가 '고달픈 삶'과 '구질구질한 나날'을 당당하게 감내할 것이라는 화자의 생각을 드러낸 것으로 볼 수 있다. ⑤ [D]에서 '나무'가 '깊은 울음'을 터뜨릴 때, '멀리서 같이 우는 사람'은 나무의 처지를 깊이 이해하고 연민과 공감의 마음을 가진 존재를 의미한다고 할 수 있다.

Part 1. 현대시 17 | 윤동주, 병원

O/X 정답

01. X	02. O	03. O	04. X	05. X

1. '흰옷', '하얀 다리'에서 흰색의 색채어가 사용되었을 뿐 색채의 선명한 대조를 드러내고 있지는 않다.
2. '나'는 이유를 모르는 '아픔을 오래 참다' 병원에 갔지만, '늙은 의사'는 '젊은이의 병을 모른다'며 '병이 없다고' 진단하였다.
3. '-ㄴ다', '-다'의 종결 어미의 반복을 활용하여 시의 리듬감을 형성하고 있으므로 선지의 내용은 적절하다.
4. 이유를 모르는 '아픔'에 '병원'을 찾았음에도 '병이 없다'는 진단을 받은 '나'가 '성내'지 못하는 것에서 현실에 대한 부정적 인식이 드러난다고 볼 수 있다. 하지만 이를 바탕으로 앞날에 대한 회의는 드러나지 않으므로 선지의 설명은 적절하지 않다.

5. '나'는 '금잔화'를 꺾어 '병실 안'으로 들어간 '젊은 여자'를 보며 '그 여자의 건강'과 자신의 건강이 모두 회복되기를 바라고 있으므로, '나'가 '젊은 여자'를 보고 병을 회복하지 못할 것이라 생각했다는 선지의 내용은 적절하지 않다.

나BS 실전 문제 정답

01. ④   02. ③

01.

(나)에서 화자는 '수도승일까', '어설픈 과객일까', '하늘 문을 지키는 파수병일까'에서 '-일까'라는 추측을 나타내는 표현을 변주하여 나타내고 있다. 그리고 유사하게 반복(변주)하든, 동일하게 반복하든 반복이 되면 무조건 '심화'가 되므로, 뒷부분은 확인하지 않아도 괜찮다.

오답 풀이

① (가) X, (나) X / (가)의 경우 '흰옷', '하얀 다리'에서 흰색의 색채 이미지가 활용되었다. 이는 환자인 젊은 여자에 대한 표현으로, 여자는 병원 뒤뜰에 누워 일광욕을 하고 있다. 하지만 누워 있는 여성을 사물이라고 할 수도 없고, 역동적 모습을 드러내고 있다고 보기도 어렵다. (나)에는 색채 이미지가 활용되고 있지 않다. ② (가) X, (나) X / (가)에서는 '병원'이라는 공간이, (나)에서는 '유성→조치원→공주→온양→서울'로 공간의 이동이 드러난다. (가)의 공간은 일상을 벗어난 공간이라고 할 수 있지만, 이와 대비되는 일상의 공간에 대해서는 언급하지 않았다. 언급을 하지 않았으니 당연히 의미 부여도 할 수 없겠지. (나)의 경우 '서울'이 일상적 공간이고, 나머지가 일상을 벗어난 공간이라고 할 여지는 있으나 이러한 공간의 대비가 명확하게 드러나지 않으므로 선지의 내용을 허용할 수 없다. ③ (가) X, (나) X / (가)에서 일단 사람은 사물이 아니다. "살구나무는 사물이지 않나요?" 그래, 감각적으로 인지 가능하니까 사물은 맞다. 하지만 살구나무의 속성에 대한 분석은 없다. 또한 화자가 자신의 건강이 회복될 것이라고 전망한다기보다는, 회복을 소망한다고 보는 것이 더욱 적절하다. (나)에서는 늙은 나무에 대한 화자의 인식을 '수도승', '과객', '파수병'으로 제시했으니, 사물에 대한 속성 분석은 허용할 여지가 있다. 하지만 미래에 대한 긍정적 전망은 제시되지 않았다. ⑤ (가) X, (나) X / (가)에서 현재형 시제를 사용하였지만 이러한 표현을 통해 계절의 상징성을 보여 주는 것은 아니다. 간혹 '금잔화'라는 식물이 특정 계절에 피는 것이라는 이유로 계절을 드러내는 것이 적절하다고 하는 학생들이 있다. 하지만 선지에서는 '계절의 상징성'이 현재형 시제를 통해 나타나는지 여부를 묻고 있으므로, 선지의 내용은 적절하지 않다. 한편 (나)는 과거형 시제를 사용하였지만 이를 통해 시간에 따른 사물의 변화를 보여 준 것이 아니라, '나무'라는 사물에 대한 화자의 인식 변화를 보여 주고 있다.

02.

(가)의 화자가 '늙은 의사'를 원망하는 내용은 표면적으로 나오지 않았다. 아픔을 오래 참다 병원을 찾아왔는데 '늙은 의사'가 병을 몰라주고 치료해 줄 수 없다고 하면 원망이 느껴질 수도 있는 상황이다. 하지만 문학에서 해석의 근거는 언제나 지문과 〈보기〉라는 것을 명심하자. 어디에도 '원망'이라는 표현은 없다. 게다가 화자는 '여자'의 모습을 지켜보며 치유에 대한 소망에 공감하였을 뿐, 서로 이야기를 나누거나 무언가를 공유한 것은 아니다. 한편 (나)의 화자가 '멀리 서 있는' 나무들을 본 것은 '나무'의 모습을 통해 자신의 내면을 성찰한 것이지, 나무와 자신의 거리를 좁히려 한 것은 아니다.

오답 풀이

① (가)의 화자는 병원에서 본 '젊은 여자'의 모습에 주목하여 대상을 인식하고 있다. (나)의 화자 역시 여행 중에 만난 '나무'들의 모습을 인식하고 있다. 참고로 여행하는 길을 여로라고 한다. ② 시와 선지만 보면 의아할 수 있지만, 〈보기〉의 내용을 통해

허용할 수 있다. (가)의 화자는 찾는 이가 없는 '가슴을 앓는다는 이 여자'의 처지에 비추어, 자신의 처지를 '아픔을 오래 참다 처음으로 이곳에 찾아왔다'고 표현하였다. 한편 (나)의 화자는 '나무'에게서 본 '수도승', '과객', '파수병'의 모습을 통해 자신의 내면에 있는 묵중함, 침울함, 외로움 등을 발견하였으므로 선지의 내용은 적절하다. ④ 〈보기〉에 따르면, (가)의 화자는 '여자'가 지닌 치유에 대한 소망에 공감한다고 하였으므로, '금잔화 한 포기'를 꽂고 병실로 들어가는 '여자'의 모습을 통해 그 여자의 '회복'에 대한 소망을 읽어 냈다고 볼 수 있다. 그렇기에 화자는 그 여자의 건강과 자신의 건강이 속히 회복되기를 바라고, 그녀가 누웠던 자리에 누워 보며 치유를 바라는 마음에 공감한 것이다. 한편 (나)의 화자 역시 나무들이 '외로워 보였다'고 표현함으로써, 대상에 대한 자신의 정서를 드러내며 공감하고 있다. ⑤ (가)의 화자는 '젊은 여자'가 했던 행동을 따라 '그가 누웠던' 곳에 누워 보며 대상과의 동질성을 드러내고 있다. 한편 (나)에서는 '나무'가 이미 '내 안에 뿌리를 펴고' 있으며 '뽑아낼 수 없'다고 표현한 부분에서 화자가 대상과 자신의 동질성을 드러내고 있음을 확인할 수 있다.

Part 1. 현대시   **18 | 김기택, 벽**

O/X 정답

01. X   02. O   03. O   04. X   05. X

1. '작은 할머니'는 '만원 전동차에서 내리'기 위해 '혼자 헛되이 허우적거리고 있'으며, 할머니를 에워싼 '승객들'은 '높고 튼튼한 벽'이 되어 '꿈쩍도 하지 않'고 있다. 즉, '작은 할머니'가 '승객들'의 '허우적거'림에 '꿈쩍도 하지 않'는 것이 아니라, '승객들'이 '작은 할머니'의 '허우적거'림에 '꿈쩍도 하지 않'는 것이므로 선지의 내용은 적절하지 않다.

2. 화자는 '만원 전동차' 안에서 '작은 할머니'에 대한 관찰을 통해 시상을 전개하고 있으므로 선지의 내용은 적절하다.

3. '태아의 발가락'은 전동차에서 내리기 위해 승객들을 '있는 힘'을 다해 밀었지만 소용이 없는 할머니의 모습을 빗댄 표현이므로 선지의 설명은 적절하다.

4. '높고 튼튼한 벽이 되어 있었다.', '더욱 견고한 벽이 되고 있었다.'에서 유사한 문장 형태가 변주되어 나타나고 있지만, 이를 통해 시간의 흐름을 드러내고 있지는 않으므로 선지의 내용은 적절하지 않다.

5. '만원 전동차'라는 공간의 상황을 제시하여 타인을 배려하는 삶을 살아야 한다는 주제가 드러난다는 점에서 지향하는 가치가 드러난다고 볼 수 있으나, 공간을 대비하고 있지 않으므로 선지의 내용은 적절하지 않다.

나BS 실전 문제 정답

01. ①   02. ④   03. ④

01.

(가)는 '누구나 안다', '나도 안다', '그런 일은 없었다' 등에서, (나)는 '벽은 꿈쩍도 하지 않았다.', '벽은 조금도 흔들림이 없었다.' 등에서 단정적 진술을 활용하여 주제 의식을 드러내고 있다.

오답 풀이

② (가) O, (나) X / (가)는 '나도 안다 돼지 목 따는 동네의 더디고 나른한 세월' 등에서 도치의 방식을 활용하여 시적 의미를 부각하고 있다. 반면, (나)에서는 도치의 방식이 사용되지 않았다. ③ (가) X, (나) X / (가)와 (나) 모두 점층적 표현은 사용되지 않았다. ④ (가) X, (나) X / (가)에서 '푸른, 누구' 등의 시어와 '돼지 목

따는 동네의 더디고 나른한 세월'이라는 시구가 반복되고 있다. 또한 (나)에서는 '벽, 할머니, 있었다' 등의 시어가 반복되고 있다. 하지만 (가)와 (나) 모두 열거는 사용되지 않았다. ⑤ (가) O, (나) X / (가)에서는 '푸른'이라는 동일한 색채어를 반복적으로 제시하여 시상을 전개하고 있다. 반면, (나)에서는 색채어가 드러나지 않는다.

02.

[C]는 권태롭고 무기력한 삶에서 벗어나 자유롭고 활기 있는 삶을 살고 싶어 하는 화자의 욕망을 '길길이 날뛰는 물줄기'에 빗대어 드러내고 있을 뿐, 과거의 삶을 반성하는 모습은 드러나지 않는다.

📌오답 풀이

① [A]에서 '기다리던 것이 오지 않는다'는 변화 가능성이 없는 상황을 나타낸다. 이 상황에서 화자는 '더디고 나른한 세월', 즉 권태로운 삶을 살아가고 있으므로 선지의 내용은 적절하다. ② [B]에서 화자는 '우리의 굽은 등에 푸른 싹이 돋을까 묻고 또' 물으며 자신이 처해 있는 현실에 대한 회의적(어떤 일에 의심을 품는 것)인 태도를 드러내고 있다. ③ [B]에서 화자는 '푸른 싹이 돋'는 것과 같은 생기 있는 삶을 바라지만, 자신들의 삶은 항시 '낡은 유리창에 흔들리는 먼지 낀 풍경 같은 것'이었다며 현실에 대한 비관적(앞으로의 일이 잘 안될 것이라고 보는 것) 인식을 드러내고 있다. ⑤ [C]는 권태롭고 무기력한 삶에서 벗어나 자유롭고 활기 있는 삶을 살고 싶어 하는 화자의 욕망을 '길길이 날뛰는 물줄기'에 빗대어 드러내고 있다.

03.

ⓔ(더)은 승객들이 할머니에게 고통을 더하고 있는 상황을 부각하는 표현이므로, 속박된 상황을 벗어나려는 할머니의 모습을 부각한다는 설명은 적절하지 않다.

📌오답 풀이

① ⓐ(헛되이)은 혼자의 힘으로는 '만원 전동차'에서 내릴 수 없는 할머니의 상황을 부각하고 있으므로 선지의 내용은 적절하다. ② ⓑ(튼튼한)은 할머니를 에워싸고 있는 승객들의 견고한 상태를 표현한 것으로, 할머니의 어려움을 심화시키는 '벽'을 강조하고 있으므로 선지의 내용은 적절하다. ③ ⓒ(조금도)은 할머니의 움직임에도 변화가 없는 승객들의 모습을 강조하는 표현이다. 따라서 할머니의 고통에 반응하지 않는 승객들의 모습을 강조하는 표현으로 볼 수 있다. ⑤ ⓔ(견고한)은 '벽'으로 표현된 승객들이 변화 없이 단단하게 할머니를 에워싸고 있음을 부각하고 있다. 따라서 할머니의 처지에 관계없이 자신의 상황을 고수하고 있는 승객들의 모습을 부각한 표현으로 볼 수 있다.

Part 1. 현대시   19| 김현승, 눈물

▎ O/X 정답

01. O   02. O   03. X   04. X   05. O

1. '흠도 티도, / 금가지 않은 / 나의 전체는 오직 이분!' 등에서 영탄적 표현을 통해 '눈물'에 대한 인상을 표현하고 있으므로 선지의 내용은 적절하다.
2. '더러는~작은 생명이고저……'에서 화자는 '눈물'을 '옥토에 떨어'져 결실을 맺는 '작은 생명'에 빗대어, '생명'을 지닌 존재로 인식하고 있으므로 선지의 내용은 적절하다.
3. '들이라', '나아종', '지니인'은 각각 '드리라', '나중', '지닌'을 의도적으로 변형한 시어이다. 이를 통해 화자가 가진 것 중에 '눈물'이 가장 값지고 절대적이라는 점을 강조하고 있을 뿐, 현실 극복 의지를 드러내고 있지는 않다.
4. 5연과 6연이 서로 대응되어 불완전하고 가변적 속성을 지닌 '꽃'과 '웃음', 완전하

고 불변적 속성을 지닌 '열매'와 '눈물'이 서로 대조되고 있다. 하지만 유사한 문장 구조를 나란히 제시하는 대구가 사용되지는 않았으므로 선지의 내용은 적절하지 않다.
5. 화자는 '나무의 꽃이 시'들고 그 자리에 '열매를 맺'게 하는 '당신', 즉 절대자의 뜻을 통해 '웃음 이후에 만들어진' '눈물'이 진정한 삶의 결실이자 신의 섭리임을 깨닫고 있으므로 선지의 내용은 적절하다.

Part 1. 현대시   20| 김춘수, 강우

▎ O/X 정답

01. O   02. O   03. O   04. O   05. X

1. '비'라는 하강의 이미지가 담긴 시어를 활용하여 아내의 죽음으로 인한 화자의 슬픔과 절망감을 드러내고 있으므로 선지의 내용은 적절하다.
2. 화자는 '넙치지지미의 맵싸한 냄새'를 맡으며, 곁에 없는 '이 사람'이 '어디로 갔'는지 계속해서 찾고 있으므로 선지의 내용은 적절하다.
3. '어디로 갔나,'라는 동일한 구절을 반복하여, 아내의 부재로 인한 화자의 부정적 정서가 심화되는 과정을 드러내고 있으므로 선지의 내용은 적절하다.
4. '어둠', '비' 등의 시각 이미지와 '메아리'로 '되돌아'오는 화자의 '목소리'라는 청각적 이미지를 통해 아내의 부재에서 비롯된 애상적(슬퍼하거나 가슴 아파하는 것) 분위기를 자아내고 있으므로 선지의 내용은 적절하다.
5. 화자가 '혹시나 하고' '밖을 기웃거'리며 '이 사람'이 돌아올지도 모른다는 희망을 품었던 것은 맞다. 하지만 시의 후반부에서 화자는 '풀이 죽'으며 '지금은 어쩔 수가 없다'고 '이 사람'의 부재를 인정하고 체념하였으므로 선지의 내용은 적절하지 않다.

▎ 나BS 실전 문제 정답

01. ④   02. ④   03. ③   04. ④

01.

오감으로 인지 가능한 이미지인 감각적 심상은 사실 대부분의 시에 있다고 볼 수 있다. 따라서 이런 선지가 나오면 가장 먼저 검토해야 한다. (가)에서는 '냄새(후각), 메아리로 돌아오는 화자의 '목소리'(청각), 어둠 속에 내리는 '비'(시각) 등으로 '이 사람(아내)'의 부재라는 화자의 현실 상황을 나타내고 있다. (나)에서는 '눈', '붉은 산수유 열매'(시각), '서느런 옷자락'(촉각) 등으로 아버지의 부재로 인한 서러움과 그리움이라는 현재 상황을 드러내고 있다. (다)에서는 '검은 개펄', '파도치고'(시각) 등으로 '당신'에 대한 사랑을 마음속에 간직하며 살아가는 화자의 현재 상황을 드러내고 있다.

📌오답 풀이

① (가) X, (나) X, (다) X / 대구를 쓰면 비슷한 구절이 반복되니 무조건 리듬감이 생긴다. 따라서 '대구'의 여부만 고민하면 된다. (가)는 동일한 구절을 반복하고 유사한 종결 어미를 사용하여 운율을 드러내고 있지만, 대구는 나타나지 않는다. '대구'는 '비슷한 문장 구조가 나란히 대등적으로 연결되는 표현 방식'이다. ② (가) O, (나) X, (다) △ / 시는 시인의 정서를 드러내는 '서정' 문학이기에, '시적 정서를 드러내고 있다.'라는 표현은 고민할 필요가 없다. 사물에 인격을 부여하는 의인법만 찾으면 된다. (가)에서 '빗발'은 화자에게 '지금은 어쩔 수가 없다고' 말하면서 '한 치 앞을 못 보'도록 퍼붓고 있다. 즉, (가)는 '비'에 인격을 부여하여 체념의 정서를 드러내고 있으므로 적절하다. (다)에서 '바다는 멀리서 진펄에 몸을 뒤척이겠지요'를 주목해 보자. 보통 동물이라면 '몸통'이라는 표현을 쓰지 '몸'이라는 표현은 잘 사용하지 않는다. 그

리고 '뒤척이다'는 '물체나 몸을 이리저리 뒤집다.'의 의미로 사람의 행동을 설명할 때 흔하게 쓰인다. 이로써 '의인화'가 사용되었음을 확인할 수 있으나 확연하게 '사람'의 특성이 나타나는 것은 아니므로 언뜻 보기엔 '활유법'으로도 볼 수 있을 것이다. 결론은, 애매한 것을 가지고 고민하지 마라. 평가원에서는 애매한 '의인 or 활유'로 정답과 오답을 구별하지 않는다. ③ (가) X, (나) X, (다) X / (가)의 마지막 부분 '왠지 느닷없이~어쩔 수가 없다고.'와 (다)의 1, 3연에서 도치가 나타난다. 그러나 (가)는 대상과의 거리를 좁히고 있지 않다. 대상과의 거리를 좁히려면 대상에 대한 심리적인 가까움, 즉 긍정적인 태도(친밀감)가 나타나야 하는데 (가)에서는 '이 사람'의 부재로 인한 '체념의 태도'가 주를 이루기 때문이다. 한편, (다)에서 화자는 서해(바다)엔 당신이 있을 거 같아서 가보지 않았다고 했다. 그곳 바다가 멀리 있다는 것은, 그곳(바다)에 있는 당신 역시 멀리 있다는 의미이므로 대상과의 거리를 좁히고 있다고 볼 수 없다. ⑤ (가) O, (나) O, (다) X / 감탄사를 쓰면 당연히 감정이 고조된다. 따라서 '화자의 고조된 감정'은 신경 쓸 필요가 없다. (가)에서는 감탄사 '아니'를 반복하여 상황이 변함에 따라 고조된 감정을 나타내며, (나)에서는 감탄사 '아'를 사용하여 한겨울에 아들을 위해 '눈 속'을 헤치고 '붉은 산수유 열매'를 따오신 아버지에 대한 고조된 감정을 표현하고 있다. 반면 (다)는 감탄사를 사용하고 있지 않다.

02.

(가)와 (나) 모두 그리움의 정서가 나타나 있다. (가)의 화자는 '어디로 갔나'를 반복하여 '이 사람'이 부재하고 있는 상태임을 드러내고 있다. 부재한 대상(고향, 부모님, 임금, 연인, 친구 등)을 언급한다는 것은 기본적으로 그 대상을 그리워하는 것이 전제로 깔린 것이다. 따라서 '그립다'라는 시어가 없더라도, '대상의 부재'라는 상황에서는 무조건 '그리움'을 허용해 줄 수 있어야 한다. (나)의 마지막 연에서는 아버지가 따오신 '산수유'가 '아직도 내 혈액 속에 녹아흐르'고 있다고 하였다. 당연히 화자가 아버지의 사랑을 그리워하고 있음을 알 수 있다.

오답 풀이

① '화자의 내면(=정서=감정=반응)'을 드러내는 것이 시 문학이다. 따라서 '독백적 어조'만 판단하면 된다. '밥상은 차려놓고 어디로 갔나'와 '당신 지금 어디로 갔어?'를 비교해 보면 느낌이 올 것이다. (가)는 '독백적 어조'를 통해 화자가 혼잣말하는 느낌을 뚜렷하게 주고 있다. ② 이질적인 두 대상을 연결하기 위해선 공통적 요소가 필요하겠지. (나)에서 과거와 현재에서 공통적으로 존재하는 대상은 바로 '눈'이다. 즉, (나)에서는 '눈'이 과거와 현재를 연결하는 매개체 역할을 하고 있다. ③ (가)에는 아내의 부재를 느끼고 있는 현재의 장면만 제시되어 있지만, (나)는 1연부터 6연까지 '서른 살'의 화자가 과거에 겪었던 어린 시절의 모습을 보여 주고 있다. ⑤ '시상'은 '시인의 생각'을 말한다. 그리고 '시상을 집약하는 소재'는 '제목이 시 안에 등장하는 경우'와 '반복되는 소재가 있는 경우'를 보면 된다. 중요한 제목을 아무거나 멋대로 짓지는 않을 것이고, 반복은 중요하니까 하는 것이겠지. (가)에서는 제목인 '강우'가 지문에서 '비'라는 대상으로 나타나고 있으며, (나)에서는 '눈'과 '산수유'라는 소재가 반복되고 있다.

03.

화자는 아내가 곁에 있던 때 그랬던 것처럼 '옆구리 담괴가 다시 도졌나' 하고 스스로 질문을 던지지만, 이내 곧 그게 아니라는 것을 인식하고는 '이번에는 그게 아닌가 보다.'라고 말하고 있다. 즉, 화자는 '이 사람'을 찾으면서 이전의 '이 사람과 관련된 상황'을 떠올리지만, '아니 아니'라며 '이번에는' 이전의 상황과는 다르다는 것을 '인식'하고 있는 것이다.

오답 풀이

① 화자는 계속해서 '이 사람'이 어디로 갔는지 찾고 있으므로, ㉠을 마음이 평온한 상태로 볼 수 없다. ② ㉡은 목소리를 들어 주는 상대가 없기에 나타난 것이다. 화자는 '내 목소리만 내 귀에 들린다.'라고 하였으므로 '소통'으로도 '공감'으로도 볼 수

없다. ④ ㉢은 '이 사람'이 없다는 것을 다시금 확인하고 나서 느끼는 허전함과 쓸쓸함을 의미한다. '화자는 아마도 배신감을 느낄 거야.'라고 상상의 나래를 펼치면 안 된다. 화자는 '이 사람'을 찾으려고 밖을 기웃거리다가 풀이 죽었을 뿐, 어디에도 '이 사람'에 대한 '배신감'은 나타나 있지 않다. ⑤ ㉣에는 부재를 인정하지 않겠다는 '화자의 다짐'이 아니라, '이 사람'의 부재를 인식하고 난 뒤에 체념한 화자의 태도가 드러나 있다.

04.

3연의 '계실 자리'와 '가보지 않은 곳'은 바다를 가리키는 것이 맞지만, '남겨두어야 할까봅니다'는 '당신'에게 가야겠다는 화자의 의지가 담겨 있는 시구가 아니다. 그냥 있는 그대로 작품을 바라보면 된다. 화자는 분명 '내 다 가보면 당신 계실 곳이 남지 않을 것이기에'라고 말하고 있다. 있는 그대로 작품을 바라보지 않고, 멋대로 해석을 하려 들면 과도한 해석을 할 수도 있으니 주의하자.

오답 풀이

① '서해'는 화자가 지향하는 대상인 '당신'이 있을 수도 있다고 여겨지는 공간이다. 따라서 '서해'가 화자에게 '특별한 공간'이라는 것은 허용할 수 있다. ② '그곳 바다인들 여느 바다와 다를까요'에서 확인할 수 있다. ③ 화자는 서해(바다)엔 당신이 있을 것 같아서 가보지 않았다고 했다. 따라서 '서해(그곳 바다)=당신이 있는 곳'이라고 정리할 수 있다. 그곳 바다가 멀리 있다는 것은, 그곳(바다)에 있는 당신 역시 멀리 있다는 의미이므로 화자와 당신 사이에 거리감이 있음을 허용할 수 있겠다. ⑤ '아직 서해엔 가보지 않았습니다 / 어쩌면 당신이 거기 계실지 모르겠기에'와 '내 가보지 않은 한쪽 바다는 / 늘 마음속에서나 파도치고 있습니다'에서 확인할 수 있다.

Part 1. 현대시 | 21 | 김수영, 파밭 가에서

O/X 정답

| 01. O | 02. O | 03. O | 04. O | 05. X |

1. '묵은 사랑이', '붉은 파밭의 푸른 새싹을 보아라', '얻는다는 것은 곧 잃는 것이다'라는 동일한 시행을 반복하여 운율감을 자아내고 있다.
2. '푸른 새싹'은 '묵은 사랑이 / 벗겨질 때'에 얻을 수 있는 것으로, 새로운 가치를 의미한다.
3. '붉은'과 '푸른'의 시어에서 색채의 선명한 대조를 드러내어 시적 분위기를 환기하고 있으므로 선지의 내용은 적절하다.
4. '삶은 계란의 껍질이 / 벗겨지듯 / 묵은 사랑이 / 벗겨질 때' 등에서 빗대어 표현하는 방식으로 새로운 사랑(가치)을 얻기 위해서는 '묵은 사랑(낡은 가치)'을 버려야 한다는 화자의 인식을 드러내고 있으므로 선지의 내용은 적절하다.
5. '묵은 사랑이 / 뉘우치는 마음의 한복판에 / 젖어 있다'는 것은 화자가 '묵은 사랑'을 뉘우치면서도 쉽게 과거에 대한 미련을 떨쳐내지 못함을 드러낸 것이므로 선지의 내용은 적절하지 않다.

Part 1. 현대시 | 22 | 김용택, 들국

O/X 정답

| 01. O | 02. X | 03. X | 04. O | 05. O |

1. '단풍', '하얀 억새꽃' 등으로 가을이라는 계절적 배경을, '초생달'을 통해 밤이라는 시간적 배경을 시각적으로 드러내고 있다.

2. '하얀', '허연'이라는 색채어가 사용되었지만, 선명한 대조를 이루는 색채어를 통해 시적 분위기를 환기하고 있지는 않으므로 선지의 내용은 적절하지 않다.

3. '초생달'은 '그대 얼굴같이' 떠 있는 존재로, 그리움의 대상인 '임'을 떠올리게 하는 소재인 것은 맞다. 그러나 '초생달'은 닿을 수 없는 존재라는 점에서, 부재한 임에 대한 화자의 그리움을 더욱 심화시키고 있으므로 화자에게 위안을 주는 존재라고 보기 어렵다.

4. '뭐헌다요', '도망가불고', '뭔 헛짓이다요' 등에서 토속적인 방언을 사용하여 향토적 정감을 환기하고 있다.

5. 하염없이 임을 기다리는 화자의 모습을 '서리 밭'에 피어 있는 '하얀 들국'에 빗대어 표현하고 있으므로 선지의 내용은 적절하다.

▌나BS 실전 문제 정답

01. ②　　02. ③　　03. ③

01.

(나)는 '김 군'이 화원을 관찰하고 연구하여 그린 그림책 『백화보』의 서문이다. 여기서 글쓴이는 '김 군'의 구체적 행적을 제시하고, 그의 기예와 그림책이 매우 훌륭하다고 예찬하고 있으므로 선지의 내용은 적절하다.

🔖**오답 풀이**

① (가) X / (가)는 임과 이별한 자신의 처지를 탄식하는 어조가 일관되게 유지되고 있으므로 선지의 내용은 적절하지 않다. ③ (가) X, (나) X / (가)와 (나) 모두 현실을 초월하려는 의지가 나타나 있지 않다. ④ (가) O, (나) X / (가)는 '하얀 손짓'을 통해 '억새꽃'에 인격을 부여하고 있으나, (나)에는 사물에 인격을 부여하지 않았다. ⑤ (가) O, (나) X / (가)에서는 '하얀'은 추상적 관념, 즉 화자가 가진 그리움이라는 정서를 구체화한다고 할 수 있으나, (나)에서는 색채어가 나타나지 않았다.

02.

'초생달'은 '그대 얼굴같이' 보이는 자연물이다. '초생달'은 화자가 '임'을 떠올리게 하여 그리움을 심화시키는 대상일 뿐, 화자와 동일시되는 대상은 아니므로 선지의 내용은 적절하지 않다.

🔖**오답 풀이**

① 〈보기〉에 따르면 (가)에서 화자는 임과 이별한 자신의 처지를 늦가을의 아름다운 풍경과 대비하여 강조한다. 이를 고려하면, '단풍'과 '물빛'은 늦가을의 아름다운 풍경으로, 화자의 외로운 처지와 대비되는 자연물이다. ② 〈보기〉에 따르면 (가)는 특정 자연물과 자신을 동일시하거나 다양한 이미지를 활용하여 화자 자신의 정서나 처지를 구체적으로 형상화한다. 이를 고려하면, '하얀 억새꽃'의 '하얀 손짓'은 이별한 임을 애타게 그리워하는 화자의 마음을 구체적으로 형상화한 것으로 볼 수 있다. ④ 〈보기〉에 따르면 (가)는 그리운 임에 대한 애틋함과 이별의 상황에 대한 막막함을 함께 노래한 작품으로, 다양한 이미지를 활용하여 화자 자신의 정서나 처지를 구체적으로 형상화한다. 이를 고려하면, '마른 지푸라기'와 '허연 서리'는 임과 이별한 상황에 대한 막막한 심정을 형상화한 것으로, '막막한 어둠'이 이를 더욱 심화한다고 볼 수 있다. ⑤ 〈보기〉에 따르면 (가)는 특정 자연물과 자신을 동일시하거나 다양한 이미지를 활용하여 화자 자신의 정서나 처지를 구체적으로 형상화한다. 이를 고려하면, '서리밭에 하얀 들국'은 임과 이별한 부정적 상황에서도 애타게 임을 기다리는 화자의 처지와 동일시되는 자연물이다.

03.

'김 군'은 '손님이 와도 말 한마디 건네지 않'을 만큼 ㉠(꽃)을 관찰하는 데 열중한다. 따라서 김 군은 ㉠에 대한 '편벽된 병'을 지녔다고 할 수 있다. 이러한 결과

'김 군'은 꽃의 역사에 기록될 만한 업적물인 ㉡(『백화보』)을 내놓게 되었으므로, ㉠에 대한 편벽된 병이 ㉡과 같은 벽의 공훈을 이루어내는 원동력이 되었다고 할 수 있다.

🔖**오답 풀이**

① ㉡과 같은 벽의 공훈을 얻기 위해서 ㉠에 대한 끊임없는 탐구, 즉 '편벽된 병'이 필요한 것이다. ② '김 군'은 ㉠을 뚫어져라 주시할 뿐이지 아름답게 가꾸지는 않았다. 또한 ㉠을 관찰하는 데에 열중하는 것이 김 군의 '편벽된 병'이므로 선지의 내용은 적절하지 않다. ④ ㉡에 남다른 의미나 가치를 부여하기 위해 ㉠에 대한 편벽된 병이 작용해야 하는 것이다. ⑤ ㉡과 같은 벽의 공훈을 이끈 것은 ㉠을 탐구하는 '김 군'의 편벽된 병이지, 사람들의 비웃음이 아니다.

Part 1. 현대시　　23 | 문정희, 흙

▌O/X 정답

01. O	02. O	03. X	04. X	05. X

1. '흙이 가진 것 중에 / 제일 부러운 것은 그의 이름이다', '그래도 나는 흙이 가진 것 중에 / 제일 부러운 것은 그의 이름이다'에서 화자는 흙이 가진 것 중 흙의 '이름'을 가장 부러워하고 있음을 알 수 있다.

2. 수미상관은 시의 첫 부분과 마지막 부분을 유사하게 배치하는 방식이다. 이때 처음과 끝이 반드시 일치할 필요는 없고 의미상의 대응이나 유사한 조응만으로도 허용할 수 있다. 1연과 3연의 형태가 완전히 동일하지는 않지만, 서로 짝이 맞고 유사성이 깊다는 점에서 수미상관의 구조가 사용되었다는 것을 허용할 수 있다.

3. '그를 불러 보라'에서 명령적 어조가 사용된 것은 맞다. 하지만 이를 통해 현실에 대한 비판 의식을 드러내고 있지는 않다.

4. '흙'이 가진 속성을 제시하고 있다는 점에서 사물에 대한 속성을 분석한다는 것은 허용할 수 있으나, 미래에 대한 긍정적인 전망을 제시하고 있지는 않으므로 선지의 내용은 적절하지 않다.

5. '농부'는 흙의 '가슴', 즉 땅에 '한 줌의 씨앗을 뿌리면' '한 가마의 곡식'으로 돌아오는 것을 '기적이라 부르지 않고 / 겸허하게 농사라고 불렀다'라고 하였으므로 선지의 내용은 적절하지 않다.

Part 1. 현대시　　24 | 복효근, 느티나무로부터

▌O/X 정답

01. O	02. O	03. X	04. X	05. X

1. '말을 건네는 방식'을 허용하려면 경어체를 쓰거나 명령·질문을 하는 등 화자가 작품 안 청자나 작품 밖 청자(독자)에게 말을 걸어야 한다. '어디서 왔느냐', '언제부터 여기에 있었느냐', '어디로 가는 길이냐'에서 말을 건네는 방식을 통해 '느티나무'와의 친밀감을 높이고 있으므로 선지의 내용은 적절하다.

2. 화자는 '군데군데 굳은살에 옹이가 박'힌 '느티나무'의 모습을 보고 '먼 길 걸어왔단 뜻이리라'라고 추측하고 있으므로 선지의 내용은 적절하다.

3. '먼 길 걸어왔단 뜻이리라', '남은 길이 조금은 덜 외로우리라'에서 추측을 나타내는 표현이 사용되었다. 하지만 이를 통해 '느티나무'에 대한 회의감을 드러내고 있지는 않으므로 선지의 내용은 적절하지 않다.

4. '느티나무'를 통한 삶의 깨달음을 드러낼 뿐, 인간과 자연을 대비하고 있지는 않

다.

5. 화자는 자신의 '발등에 앉아' 피를 빨고 있는 '모기 한 마리'를 '잡지 않'으며 생명을 배려하고 있을 뿐, 삶에 대한 의지를 상실한 모습을 보이고 있지 않다.

나BS 실전 문제 정답

01. ①   02. ⑤   03. ⑤

01.

(가)의 '향단아 그넷줄을 밀어라', '아주 내어 밀 듯이, / 향단아' 등에서 시적 화자인 춘향이가 시적 청자인 향단이에게 그넷줄을 밀어 달라는 말을 건네고 있다. 또한 (나)의 시적 화자는 느티나무를 '너'라고 지칭하며 '어디서 왔느냐', '언제부터 여기에 있었느냐', '어디로 가는 길이냐'라고 말을 건네고 있다.

오답 풀이

② (가) X, (나) X / (가)와 (나) 모두 반어적 표현을 활용하고 있지 않다. ③ (가) X, (나) O / 다양한 표현법이 사용되면 화자의 정서는 구체적으로 드러나므로 선지의 앞부분만 확인하면 된다. (가)는 공감각적 표현을 활용하고 있지 않다. 반면, (나)의 '매미 울음꽃 피우는 한낮'에서 공감각적 표현(청각의 시각화)을 활용하고 있다. ④ (가) X, (나) X / (가)와 (나) 모두 원경에서 근경으로 시선을 옮김에 따라 대상의 다양한 측면을 드러내고 있지 않다. ⑤ (가) X, (나) X / (가)와 (나) 모두 미래에 대한 비관적 전망을 드러내고 있지 않다.

02.

〈보기〉는 호흡의 조절과 어조를 통해 화자의 정서와 관련지어 시를 낭송할 수 있음을 설명하고 있다. 각 연이나 시행마다 일정한 시간을 배분한다면, 행의 길이가 길수록, 한 연에 속한 행의 수가 많을수록 빠른 속도로 읽어낼 수 있다. 5연은 행의 길이가 짧아지고 있는 것을 고려할 때 점차 빨라지는 급박한 호흡이 아닌, 점차 느려지는 호흡으로 낭송하는 것이 적절하다. 또한 5연에서 화자는 4연의 '아무래도 갈 수가 없다'는 인식 이후에도 계속 그네를 타겠다는 의지를 보이고 있으며 이때 나타나는 정서와 관련짓는다면 5연을 체념적 어조로 낭송하는 것은 적절하지 않다.

오답 풀이

① 행의 길이가 짧을수록, 한 연에 속한 행의 수가 적을수록 느린 속도로 읽어낼 수 있다. 1연은 다른 연에 비해 행의 길이가 짧으므로 대체로 느리게 낭송할 수 있으며, 특히 '머언 바다'는 의도적으로 시어를 변형한 것이므로 '머언 바다'를 지향하는 화자의 정서를 효과적으로 드러낼 수 있다. ② 행의 길이가 길수록, 한 연에 속한 행의 수가 많을수록 빠른 속도로 읽어 낼 수 있다. 2연은 다른 연에 비해 행의 길이가 길기 때문에 대체로 빠르게 낭송할 수 있다. 또한 '아주 내어 밀듯이'에서 지상을 떠나고 싶어 하는 화자의 마음이 드러나므로 선지의 내용은 적절하다. ③ 3연은 명령형 종결 어미가 반복되며 화자의 정서가 점차 고조되고 있으며, 특히 마지막 행에서 느낌표를 사용하여 격정적인 어조를 드러내고 있으므로 선지의 내용은 적절하다. ④ 4연은 다른 연에 비해 행의 수가 적어 음절 수가 적으므로 대체로 느리게 낭송할 수 있다. 또한 '나는 아무래도 갈 수가 없다.'에서 화자의 좌절감을 드러내고 있으므로 선지의 내용은 적절하다.

03.

[T]에서 화자는 모기를 잡지 않고 신발끈을 매는 행위를 통해, 타자를 포용하는 삶에 대한 의지와 앞으로 남은 미래를 긍정하는 태도를 보여 준다. 그러나 이러한 자기 긍정을 토대로 자연에 대한 경외감(공경하면서 두려워하는 감정)을 드러내고 있지는 않으므로 선지의 내용은 적절하지 않다.

오답 풀이

① [A]에는 옹이가 박힌 느티나무의 뿌리라는 식물적 이미지를 먼 길을 걸어온 발이라는 인간적 이미지로 치환하는 상상력이 나타나 있다. ② [B]에서 화자는 나무와 자신이 먼 길을 걸어왔다는 사실에 동질감을 느끼며 나무에게 말을 건네 교감을 시도하고 있다. ③ [C]에서 화자는 부러진 가지의 속살이 썩어 있는 곳에서 풀이 꽃을 피우고 있음을 발견하고 있으므로, 이러한 풀의 모습에서 자연물에 내재된 원리가 드러나고 있다고 볼 수 있다. ④ [D]에서 화자는 [C]를 바탕으로, 상처가 새로운 생명의 토대로 이어질 수 있다는 상처에 대한 인식의 전환을 통해 삶의 의미를 도출하고 있다.

Part 1. 현대시 **25 | 백석, 남신의주 유동 박시봉방**

O/X 정답

01. O   02. X   03. X   04. O   05. O

1. '나'는 '바람 세인 쓸쓸한 거리 끝'에 '헤매'이다가 날이 저물어 '바람은 더욱 세게 불고, 추위는 점점 더해'와 '어느 목수네 집 헌 삿을 깐, / 한 방'에 세를 들었으므로 선지의 내용은 적절하다.

2. 화자는 '어느 목수네 집' '한 방'에서의 직접적인 경험을 바탕으로 시상을 전개하고 있으나, 인간의 교만한 태도에 대한 비판을 이끌어 내고 있지는 않으므로 선지의 내용은 적절하지 않다.

3. '나'는 '내 뜻이며 힘으로, 나를 이끌어 가는 것이 힘든 일인 것을 생각'하였으며, 내 뜻과 힘보다 '더 크고, 높은 것이 있어서, 나를 마음대로 굴려 가는 것'이라 생각하였다. 따라서 '나'가 '더 크고, 높은 것'을 자신의 마음대로 바꿀 수 있을 것이라 생각하였다는 선지의 내용은 적절하지 않다.

4. '쌀랑쌀랑'이라는 음성 상징어를 사용하여 생동감을 높이고 있으므로 선지의 내용은 적절하다. 참고로, 음성 상징어는 의성어나 의태어를 지칭한다.

5. '그 드물다는 굳고 정한 갈매나무라는 나무를 생각하는 것이었다.'에서 화자는 '갈매나무'에 자신의 인식을 투영하여 새로운 삶에 대한 의지를 드러내고 있으므로 선지의 내용은 적절하다.

나BS 실전 문제 정답

01. ①   02. ②   03. ④

01.

(가)는 '내 가슴이 꽉 메어 올 적이며', '내 눈에 뜨거운 것이 핑 괴일 적이며' 등에서, (나)는 '혁명은 안 되고 나는 방만 바꾸어 버렸다'와 '혁명은 안 되고 나는 방만 바꾸었지만' 등에서 유사한 문장 형태를 반복하여 시적 의미를 강조하고 있다.

오답 풀이

② (가) X, (나) X / (가)에는 추측을 나타내는 표현이 사용되지 않았다. 한편 (나)에는 '나의 사지일까'에서 추측을 나타내는 표현이 사용되었지만, 이를 활용하여 대상의 양면성을 부각하고 있지는 않다. ③ (가) X, (나) X / (가)는 가족의 해체와 고향의 상실로 인해 고난과 시련을 겪는다는 점에서 현실에 대한 부정적 인식이 드러난다. 하지만 화자는 '갈매나무'를 통해 자신이 지향해야 할 삶에 대한 의지를 드러내고 있으므로 앞날에 대한 회의를 드러낸다고 보기 어렵다. 한편, (나)는 혁명의 실패라는 점에서 현실에 대한 부정적 인식이 드러난다. 하지만 혁명의 실패에 따른 좌절감과 그 무게감에서 벗어나려는 의식을 투영하고 있을 뿐, 앞날에 대한 회의를 드러내고

있지는 않다. ④ (가) O, (나) X / (가)는 '싸락눈', '눈'이라는 계절감(겨울)이 드러난 시어를 활용하여 부정적 현실 속에서 새로운 삶에 대한 의지를 다지는 화자의 상황을 강조하고 있다. 반면, (나)는 계절감이 드러난 시어가 활용되지 않는다. ⑤ (가) X, (나) X / (가)와 (나) 모두 표면에 드러난 청자에게 말을 건네는 방식이 사용되지 않았다.

02.

(가)에서 '내 어지러운 마음에는 슬픔이며, 한탄이며, 가라앉을 것은 차츰 앙금이 되어 가라앉고'는 여러 날이 지나는 동안 화자의 마음속에 있던 슬픔과 한탄 등이 가라앉아 진정되었음을 의미한다. 따라서 '앙금'이 되어 '가라앉'는 것으로 제시한 것이 화자의 내적 갈등이 심화되는 양상을 드러낸다는 선지의 내용은 적절하지 않다.

오답 풀이

① (가)의 '내 가슴이 꽉 메어 올 적이며, / 내 눈에 뜨거운 것이 핑 괴일 적이며,'에서 화자는 자신의 삶을 성찰하면서 느낀 감정을 제시하고 있다. 이때 '꽉'과 '핑'은 화자가 자신에 대해 느끼는 슬픈 심정을 부각한다고 볼 수 있으므로 선지의 내용은 적절하다. ③ (가)에서 화자는 저녁 무렵 '쌀랑쌀랑' 내린 '싸락눈'이 자신이 머무는 방의 '문창'을 치는 감각 체험을 한 후, '갈매나무'의 '마른 잎새'가 '눈'을 맞고 '쌀랑 쌀랑 소리'가 나는 모습을 연상하고 있으므로 선지의 내용은 적절하다. ④ (나)에서 혁명의 외침을 의미하는 '싸우라', '일하라'를 각각 '헛소리'와 연결하여 혁명의 외침을 공허하게 느끼게 된 인식을 드러내고 있으므로 선지의 내용은 적절하다. ⑤ '쓰디쓴 담뱃진 냄새만 되살아났'다는 것은 화자의 '달콤한 의지', 즉 자신의 지향이 실패함으로써 되살아난 현실을 의미한다. 이는 화자의 지향과 괴리된 현실에 대한 화자의 정서를 드러낸다고 볼 수 있으므로 선지의 내용은 적절하다.

03.

(나)에서 화자는 '모든 노래를 그 방에 남기고'와 자신의 가슴이 '이유 없이 메말랐'다고 표현하고 있으므로, '그 방의 벽'을 '나의 가슴', '나의 사지'와 동일시하여 화자의 내면 의식에 방이 미친 영향을 드러내고 있다고 볼 수 있다. 그러나 (가)의 맥락을 고려할 때, '더 크고, 높은 것'은 화자가 '나를 마음대로 굴려 가는 것'으로 인식하고 있는 것으로 화자 자신을 '더 크고, 높은 것'과 동일시한다는 설명은 적절하지 않다.

오답 풀이

① (가)에서 '쥐을 붙'인 방은 화자가 세를 얻어 생활하게 된 공간으로, 그곳을 '습내나는 춥고, 누긋한 방'이라고 묘사한 것은 화자가 처한 현실 상황의 초라함을 드러낸다고 할 수 있다. ② 〈보기〉에 따르면 (가)에서 방은 화자가 자기 자신에 대한 생각을 되새기는 공간이다. 이를 고려할 때, 화자가 '문 밖에 나가지도' 않고 '내 슬픔이며 어리석음이며'를 '쌔김질'하는 것은 방 안에서 자기 자신에 대한 생각을 되새기고 있음을 드러내는 것이므로 선지의 내용은 적절하다. ③ (나)의 '모든 노래를 그 방에 함께 남기고 왔을 게다'에서 '모든 노래'는 혁명을 부르짖는 노래로, 혁명의 정신을 상징한다. 이를 '방에 함께 남기고 왔다'는 것은 혁명이 좌절된 화자의 상황을 드러낸 것으로 볼 수 있다. ⑤ 〈보기〉를 고려할 때, (가)의 화자가 방에서 '굳고 정한 갈매나무'를 생각한 것은 의연하게 '눈'을 맞으며 고난을 이겨 내는 '갈매나무'를 통해 시련 속에서도 의연하게 삶을 살아가겠다는 화자의 삶의 태도를 드러낸 것이라 할 수 있다. 한편, 〈보기〉를 고려할 때 (나)의 화자가 방을 바꾼 후 '실망의 가벼움을 재산으로 삼을 줄 안다'고 한 것은 혁명의 실패에 따른 좌절감과 그 무게감에서 벗어나려고 하는 화자의 삶의 태도를 드러낸 것으로 볼 수 있다.

Part 1. 현대시   26 | **최승호, 내 영혼의 북가시나무**

O/X 정답

01. O   02. O   03. X   04. X   05. X

1. '하늘에서 새 한 마리 깃들이지 않는(시각)', '사라진 신목의 향기 맡으며(후각)', '원치 않는 깃발과~울고 있는 소리(청각)' 등 다양한 감각적 이미지를 사용하여 화자의 현재 상황이 부정적임을 나타내고 있다.
2. '국도변'은 화자의 영혼이 '원치 않는 깃발과 플래카드'로 인해 '소리 죽여 울고 있'던 곳으로 부정적인 공간이다. 이와 달리 '더 해 입을 것도 의무도 없는' '허공' 은 화자가 '신목의 향기'를 맡으며 위로를 받는 곳으로 긍정적인 공간이다. 따라서 '허공'은 화자가 지향하는 공간으로 볼 수 있다.
3. 관조적 태도는 화자가 어떤 대상에 대하여 자신의 느낌과 의견을 배제하고, 관찰자 입장에서 대상을 있는 그대로 담담하게 표현하는 태도를 가리킨다. 이 시의 화자는 이념을 강요하는 억압적이고 폭력적인 현실 속에서 '서서 반역하'며, 순수한 시를 쓰겠다는 의지를 밝히고 있으므로 관조적 태도는 허용할 수 없다.
4. '봄기운'에 '생기'를 띠고 있는 것은 '대장간의 낫'이다. 또한 화자는 '잎사귀 달린 시', '과일을 나눠 주는 시', '초록과 금빛의 향기를 뿌리는 시'를 '언젠가 나는 쓸 수도 있으리라'며 미래에 대한 소망과 의지를 드러내고 있을 뿐, 현재 완성한 것이 아니므로 선지의 내용은 적절하지 않다.
5. '언젠가 나는 쓸 수도 있으리라~지저귀지 않아도'에서 도치된 문장으로 시상을 마무리하고 있으나, 이를 통해 상황의 긴박성을 강조하고 있지는 않다.

Part 1. 현대시   27 | **박목월, 경사**

O/X 정답

01. O   02. X   03. X   04. X   05. X

1. '이 신비스러운 경사감.', '이 신비스러운 수평의 거리감.' 등에서 명사로 된 시어를 행의 끝에 배치하여 운율감을 자아내고 있으므로 선지의 내용은 적절하다.
2. 화자는 '무거운 젊음의 젖은 구두를 벗'은 후 '가뿐한' '신발'을 신고 경사진 '길'을 걸으며 신비로움을 느끼고 있으므로, '가뿐한' '신발'을 신은 것을 후회한다고 볼 수 없다.
3. 화자가 나이가 드는 일을 긍정적으로 인식하고 있다는 점에서 주어진 현실에 순응하는 모습을 허용할 수 있다. 하지만 이를 통해 중심 제재를 바라보는 비관적 (앞으로의 일이 잘 안될 것이라고 보는) 태도를 암시하고 있지는 않으므로 선지의 내용은 적절하지 않다.
4. '오오 기우는 세계여.'에서 영탄적 표현을 사용하여 미래에 대한 화자의 긍정적인 인식을 드러내고 있을 뿐, 인물에 대한 그리움을 드러내고 있지는 않다.
5. '해가 저물고' 있는 상황은 하강적 상황으로, 인생의 황혼기를 의미한다. 하지만 화자는 이에 맞서 의지적 태도로 극복을 하려 하지 않는다. 오히려 이 상황을 수용하며 하강적으로 내려가는 경사감을 긍정하고 있다.

Part 1. 현대시 28 | 박재삼, 겨울나무를 보며

O/X 정답

01. X   02. X   03. X   04. X   05. O

1. '먼 수풀이 온통 산발을 하고', '잎사귀들을 떨어내고 부끄럼 없이', '그것들이 나를 / 향해 / 손을 흔들며 / 기쁘게 다가오고 있는 것 같음'을 통해 사물에게 인격을 부여하는 의인법이 사용되었음을 알 수 있다. 그러나 이를 통해 화자의 삶을 빗대어 표현하고 있을 뿐, 현실에 대한 비판적 관점을 나타내고 있지는 않다.
2. '스물 안팎 때', '숨 가쁜 나무'는 화자의 과거를, '마흔 가까운 / 손등이 앙상한 때', '겨울나무'는 화자의 현재를 나타내는 대조적 시어이다. 그러나 유사한 문장 구조를 나란히 제시하는 대구법은 사용되지 않았다. '숨 가쁜 나무여 사랑이여.'에는 동일한 종결 어미의 반복이 나타날 뿐, 유사한 형식의 문장을 반복하는 대구가 사용되지 않았다.
3. 시간이 지나 '겨울나무'의 '잎사귀'가 떨어진 것은 맞다. 하지만 화자는 '그것들', 즉 '겨울나무'가 '나를 향해 / 손을 흔들며 / 기쁘게 다가오고 있는 것 같'다고 하였으므로 '겨울나무'에 안타까움을 느끼고 있다는 선지의 내용은 적절하지 않다.
4. '숨 가쁜 나무여 사랑이여.'에서 영탄적 표현이 사용되었다. 그러나 이는 화자가 젊은 날의 자기 모습을 호명한 것이지, 인물에 대한 그리움을 드러낸 것이 아니다.
5. '갈피를 못 잡는 그리움'은 화자가 과거에 가지고 있던 혼란, 방황을 의미하며, 이는 현재 화자가 버린 '잎사귀', '벗을 것'과 같은 불필요한 것에 해당한다. 이때 '잎사귀들을 떨어내고 부끄럼 없이 / 시원하게 벗을 것을 벗어 버린 '겨울나무'는 화자의 현재 모습을 상징하며, 이들이 '나를 향해 / 손을 흔들며 / 기쁘게 다가오고 있는 것 같'다고 하였으므로 선지의 내용은 적절하다.

Part 1. 현대시 29 | 고재종, 감나무 그늘 아래

O/X 정답

01. O   02. X   03. X   04. O   05. O

1. '사랑이 끝'나더라도 '그리움'은 사라지지 않으며, '그 그리움'이 '날로 자라' '주먹송이처럼 커갈 땡감들'이 된다고 하였으므로 선지의 내용은 적절하다.
2. '수미상관'은 시의 처음과 끝(첫 연과 끝 연)을 대응시키는 방식이다. 그러나 이 작품은 시작과 끝의 문장 구조가 '~를 ~는 게 어찌 ~뿐이랴'와 '~은 어찌 ~지 않으랴'로 다르며, 동일한 표현이 반복되지 않으므로 수미상관의 기법을 사용했다고 볼 수 없다.
3. '땡감'이 익어가는 과정을 제시하고 있을 뿐, 쇠락하는(쇠약하여 말라서 떨어지는) 과정을 제시하고 있지는 않다. 또한 인생에 대한 무상감을 드러내고 있지도 않으므로 선지의 내용은 적절하지 않다.
4. '형형 등불'은 '짙푸른 감들'이 '서러움까지 익'고 나서야 '마침내' 밝혀지는 대상이므로, 잘 익은 감을 의미한다. 화자는 '짙푸른 감들'이 '서러움까지 익'고 나서야 '마침내 / 형형 등불을 밝힐 것'이라고 하였으므로 선지의 내용은 적절하다.
5. 화자는 자연물인 '감나무'와 교감하는 과정을 통해 '형형 등불을 밝힐 것이라면~부시지 않으랴.'라는 낙관적 전망을 제시하고 있으므로 선지의 내용은 적절하다.

Part 1. 현대시 30 | 정석남, 수묵 정원 9-번짐

O/X 정답

01. X   02. X   03. O   04. X   05. O

1. '번짐', '번져'라는 동일한 시어가 반복되고 있으나, 동일한 시구가 반복되고 있지는 않다. 참고로 '시어'는 한 단어, '시구'는 단어 두 개 이상으로 이루어진 구를 의미한다.
2. '목련꽃'이 사라지고 '여름'이 오며, '여름'이 번져 '가을'이 되는 과정이 등장하므로, 계절의 변화를 확인할 수 있다. 하지만 이를 통해 화자는 일관적으로 '번짐'의 순환성을 드러내고 있을 뿐, '번짐'에 대한 인식의 전환을 보여 주고 있지 않다.
3. '너는 내게로 / 번져 어느덧 내가 되고 / 나는 다시 네게로 번진다'에서 '너'와 '나'가 서로 번져 하나가 되는 과정이 드러나고 있다. 이는 개인의 경계를 허물고 조화를 이루는 과정을 의미하므로, '번짐'이 대상간의 경계를 없애고 하나가 되게 만드는 역할을 함을 알 수 있다.
4. 9~10행 '꽃은 번져 열매가 되고 / 여름은 번져 가을이 된다'와 12~13행 '음악은 번져 그림이 되고 / 삶은 번져 죽음이 된다'에서 유사한 문장 구조를 나란히 제시하는 대구의 방식을 확인할 수 있다. 그러나 마지막 행에서는 대구의 방식이 사용되지 않았으므로 대구의 방식으로 시상을 마무리하였다는 선지의 내용은 적절하지 않다.
5. '삶은 번져 죽음이 된다 / 죽음은 그러므로 번져서 / 이 삶을 다 환히 밝힌다'에서 '번짐'을 통해 죽음과 삶은 분리된 것이 아니라, '삶 → 죽음 → 삶'과 같이 서로 연결된 순환 과정임을 보여 주고 있으므로 선지의 내용은 적절하다.

Part 1. 현대시 31 | 이문재, 광화문, 겨울, 불꽃, 나무

O/X 정답

01. X   02. X   03. O   04. X   05. X

1. '뿌리로 내려가 있던 겨울나무들이 / 저녁마다 황급히 올라오고'에서 자연물을 살아 있는 대상으로 묘사하고 있다. 그러나 이를 통해 화자와 자연의 유대감을 나타내는 것이 아니라, 도시 환경 속에서 쉬지 못하는 나무의 모습을 강조한 것이므로 선지의 내용은 적절하지 않다. 참고로 '해군 장군의 동상도 잠들지 못하고', '문 닫은 세종문화회관도 두 눈 뜨고 있다'는 자연물이 아닌 인공물을 살아 있는 대상으로 표현한 것에 해당한다.
2. 화자가 '광화문 네거리'에 있는 '해군 장군의 동상'을 감상하고 있는 것은 맞지만, 이를 예찬하고 있지는 않다. 화자는 '광화문 네거리'에서 '밤을 끄고 휘황하게 낮을 켜 놓은 권력들'이라며 인위적으로 밤을 없애고 낮처럼 만들어 버린 문명과 권력에 대한 비판적인 태도를 보이고, '해군 장군의 동상도 잠들지 못하고'라며 밤에도 쉬지 못하는 도시의 비정상적인 상황에 대한 비판적인 태도를 보이고 있다.
3. 화자는 '겨울 저물녘'에 '광화문 네거리'에서 '꼬마전구'에 둘러싸인 '가로수들'을 본 경험을 제시하여, 문명의 발전으로 인해 자연의 순리가 파괴된 세태를 비판하고 있다.
4. '겨울이 교란당하고 있는 것이다', '밤에도 잠들지 못하는 사람들' 등의 표현을 통해 자연의 질서가 파괴되고 있으며 인간도 그 영향을 받고 있다는 부정적 인식을 강조하고 있으나, 미래에 대한 회의를 드러내고 있지는 않다.
5. '엽록소를 버린 겨울나무들 / 한밤중에 이상한 광합성을 하고 있다'는 나무가 돌

아올 봄을 준비하며 쉬어야 하는 겨울에도 불빛 때문에 쉬지 못함을 의미하며, '밤에도 잠들지 못하는 사람들' 또한 문명의 영향으로 인해 쉬어야 하는 밤에 제대로 쉬지 못하는 사람들의 모습을 의미한다. 즉, '겨울나무들'과 '사람들'은 대조가 아닌 유사한 의미를 가지고 있다.

Part 1. 현대시 　32 | 나희덕, 그 복숭아나무 곁으로

O/X 정답

01. O　　02. O　　03. X　　04. X　　05. X

1. '그'라는 지시어를 반복적으로 사용하여 '복숭아나무'라는 중심 소재로 초점을 모으고 있다.
2. 화자는 복숭아나무에 대해 '그 여러 겹의 마음을 읽는 데 참 오래 걸렸습니다'라며 복숭아나무의 '외로웠을 것이지만 외로운 줄도 몰랐을' 마음에 공감하고 있으므로 선지의 내용은 적절하다.
3. '여러 겹의 마음을 가진 / 그 복숭아나무'에서 '복숭아나무'를 의인화하였으며 '흰꽃과 분홍꽃 사이에 수천의 빛깔이 있다'는 깨달음을 진술하고 있다. 하지만 '복숭아나무'를 청자로 하고 있지 않으므로 선지의 내용은 적절하지 않다. 참고로, 작품에 '~아, ~야'와 같이 대상을 불러 명시적으로 화자의 이야기를 듣는 사람을 상정했을 경우에 시 안에 청자가 존재한다고 할 수 있다.
4. 화자는 '너무도 여러 겹의 마음을 가진 / 그 복숭아나무 곁으로' 가고 싶지 않다는 태도를 보이다가, '흰꽃과 분홍꽃 사이에 수천의 빛깔이 있다는 것을' '그 나무를 보고 멀리서 알았다'며 복숭아나무에 대한 새로운 깨달음을 얻어 '복숭아나무'에 대한 태도를 바꾸게 된다. 따라서 화자가 '복숭아나무'에 대한 태도를 바꾸는 계기는 '그늘'이 아니라 '멀리서' '흰꽃과 분홍꽃 사이에 수천의 빛깔이 있'음을 알게 된 것으로 이해할 수 있다.
5. '복숭아나무' 곁으로 '가까이 가고 싶지 않았'던 때부터 '흰꽃과 분홍꽃을 나란히 피우고 서 있는 그 나무'의 '흩어진 꽃잎들 어디 먼 데 닿았을 무렵'까지의 시간의 경과에 따라 시상을 전개하고 있으나, 이를 통해 삶의 무상함을 드러내고 있지는 않다.

니BS 실전 문제 정답

01. ①　　02. ⑤　　03. ③

01.

(가)는 '흰', '분홍'이라는 색채어를 활용해 '복숭아나무'의 모습을, (나)는 '푸른'이라는 색채어를 활용해 각각 '길'과 '잔디'의 모습을 구체화하고 있다.

오답 풀이

② (가) X, (나) O / (가)는 설의적 표현이 나타나 있지 않다. 반면 (나)는 '저 사람들의 말소리가 저렇게 청량하랴'에서 설의적 표현을 사용하여, 잔디의 죽음은 사람들의 청량한 말소리가 된다는 점에서 가치 있고 의미 있는 것이라는 화자의 깨달음을 드러내고 있다. ③ (가) O, (나) X / (가)는 '-ㅂ니다'와 같은 경어체를 활용하여 화자의 내적 정서를 고백하고 있다. 반면 (나)는 경어체를 활용하지 않았다. ④ (가) X, (나) O / (가)는 후각적 심상이 나타나 있지 않다. 반면 (나)는 '싱싱한 풀꽃 냄새가 난다'에서 후각적 심상을 활용하여 '걷는 사람들의 웃음소리 얘기소리'의 속성을 부각하고 있다. ⑤ (가) X, (나) X / (가)와 (나) 모두 상승과 하강의 이미지를 반복하고 있지 않다.

02.

(가)의 화자는 '복숭아나무'에는 '사람이 앉지 못할 그늘을 가졌을 거'라고 혼자 짐작하며 나무를 ⊙(멀리로만) 지나치는 모습을 보였다. 따라서 ⊙은 '복숭아나무'에 대한 화자의 심리적 거리감을 나타낸 것으로 볼 수 있다. 한편 (나)의 화자는 사람들로 인해 '잔디가 모두 죽은' '그 길'에 대해, '죽은 잔디'가 '사람의 몸속'에 '길을 내고 살아 있는 것'이 ⓒ(멀리서도) 보였다고 하였다. 화자가 '잔디가 밟혀죽을' 것을 '걱정할 정도'로 '잔디'를 소중하게 여긴다는 점을 고려해 볼 때, ⓒ은 '잔디'에 대한 화자의 관심을 나타낸 것으로 볼 수 있다.

오답 풀이

① ⊙ X, ⓒ X / ⊙에는 대상을 동경하는 마음이 나타나지 않는다. 한편 ⓒ은 '죽은 잔디'의 생명력을 확인한 화자의 모습과 연결되므로, 연민을 나타낸다고 보기 어렵다. ② ⊙ X, ⓒ O / ⊙에는 대상에 대한 기대감이 나타나 있지 않다. 한편 (나)의 화자는 죽었을 거라 걱정했던 잔디가 '사람의 몸 속에 푸른 길을 내고 살아 있는 것'을 깨닫고, 잔디가 무의미하게 죽는 것이 아니라 사람들의 몸속에서 살아 숨 쉬는 존재가 됨을 인식한다. 따라서 ⓒ에는 대상에 대한 친밀감이 나타나 있다고 볼 수 있다. ③ ⊙ X, ⓒ X / (가)의 화자는 복숭아나무를 '여러 겹의 마음을 가진' 존재로 인식하여 거리감을 느꼈으므로, ⊙에는 대상에 대한 동질감(성질이 서로 비슷해서 익숙하거나 잘 맞는 느낌)이 나타나 있다고 볼 수 없다. 한편 ⓒ에는 대상과의 일체감이 나타나 있지 않다. ④ ⊙ X, ⓒ X / ⊙에는 대상에 대한 상실감이, ⓒ에는 대상에 대한 실망감이 나타나 있지 않다.

03.

(가)의 화자는 '복숭아나무'가 수많은 '꽃빛'을 피우기 위해 노력했을 것이기에 외로움을 느낄 여유조차 없었을 것이라고 생각하고 있다. 따라서 '외로운 줄도 몰랐을 것'이라는 내용은, 욕심을 버리고 다른 사람을 위해 자신을 희생하는 타인의 모습을 인식하게 되었다는 감상과는 관련이 없다.

오답 풀이

① '사람이 앉지 못할 그늘을 가졌을 거'라는 표현은 '복숭아나무'를 피상적(본질적인 현상은 추구하지 아니하고 겉으로 드러나 보이는 현상에만 관계하는 것)으로 관찰하며 갖는 선입견을 나타낸 표현이라 할 수 있다. ② '푸른 잔디의~청량하랴'라는 표현은 죽은 잔디가 사람들 안에서 살아 있다는 것을 나타내는 것이므로, 자연물과 사람들의 관계를 새롭게 발견한 표현이라 할 수 있다. ④ '복숭아나무 그늘에서 / 가만히 들었습니다'는 화자가 타인을 의미하는 '복숭아나무'를 진정으로 이해하고 교감하는 모습을 드러낸 표현이라 할 수 있다. ⑤ '잔디가 죽은 것이 아니라' '사람 속에서 꽃 피고 있음'을 인식한 화자가 '언젠가는 사람들도 잔디에게 자리를 내어준다'라고 생각한 것에서, 화자는 죽음이 생명으로 이어지는 자연의 순환적 원리를 깨달았음을 알 수 있다.

Part 1. 현대시 　33 | 문태준, 가재미

O/X 정답

01. O　　02. X　　03. O　　04. O　　05. X

1. 단정적 어조는 주관적인 판단이나 정서를 확고하게 표현하는 어조이다. '생각한다', '안다' 등에서 단정적 어조를 확인할 수 있으며, 이를 통해 죽음을 앞둔 '그녀'에 대한 화자의 연민과 위로의 감정을 강화하고 있으므로 선지의 내용은 적절하다.
2. '그녀가 누워 있다'라는 동일한 시구가 반복되고 있지만, 이는 시적 대상인 '그녀'

의 상태를 보여 주고 있을 뿐, 화자의 의지를 강조하고 있지는 않다.

3. 화자는 '바닥에 바짝 엎드린', '한쪽 눈이 다른 한쪽 눈으로 옮아 붙은' '그녀'의 모습에서 '가재미'를 연상하고, '그녀'를 '가재미'에 비유하고 있다.

4. 화자는 '바닥에 바짝 엎드린 가재미'처럼 누워 있는 '암 투병 중인 그녀'의 옆에 '한 마리 가재미'로 누워 '그녀'에게 '눈길'을 보내고 있다. 이는 화자가 '그녀'와 비슷한 모습을 취하면서 그녀에게 공감과 연민의 시선을 보내고 있는 것이라 할 수 있다.

5. '좌우를 흔들며 살던 그녀의 물속 삶', '나는 다만 좌우를 흔들며 헤엄쳐 가'에서 동적 이미지를 확인할 수 있으나, 이를 통해 미래에 대한 화자의 소망을 나타내고 있지는 않다.

▌나BS 실전 문제 정답

01. ②	02. ④	03. ①	04. ⑤

01.

(가)에는 '옛날같이', '불경처럼' 등에서, (나)는 '바닥에 바짝 엎드린 가재미처럼' 등에서 비유적 표현을 활용하여 시적 상황을 효과적으로 드러내고 있다.

오답 풀이

① (가) X, (나) X / (가)와 (나) 모두 자연물과 대상의 대비가 나타나지 않는다. ③ (가) X, (나) O / (나)는 현재 시제('-ㄴ다')를 사용하여 시적 상황을 현장감 있게 제시하고 있지만, (가)는 과거 시제를 사용하고 있으므로 적절하지 않다. ④ (가) X, (나) X / (가)의 '여인의 머리오리가 눈물방울과 같이 떨어진 날이 있었다'와 (나)의 '울컥 눈물을 쏟아낸다'에서 하강적 이미지가 드러나지만, (가), (나) 모두 상승적 이미지는 드러나지 않는다. ⑤ (가) X, (나) O / (나)는 '울컥'이라는 음성 상징어를 사용하여 '그녀'의 정서를 생동감 있게 드러내고 있다. 반면, (가)는 음성 상징어가 나타나지 않는다.

02.

(나)의 '가재미가 가재미에게 눈길을 건네자 그녀가 울컥 눈물을 쏟아낸다'와, ⓑ('나')가 '그녀의 물속에 나란히 눕'자 '산소호흡기로 들이마신 물을 마른 내 몸 위에 그녀가 가만히 적셔준다'에서 ⓑ와 시적 대상인 '그녀'와의 상호 작용을 통한 정서적 교감을 확인할 수 있다.

오답 풀이

① (가)는 시적 대상인 '여승'의 삶에 초점을 두어 그녀의 기구한 인생에 대해 이야기하고 있을 뿐, ⓐ('나')와 시적 대상의 삶을 비교하고 있지는 않다. ② (가)는 ⓐ가 시적 대상의 삶을 관찰하고 있지만 시적 대상으로 인해 화자가 삶을 바라보는 관점이 변하고 있지는 않다. ③ (나)는 ⓑ가 시적 대상에 대해 연민을 느끼고 깊이 교감하는 모습을 드러내고 있을 뿐, 시적 대상을 통해 자신이 추구하는 삶의 모습을 드러내고 있지는 않다. ⑤ (가)의 ⓐ와 (나)의 ⓑ는 모두 화자가 시적 대상과 하나가 되려는 의지를 드러내고 있지 않다.

03.

〈보기〉를 바탕으로 감상할 때, 여인이 '금점판'에서 '옥수수'를 파는 행위는 농촌 공동체의 몰락으로 삶의 터전을 잃은 여인이 가족의 생계를 위해 한 것으로 볼 수 있다. 하지만 '나'가 '옥수수'를 사는 행위는 농촌 공동체의 회복을 위한 것과는 관련이 없다.

오답 풀이

② 〈보기〉를 고려할 때, '지아비'가 가족을 두고 나아간 것은 일제의 수탈로 생계를 위해 일자리를 찾아 떠난 것으로, 가난으로 인해 가족 공동체가 파괴된 모습이라고

볼 수 있다. ③ 힘든 현실 속에서 '어린 딸'마저 목숨을 잃게 된 상황은 여인의 기구한 삶을 드러낸다고 할 수 있다. ④ '여인의 머리오리가 눈물방울과 같이 떨어진 날'은 여인이 남편을 찾아 떠돌다가 딸마저 잃게 된 현실의 삶을 견디지 못해 여승이 된 날을 나타낸 것이므로 적절하다. ⑤ 비극적 삶을 살다 여승이 된 여인의 기구한 삶을 시간의 흐름에 따른 구성이 아닌 그 순서가 뒤바뀐 역순행적 구성으로 제시하고 있으므로 적절하다.

04.

ⓓ은 그녀가 이제 죽음만을 기다리고 있음을 화자가 인지한 것일 뿐, 그녀의 체념적 태도가 나타나 있는 것이 아니다.

오답 풀이

① 병상에 누워 암 투병 중인 그녀의 모습에서 '바닥에 바짝 엎드린' 가재미를 연상하고 있으므로 적절하다. ② 화자가 '그녀'처럼 '한 마리 가재미'가 되어 나란히 누움으로써 그녀에 대한 연민과 위로를 구체적 행위로 드러내고 있으므로 적절하다. ③ '가늘은 국수'와 '흙담조차 없었던 그녀 누대의 가계'를 통해 가난하고 힘들게 살았던 그녀의 과거 삶을 드러내고 있으므로 적절하다. ④ 죽음에 임박한 그녀의 거친 숨소리를 '느릅나무 껍질'에 빗대어 표현하고 있으므로 적절하다.

Part 1. 현대시   34 | 오장환, 여수

▌O/X 정답

01. X	02. X	03. O	04. X	05. X

1. 화자는 현재 '여수에 잠겨서 '때 묻은 추억'을 떠올리고 있다. 이때 '고달픈 주막 꿈'은 화자의 추억을 빗댄 표현이지, 화자가 실제로 이동한 공간이 아니므로 선지의 내용은 적절하지 않다.

2. '요지경을 메고 다니는 늙은 장돌뱅이의 고달픈 주막 꿈처럼 / 누덕누덕이 기워진 때 묻은 추억'이라는 표현을 통해 고향의 추억은 아름다운 것이 아니라, 현실의 고단함과 연결되어 있음을 나타내고 있다.

3. '요령처럼 흔들리는 슬픈 마음이여!', '신뢰할 만한 현실은 어디에 있느냐!', '오— 늬는 무슨 두 뿔따구를 휘저어보는 것이냐!'의 영탄적 표현과 독백적 어조를 통해 화자의 심정을 드러내고 있다. 참고로, 상대방을 염두에 두지 않고 자신의 내면이나 삶을 혼자서 고백할 때 독백적 어조를 허용한다.

4. '나는 시정배와 같이 현실을 모르며 아는 것처럼 믿고 있었다.'와 '달팽이 깍질 틈에서 문밖을 내다보는 얄미운 노스타르자'에서 자조적 태도를 확인할 수 있다. 그러나 반어적 표현은 사용되지 않았으므로 선지의 내용은 적절하지 않다.

5. 화자는 '괴로운 행려 속 외로이 쉬는 모습을 보이므로, 쓸쓸히 떠도는 현실을 극복하지 못하였음을 알 수 있다. 또한 '뼈 없는 마음'은 무력하고 나약한 내면을 의미하므로, 화자가 부정적 현실을 극복한 후에 '달팽이'와 같은 '뼈 없는 마음'을 지향하며 살아가고자 한다는 선지의 내용은 적절하지 않다.

Part 1. 현대시   35 | 이수익, 방울소리

▌O/X 정답

01. X	02. O	03. X	04. X	05. O

1. '청각의 시각화'는 '청각'으로 느껴야 할 것을 '시각'으로 전이시키는 공감각적 표현을 말한다. 윗글에서는 '방울소리' 등 여러 청각적 심상이 등장하지만, 이를 시각

적 심상으로 전이하지는 않았다. 참고로, '경적이 저자 바닥에 따가운데'에서 청각
의 촉각화는 확인할 수 있다.

2. 화자는 '소를 몰'며 '여름 해 질 녘 하산하던' 자신의 모습을 떠올리며 고향인 '마
을'을 그리워하고 있다.

3. '들릴까 말까'의 반복은 동일한 '시구'나 '구절'의 반복일 뿐, 동일한 '시행'의 반복
이 아니다. '동일한 시행'은 시에서 한 줄로 이어지는 행의 반복으로, 행 전체가
동일하게 반복되어야 한다.

4. '청계천 7가'라는 구체적 지명이 제시되었으나, 이는 고향과 대비되는 '떠들썩한
문명'의 '저자 바닥'에 해당한다. 따라서 이를 통해 향토적(고향이나 시골의 정취
가 담긴) 정서를 환기한다고 볼 수 없다.

5. '삼륜차가 울려대는 경적'은 화자가 부정적으로 인식하는 문명의 소리이며, '소의
딸랑이는 방울소리'는 화자가 그리워하는 고향의 소리이므로 선지의 내용은 적절
하다.

나BS 실전 문제 정답

01. ②   02. ①   03. ⑤

01.

(가)는 '길'에 주목하여 본질적 자아를 찾아가는 과정에서의 부끄러움과 의지를,
(나)는 '방울소리'에 주목하여 고향에 대한 그리움의 정서를 드러내고 있다.

오답 풀이

① (가) O, (나) X / (가)에서 '길'에서 '하늘'의 시선 이동이 드러나지만, (나)에서는
시선 이동이 나타나지 않는다. ③ (가) X, (나) X / (가)와 (나) 모두 자연물에 인격
을 부여하여 정서적으로 교감하고 있지 않다. ④ (가) X, (나) O / '어조의 변화'는
종결 어미가 변화하거나 화자의 태도가 변화할 때 허용할 수 있다. (나)에서는 '-ㅆ
다'의 어미를 반복하다가 '-ㄹ까'의 어미로 시상을 마무리하므로 '어조의 변화'를 허용
할 수 있으며, 시끄러운 문명의 소리와 대비되어 정적인 느낌을 주는 '방울소리'를
강조한다고 볼 수 있다. 한편, (가)에서 화자는 '눈물짓다'가 이후에 '내가 사는 것은,
다만, / 잃은 것을 찾는 까닭입니다.'라며 의지적인 태도를 보이고 있으므로 '어조의
변화'를 허용할 수 있다. 그러나 정적인 분위기를 강조하고 있지는 않으므로 선지의
내용은 적절하지 않다. ⑤ (가) X, (나) O / 음성 상징어가 사용되면 대상을 생동감
있게 드러내므로, 선지의 앞부분만 확인하면 된다. (나)에서는 '터덜터덜'이라는 음성
상징어가 쓰였으나, (가)에는 음성 상징어가 쓰이지 않았다.

02.

(가)는 '길'을 통해 본질적 자아를 찾아가는 과정과 잃어버린 자아를 찾고자 하는
의지를 보여 주고 있다. '돌과 돌과 돌이 끝없이 연달아' 있는 것은 본질적 자아
를 찾는 길이 어렵다는 것을 나타내는 것이지, 잃어버린 자아를 찾고자 하는 화
자의 의지가 확고함을 드러내는 것이 아니다.

오답 풀이

② '담은 쇠문을 굳게 닫아'는 화자가 본질적 자아를 찾는 과정에서 장애물(쇠문)을
만났음을 드러내는 부분이므로 선지의 내용은 적절하다. ③ 길이 '아침에서 저녁으로
/ 저녁에서 아침으로' 통한다는 것은 화자가 잃어버린 자아를 찾기 위해 긴 시간동
안 계속해서 길을 걷고 있으며, 그 노력이 지속적임을 의미한다. ④ '돌담을 더듬어
눈물짓'는 화자의 모습은 화자가 본질적 자아를 찾는 과정에서 슬픔과 절망을 느꼈음
을 의미한다. 이후 화자는 '쳐다보면 하늘은 부끄럽게 푸르다'고 하였으므로, 화자가
자신의 상황에 대한 부끄러움을 느끼고 있음을 알 수 있다. ⑤ '풀 한 포기 없는 이
길'은 화자가 처한 부정적 상황을 나타낸다. 이때 이 길을 걷는 것은 '담 저쪽에 내
가 남아 있는 까닭'이라고 하였으므로, 잃어버린 본질적 자아를 찾기 위한 여정이 화

자에게 살아가는 이유가 됨을 보여 준다.

03.

ⓔ(방울소리)은 화자의 소박하고 평화롭던 과거 기억을 환기하는 요소일 뿐, '자연
과 인간사의 부조화'를 상징하는 것이 아니다.

오답 풀이

① ㉠(방울)을 매개로 화자는 유년 시절 '여름 해 질 녘'의 고향을 떠올리고 있으므
로 선지의 내용은 적절하다. ② 화자는 ㉠의 소리를 듣고, ㉡(소)을 몰던 평화롭고
소박한 과거의 기억을 떠올리고 있다. ③ ㉢(경적)은 삼륜차의 소리로, 현대 문명의
소음과 떠들썩함을 상징한다. 이는 소박하고 정겨운 ⓔ과 대비되어 현대 문명의 부
정적 이미지를 부각시킨다. ④ 화자는 ⓔ을 통해 어릴 적 함께했던 '옥분이'와 '누나'
에 대한 그리움의 정서를 환기하고 있다.

Memo